国家出版基金项目

NATIONAL PUBLICATION FOUNDATION

尚珩　程长进　关琪　著

明清以来蔚县庄堡寺庙调查与研究

第二册　调查编

上海古籍出版社

第二册目录

插 图 目 录

拓 片 目 录

第五章　宋家庄镇

第一节　概　述

宋家庄镇地处蔚县南部,因驻地宋家庄而命名。东与南杨庄乡、草沟堡乡相邻,南与涞源县交界,西与下宫村乡、暖泉镇接壤,北与蔚州镇、代王城镇接界。现今宋家庄镇,由原宋家庄镇(1984年由公社改乡)、岔道乡、下战乡合并(1994年并入)组成,后撤乡设镇。分述如下:

宋家庄镇地处蔚县西南部恒山余脉翠屏山北麓,面积145.1平方公里。1980年前后共21 006人。

全镇地处河川,地势平坦。经济以农业为主,兼工副业。1980年前后有耕地89 572亩,占总面积的41.2%,其中粮食作物78 957亩,占耕地面积的88.1%;经济作物10 615亩,占耕地面积的11.9%。1948年粮食总产量950万斤,平均亩产120斤;1980年粮食总产量1 775万斤,平均亩产224斤。主要农作物有谷、黍、玉米。

岔道乡地处蔚县西南部,四十里峪纵贯,面积163.3平方公里。1980年前后共3 883人。

全乡位处深山区,四周群山环抱,南高北低,沟谷交错。四条干石沟纵横贯穿全境,形成三条天然交通要道。经济以农业为主,兼林、工副业。1980年前后有耕地15 398亩,占总面积的6.3%,其中粮食作物14 686亩,占耕地面积的95%;经济作物712亩,占耕地面积的5%。1948年粮食总产量132万斤,平均亩产90斤;1980年粮食总产量252万斤,平均亩产172斤。主要农作物有马铃薯、莜麦、蚕豆。

下战乡地处蔚县西南部,面积91.3平方公里。1980年前后共2 621人。

全乡地处深山区,山高坡陡,水土流失严重,土质瘠薄,气候寒冷。境内最高山峰摆宴坨海拔2 306.7米。经济以农业为主,兼林、牧业。1980年前后有耕地10 814亩,占总面积的7.9%,其中粮食作物8 163亩,占耕地面积的75.5%;经济作物637亩,占耕地面积的5.9%。1948年粮食总产量189万斤,平均亩产145斤;1980年粮食总产量169万斤,平均亩产183斤。主要粮食作物有马铃薯、莜麦。

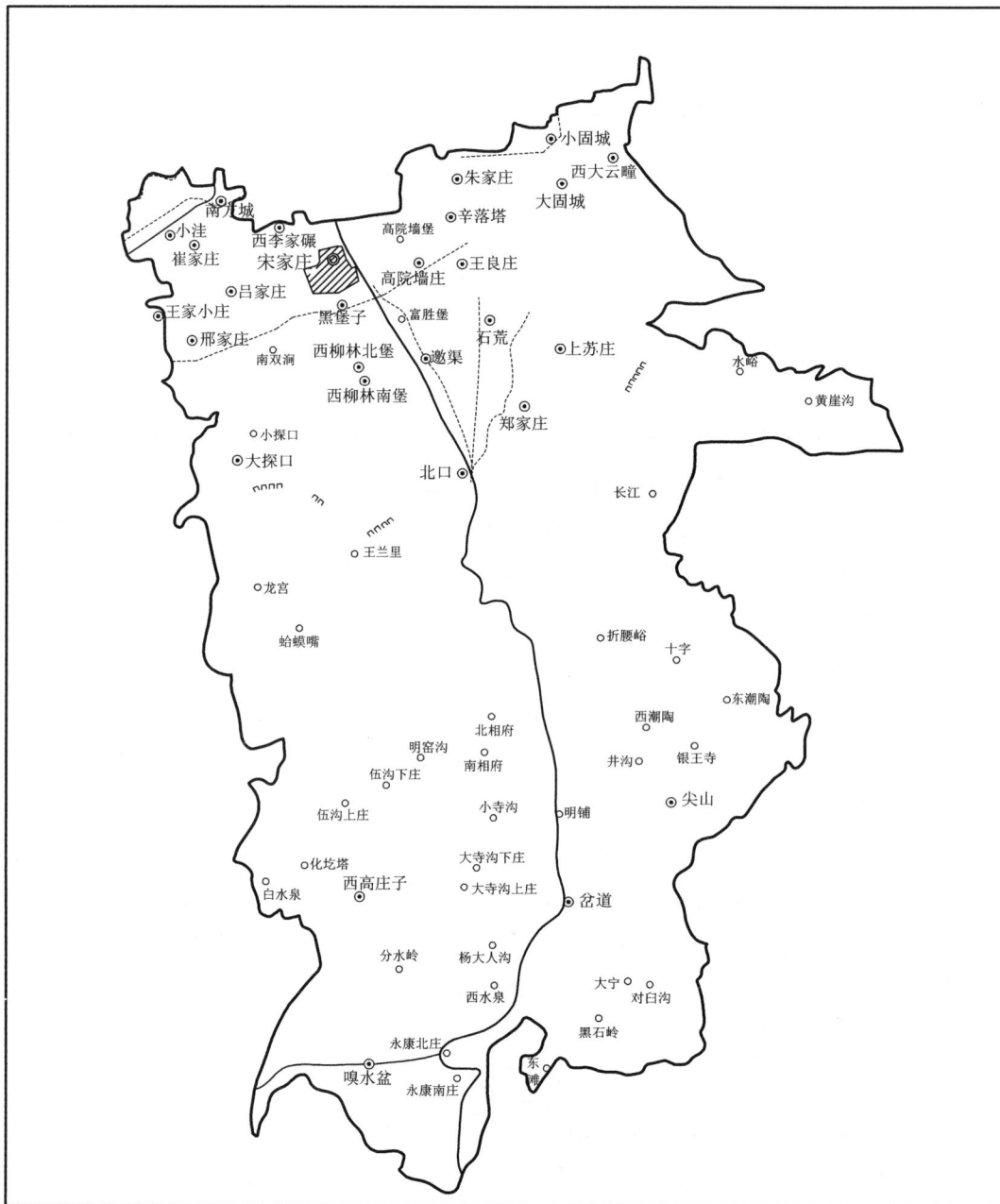

图 5.1　宋家庄镇全图

2002年，宋家庄镇面积304平方公里，其中河川区135平方公里，山区169平方公里。人口2.65万。全镇共62座村庄，其中行政村28座，自然村34座（图5.1）。

宋家庄镇现存古建筑丰富。历史上有庄堡31座，现存29座；观音殿25座，现存13座；龙神庙39座，现存13座；关帝庙22座，现存11座；真武庙17座，现存7座；戏楼28座，现存23座；五道庙44座，现存8座；泰山7座，现存6座；佛殿5座，现存2座；财神庙8座，现存1座；三官庙14座，现存5座；马神庙6座，无存；福神庙3座，无存；梓潼庙2座，现存1座；魁星阁3座，现存2座；灯山楼3座，现存2座；雷公庙1座，无存；地藏殿1座，无存；山神庙6座，现存2座；井神庙6座，现存1座；风神庙2座，现存1座；河神庙1座，无存；火神庙1座，无存；玉皇庙2座，现存1座；文昌阁1座，现存1座；其他寺庙12座，现存6座。

第二节　宋家庄镇中心区（宋家庄村）

一、自然环境与人文历史

宋家庄村位于蔚州古城南偏东4.9公里处，地处平川，为沙土质，周围辟为耕地。1980年前后有1107人，耕地5000亩，曾为宋家庄公社、宋家庄大队驻地。如今，宋家庄村规模大，居民多。X418县道、228乡道穿村而过。镇政府大院位于村庄东北角（图5.2）。

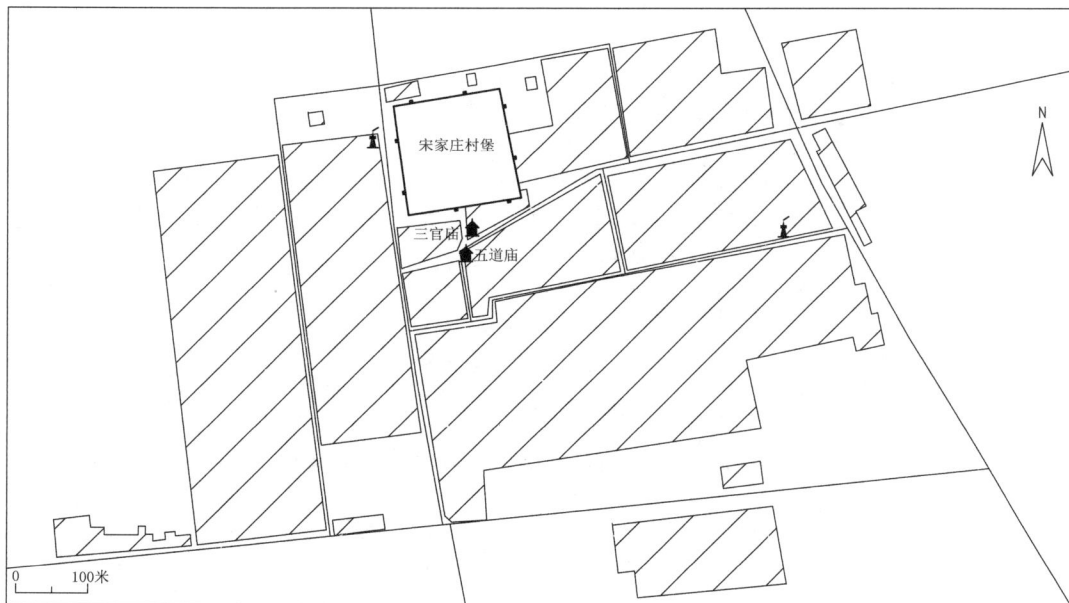

图5.2　宋家庄镇中心区古建筑分布图

相传,元末明初宋姓居民在此建村,故取名宋家庄。村名可考的历史最早见于《(正德)大同府志》,作"宋家庄堡",《(正德)宣府镇志》沿用,《(嘉靖)宣府镇志》作"宋家",《(崇祯)蔚州志》《(顺治)云中郡志》《(顺治)蔚州志》均作"宋家庄堡",《(乾隆)蔚州志补》作"宋家庄",《(光绪)蔚州志》《(民国)察哈尔省通志》沿用。

二、城堡

(一) 城防设施

宋家庄村堡,位于村庄西北部,城堡平面呈矩形,周长约 624 米,开南门,堡内平面布局为南十字街、北丁字街结构(图 5.3)。

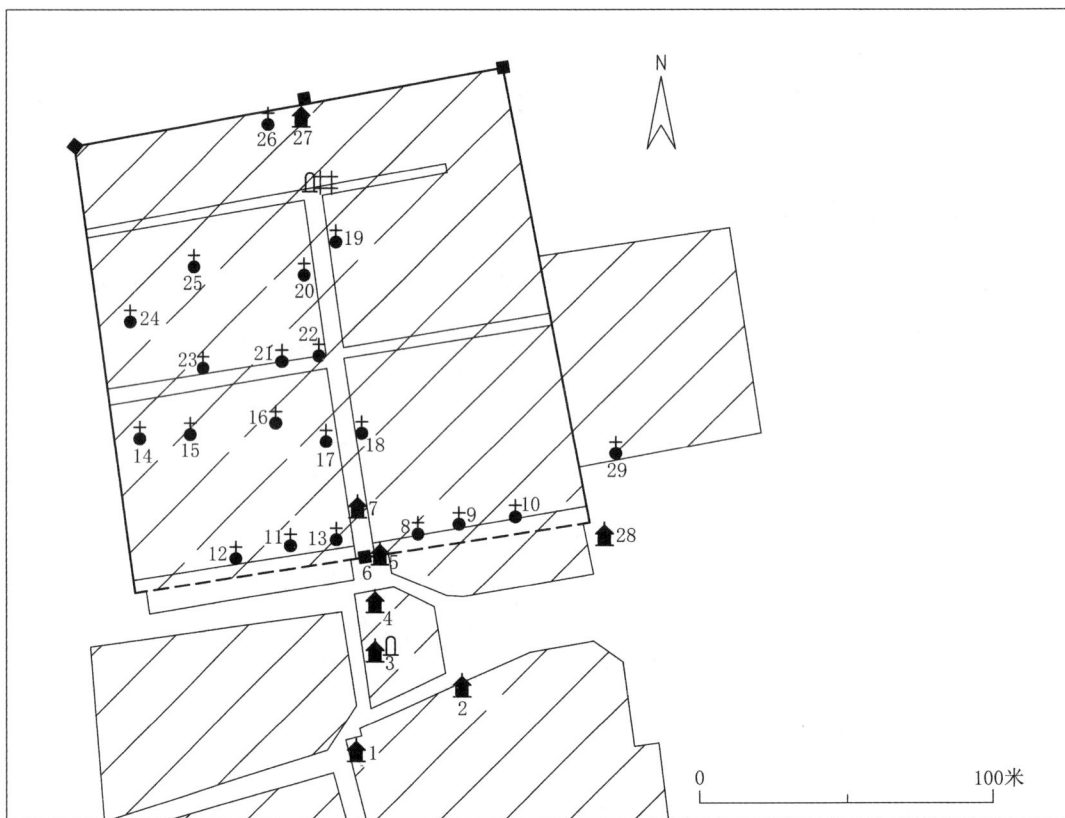

图 5.3　宋家庄村堡平面图

1. 五道庙　2. 关帝庙　3. 三官庙　4. 观音殿　5. 梓潼庙、魁星阁　6. 南门　7. 戏楼　8. 老宅院 1
9. 老宅院 2　10. 老宅院 3　11. 老宅院 5　12. 老宅院 6　13. 224 号院　14. 老宅院 14　15. 老宅院 11
16. 老宅院 15　17. 223 号院　18. 老宅院 16　19. 老宅院 7　20. 老宅院 8　21. 老宅院 9　22. 215 号院
23. 老宅院 10　24. 老宅院 12　25. 老宅院 13　26. 苏氏祠堂　27. 真武庙　28. 剧场　29. 供销社

城堡南门保存较好,砖石拱券结构,基础为条石垒砌,较低,上面青砖起券,门券高大

（彩版 5-1）。外侧为三伏三券,门券拱顶上方镶嵌有石质门匾,正题"昌明"两字,落款尚可辨有"嘉靖贰拾年□□辛丑孟月秋季吉日立造"。门匾两侧各镶嵌有 1 枚门簪,门簪现已无存,仅存痕迹。门簪两侧各镶嵌有一块砖雕装饰,东侧为喜鹊与鹿,西侧是猴与鹿。檐下两侧各有 1 个排水孔。内侧门券亦为三伏三券,门券较高。门内顶部为砖券结构,内侧门券顶高于外侧门券。门券内侧毛石基础有水泥加固痕迹。外门券内两侧墙体有门扇印记,门上槛亦存,门闩孔为石头雕凿而成,东侧为圆形,西侧为方形。门道地面为石板铺墁,车辙印保存较好。门内为戏楼与宽阔的南北中心街。门内东侧为登顶梯道,砖砌台阶。堡门顶部修建门楼一座,楼内面南供梓潼,面北祀魁星。堡门外侧设有八字墙影壁,影壁基础较为宽大,有石碑作为建材者,影壁上有砖雕装饰,保存较好。南门外不远处修建有健身园。

堡墙均为黄土夯筑,破坏严重。东墙长约 159 米,墙体高薄,壁面斜直,顶部因坍塌形成许多缺口。东墙北段保存一般,墙体高薄,外侧为荒地,墙下有坍塌形成的积土,内侧为民宅。南段保存有三分之二的墙体。墙体内外侧均为民宅,墙外有近代供销社建筑,现为一座院子,开南门,门外两侧有楹联,院内为一排排房屋。南墙复原长约 159 米,墙体已无存,现为新建的民宅,南墙内侧为宽阔的顺城路,南墙东、西段内侧各有 3 座老宅院,保存较好。西墙长约 156 米,保存较差,墙体高薄、断续,有部分墙体缺失或坍塌形成的缺口,墙高 4～5 米,墙体内侧为民宅,外侧为荒地和水泥路,墙下有许多积土。墙体外立有手机信号塔。北墙长约 150 米,保存一般,墙体高薄、连贯,高 5～6 米,墙外为荒地,墙下有积土,内侧为民宅。北墙西段墙体后世曾重修,采用土坯包砌加厚。中部设 1 座马面,平面呈方形,体量大,保存较好,马面外有村民用土坯修建的烤烟房,马面下有坍塌的积土。东段墙体低厚,保存较差,墙体高 3～4 米,外侧有大量积土形成土坡。墙外为耕地和水泥路,内侧为民宅。水泥路北侧有许多土坯修建的烤烟房。

东南角已无存,现为缺口。东南角外有新建的剧场,其位置原为关帝庙。西南角已无存,为民宅所占据。西北角设 135°斜出角台,角台大部分坍塌,角台现存部分很小。东北角设 90°直出角台,保存一般。

（二）街巷与古宅院

堡内居民较少,民宅新旧房均有分布,老宅院数量众多。

南顺城街 即南墙内侧顺城道路,分为东西两段。

东街北侧有 3 座老宅院,即老宅院 1～3。老宅院 1（183 号院）,原为两进院,现为一进,东南角辟门,广亮门,硬山顶。老宅院 2 为两进院,东南角辟门,广亮门,硬山顶,前院正房面阔三间,卷棚顶,西厢房面阔三间,单坡顶,后院正房面阔五间,卷棚顶,东厢房面阔三间,单坡顶。老宅院 3 为两进院,院内砖铺地面,东南角辟门,广亮门,硬山顶,门顶局部坍塌,门内为一条巷子,门内西侧为前院院门,随墙门,院内正房面阔三间,卷棚顶,西厢房面阔两间,单坡顶。后院院门位于巷子尽头西侧,正房面阔五间,卷棚顶,东西厢房面阔三间,单坡顶。

西街北侧有3座老宅院,即老宅院4~6。老宅院4(224号院)为邹家大院,原为两进院,现为一进院,东南角辟门,广亮门,硬山顶,门道铺石板,门内正对一座单间的影壁,院内砖铺地面,正房面阔五间,卷棚顶。老宅院5,两进院,东南角辟门,广亮门,硬山顶,院内为一条巷子,西侧分前后2院,各有二道门。老宅院6,两进院,现为一进院,广亮门,硬山顶,门内正对1座影壁,正房面阔五间,卷棚顶,前后院的东西厢房连接在一起。

前街 即十字街东西街,西街南北侧均为老宅院。215号院,一进院,东南角辟门,广亮门,硬山顶。老宅院9,一进院,东南角辟门,随墙门,平顶门洞。老宅院10,一进院,东南角辟门,广亮门,卷棚顶。老宅院11,随墙门,院内正房面阔三间,卷棚顶。老宅院12,一进院,南墙正中辟门,门已坍塌,院内正房面阔五间,硬山顶,东西厢房面阔三间,单坡顶。老宅院13,广亮门,卷棚顶。

正街 即南门内主街有4座老宅院,即老宅院7、8、16、223号院(彩版5-2)。老宅院7,位于东侧,一进院,辟门西南角,广亮门,卷棚顶。老宅院8,位于西侧,一进院,辟门东南角,广亮门,卷棚顶,门内正对1座山影壁(位于西侧院倒座房东山墙)。门内为东西2座院子并列,均为一进院,东侧院正房面阔三间,卷棚顶,门厅退金廊,东西厢房面阔三间,单坡顶。西侧院的二门为随墙门,门外分立上马石,院内为四合院布局,砖铺地面,正房面阔五间,卷棚顶,东西厢房面阔三间,单坡顶,倒座房面阔三间,卷棚顶。老宅院16,位于东侧,两进院,辟门于西南角,广亮门,硬山顶。门内为一条巷子,巷内有2座二道门,分属两个院子,1座为随墙门,平顶门洞,硬山顶,1座为西洋门。223号院,位于西侧,两进院,辟门于东南角,随墙门,平顶门洞。

古井 位于堡内南北主街尽头井房内,房屋为土坯修建,房内地面上铺有10通石碑,以墓碑为主。水井已废弃,辘轳及立石尚存,立石为石碑改造而成,石碑为《石井记》,尚存部分文字,漫漶不清,落款可见"万历十二年"字样。

苏氏祠堂 位于古井西侧。苏氏祠堂是苏氏家族为祭奠祖先而建,宋家庄苏氏的先祖是明威武将军苏镇。祠堂正殿单檐,卷棚顶,面阔三间,窗户尚存,但用土坯封堵。祠堂正面立有1通石碑,刊刻于"大清同治四年荷月穀旦"[1]。碑文开篇即是"尝闻莫为之前,虽美弗彰;莫为之后,虽盛弗传"。谈到先祖时,碑文云:"自大明正德十二年以指挥金事守备龙门所,授明威武将军职,始入宣化府蔚县恺悌里三甲宋家庄籍贯。遂建坟于城南,修庄舍于坟东,死后此坟立为始祖。"苏氏的先祖苏镇在明正德十二年(1517)曾在宣府任军职,后入蔚县宋家庄籍,但碑文中并未提及苏镇的原籍是何地。

---

〔1〕 邓庆平:《蔚县碑铭辑录》,广西师范大学出版社,2009年,第452页。

祠堂正殿内三面墙上皆写有族谱,正面正中两株繁盛的大树之下共 6 排牌位,最高位仅 1 个牌位,上书"皇清苏门先远三代宗祖之位",此下 1 排是一至五世祖之牌位,正中的便是"始祖明威将军苏镇"之牌位。再往下便是六至七世祖牌位,然后排到最后 1 排便是十一世祖至十二世祖的牌位。祠堂两侧山墙还有牌位,但因两侧山墙墙壁毁坏严重,漫漶不清。

祠堂正殿内墙壁上镶嵌有 2 通石碑,刊刻于嘉庆二十三年(1818),东侧为《苏氏创建祠堂碑记》,西侧为《苏氏祠堂房地租粮碑记》[1]。由此可知,祠堂创建于清嘉庆二十三年(1818),距今已有 200 多年的历史。

如今,祠堂已废弃,堂内放置棺材,两侧山墙损毁严重。

三、寺庙

据当地长者回忆,宋家庄堡曾修建有观音殿、三官庙、五道庙、戏楼、梓潼楼/魁星庙、真武庙、关帝庙、龙神庙。

观音殿　位于堡南门外侧,坐南面北,正对堡门。庙院修建在台明上,院墙与山门尚存。山门为随墙门,平顶门洞,门外设踏步,山门内两侧为殿房,后墙构成北墙。正殿已毁。庙院的东侧曾凿"官井"一眼,位于 1 座屋内,如今古井已填平,屋内墙壁上镶嵌有 2 通石碑。1 通为光绪二十七年(1901)《重甃宋家庄堡外官井记》[2]。碑文记述了"二十四年"与"二十六年"甃井的经过及支出明细等。

三官庙　位于观音殿南侧,健身园西侧,现为一户民居。庙院尚存,曾被"宋家庄村经济联合会"所占,后空置。东墙南侧开设院门,院门为随墙门,硬山顶,平顶门洞。院内为一排住房,住有居民。西侧为庙殿,坐北面南,尚存正殿及东、西耳房。正殿面阔单间,硬山顶,进深五架梁。门窗尚存,前檐额枋上有残存的彩绘。殿内堆放杂物,四壁表面涂刷白灰浆。仅存东西山尖壁画,保存较好。顶部脊檩上存彩绘《八卦图》。殿前为砖铺地面的庙院。西耳房现为该院居民的储物间,屋顶已翻修。耳房南墙镶嵌有 1 通嘉庆十六年(1811)《新甃井碑记》[3],保存较好,内容记述了韩家修井一事。东耳房亦维修,耳房南墙上亦镶嵌有 1 通嘉庆十五年(1810)《重修建义学禅房斋房碑记》石碑,保存较好。

五道庙　位于堡南门外路口东南角。正殿坐东面西,面阔单间,硬山顶,进深四架梁出前檐廊,挑檐木出挑较长,用立柱支撑。五道庙前檐下为土坯墙封堵,前廊的东侧留有一门可入内。庙内堆满枯树枝,壁画尚存。壁画中神像头部遭受破坏,但色彩还较鲜艳。

正壁绘《众神坐堂议事图》。正中为五道神,两侧后为随从。北侧为土地神,土地神后

---

〔1〕 邓庆平:《蔚县碑铭辑录》,广西师范大学出版社,2009 年,第 448～450 页。
〔2〕 邓庆平:《蔚县碑铭辑录》,广西师范大学出版社,2009 年,第 454 页。
〔3〕 邓庆平:《蔚县碑铭辑录》,广西师范大学出版社,2009 年,第 446 页。

为手持龙头拐杖的随从。南侧为山神，山神后为手持书卷的随从。正壁两侧下角，东下角为着黑衣手持生死簿的判官，西下角为手持铁环的小鬼。

南壁为《出征捉妖图》，主体画面是大军跃马飞奔而来，画面右上方有一个山洞，洞中桌后坐着一男一女，从形象来看为奸夫淫妇，洞口有一只小妖手持令旗单腿跪地，应是传报洞外大军已至，洞口还有一只小妖被大军追得仓皇而逃。

北壁为《三神审判图》，宫殿中坐三位神，殿外置一桌，奸夫淫妇跪于桌前接受审判。

南壁东侧画框尚存 2 片题记，一片为"中华民国六年丁巳阴历九月工完吉立笔画叁拾日午时开光阁村重善人等重建修绣画神像人张德笔题揽工人画匠张福"另一片为"会首邹万林苏正业邹元景"。据此，壁画为 1917 年作品。

戏楼 位于堡门内主街上(彩版 5-3)。戏楼为穿心式，坐南面北，砖石台明存高 1.5 米，建筑面积 62 平方米。戏楼面阔三间，进深四间，后硬山顶接前卷棚顶式，顶部脊檩上有彩绘的《八卦图》。南侧门上镶嵌有匾额，台明中部留有 2 米多宽的通道，是堡内行人车辆的主要通道。唱戏时于通道上搭盖木板，上面即是文唱武打的大舞台，台前的街道便成了看戏的场子。

戏楼硬山顶与卷棚顶部分之间置金柱 4 根。金柱一线置木隔扇。明间原悬木匾，为清末贡生冯国华所书"观其声"3 字。次间隔扇走马板上楷书字迹残缺不全，其书法有清代书法家金农的笔意韵致。

前卷棚部分为四架梁，未置金瓜柱，以柁峰代替，柁峰为"亚式"雕番草。前台口 4 根檐柱，下为青石古镜柱础。阑额、普柏枋，枋心浮雕泥塑金龙五条，呈飞舞状，普柏枋两侧为卷草雀替，抹斜卷草，下垫小斗，小斗两侧出 3 幅云。下层檩垫枋明间绘"碾玉装"，次间枋心绘"戏剧人物"画，枋心两侧绘"梅、兰、竹、菊"。前檐椽头浮贴彩绘狮子头。

后硬山顶部分为三架梁中置通柱。后台面南檐下走马板上有"屡庆年丰"行楷大字木雕匾额。撩檐檩垫枋，枋心贴泥塑金龙 4 条。

戏楼内东西墙壁上尚存民国时期的壁画。前台西山墙绘"绿牡丹""花碧莲捉猴"。主景为楼阁界画，界画正中为 1 座八角式三层攒尖楼阁，两边为三层歇山式楼阁。中间楼阁檐角上绘 1 只黄猴回首张望，底层屋檐上绘花碧莲持剑即将擒捉灵猴，楼下数位男子神情各异，翘首张望。阁楼檐柱书写楹联一副"挡住有边无空处，谢仪加倍足纹银"。东山墙壁绘"打金枝"戏画，已漫漶不清。

村中老人回忆，当年戏楼正面椽头都雕着狮子头和戏剧人物脸谱，形态逼真，极为精美。因戏楼与宋家庄村堡北面的真武庙遥遥相对，早年每逢三月三日真武大帝圣诞日，都要在戏楼内唱戏酬神。

戏楼现存题壁达 20 余条。而且不少题壁都可以引出一段故事。这里仅简要介绍几条。

其一，"狼山永盛班，大光绪二十二年"。永盛班，亦称狼山老戏班，班主姓裴，艺名狼山红。狼山红嗓音宽亮,韵味醇厚。当年狼山黑在永盛班搭班时,二人演《捉放曹》,狼山红饰陈宫,狼山黑饰曹操,两个人都演得惟妙惟肖。永盛班的名角有:保定张吉仙、刀劈生杨吉庆、十样锦、八百银、磨官旦、咬牙黑、老黄会等。狼山红曾带永盛班进张家口演出,一时名播遐迩,艺震张宣,被尊称为"东路王"。

其二,"红计,金达子,河北梆子"。金达子是 20 世纪 40 年代誉满天津、北京、河北、山东一带的河北梆子名伶,与银达子(王庆林)、王玉磬比肩并论。金达子原名季彩霞,天津宝坻人,1924 年生。她 9 岁随父季金亭和师傅王双琪学艺,14 岁又从师河北梆子李志亭、京剧演员金灵仙学青衣、花旦、刀马旦等。三年出师后加入奎德班,18 岁在班里挑大梁,名驰京、津、冀、晋、内蒙古、鲁等地。金达子功底扎实、吐字清晰,表演细腻传神、行腔刚柔相济,深受观众欢迎。她的拿手戏有《喜荣归》《拾玉镯》《打金枝》《大登殿》等。

其三,有一条题壁记载了一千红于"光绪三十年"在穿心戏楼献戏的情况。一千红,著名须生,清咸丰年间家居蔚州。一千红先唱中路梆子,又唱北路梆子,后唱蔚州大戏。有人说蔚州 800 座戏楼,他唱过戏的台子就有 600 多座。一千红天生一副挺拔亢亮、刚柔相济的好嗓子,吐字真切,喷口遒劲,大段乱弹唱得满宫满调,跌宕多姿。每次出台,张口一句"定太平",台下观众无不屏息凝神,随即喝彩声四起。在蔚州一直流传有"十六红的手,一盏灯的走,凤凰旦的扭,一千红的吼"的说法。

梓潼楼/魁星庙　位于堡南门楼内,单檐,硬山顶,面阔三间,进深五架梁,前后出廊,前后中墙分心鸳鸯式,两侧山墙挑檐木连通,前檐额枋上有残存的彩绘和木雕装饰。前后檐下门窗皆无。殿内面南供梓潼,面北祀魁星。东西两侧墙壁上有残存的壁画,表面涂刷白灰浆,破坏严重。

真武庙　位于北墙中部马面顶部,与南门、戏楼相对。真武庙在抗战时期为日军所烧毁,之后被当地村民拆除。

关帝庙　位于堡东南角外,现已无存。

龙神庙　位于堡南,现已无存。

第三节　朱家庄村

一、自然环境与人文历史

朱家庄村位于宋家庄镇东北 4.2 公里处,地处平川,东临沙河,地势平坦,多为壤土质,部分黏土质,辟为耕地。1980 年前后有 576 人,耕地 2 992 亩,曾为朱家庄大队驻地。

相传,明朝初期朱姓在这里建村,故取名朱家庄。村名可考的历史最早见于《(崇祯)蔚州志》,作"朱家庄堡",《(顺治)云中郡志》《(顺治)蔚州志》沿用,《(乾隆)蔚州志补》作"朱家庄",《(光绪)蔚州志》《(民国)察哈尔省通志》沿用。

二、城堡

据当地长者回忆,旧村位于现今村庄的北侧,原修建有城堡,清末民国时期因洪水将旧村冲毁,故搬到现今村址处居住。如今,村庄南北狭长,228乡道穿村而过,村内共有2条南北向主街道,民宅以新房为主,寺庙、老宅院多集中在东侧主街两边(图5.4)。

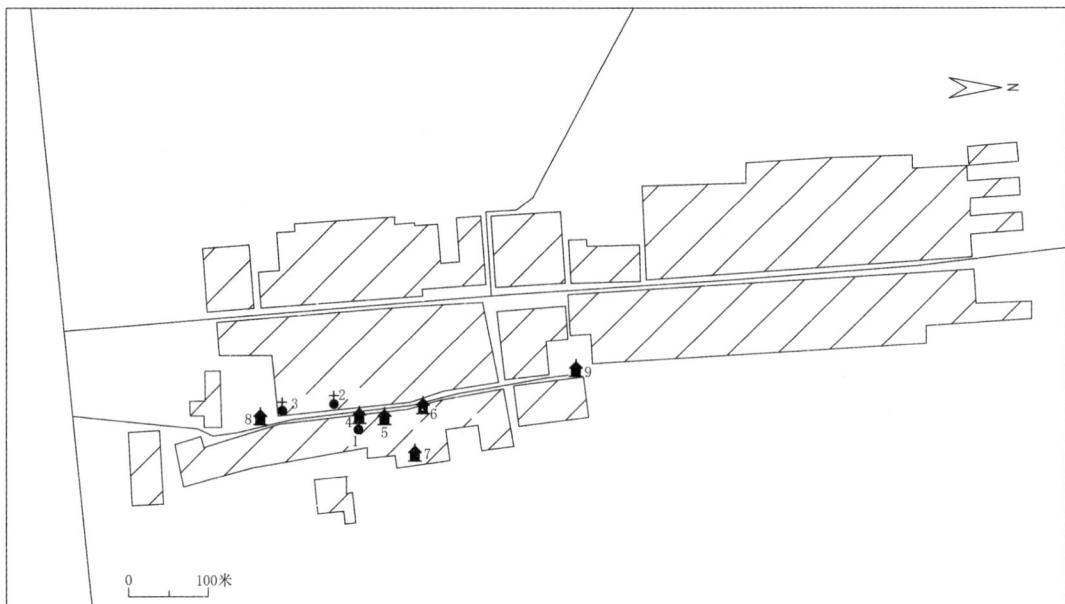

图5.4 朱家庄村古建筑分布图

1.老宅院1　2.老宅院2　3.老宅院3　4.戏楼　5.龙神庙　6.五道庙
7.山神庙　8.佛殿/观音殿　9.关帝庙

老宅院1 位于主街东侧,戏楼东侧。宅院整体坐北面南,两进院,辟门于西南角,坐东面西,旧宅门无存。前院正房面阔三间,卷棚顶,后院正房面阔三间,硬山顶。

老宅院2 位于主街西侧,戏楼西南侧,一进院,东南角辟门,坐西面东,广亮门,硬山顶,3块楣板尚存墨书题字,中间者为"食",推测原书写"大食堂"。院内正房面阔五间,硬山顶,墀头尚存砖雕装饰,砖雕悬鱼尚存,保存尚好。

老宅院3 位于主街西侧,观音堂北侧,一进院,东南角辟门,坐西面东,宅门为广亮门,硬山顶。宅院规模大,但院内仅存正房。

三、寺庙

山神庙　位于东侧中心主街东侧一东西巷的东端,保存较好。寺庙整体坐东面西,庙前残存有院墙基,说明曾建有院墙。但院墙及院门无存,仅存砖铺地面。正殿面阔单间,硬山顶,出前檐廊,门窗尚存,但为土坯墙封堵,殿内墙壁没有壁画遗存,堆放有杂物,东墙下设有神台。

五道庙　位于山神庙前东西向道路和南北主路交汇处的东北角,五道庙仅存基础。旁边有一眼废弃的水井,水井边有辘轳石,井壁皆由条石砌筑,水井内堆满垃圾。

龙神庙　位于南北主街东侧(彩版5-4)。龙神庙为一座独立的庙院,院内地面高于外侧,院墙无存,山门为券形砖砌门。院内为砖铺地面,长有一株柏树。正殿坐北面南,面阔三间,单檐,硬山顶,山墙与脊顶为旧构,后墙与前槛墙皆由红砖重砌。1966年将墙壁表面涂刷白灰浆并刷黄泥,殿内壁画已毁。

戏楼　位于龙神庙对面,戏楼坐南面北,单檐,六檩卷棚顶,面阔三间(坐二破三式),戏楼下砖石台明高1.2米,台明顶部边缘铺石碑等石板,其中有石碑9通,字迹漫漶。挑檐木出挑较浅,前檐额枋表面尚存部分彩绘,檐下柱间有木雕雀替。戏楼前台已封堵,正面安装门窗,改造成房屋。戏楼没有壁画遗存。戏楼东侧有戏房一间,四檩卷棚瓦顶。

佛殿/观音殿　位于村南端,南北主街的西侧。现为一座庙院,新建院墙,开南北门,北门外旁边尚存2通石碑,分别为乾隆三十五年(1770)和光绪二年(1876)的墓碑。庙院整体坐北面南。正殿面阔单间,硬山顶,进深五架梁,分设有南北两殿,分占二椽。南侧为佛殿;北侧为倒座观音殿。两殿皆已重修,殿中壁画新绘。

佛殿,正壁正中莲花座上高坐释迦佛祖,左右有骑白象的普贤与骑麒麟的文殊;两侧山墙各绘有2排3列连环画,从内容上来看,摘自《净宗法语大观》中的"第六编往生品位",说明此殿所供为净土宗。佛殿西院墙上设有1座龛,内供面然大士。佛殿西耳房尚存。

观音殿,正面正中绘有观音,两侧分列财神与护法神将,两侧绘有普门品与十八罗汉。院南侧禅房后墙上,嵌有1通光绪三十三年(1907)《朱家庄买地碑》[1]石碑,即重修观音殿所立,碑中记载了自光绪十四年起募捐修建观音殿的过程。碑边上还有一块空碑座,为新修观音殿后立碑所用,但因经费问题碑未刻。此外观音殿的北面还有房屋。

三官庙　位于村南端,南北正街西侧,佛殿/观音殿院内东北角。正殿坐北面南,面阔单间,单坡顶,新建建筑,殿内壁画新绘,正面绘有天官、地官与水官,东壁绘《三官巡游图》,西壁绘《游毕回宫图》。

关帝庙　位于村东侧南北主街北端一株松树下,处于村庄的东北角(彩版5-5)。庙院

---

〔1〕 邓庆平:《蔚县碑铭辑录》,广西师范大学出版社,2009年,第478页。

建在高 1.2 米的砖砌台明上,坐北面南,院墙仅存南墙,其余坍塌,院内地面条砖铺墁。甬路西有古松一株高 10 米,冠径 6 米。南院墙中部开门,广亮大门,单檐,硬山顶,门楼前设 8 步台阶,前檐额枋尚存有彩绘装饰,脊顶正中装饰 1 座小塔刹。院内正殿、东配殿和东耳房尚存,西配殿和西耳房坍塌无存。院中北侧设正殿,坐北面南,面阔三间,硬山顶,进深五架梁出前檐廊,前檐下置"一檩一替一垫板",皆残有彩绘。门窗无存。后檐为斗拱式,柱头共有四攒,正中补间为二攒,两侧次间各为一攒,柱头栌斗上端嵌入大栀内。正脊也由斗拱支承。东西山墙的墀头尚有砖雕装饰。殿内曾改作为教室,如今堆满杂物,墙壁表面涂刷白灰浆,壁画已全毁。顶部脊檩上绘有彩绘《八卦图》。前廊西墙上有残存的壁画。东耳房面阔二间,卷棚顶,仅存框架,北墙坍塌。东厢房面阔三间。

第四节　辛 落 塔 村

一、自然环境与人文历史

辛落塔村位于宋家庄镇东偏北 3.6 公里处,地处平川,东临沙河,地势平坦,大部分为壤土质,辟为耕地。1980 年前后有 825 人,耕地 4 305 亩,曾为辛落塔大队驻地。

相传,明末建村后,村人为吉祥,欲在庙前建一宝塔。但辛劳建塔数次,终未落成。为记取这一事情,故取村名辛落塔。村名可考的历史最早见于《(乾隆)蔚州志补》,作"辛落塔",《(光绪)蔚州志》作"新落塔",《(民国)察哈尔省通志》作"辛落塔"。

二、街巷与古宅院

如今,村庄规模较大,呈不规则形,228 乡道穿村而过。村民数量不多,村口修建有铁牌坊,北部为旧村,南部为新村,新建的村委会大院位于村中部东侧。

据当地长者回忆,辛落塔未曾修建城堡,仅村北旧村一条东西主街,村内民宅多已翻建,老宅院较少,尚存 2 座,皆位于主街北侧。

老宅院 1　一进院,辟门于东南角,坐北面南,随墙门,平顶门洞,硬山顶。

老宅院 2　位于主街北侧巷内,一进院,西南角辟门,坐东面西,随墙门,硬山顶,已经封堵。

此外,村内正中建一口水井房,井房墙壁上镶嵌一通《创修甃井卧碑记》[1]石碑。碑

---

〔1〕　邓庆平:《蔚县碑铭辑录》,广西师范大学出版社,2009 年,第 490 页。

记内容为："人在五行之中,常备五行之用,而水火尤为人之所急需者也,能不凿井而饮乎。吾侪小民,共乐水土之恩,各安妇子之业,所以三十三年春,运石甫毖旧村中西头。人等互相功德,即时工程告成。费用钱项拾贰万壹仟有余,摊办多寡,清刻于左。"中间即为捐款人的姓名与捐款额,落款为"大清光绪叁拾叁年三月二十一日穀旦立"。

三、寺庙

龙神庙/观音殿 位于辛落塔村东水泥路的东侧,旧村东西主街东口(彩版 5-6)。现为一组建筑群。庙院南部的围墙和山门无存,仅存北半部围墙,院内长大树一株。院中有 2 座连体硬山顶大殿,优美的弧形脊顶将两殿连为一体。面南为龙神庙,面北为观音殿。

龙神庙,坐北面南,面阔三间,硬山顶,进深六架梁出前廊,正面为土坯墙所封堵,山墙上饰山花砖雕。殿内堆放有棺材及杂物。正面设有神台。北墙壁画大部分损毁,仅存东次间部分壁画。两侧山墙壁画保存较好,东壁绘《出宫行雨图》(彩版 24-4),西壁绘《雨毕回宫图》。东壁神像动感强,图面比较活跃,人物安排紧凑,但西壁《雨毕回宫图》神像布局呆板,人物安排松散,中间多绘云彩。从色彩来看,这应是清末民初所绘。殿内顶部脊檩彩绘《八卦图》。

东壁《出宫行雨图》中,左部起于水晶宫,龙母立于其内,山神、土地神以及二郎神与哮天犬立于水晶宫前;画面正中绘有 1 座宫殿,五龙王成半弧形环绕宫殿,骑龙腾飞降雨。弧底为雨师与风神,四值功曹位于弧顶两侧,左侧为时值、日值,右侧为年值、月值;中部顶上有判官与商羊;四目神与雷公位于南部右上角,雷公下为电母,电母之下为旗官,电母之前方为风婆;时值、日值之北侧为水车。画面中间还有两位不知名的小鬼。

西壁《雨毕回宫图》中,左起于一条巨龙,地面一小鬼试图降服之;接着是钉耙神,上部再右一些为坐于水车中的电母风婆;左下部判官手举圣旨、眼望龙王,龙王回首与之交流,圣旨上写道"问判官雨下多来,宽方圆十来里,丰收来来年",原来龙王回首是问判官雨量下得是否满足要求。中部五龙王骑马而归,下三上二排列,下排插着雨师,上排夹着风伯;风伯后面跟着四目神,四目神上为时值、日值功曹;上排青龙前上方为年值、月值。南部上排领头一匹奔马,传旨官右手扬鞭,左手向前递交圣旨,右上角云彩中伸出玉帝一只大手拟接圣旨;下排两小神左肩扛条旗,右手敲锣开道。壁画北端常见的水晶宫不见踪迹,而是在右下角立有土地神双手作揖而立,恭候诸神凯旋,土地神身前蹲一只哮天犬仰天而吠。

东壁画面的底部,从云层下部有怪兽喷水而下,人们吓得四处逃散,各奔东西。西壁底部是庆丰收的场景,前面有持幡的、吹号的、打鼓的、敲锣的,再向后被杂物所遮挡。

此堂壁画东壁与西壁在诸神的数量上出现了不对称,龙母在东壁水晶宫中出现,而在西壁不见踪影。山神也在西壁中消失。

观音殿,院墙尚存,北墙正中设山门,山门为随墙门,券形门洞。院内有一株柏树。正殿坐南面北,面阔三间,硬山顶,进深四架梁。门窗仅存一门,前檐额枋上残存有彩绘装饰,殿内地面为砖铺地面,殿内三壁绘画保存状况较差,人物形象多已不清。正壁明间正中绘观音,着红色外袍,两侧立有善财童子与龙女,东侧为伽蓝护法,西侧为韦驮护法。东次间正中为着红外袍的武财神,两侧各立一位武将,外侧上角损毁。西次间正中为文财神,两侧各立一位武将,在外侧上角还有一位武将。从壁画颜色上看,应为清末时期的作品,但其中的观音像为后期重绘。两侧山墙壁画受损严重,已难以辨认,上部绘观音"救八难"题材壁画,下部绘9尊罗汉。壁画榜题皆为6字,内容虽是表述的救八难,但又不是完全一一对应。

刀行段段□坏	□□□□□□
远遇恶蛇虎蝎	□□不能□□
太阳隐注自身	雾□□□□□
降雹行施大雨	□□□□□□

从壁画颜色上看,其应为清末民国时期的作品。山尖绘画尚存,东山尖有落款,一幅为"岁次丁巳仲夏月画题",一幅为"暮新罗山如画于罗川笔意",两幅签章皆为"□德"。

戏楼　位于龙神庙南侧,正对正殿,砖石台明高1.3米。戏楼保存较好,坐南面北,面阔三间,单檐六檩卷棚顶,挑檐木出挑较长并用擎柱支撑。檐柱为古镜柱础。前檐额枋尚存彩绘和木雕装饰,明间两侧檐柱顶坨头分别浮雕"琴棋"与"书画","琴棋"尚存,"书画"已毁。撑拱明间龙头,次间象首,上层雀替抹斜式卷草,下层雀替蝉肚式。前台口外侧新修有八字墙,戏台内为方砖铺地。隔扇仅存框架,上面有彩绘,前后台走马板上绘戏剧人物。戏楼内东、西、南三面墙壁上有残存的壁画,并有20世纪60年代的题壁,内容为"蔚县石荒公社上苏庄业余剧团在此演出"。另外还一处"中华民国拾二年九月"的题壁,但下面内容漫漶。壁画大部分为白灰浆所覆盖,从颜色上看应该是民国时期的作品。

第五节　小固城村

一、自然环境与人文历史

小固城村位于宋家庄镇东北7.2公里处。村庄选址修建在平川之上,周围地势平坦开阔,一马平川,大部分壤土质,辟为大面积的耕地,村西南紧邻冲沟,东北侧也有小冲沟,附近冲沟宽而浅。1980年前后有523人,耕地3 100亩,曾为小固城大队驻地。

相传,明末建村,取名兴旺庄。1945年后,因住户少,又与大固城相邻,故更名小固城。村名可考的历史最早见于《(正德)大同府志》,作"故城堡",《(崇祯)蔚州志》《(顺治)云中郡志》沿用,《(乾隆)蔚州志补》作"兴旺庄",《(光绪)蔚州志》《(民国)察哈尔省通志》沿用。

二、城堡

据当地长者回忆,小固城曾修建有堡墙,堡墙已全部拆毁,四至范围未知。堡开西门,即现存龙神庙东侧。

如今,村庄规模不大,由2条南北主街和3条东西主街组成。旧村在北部,新村在南部。北部旧村的民宅以土旧房为主,翻修屋顶者较少,南面新村以新房为主,居民较多。村委会大院在新村村中。村西和村南修建有许多烤烟房。228、217、227乡道穿村而过。

原堡内正街两侧尚残存6座广亮门楼,2座为硬山顶,4座为卷棚顶。

三、寺庙

龙神庙 位于城堡西门外,今村西侧水塘北岸台地上,坐北面南。原为一座庙院,现院墙坍塌,山门残存。山门为随墙门,檐顶已残损。院内设正殿一座,坐北面南,面阔三间,硬山顶,进深六架梁出前檐廊。正殿后墙倒塌,两侧山墙尚存,殿内墙壁涂刷白灰浆和黄泥,壁画仅存部分图案,为清中期作品,山尖壁画保存较好。院内尚存一通光绪二十二年(1896)《香火地碑记》石碑。

真武庙 位于旧堡北墙上,庙新近修缮。山门与院墙皆由红砖砌筑,门上悬挂有匾额,正题"真武庙"三字,门两侧贴有对联,上联"取东海一滴清水急救庄稼",下联"借西山半天白云普润群生"。正殿坐北面南,面阔单间,硬山顶,进深四架梁出前檐廊,前廊西墙下设面然大士龛,山墙为旧构,殿内壁画新绘,东西山墙壁画为连环画式,各4排4列。前檐廊东墙下立一通光绪壬午年(光绪八年,即1882年)《创建真武庙碑记》石碑。

第六节　大 固 城 村

一、自然环境与人文历史

大固城村位于宋家庄镇东北7.1公里处,地处平川,地势平坦开阔,村东临沙河,为沙土质,辟为大面积耕地。1980 年前后有 1 324 人,耕地 5 400 亩,曾为大固城大队驻地。

相传,本村建于元泰定年间,另传明正德二年(1507)时名为固城里。明末汉人抗清于此村,几番激战,借城垣抵御未能失陷,故更名固城,后村北又建一村,以大小分之,此即为大固城。村名可考的历史最早见于《(正德)大同府志》,作“故城堡”,《(崇祯)蔚州志》《(顺治)云中郡志》沿用,《(乾隆)蔚州志补》作“固城”,《(光绪)蔚州志》作“固城村”,《(民国)察哈尔省通志》作“大同村”。

如今,大固城村规模很大,228、217 乡道穿村而过。村庄西面为新村,规模较大,由 4 条南北主街和 1 条东西主街组成,新建民宅,整齐划一。东北角外为旧村,即城堡所在地(图 5.5)。

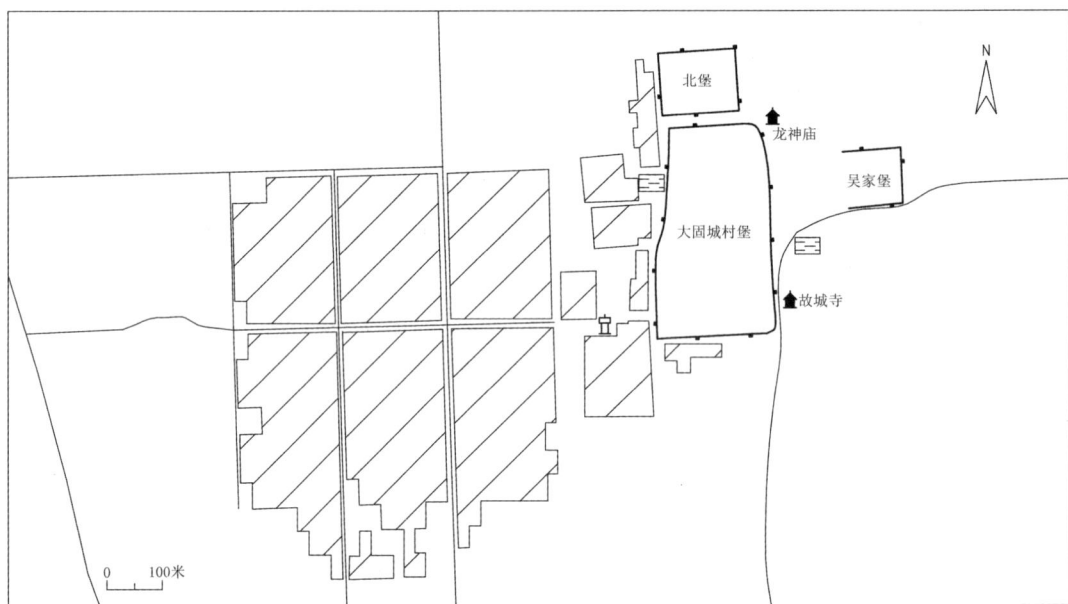

图 5.5　大固城村古建筑分布图

二、城堡与寺庙

(一) 大固城村堡

1. 城堡

(1) 城防设施

大固城村堡位于旧村内,城堡规模大,平面大致呈矩形,周长约 1 143 米,南北长,东西短,开东、西门,堡内平面布局为南十字街、北丁字街结构(图 5.6)。

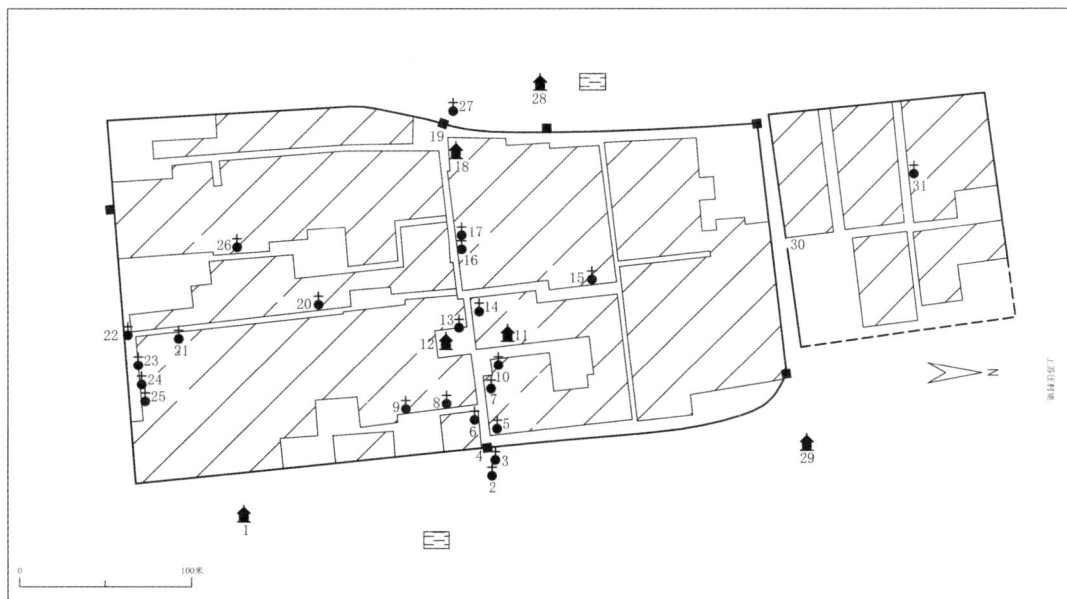

图 5.6 大固城村堡平面图

1. 故城寺 2. 影壁 3. 影壁 4. 东门 5. 老宅院 1 6. 老宅院 2 7. 老宅院 3 8. 老宅院 4
9. 老宅院 5 10. 近代建筑 11. 关帝庙 12. 戏楼 13. 影壁 14. 近代建筑 15. 老宅院 14
16. 老宅院 12 17. 老宅院 13 18. 神龛 19. 西门 20. 老宅院 6 21. 老宅院 7 22. 影壁
23. 老宅院 8 24. 老宅院 9 25. 老宅院 10 26. 老宅院 11 27. 影壁 28. 西寺
29. 龙神庙 30. 南门 31. 贺家大院

城堡东门建筑高大,砖石拱券结构,基础为条石垒砌而成,基础较厚,上面青砖起券(彩版 5-7)。外门券五伏五券,门券拱顶上方镶嵌有石质门匾(拓 5.1),正题"故城永安堡",右侧前款"大明国",左侧落款"嘉靖十二年七月吉日",正题下方刻有 1 排人名,以贾姓为主。门匾上方的门顶部有砖作仿木构砖雕,砖雕斗拱,一斗三升六攒、垂花柱,柱端头悬寿桃。外侧门券曾扩建,即后代(推测为清代)在原先门券的外面加修一层门券,使得现存门券较厚,中间接缝明显,增修的门券顶部与旧门券交界处有"星池灭火"痕迹(彩版 5-8)。东门内侧门券亦为五伏五券,出二层伏楣,门券拱顶上方镶嵌有砖制阴文门匾,正题由 4 块方砖组成,题写"东望休昌",右侧第 1 块砖尚有 1 排竖字"崇祯十年五月吉日重修"。门内顶部为木梁架结构,门道为自然石铺墁。城门内置木门两扇,保存较好,外包铁皮,蘑菇钉。门扇上有铆钉组成的字"天下太平",门上槛尚存。门外南北两侧设护门墩,保存较好。东门外北侧和东侧设有半封闭式影壁,2 座影壁连接在一起,影壁基础为毛石修砌,上面砖墙,结构简单,几乎没有装饰。东门内为宽阔的东西中心街。

城堡西门与东门类似,亦为两次修筑,两次修筑门券的接缝明显(彩版 5-9)。外侧增修的门券已坍塌,仅存北面墙体,原先的门券保存较好,五伏五券。门券拱顶上方镶嵌石质门匾,字迹漫漶。西门内侧门券坍塌,现为木梁架平顶结构,结构简单。西门内侧基础为条石砌筑,上面砌砖墙,平顶,铺瓦,结构简单,推测为原先结构坍塌,后人重修时因陋就简而成。门道为自然石铺墁。门内木门扇尚存,外包铁皮,钉蘑菇钉。门扇上有铆钉组成的字"百事大吉"。门外北、西侧设半封闭式影壁,影壁结构简单。

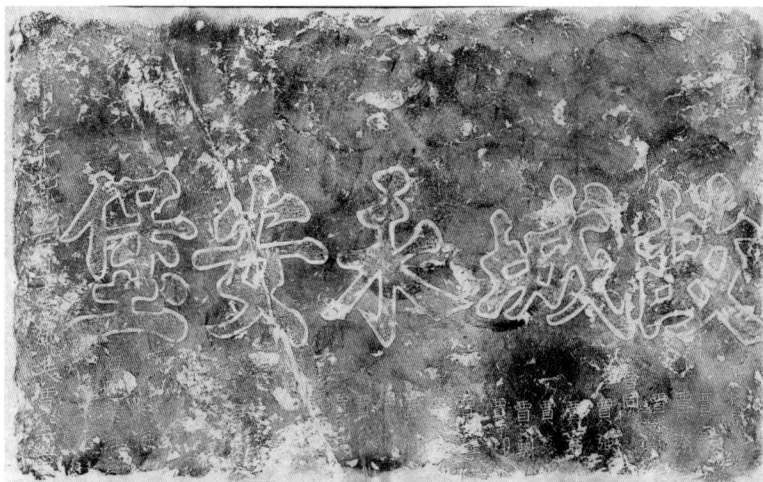

拓 5.1　宋家庄镇大固城村堡东门门额拓片(蔚县博物馆　李新威　提供)

堡墙均为黄土夯筑,据当地 76 岁的贾姓老人回忆,1966 年时,尚可在堡墙顶绕堡环行,后逐渐拆毁、坍塌,如今保存较差。堡内地面高于堡外。东墙长约 394 米,墙体高薄、连贯,壁面斜直,基础较厚,底宽 3 米左右。外侧下方有坍塌形成的积土,顶部多因坍塌形成大小不等的缺口,墙体高低起伏不平。墙体高 7～8 米,内侧为民宅,外侧为荒地和顺城土路(217 乡道)。北段墙体高薄,断断续续,部分较高处墙体高 10 米,墙体外侧有大量坍塌形成的积土,墙外为顺城道路,墙内侧为顺城路,路边有土旧房屋。南段内侧为民宅。南墙长约 212 米,高 1～5 米,墙体较薄,多已倾斜,高低起伏,断断续续,内侧为民宅和荒地,外侧为顺墙道路,南墙偏西设 1 座马面,保存较差,高 6～7 米。西墙长约 382 米。南段墙体高大,保存一般,壁面多坍塌而不平,墙体高低起伏,高 6～8 米。墙体内侧为倚墙修建的民宅,民宅东面为南北向街道;外侧为荒地和道路。西墙北段墙体高薄,壁面斜直,墙体不连贯,有许多坍塌形成的缺口,缺口处只保存有基础部分,墙外下有积土和土路。北段墙外有 1 座水坑,坑边长有许多树木。西墙马面位于水坑东侧,马面保存一般,体量高大,但外突并不明显。北墙长约 155 米,保存一般,墙体高厚连贯,因坍塌而壁面不平整,墙高 8～9 米,外侧壁面长有树木,墙内侧为民宅,外侧为顺城土路。墙外有坍塌形成的积土,积土很厚,且有取土的遗迹。

东南角、西南角未设角台,仅为转角,有两次修筑的遗迹。西北角设 90°角台,保存较好,体量大,高 8～9 米。东北角设 90°直出角台,保存较好,角台体量大,高近 10 米,外立面下有大量坍塌的积土。东北角外有 1 座夯土台明,上建有 1 座龙王堂。

(2) 街巷与古宅院

据堡中"故里二贾"的后代,76 岁的贾姓老人回忆,村中有贾姓与杨姓两大姓,贾姓来自唐县五道沟,杨姓是从县城南庄搬迁至此。贾姓至此较早,原是大姓,但如今贾姓已没有杨姓人多。旧时故里贾家一共有 4 兄弟,其他三门贾家兄弟都已回老家唐县,并带走家谱。只留下了第二门的二贾即"故里二贾"。村南还有贾家的祖坟,多年前,返回唐县的贾家还回本村祭祖。但如今贾家后人已不再回来祭祖,仅本地的贾姓去祭祖。附近大云疃、水北与张中堡的贾姓,均为大固城搬迁去的。

贾家兴旺时,曾有一位作了驸马(或郡主)。此时前后,贾家对整座城堡进行了堡墙的修缮与堡门门券的加厚工程。东门内"东望休昌"门匾上面的重修时间,即为本次重修的时间。"东望休昌"这四个字推测也是贾家所寄托的"东望"故乡的意思。"休"字代表"吉庆,美善,福禄",或通"煦",代表温和、温暖,借用了"休明盛世"或"休福"中的"休"。

如今,堡内居民较少,民宅以土旧房为主,大部分废弃、坍塌,老宅院较少。正街即十字街主街,分为东、西、南、北 4 段,两侧老宅院较多。

正街东段　尚存 5 座老宅院。老宅院 1,位于北侧,一进院,坐北面南,院门开于东南角,广亮门,硬山顶,已经废弃。老宅院 2,位于南侧,一进院,坐北面南,院门开于西北角,广亮门,硬山顶。老宅院 3,位于北侧,一进院,坐北面南,院门开于东南角,广亮门,硬山顶。老宅院 4,位于正街南侧一巷内,街道西侧,一进院,坐北面南,院门开于东南角,广亮门,硬山顶。老宅院 5,位于正街南侧一巷内,街道西侧,一进院,坐北面南,院门开于东南角,广亮门,硬山顶。

正街南段　尚存 6 座老宅院。老宅院 6,位于街道西侧,一进院,坐北面南,院门开于东南角,广亮门,硬山顶。老宅院 7,位于街道东侧,一进院,坐北面南,院门开于西南角,随墙门,院内已经废弃。老宅院 8,位于南墙内顺城街北侧,一进院,坐北面南,院门开于东南角,广亮门,硬山顶。老宅院 9,位于南墙内顺城街北侧,一进院,坐北面南,院门开于东南角,随墙门,院内已经废弃。老宅院 10,位于南墙内顺城街北侧,一进院,坐北面南,院门开于西南角,广亮门,硬山顶,院内已经废弃。老宅院 11,位于街道西侧,一进院,坐北面南,院门开于东南角,广亮门,卷棚顶,正房面阔五间,单坡顶,东西厢房面阔三间,单坡顶。

正街西段　尚存 2 座老宅院。老宅院 12,位于主街北侧,一进院,坐北面南,院门开于西南角,随墙门。老宅院13,位于主街北侧,坐北面南,院门开于南墙正中,广亮门,硬山顶,门内设1座影壁。

正街北段 仅1座老宅院。老宅院14,位于街道西侧,一进院,坐北面南,院门开于东南角,随墙门。

2. 寺庙

据当地76岁的贾姓老人回忆,大固城村堡曾修建有16～17座庙宇。尚能回忆起有关帝庙、戏楼、西寺、故城寺(东大寺、心佛寺)、马神庙、财神庙、三官庙、龙王堂、三贤庙、魁星庙/地藏庙、立马关公、观音殿、五道庙(5座)。大固城堡无真武庙。上述庙多拆毁于1966～1969年,堡内的戏楼被2位老人以命相保,得以逃过一劫。

关帝庙 位于堡内十字路口东北侧。关帝庙东、西侧为近代建筑(彩版5-10、11)。东侧为1座供销社,西侧为大队部,尚存有大门及一排房屋。寺庙为一座独立的庙院,坐北面南,整个庙宇坐落在1高米的砖砌庙台上,占地140平方米,主要建筑从南至北依次为砖砌小门楼一座,正殿一座。院墙与山门皆为新砌,正殿为原构。正殿,坐北朝南,面阔三间,硬山顶,进深五架梁出前廊。前檐额枋有残存的彩绘,门窗全部封死。殿内为砖铺地面,顶部脊檩上有彩绘《八卦图》。殿中内壁表面曾涂刷白灰浆,但白灰浆被清理过,露出底下的原画,虽壁画保存状况不理想,但仍可辨认。壁画为清末民国时期的作品,所绘内容皆是《三国演义》中关羽的故事。

正壁壁画可划分为3个情景。明间绘有《关帝坐堂议事图》,背景为七折屏风,中间为关帝,两侧后为持扇侍童;两侧分别为左丞相陆秀夫,右丞相张世杰,各手持笏板而立,左、右丞相后方各有一位端盘子的随从;再两侧,东侧为关平,西侧为周仓。东次间绘有关羽与周仓、关平,关羽在方桌的西侧,身着绿色长袍,手中拿着《左氏春秋》,周仓、关平位于方桌的东侧,周仓手持青龙偃月刀,关平手持宝剑,整个画面表述了一本春秋看天下。西次间,中间仍是一张方桌,方桌上摆有茶壶与茶杯,关羽坐在东侧一边,西侧前方立着一位着红袍的文官,周仓手持青龙偃月刀、关平手持宝剑立于文官后方,整个画面表述的是"一壶清茶聊天下"。

东、西两侧壁画,绘有《三国演义》中以关羽事迹为主线的事故,每侧2排4列,各有8幅,共16幅。每幅画间以花草、山石隔开,虽不是直线矩形,但也相对规整。东壁有5幅残榜题,西壁只有1幅残有榜题。残存的榜题有,"卧牛山收周仓""刘关张观地理图""张飞拉过长坂桥""落凤坡前换马""圣帝君单刀赴会"等。从内容看,以16幅较少的数量,不仅表现了关羽征战的一生,而且其中还有张飞、庞统等,其跨度大、表现的人物也多。在两壁连环画的北侧,也即与北壁相连的内侧,还各立有一位武将,似在为正中的关羽值守。从这堂绘画内容来看,大固城关帝庙很有可能原是三义庙。

东壁

□□□□□□	□□□□□□	□□□□□□	云长□定寄子
卧牛山收周仓	刘关张观地理图	张飞拉过长坂桥	落凤坡前换马

西壁

□□□□□□	□□□□□□	□□□□□□	圣帝君单刀赴会
□□□□□	□□□□□□	□□□□□□	□□□□□公

戏楼　位于关帝庙对面,建于砖石台明上,台明高 1.3 米(彩版 5-12)。戏楼坐南面北,面阔三间,硬山顶,进深七架梁,前四椽加上后二椽,挑檐木较长,前檐额枋尚存彩绘,正脊卷草花脊。前檐柱 4 根,柱下古镜石柱础。后金柱 2 根,隔开前后台。前檐下有斗拱,一共有 9 攒,两侧次间补间各 1 攒,明间补间有 3 攒。戏楼内地面为方砖铺墁,堆放杂物,山墙为土坯心。楼内墙壁尚存民国时期的壁画,壁画绘人物楼阁,题字"西洋楼、四望亭"。戏楼西侧为影壁,坐西面东。

西寺　位于西墙北段外侧水坑南岸,现在为一座夯土台,并有"文革"时期修建的涵洞。

故城寺　位于大固城村堡东门外南侧,俗称东大寺、心佛寺,因院东有辽代故城(现为遗址)而得名(彩版 5-13)。整体坐北面南,占地面积 2 500 余平方米。旧时有山门 1 座,山门左、右为钟、鼓楼,山门正南建一照壁,山门北为过殿,过殿前有松树 1 株,1963 年砍伐,过殿北侧为后院,正中建弥勒宫 1 座,东西配殿各三间。20 世纪 60 年代拆毁该寺大部建筑,尚存建筑改作大队部仓库使用,现寺院仅存过殿 1 座,过殿后院禅房 1 座三间。过殿为当年建筑群之一的水陆殿(释迦殿)。

水陆殿,坐北面南,面阔三间,悬山顶,进深七架梁前后檐廊,前、后明间皆辟门。殿前立佛顶尊胜陀罗尼经残经幢一件。南侧东槛墙嵌石碑一通,上刻"蔚州东乡故城村故城寺住持德俊全发善男信女喜舍柱,范果、杨氏、魏锁、贾氏等"。"范果"这位信士,在大殿顶部脊檩上的木牌中亦出现。因此推断,这块石碑当为正德二年(1507)创建故城寺的碑记。殿外前檐下置木板门两扇,前檐下绘青绿彩绘,楣板上绘佛教故事。殿内顶部脊檩上悬挂有正德二年(1507)创建寺院的牌匾:"时大明国山西大同府蔚州东乡故城寺德后于正德贰年岁丁卯季秋吉立"。

殿内尚存较为完整的水陆法会壁画。绘制壁画的主持者李汉,依据《天地冥阳水陆仪文》绘制,分有上、下堂。上堂在北,即北壁两侧次间绘十大明王、菩萨、护法天神,损毁严重。

下堂为东、西、南三墙,绘制的是儒、释、道各路神仙。壁画采用平行式构图,各路神祇分组排列,每组通过云纹连接在一起,画面构图严谨宏伟,三面共 112 组,依据墙壁形状,东、西墙壁呈"凸"字形,中部上下每列 4 排,上下层次分明。除最下面的 1 排受损严重外,上面的 3 排皆保存较好。山尖绘制山水花草和耕樵渔读等水墨画。

壁画高 2.7~3.6 米,总长约 34 米,面积约 110 平方米,人物可辨者有 539 位。表现了天上与地下的各路神灵,真君大帝、日月星宿、道教祖师、君臣父子、文武官僚、四海龙神、地府王官等。画中人物形象生动,保存完整,颜色艳丽,人物无论捧笏朝拜,还是行进,均面向北方,朝拜佛祖,体现了唯佛至尊的理念。每组人物的上方均有榜题框,框内题写榜题。神祇的下角有供养人框,框内书写供养人姓名、村名等信息。依据这些信息可知,壁画由大云疃、千字、北门子、石家庄、九宫口、县城、大固城等 7 处村庄的 204 位功德主供养,此外还有钱铺、缸房、肉房等商铺参与。

前壁东侧

山林石怪等众	往古文武□□众	军阵杀伤等众	房倒虎咬水淹等众
往古比丘等众	往古比丘尼等众	九流百家等众	坠崖落马蛇伤远乡等众
往古优婆塞众	往古优婆□众	往古儒流等众	往古女冠道士众

前壁西侧

自作横死等众	横死鬼□等众	疾病饿鬼等众	巧嘴巨舌臭口大腹众
车辇身亡等众	自刺身亡等众	冤枉苦死等众	冤孽刀伤杀害等众
往古孝子顺孙众	往古贤夫烈女众	□□□□□□	往古药伤等众

东壁

中斗三台星君	南斗六元星君	羊双留宝瓶磨 无色界四空天众	十二宫辰圣众 无色界四禅天众	七十二代天师众 天藏王菩萨圣众	九曜天刚月孛星君 梵王天主圣众	角亢底房心尾箕众 □□玉皇大帝圣众	斗牛女虚危室壁众 天皇大帝圣众	天地水府太阳真 持国增长天王	天蓬天兽翊圣玄武 金刚密迹圣众	罗睺计都星君	三元水府扶桑大帝
天曹府君天曹掌众	天曹诸司主食判官	天曹诸司掌算判官	年月日时四直功曹众	大罗□罗刹女众	旷野大将军等众	般支迦大将军等众	矩畔拿神众	诃利帝母圣众	一大叶刹圣众	菩提树神圣众	东海龙王圣众
南海龙王圣众	西海龙王圣众	北海龙王圣众	中海龙王圣众	波池井众龙圣众	主风主雨主雷主电	主苗主稼主病主药	守斋护戒龙神众	顺清龙王圣众	安济夫人圣众	往古帝王一切王孙众	往古后妃宫娥采女众

西壁

		金刚密迹神众	广目多闻天王	北极大帝圣众	勾辰紫微圣众	太乙诸神五方五帝	西方昆仑金母众	欲界上四天众	色界五净天		
先天后土圣母众	太乙东华老人星君	夜摩天主圣众	诸天太阴圣众	井鬼柳星张翼轸众	奎娄胃昴觜参众	五山五岳天齐大帝	三天三代除邪天师众	人马天蝎天秤双女狮子巨蟹宫神	北斗七星星君	西斗四圣星君	□□□□
冥府六案等众	天地三曹等众	阎罗五王圣众	秦广五王圣众	北阴酆都大帝	地藏王菩萨圣众	阴奏归忌九坎力士众	宅龙昼官伏兵博士五鬼	大将太煞日游太阴众	江河四渎圣众	金木水火土五德星君	□□□□
五瘟使者等众	面然鬼王□□	狱司残苦等众	药师恶业等众	诸司判官等众	冥府□□等众	冥府八寒等众	冥府狱主众	冥府十八狱主众	冥府禄司判官	冥府管九司官	□□□□

壁画局部呈分层现象,地仗上原有早期的线描图,仅勾勒墨线未着色,在其线描基础上贴纸后进行彩绘,故壁画重绘后总能保持早期的风格。因此我们推断,粉本应该是正德时期,但重绘应在清代中期。

1995 年,在外地僧人和居士的大力资助下,重修寺院围墙,重塑塑像,寺院内东侧新建佛堂。

现为全国重点文物保护单位。

马神庙 位于堡东门外,依东侧影壁而建,正殿面西,现已无存。

财神庙 位于西门外,现已无存。

三官庙 位于南墙外正南,现已无存。

龙王庙 位于堡东北角外土台上,现已无存,仅存土台。

三贤庙 位于龙王堂北侧,现已无存。

魁星庙/地藏庙 位于东南角台上,面南为魁星,面北为地藏。现已无存。

立马关公 位于堡南墙正中庙台上,现已无存。

观音殿 位于堡内十字街西南角,现已无存。

五道庙 5 座,分别位于:堡东门外北影壁,面南;东门内胡同口;堡内后街;堡内十字街西北角;堡东北角三贤庙边。

(二) 北堡

1. 城堡

(1) 城防设施

北堡位于故城寺村堡北墙外北侧,两堡相隔 30 多米。城堡平面大致呈矩形,东北角缺失,为洪水所冲毁,复原周长 539 米,开东、西门,堡内平面布局为丁字街结构。由于堡内豪族贺家对堡墙进行了维修,故当地俗称为贺家堡。

城堡东西堡门位于墙体中部,建筑已无存,现为缺口。

堡墙均为黄土夯筑,保存一般。堡内地面高于堡外。东墙复原长 129 米,现仅存一小段土垅,位于耕地中,墙高 2~3 米。东墙大部分位置改造为土路,东墙内外均为民房。南墙复原长 144 米,墙体高薄、斜直、连贯,高低起伏不平,墙体高大,高 4~6 米,但多已倾斜,坍塌严重。内侧为民宅,外侧为倚墙而建的民宅和顺城土路。西墙复原长 129 米,保存较差,墙体仅存 1~2 米高的基础,上面修建房屋,墙体外侧为土路。北墙复原长 137 米,呈弧形,墙体全部坍塌呈斜坡状,中部设 1 座马面,作为真武庙庙台。北墙内侧为耕地,外为耕地和河道。

堡西南角设 135°斜出角台。东南角、西北角、东北角已无存,现为基础(彩版 5-14)。

（2）街巷与古宅院

堡内居民少,仅几户居民,多为耕地。旧时,北堡内以贺姓居民为主,贺家是在南侧大堡的贾家之后来此居住。起初,贺姓共兄弟 3 人,在北堡(贺姓来此之前便已存在)内盖房。如今,中心街北侧尚存有 1 座贺家大院,正中有 1 座大院,边上还有几座小院。大院南侧开院门,硬山顶,广亮大门,可进出车辆。门外设有八字墙影壁。门内正对着 1 座过房,面阔三间,明间辟门,卷棚顶,两侧次间立砖砌墙。后院正房面阔五间,硬山顶,进深六架梁。西面的跨院存西厢房,大部分为荒地和房屋的基础。另外,在中心街南侧有一条支巷,路边有废弃的水井,辘轳石存,井口盖一石碑。字迹漫漶。

2. 寺庙

北堡共有 3 座庙宇。北墙上建真武庙。北堡的东、西面各建 1 座五道庙。庙多拆毁于 1966~1969 年。

（三）吴家堡

吴家堡位于大固城村堡东侧约 50 米处。城堡平面呈矩形,四至未知,南墙尚存有豁口,应为堡门遗迹。堡墙为黄土夯筑,仅存东、北墙体。东、北墙保存尚好,均长 100 米,高 2~5 米。西、南墙已夷为平地。城内有枯井 1 眼。堡内已开垦为农田,种植玉米等作物。田间散落有白釉、黑釉陶片等。当地村民称其为故城"吴家堡"。城堡西侧有一条南北向大道,为一条通往飞狐峪的古道,道西为大固城村,西南为水塘及固城寺。城址南为一条通往西大云疃的乡村土路。

第七节 西 大 云 疃 村

一、自然环境与人文历史

西大云疃村,位于宋家庄镇东北 8.4 公里处,属丘陵区,处峪口东南,地势呈南高北低坡形。村周围地势平坦，一马平川，为沙土质，辟为大面积的耕地，村北、东侧有小冲沟。1980 年前后有 1 089 人，耕地 4 887 亩，曾为西大云疃大队驻地。

相传，建于元末，因村南五里处有山峰高耸入云，故名大云疃。1926 年分为两村，据方位，更名为西大云疃。1948 年曾为蔚县县政府驻地。村名可考的历史最早见于《（崇祯）蔚州志》，作"大云疃堡"，《（顺治）云中郡志》《（顺治）蔚州志》沿用，《（乾隆）蔚州志补》作"大云疃"，《（光绪）蔚州志》《（民国）察哈尔省通志》沿用。

据当地长者回忆，大云之名源于已毁的大云寺，而先有大云寺后有大云疃，也为当地百姓所认同。大云源于武则天当政的武周时期。天授元年七月，怀义与法明等撰《大云经疏》利用《大方等无想大云经》中"有一天女，名曰净光。……当王国土，得转轮王""尔时诸臣即奉此女以继王嗣。女既承正，威伏天下！阎浮提（按指人世间）中所有国土，悉来奉承，无违拒者"的说法，将它附会为"佛"对武则天当女皇的"授记"，亦即预言。有了"佛"的"授记"，武则天就自然可以堂而皇之做皇帝。于是乎武则天便把《大云经》颁于天下，令两京与诸州各置大云寺一座，寺各藏《大云经》一本，由僧升高座讲解。使天下咸知武则天是弥勒下生，应该取代李唐当皇帝。一阵紧锣密鼓之后，武则天便于这一年九月正式称帝，改国号为周。第二年四月，武则天又颁令"以释教开革命之阶，升于道教之上"。怀义、法明等搬出的《大云经》与他们撰写的《大云经疏》对于武则天改朝换代的作用，由此可见。大云疃的大云寺也必是建于这个时期。

如今，村庄分为新、旧两部分。旧村为城堡所在地，位于村东北角，旧村以土旧房为主。其余部分为新村，以新房为主，居民较多，村庄规模较大，人口较多。村庄由 4 条南北主街和 2 条东西主街组成，227 乡道从村北边缘经过（图 5.7）。

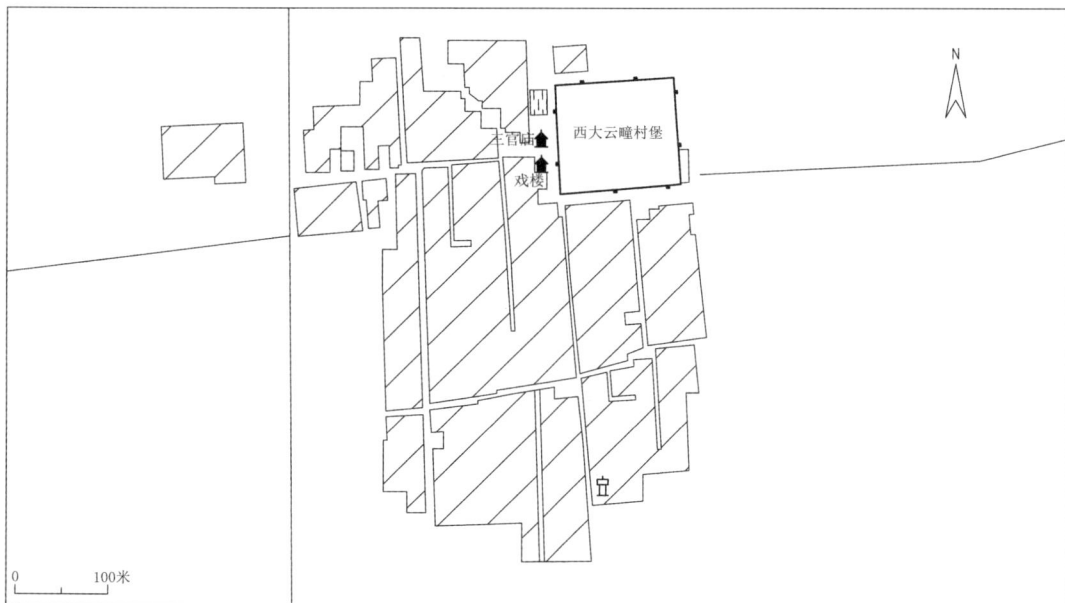

图 5.7　西大云疃村古建筑分布图

二、城堡

（一）城防设施

据《（民国）察哈尔省通志》载："大云疃西堡,在县城东南二十里,清康熙十九年土筑,高一丈二尺,底厚四尺,面积二亩一分七厘,有门一,现尚完整。"[1]西大云疃村堡今位于旧村东北部,城堡平面呈矩形,周长约 496 米,开西门。堡内平面布局为东西 1 主街和南北 2 主街构成双十字街,但是南北主街的南街和北街并不是在一条直线上,略有些错位（图 5.8）。

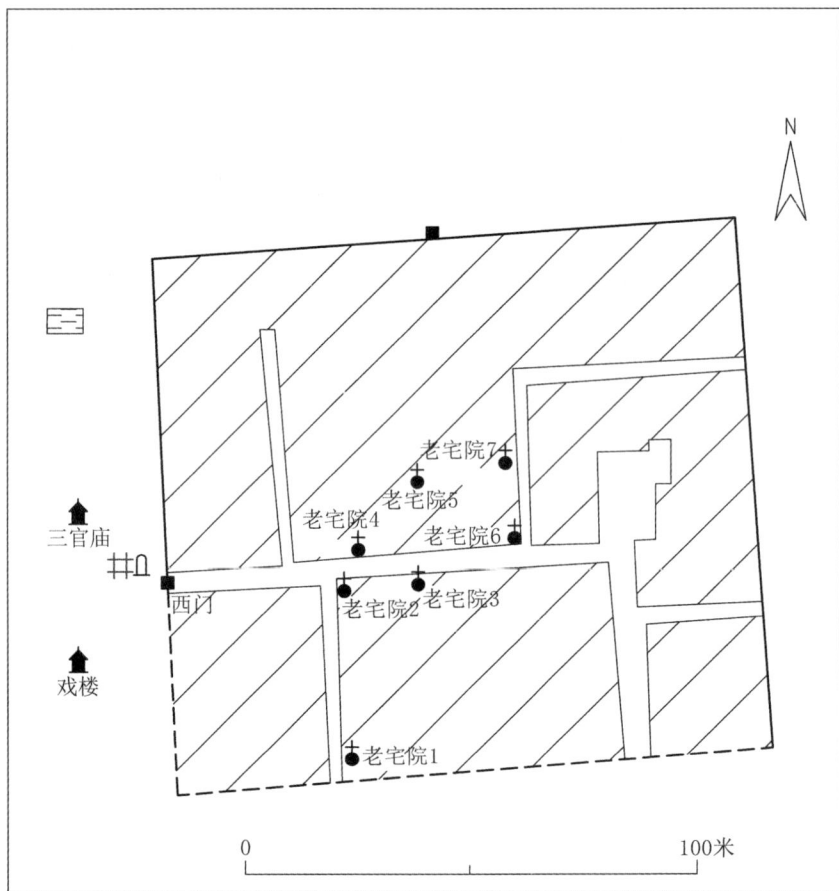

图 5.8　西大云疃村堡平面图

城堡西门为条石垒砌的拱券门,一伏一券式。"文革"期间,村民将堡门外立面用石灰

---

〔1〕　宋哲元:《（民国）察哈尔省通志》,国家图书馆藏 1935 年铅印本,第 10 页。

包砌一层，厚约 1 厘米，外侧门券拱顶上方镶嵌有三枚石质门簪，门簪上方镶嵌有石质门匾（拓 5.2），正题"平安堡永远门"，右侧前款"大明国山西大同府蔚州城东大云疃"，左侧落款"嘉靖贰拾捌年伍月初三日吉时"，正题下方刻有一排人名。外侧门顶上尚存 2 个石质水嘴，保存较好。门外原设护门墩，如今北侧护门墩尚存，基础为条石和砖砌筑，上面为土坯修建。西门外凿有水井，为村民汲水之处，水管下铺有布施功德碑，字迹漫漶。西门内为东西向主街。

拓 5.2　宋家庄镇西大云疃村堡西门门额拓片（蔚县博物馆　李新威　提供）

堡墙均为黄土夯筑，保存一般。东墙长约 118 米，墙体破坏严重，虽大致连贯，但墙体低薄，高 0～4 米，墙体内侧为民宅，外侧为耕地。南墙长约 130 米，大部分墙体已无存，现为民宅所占据，仅中部尚存一小段墙体，墙体低薄，高 5～6 米，墙外侧为道路。西墙长约119 米，南段墙体已无存，现为民宅占据；北段保存较差，墙体低薄，高 3～4 米，墙体内侧为民宅，外侧为顺墙道路。西北角附近有民宅修建在西墙上，破坏墙体，西墙北段外侧有一狭长的大水坑，水坑西岸长满高大的树木。北墙长约 129 米，墙体高薄、连贯，多坍塌成斜坡状，高 4～5 米，内侧为民宅，外侧为耕地，墙体中部设 1 座马面，坍塌严重。北墙东段与西段类似，多坍塌成斜坡状。

东南角仅存 1 米高的基础，形制未知。西北角未设有角台，仅为转角，高 4～5 米。东北角未设有角台，仅为转角，高 4 米左右。

（二）街巷与古宅院

堡内民宅以土旧房为主，老宅院数量较多。

正街 即西门内东西向主街。老宅院 2,位于正街南侧,一进院,保存较好,西北角辟门,坐南面北,广亮门,硬山顶,门前上马石保存较好,尚存浮雕装饰。门内为一门厅,东侧辟门,随墙门。老宅院 3,位于正街南侧,一进院,辟门于西北角,坐南面北,广亮门,硬山顶,门上雀替保存较好,木雕装饰精美,门上有三枚门簪,楣板尚存清末民国时期的彩绘,表面涂刷白灰浆,画面漫漶不清;门前尚存上马石,表面施浮雕装饰。老宅院 4,位于正街北侧,辟门于东南角,坐北面南,广亮门,硬山顶,旧为两进院,现为一进院;前院已经荒废,无建筑,二道门损毁,后院正房面阔三间,硬山顶。老宅院 5,位于正街北侧,辟门于东南角,坐北面南,旧为两进院,现为一进院,大门无存,前院废为空地、菜地,二道门保存较好,广亮门,正房面阔三间。老宅院 6,位于正街北侧,一进院,辟门于东南角,坐北面南,随墙门,保存较好。

前街 即西十字街南北街。老宅院 1 位于南段东侧,一进院,辟门于西南角,坐东面西,广亮门,硬山顶,保存较好。

后街 即东十字街南北街。老宅院 7,位于后街北段西侧,一进院,辟门于东南角,坐西面东,广亮门,硬山顶,保存较好。

三、寺庙

三官庙 位于西大云疃村堡西门外空地北侧。三官庙为 1 座独立的庙院,整体坐北面南,山门无存,仅存正殿。正殿保存较好,面阔三间,硬山顶,门窗改造,仅存框架,前檐额枋上的彩绘无存。脊顶有砖雕装饰,正中有牌位,上雕"天地三 界"。

殿内墙壁表面涂刷有白灰浆并贴有报纸,脱落处可见部分壁画,从色彩看为清代中晚期的作品。正壁底部露出几件官袍的下摆,从下摆的线条来看,其绘画手法娴熟。东壁壁画已毁。西壁保存较为完整,内容为《众神朝拜图》,共 4 排,每排 6 幅,每幅中画有 6~9 位不等的人物,皆身着袍衣,双手持笏板,面向北壁。壁画构图与逢驾岭三官庙壁画相似。殿内居住一位孤独的五保户老人。

戏楼 位于西大云疃村堡西门外南侧,三官庙对面。戏楼保存较好,整体坐南面北,面阔三间,单檐六檩,卷棚顶。砖石台明高 1.3 米。外侧包砌青砖,顶部铺砖,四周铺石板。前檐柱 4 根,后金柱 2 根,鼓形柱础,外雕狮头,两侧开卯。挑檐木出挑较长,用擎柱支撑;次间梁头下象首撑拱。前檐额枋尚存清末民国时期的彩绘,斑驳不清。楼内梁架用材宏大规矩。前后台间隔扇仅存框架,表面写有"文革"时期标语和毛主席语录。后台正面墙壁辟有 2 扇圆形窗户,戏楼内墙壁表面涂刷白灰浆,壁画损毁。据西堡门外石碑记载:"……而戏楼重修焉……嘉庆十八年孟冬月。"由此可见该戏楼建于清嘉庆或之前。

第八节 上苏庄村

一、自然环境与人文历史

上苏庄村位于宋家庄镇东南7公里处，属丘陵区，村庄选址在山前冲积扇上，即水峪口西北，东南靠山，地势东南高，西北低，落差明显，周围地势较平坦，大部分为沙土质，辟为耕地。村南为S10张石高速蔚县南出口，东侧紧邻张石高速，217乡道穿村而过。村庄规模较大，1980年前后有1 894人，旧时为杂姓，现村民以赵、郭姓为主。耕地6 728亩，曾为上苏庄大队驻地。

相传，明嘉靖二十二年中秋，苏姓人在此建堡，据村址较邻村高之故，取名上苏庄。村名可考的历史最早见于《(崇祯)蔚州志》，作"上苏庄堡"，《(顺治)云中郡志》沿用，《(乾隆)蔚州志补》作"上苏庄"，《(光绪)蔚州志》《(民国)察哈尔省通志》沿用。

如今，该村现为河北历史文化名村，村内每年一度的传统文化之一拜灯山活动为全国非物质文化遗产。村庄规模大，分为新旧两部分。新村规模大，居民多，民宅以新房为主，规划整齐。旧村位于村庄的南部，旧村包含城堡、东庄、西庄3部分，如今东庄、西庄已改造为新村，旧时四至范围未知，仅城堡为旧村，位于村庄东南部(图5.9)。

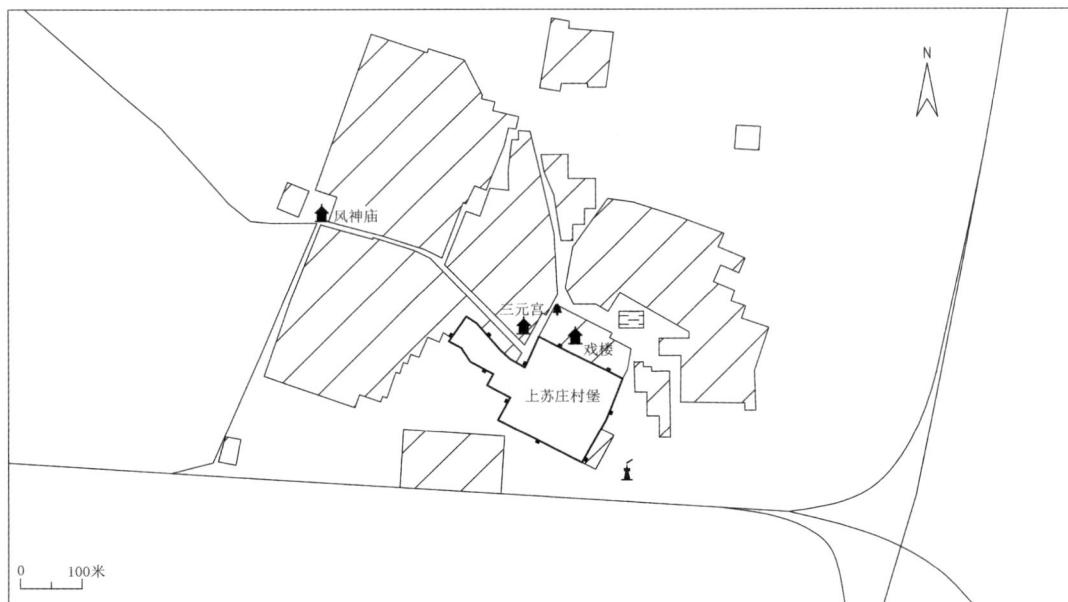

图5.9 上苏庄村古建筑分布图

二、城堡

（一）城防设施

上苏庄村堡，位于上苏庄村东南部，城堡平面呈不规则形，相传堡的形状由风水先生所定，俗称"云锣堡"，即城堡形状与云锣相近，城堡内分为"主堡"与"西小堡"（小堡即乐器把），两者之间无隔墙间隔，总周长约 890 米，开设北门，堡内平面布局为东西主街结构（图 5.10）。

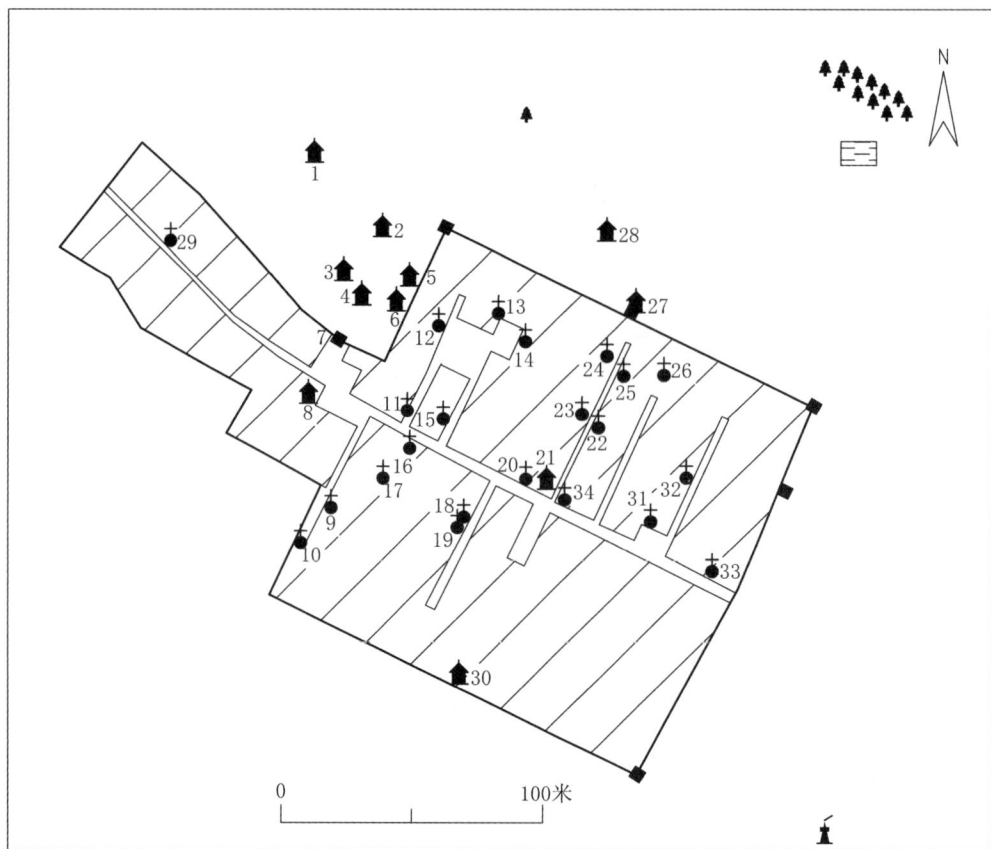

图 5.10　上苏庄村堡平面图

1. 尚礼学堂　2. 三元宫　3. 告示亭　4. 戏楼　5. 戏房　6. 五道庙　7. 北门　8. 观音殿　9. 老宅院 1
10. 老宅院 2　11. 老宅院 3　12. 老宅院 4　13. 老宅院 5　14. 436 号院　15. 老宅院 6　16. 老宅院 7
17. 老宅院 8　18. 老宅院 9　19. 老宅院 10　20. 431 号院　21. 关帝庙　22. 老宅院 14　23. 老宅院 15
24. 老宅院 17　25. 老宅院 16　26. 老宅院 11　27. 三义庙　28. 剧场　29. 老宅院 18　30. 灯山楼
31. 老宅院 12　32. 老宅院 13　33. 409 号院　34. 419 号院

城堡北门为砖石拱券结构，基础为条石，上部青砖起券（彩版 5-15）。外侧门券三伏三券，门券拱顶上方镶嵌石质门匾（拓 5.3），正题"永安上苏庄堡"，左侧落款为"嘉靖二十二年仲秋吉日建立",正题下方为众多工匠的名字,其中"管工堡长"1人"张景端","小甲" 6人"张景堂、张景正、张景荣、田文达、侯仲夆、张景□","石匠"1人"袁中□","泥匠"2人 "任子昌、任大金","木匠"1人"曹伯金"。门匾两侧各镶嵌有2块砖雕装饰。内侧门券亦 为三伏三券。门内东侧置座墙砖影壁,心贴砖"龟背锦"。门顶内侧为拱券顶。门道为自 然石铺成。木门扇尚存,外包铁皮。门外东西两侧原修建有护门墩,今仅存东侧护门墩, 坍塌呈方锥状,西侧护门墩无存。北门正对戏楼后墙,石板道绕过戏楼东侧进入堡中。门 内正对观音殿。

拓5.3　宋家庄镇上苏庄村堡北门门额拓片(蔚县博物馆　李新威　提供)

堡墙均为黄土夯筑,夯土内夹杂大量石子,保存一般。东墙长约154米,墙体高薄、连 贯,外侧总高10米以上,墙体自身高2~6米,墙体内侧为民宅,外侧为荒地。墙体上尚存 1座矩形马面。东墙中部开一缺口,为"文革"时期开设,口外新建1座影壁。南墙长约 349米,墙体不直,现存墙体高薄,高0~6米,墙体中部修建有灯山楼,墙体内侧为民宅, 外侧为荒地。西墙长约51米,选址修建在台地上,墙体外侧总高10米以上,自身高5~ 6米,内侧高5~6米。内侧为民宅,外侧为荒地。北墙长约336米,墙体不直,选址修建 在台地之上,墙体高大、连贯,外总高10米以上,墙体自身高5~6米,内侧为房屋,外侧为 荒地和房屋。北墙中部设1座马面,外立面包砌砖石,顶部修建三义庙。北墙外修建有 1座近代剧场,剧场北侧长有1株大松树。此外北墙外有1座大水坑,旧时为村庄的水源 地,坑北侧长有13株大柳树,现改造为公园。

东南角设90°直出角台,保存较好,高10米,为原高。西南角台坍塌严重,形制未知。

西北角台高 6 米,坍塌严重,形制未知。东北角设 90°直出角台,外侧总高 10 米以上,自身高 5～6 米,已坍塌,可见两次修筑痕迹。

（二）街巷与古宅院

堡内主堡为十字街主街结构,东西主街俗称"响堂街",因下雨时堡内雨水汇入主街后向西北方自北门流出堡外,声音作响故名。西小堡为一字街结构。堡内老宅院较多,主要集中在主堡内。现堡内有 40 余人居住,旧时堡内居民占全村一半,现大部分居民外迁。堡内房屋多废弃、坍塌,特别是南半部,多沦为荒地。

老宅院 1　位于东西主街南侧一巷中东侧,坐东面西,广亮门,一进院,宅院废弃。

老宅院 2　位于老宅院 1 南侧,广亮门,坐南面北,门内为两进院,已废弃。

老宅院 3　位于东西主街北侧一巷中西侧,坐西面东,随墙门,一进院。

老宅院 4　位于老宅院 3 北侧,巷内西侧,宅门坐西面东,已无存,一进院,已废弃。

老宅院 5　位于老宅院 4 东北侧,一进四合院布局。开门于东南角,宅门已无存,院内倒座房面阔三间,卷棚顶,正房面阔五间,卷棚顶,东厢房无存,西厢房面阔三间,单坡顶。

436 号院　位于老宅院 5 东南侧,随墙门,一进院。

老宅院 6　位于东西主街北侧一巷中西侧,坐西面东,随墙门,一进院。

老宅院 7　位于东西主街南侧,临街,广亮门,门内为一条巷子,分东西两院,各为一进院。西侧院尚存二道门,即老宅院 8,随墙门,院内正房面阔三间,卷棚顶。东侧院二道门无存,正房面阔三间,亦为卷棚顶。

老宅院 9　位于东西主街南侧一巷中西侧,广亮门,坐西面东,一进院。

老宅院 10　位于老宅院 9 南侧,广亮门,坐西面东,门内为一条东西向巷子,尽头为 1 座影壁,宅院在影壁北侧,一进院。

431 号院　位于东西主街北侧,临街,广亮门,卷棚顶,一进院。

419 号院　位于东西主街北侧,临街,广亮门,卷棚顶,一进院,院内正房面阔五间,卷棚顶。两侧厢房面阔三间,单坡顶。

老宅院 11　位于东西主街北侧一巷内北尽头,广亮门,一进院。

老宅院 12　位于主街北侧,临街,一进院,宅门无存,院内正房面阔五间,卷棚顶,门厅退金廊,东西厢房面阔三间,单坡顶。

老宅院 13　位于老宅院 12 北侧,宅门为随墙门,正房面阔五间,单坡顶。

409 号院　位于东西主街东尽头北侧,广亮门,卷棚顶,门内原为前后院,现已经打通,正房面阔三间,卷棚顶,东西厢房面阔三间,单坡顶。

老宅院 14　位于南北主街内东侧,广亮门,硬山顶,一进院,正房面阔五间,卷棚顶。

西厢房面阔三间,单坡顶,东厢房坍塌。

老宅院 15 位于南北主街内西侧,广亮门,硬山顶,一进院,院内废弃,正房面阔五间,硬山顶,正房两侧各建有耳房,面阔两间,卷棚顶。东、西厢房面阔三间,单坡顶。

老宅院 16 位于南北主街内北尽头东侧,广亮门,一进院。

老宅院 17 位于南北主街内北尽头西侧,广亮门,一进院。

西小堡内为东西主街结构,两侧民宅多为土旧房,大部分废弃坍塌。尚存 1 座老宅院 18 位于主街北侧,临街,广亮门,一进院。

三、寺庙

三元宫 俗称大寺,位于堡北门外戏楼对面,曾为村委会所在地。整体坐北面南,主要建筑在南北一条中轴线上分布。三元宫前殿坐落在高 1.8 米的砖石台明上,单檐硬山顶,面阔三间,进深六架梁。山墙砖雕山花尚存。前檐下门窗已修缮一新。殿北侧为一四合院格局,大门紧邻前殿西侧,为三檩硬山金柱门楼。院北正殿为三清殿,面阔三间,单檐硬山顶,两侧耳房各一间,东西配殿各两间,西为六间,东五间,院内地面条砖铺墁。现为县级文物保护单位。三元宫西侧为尚礼学堂,即村委会所在地,新建建筑。

戏楼 位于北门外,与三元宫相对,坐北面南,面阔三间,卷棚顶,进深六架梁,梁架用材规矩宏大。戏楼下为砖砌台明,高 1.6 米。前檐明间雕龙首撑拱,雀替雕清式鹿回头、竹梅等,次间雕草龙,前台口置木挡板。前后台隔扇完好,明间置六抹落地隔扇,次间下为槛墙,上为槛窗,均为一码三箭式。出将、入相二门设在明间两侧。戏楼西侧紧邻告示亭,面阔三间,硬山顶建筑。

戏房 位于五道庙北侧,新建建筑,为旧时女人看戏的场所。旧时男人在戏楼对面露天看戏,女人在戏房内看戏。

五道庙 位于北门外戏楼东侧,坐东面西,面阔单间,硬山顶。殿内重新涂刷白灰浆,壁画全无。

观音殿 位于北门内正对北门,现为一座庙院。山门与院墙保存较好,山门为随墙门,硬山顶,券形门洞。院中正殿坐南面北,面阔单间,硬山顶,进深五架梁出前檐廊。殿中正面供奉新修的塑像,三面墙壁上皆施壁画。

正壁绘有《三大士坐堂说法图》,中间为观音,观音侧后为龙女与善财童子,两侧为文殊与普贤,两侧上角分别为韦驮护法(西)与伽蓝护法(东)。

两侧山墙绘有"善财童子五十三参"故事,连环画式,每一幅画为其中"一参"。连环画布局为 3 排 9 列,其中,东墙最内侧 1 列为 2 排,如此排列,西墙为 27 幅,东墙为 26 幅画,共为 53 幅。壁画从西墙左上角起首,按书写顺序依次展开,描述了善财童子从孩提的好奇心出发,经文殊师利的指引,历经千辛万苦,参拜了五十三位善知识者,终修成正果。虽然画面色彩略有褪色,局部也有损坏,每一幅图的内容基本完整,但部分榜题损毁。

西壁

第一参南方胜乐国妙峰参德云比丘	第二参南方海门国参海云比丘	第三参南方楞伽道边参善住比丘	第四参南方达里白界茶国自在城参弥伽大士	第五参南方住林城参解脱长者	第六参南方阎浮提畔摩利伽罗国参海幢比丘	第七参南方海潮普庄严园参休舍优婆夷	第八参南方海潮那罗素国参毗目瞿沙仙人	第九参南方伊萨沙那参胜热婆罗门
第十参南方师子奋迅城参慈行童女	第十一参南方三眼国参善见比丘	第十二参南方名闻国参自在主童子	第十三参南方海住大城参具足优婆夷	第十四参南方大兴城参明智居士	第十五参南方师子宫城参法宝髻长者	第十六参南方藤根国普门城参善眼长者	第十七参南方多罗幢城参无厌足王	第十八参南方妙光城参大光王
第十九参安住王都参不动优婆夷	第二十参南方无量□□罗大城参行外道	第二十一参南方广大国参□香长者名优钵罗花	第二十二参南方楼阁城参婆施罗船师	(榜题模糊)	第二十四参南方□那国迦陵迦林城参师子频□比丘尼	第二十五参南方□宝严城参婆须□□	第二十六参南方□城□□月罗居士	第二十七参南方□恒洛迦山参观自在菩萨

东壁

第三十六参菩提场如来会中参参守护一切众生主夜神	(榜题模糊)	第三十四参菩椒众生妙德夜神	第三十三参菩提场右参喜目观察众生夜神	第三十二参摩竭提国菩提场中参普德净光主夜神	第三十一参摩竭提国迦毗买城参婆珊婆演底主夜神	第三十参南阎浮提摩竭提国菩提场中参安住主地神	第二十九参南方堕买钵底城参大天神四取四手大水	第二十八参东方正趣菩萨妙藏世界普胜生佛国
(第四十五参)(榜题模糊)	(第四十四参)(榜题模糊)	(第四十三参)(榜题模糊)	(第四十二参)(榜题模糊)	第四十一参摩耶夫人	第四十参迦毗罗城参释迦瞿婆	第三十九参□□□圆满神	第三十八参佛会中参大赖精进力救护众生夜神	第三十七参佛会中参开敷一切树花主夜神
(画毁)(第五十三参)(榜题模糊)	(画毁)(第五十二参)(榜题模糊)	(画毁)(第五十一参)(榜题模糊)	第五十参妙意华门城□□□□□□□□(榜题模糊)	第四十九参(榜题模糊)	第四十八参出生城参无胜军长者(榜题模糊)	第四十七参妙月长者(榜题模糊)	第四十六参沃田城参坚固解脱长者(榜题模糊)	

关帝庙 位于堡中心街"丁"字路口北端。正殿坐北面南,面阔三间(坐二破三式),硬山顶,进深五架梁出前檐廊,殿外两侧建有八字影壁。殿中三面墙上残存有壁画,损毁较严重,人物模糊,尤其是正壁仅能看清一个轮廓。

正壁绘有《关帝坐堂议事图》，两侧可见侍从与左丞相陆秀夫、右丞相张世杰，东侧为持剑关平，西侧为持刀周仓。两侧山墙绘有《三国演义》中以关羽事迹为主线的事故，连环画式，各为 3 排 6 列，各 18 幅；东山墙第 1 排、第 2 排尚能辨认，第 3 排已完全损毁；西山墙整体较模糊，榜题无法释读。脊顶大梁上残存有太极《八卦图》。

东山墙

圣帝君挂印封金	（画模糊）	（画模糊）	（画模糊）	圣帝君秉烛达旦	张闻远义说圣帝
帝君荥阳关斩王植	（画模糊）	（画模糊）	（画模糊）	（画模糊）	（画模糊）
（画毁）	（画毁）	（画毁）	（画毁）	（画毁）	（画毁）

三义庙　位于关帝庙东侧南北主街的北端，堡北墙马面上，现为一进院，位置高耸，蔚为壮观。据《重修三义殿碑记》[1]载，三义殿曾于嘉庆十三年(1808)重修。这是蔚县唯一的有碑记载的三义庙，也是我们在蔚县确认的唯一的一座三义庙，其他村庄是否还建有三义庙，由于村民难以分清关帝庙与三义庙，在田野考察也未发现，或许只能通过壁画的比对才可以判定。

山门，随墙门，门前设 10 多级台阶。门楼略高于两侧的院墙，硬山顶，下部门框砖墙上横出一块木板，木板之上砌门楼的顶部与脊顶。门内东、西修建钟鼓亭，门内设台阶，直通北墙马面顶部。

正殿，坐北面南，面阔三间(坐二破三)，硬山顶，进深五架梁出前檐廊。殿前、后墀头、戗檐皆有砖雕，砖雕位于挑檐木之上，为花草装饰。檐下额枋为龙头雀替，额枋上曾有彩绘，可惜彩绘多已脱落。殿内脊顶横梁正中有太极《八卦图》。西前廊墙下有面然大士龛。殿中墙壁曾抹过白灰浆，正壁、东山墙、西山墙皆有壁画，灰浆脱落露出底下的壁画，榜题多能辨认，但画面内容损毁较重。

正壁绘《关帝坐堂议事图》，正中为关帝，头戴冠冕，双手持玉圭在胸前，两侧各立 2 位侍女。东侧的 2 位侍女正在专注地读《三国演义》。其中一位用手指指着书中的内容似在点评；西侧的 2 位侍女，内侧者手中捧一物，外侧者手中捧大印；侍女外侧各坐一位头戴冠冕的公侯，公侯的身份有待进一步考证。再外侧分别为左丞相陆秀夫，右丞相张世杰，各手持笏板而立；最外侧，东侧为持剑关平，西侧为持刀周仓。

东、西山墙壁画为连环画式，各有 4 排 3 列 12 幅，题材内容选自《三国演义》。画间采用直线分割为矩形，东山墙榜题在右上方，西山墙榜题在左上方。

---

〔1〕 邓庆平：《蔚县碑铭辑录》，广西师范大学出版社，2009 年，第 482～485 页。

东山墙

刘玄德三顾草庐	诸葛亮火烧新野	刘玄德□□□□
赵子龙单骑救主	张翼德大喝长板桥	诸葛亮舌战群儒
用奇□孔明借箭	七星坛诸葛祭风	三江口周郎□□
（未拍）	关云长大战黄忠	关云长单刀赴会

西山墙

□□□□□□丧	孔明三气周公瑾	刘□□洞房续佳偶
落凤坡凤雏命终	赵云截江夺阿斗	□阳□庞统理事
马超大战葭萌关	孔明定计捉张任	张翼德义释严颜
关云长刮骨疗毒	关云长放水淹七军	（未拍）

从壁画叙述的故事情节可发现,由于正街已建有一座关帝庙,故三义庙壁画所选取的故事中,提及关羽的仅 4 幅,壁画主要描述刘玄德、诸葛亮、张翼德、赵子龙、马超等人物的事迹。榜题中的用词也不是严格按《三国演义》中的用词,而是融入了画匠与村民的通俗说法,且有异体字。如:西壁第 2 排第 2 列榜题为"赵云截江夺阿斗",《三国演义》该回为"赵云截江夺幼主",这样的变动说明了在当时画匠或乡民中已完全认同了幼主为阿斗的说法。西壁第 2 排第 1 列"落凤坡凤雏命□",在《三国演义》中回名是"诸葛亮痛哭庞统",榜题显得更为直白。

福神庙 共 2 座,1 座位于主堡北门内观音殿西侧。1 座位于东庄,现均已无存。

泰山庙 位于堡北墙外剧场处,现已无存。

佛堂 位于堡外东庄,现已无存。

龙神庙 位于堡北墙外马场沟,现已无存。据当地长者回忆,旧时龙神庙未曾修建戏楼。

财神庙 位于堡内东西主街东尽头的东墙脚下,财神庙拆毁于 20 世纪 60 年代,拆毁后于东墙上开辟一豁口,以便交通。

风神庙 位于上苏庄村东西街村头北侧,即堡外西庄。正殿坐北面南,面阔三间,硬山顶,进深五架梁出前檐廊。殿内已空无一物,内壁抹白灰,门窗已毁。

灯山楼 位于堡南墙上,北对关帝庙。灯山楼为倒座单坡式,面阔一间,进深一间。土坯山墙,楼顶有通风气窗,二架椽。楼内在拜灯山活动时摆设灯架。拜灯山活动是上苏庄元宵节重要的活动内容,目前在蔚县民堡中保存有灯山楼的仅有 5 座,即上苏庄堡、崔家庄堡、上宫村南堡、上宫村中堡、安定县堡。由于拜灯山活动的影响逐渐扩大,游人逐年增多,灯山楼周边民宅已拆毁,修建了广场。

十八堂　位于上苏庄村东南方大南山中,为在东西向山崖上开凿的洞窟式寺庙,现已废弃。整体坐北面南。洞窟所在山崖的南、北、东三面为大面积的松树林,山崖下有废弃的林场房屋,周围辟为梯田,已荒芜。

山门,坐西面东,随墙门,已坍塌,仅存条石基础,门前为一座木板桥。

第一窟,窟前设有条石台阶,窟内保存一般,规模较大,窟内已废弃,周壁上残存有大量悬塑痕迹,上面施有清末民国时期的彩绘,无塑像遗存。

通道,连接第一窟和第二窟,为在岩石上开凿的通道。通道内有石雕的门槛、门框,保存较好,其内有石雕台阶。

第二窟,规模较大、较深,窟前悬崖边有一座坍塌的殿宇,坐南面北,仅存部分墙体,屋顶坍塌,破坏严重。窟口尚存8通石碑,窟内有多通石碑和碑座,多为光绪、乾隆时期,如乾隆十八年(1753)《重修地藏王十帝阎君殿碑记》、光绪十五年(1889)布施功德碑。

第三窟,位于第二窟西侧,第二窟向西,逐渐平坦开阔,为在山崖上扩修的平台,平台上有坍塌的殿宇基础,附近山崖壁上有小洞窟,推测为修行窟、禅房窟,其西侧的房基上有一眼八边形水井,条石井壁,保存较好。水井前为条石台阶。即十八堂正殿前的台阶,台阶北侧的山体内凹,修建有两层殿宇,现仅存基础,推测是十八堂的主殿,北尽头为一小窟,有木构的顶部,已坍塌。主殿的西侧有一个洞窟,洞口有建筑痕迹,洞窟内有残存的壁画,为清末民国时期的作品。窟内供台为自然山体岩石修整。

西配殿仅存条石修建的台明,台明上有乾隆十一年(1746)《卧云山十八堂朝阳洞拜华严经重修玉皇阁钟碑楼厨房及普刊大□松树碑记》,石碑已经作为殿宇基础使用。

第四窟,位于西配殿西侧一山洞西侧,洞窟内残存有清末民国时期的悬塑,表面施有彩绘,正面为天然的石供台,窟内四壁有小的方形孔洞。东南角有一龛。第四窟西侧为在崖壁上开凿的小路,宽不足1米,南侧为万丈悬崖,北侧为峭壁,险峻异常,小路北侧的峭壁上有一个修行(禅房)洞窟。

第五窟,位于悬崖内凹处,并用条石扩修平台,平台上西南侧曾修建殿宇,仅存遗址。平台北侧的崖壁上有两个洞窟。第五窟西侧亦为悬崖边的小径。约0.5米宽,其西为第六窟。

第六窟,位于悬崖内凹处,并用条石扩修平台,平台上现存有数座坍塌的庙宇建筑,此外平台上还有一株大松树,平台北侧有三个洞窟,东、中已坍塌,西侧洞窟内正面有供台,土石混筑,表面施有彩绘,窟内地面上还有泥像残块。殿宇遗址内有光绪三十三年(1907)《重修十八堂关帝庙碑记》,此外附近崖壁上还有数个修行窟。

十八堂原为多座洞窟组成的庙宇建筑群,其布局与卧云山、清圆洞等类似,"文革"时期拆毁。

第九节　郑　家　庄　村

一、自然环境与人文历史

郑家庄村,位于宋家庄镇东南 7 公里处,属丘陵区,西临沙河,沙河上游为飞狐峪山谷;东南靠山,为山前冲积扇,沟壑纵横,地势东南高西北低,多为沙土质,村东辟为梯田耕地,南、西、北三面亦为耕地。1980 年前后有 972 人,耕地 3 068 亩,曾为郑家庄大队驻地(图 5.11)。

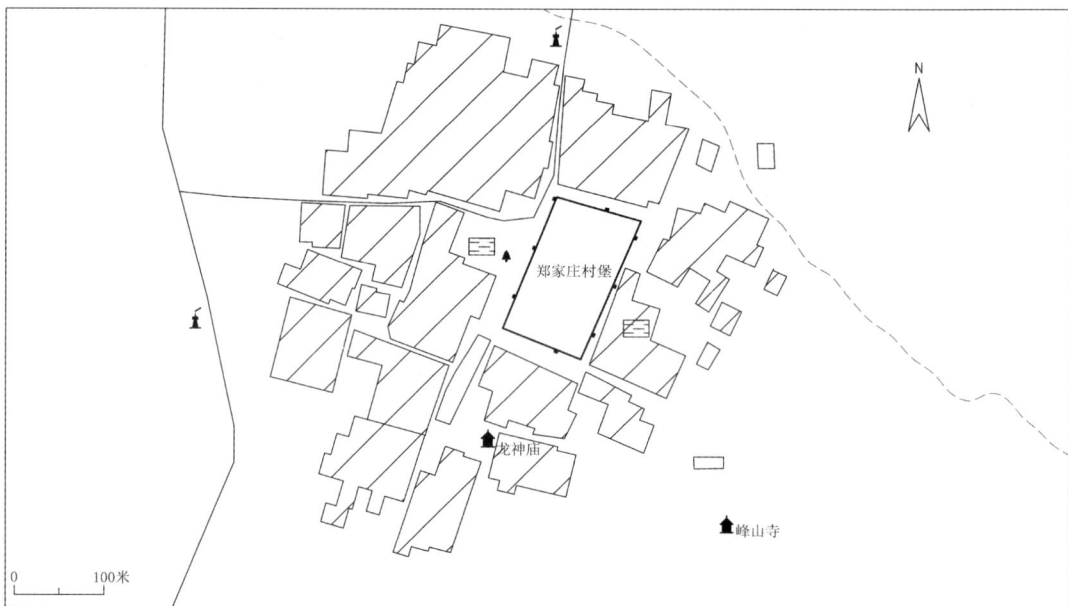

郑家庄村堡

龙神庙

0　　100米

峰山寺

N

图 5.11　郑家庄村古建筑分布图

据清乾隆五十九年(1794)重修堡门楼时之碑文记载,村名为郑家庄。相传,明末建村时,因郑姓始居而得名。村名可考的历史最早见于《(崇祯)蔚州志》,作"郑家庄堡",《(顺治)云中郡志》《(顺治)蔚州志》沿用,《(乾隆)蔚州志补》作"郑家庄",《(光绪)蔚州志》《(民国)察哈尔省通志》沿用。

如今,村庄规模较大,217 乡道穿村而过。村庄分为新旧两部分,中部为旧村,即城堡所在地,周边为新村。村庄居民较多,房屋多翻修。

二、城堡

（一）城防设施

郑家庄村堡，位于村中部。城堡平面呈矩形，周长约 520 米，开西门，堡内平面布局为十字街结构（图 5.12）。

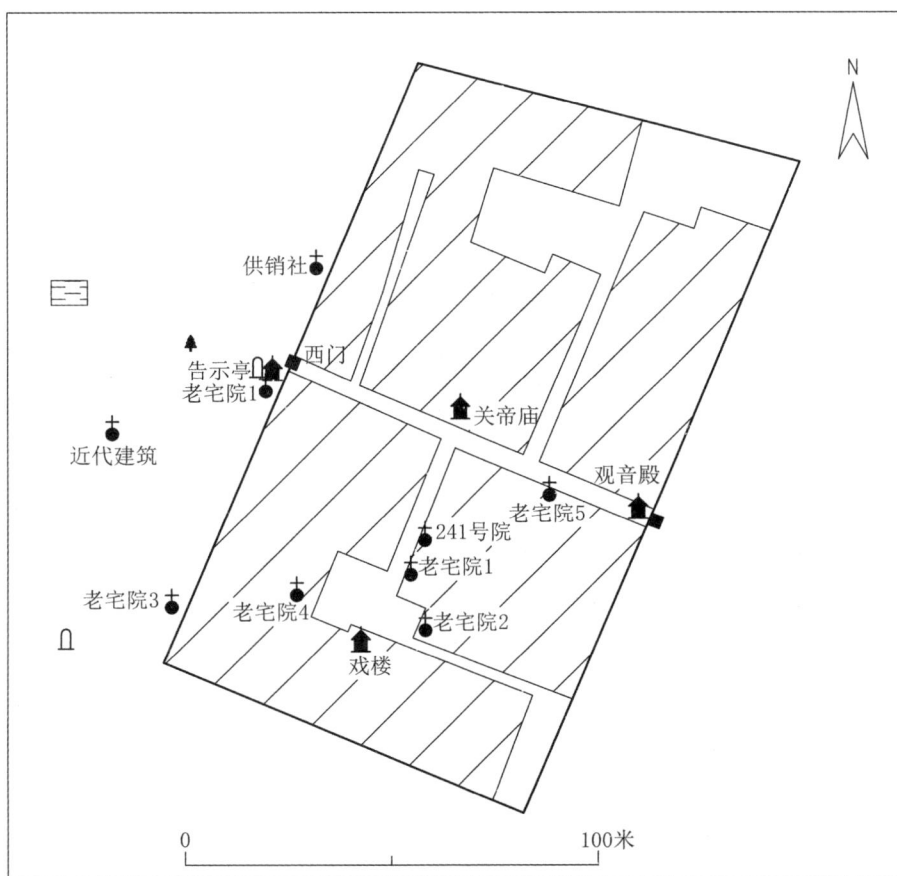

图 5.12　郑家庄村堡平面图

城堡西门为砖石拱券结构，保存较好，基础为条石砌筑，上面青砖起券（彩版 5-16）。外侧门券三伏三券，门券拱顶上方镶嵌有 2 枚门簪，门簪上方镶嵌有砖制阳文门匾，正题"郑家庄"，其中"庄"字多一"点"。起款为"乾隆岁次甲寅年"（乾隆五十九年），落款为"阖堡同立"。门顶设有 2 个排水孔。内侧门券亦为三伏三券，门券拱顶上方镶嵌有 2 枚门簪，门簪上方镶嵌有砖制阳文门匾，正题"平安门"。堡门内顶部为券顶。门扇上槛尚存，门闩孔为石头雕凿而成，距离地面较低。堡门门顶已修缮。堡内为东西向中心街，街面较宽。

堡门外为南北向道路，路边长有许多大树，其中一株柳树粗壮，枝繁叶茂，备受村民爱护,当地人云这株柳树有五六十年的树龄。树的西侧为一个椭圆形水坑,里面尚有积水。水坑东侧新辟为健身园。

堡门外南侧设有告示亭,坐东面西,背靠1座房屋的西山墙。告示亭为乡民在原有旧构基础上修缮而成。告示亭面阔三间,单坡顶建筑,梁架上有残存的彩绘。亭内地面为5通石碑拼凑而成,其中有光绪二十年(1894)的石碑与咸丰四年(1854)的置地碑。石碑磨损较为严重。亭后面的民房西墙上写有"文革"时期的标语。告示亭北墙外下立有1通乾隆五十九年(1794)《重修堡门楼碑记》[1]石碑(拓5.4),保存较好。西门外西南方的1座房屋为小卖部,其北墙上尚存有"文革"时期的大门,因小卖部的西面为村委会,故推测此门应为大队部大院门,门上镶嵌有水泥制的阳文门匾,正题"郑家庄",落款为1974年10月1日。

堡墙均为黄土夯筑,保存差。东墙长约169米,南段现存大部分为基础,仅存一小段较高。东墙内侧为民宅,外侧为顺墙土路。东墙中部正对堡门位置设有1座马面,马面损毁严重,现存体量小,马面内侧为观音殿。东墙北段保存较好,墙体斜直、高薄、连贯,高3～4米。南墙长约94米,破坏严重,仅存基础,上面修建民宅院墙,墙外有顺墙水渠,水渠南侧为宽阔的顺墙土路。西墙长约160米,墙体无存,为民宅占据,并建有供销社和卫生所,墙外为水泥路。北墙长约97米,保存较差,墙体低薄、断续,多有坍塌,大部分地段仅保存有基础部分,高者约3～4米高,内侧为民宅,外侧为荒地和道路。

东南角无存,现存为基础。西南角无存,角外水泥路边有1通功德碑,字迹清楚,皆是善人名字与捐款数。西南角外水泥路西侧为村委会大院。西北角未设角台,仅存转角,内外侧为房屋。东北角未设角台,仅存转角。

(二)街巷与古宅院

堡内为十字主街布局,分为东、南、西、北4街,其中南、北街道不正对,略有错位。如今居民以邢、安、陈3大姓为主,户口尚有1000余人。堡内民宅老宅院较少,新房较多。

东街 尽头为观音殿,街内尚存1座老宅院5,位于街道南侧,临街而建。

南街 尽头为戏楼,街内尚存5座老宅院,分别为老宅院1～4和241号院。

241号院 位于南街东侧,一进院,辟门于东南角,坐东面西,广亮门,卷棚顶。

老宅院1 位于南街东侧,一进院,辟门于东墙,随墙门,平顶门洞,硬山顶。

老宅院2 位于南街东侧,一进院,辟门于东南角,坐东面西,广亮门,卷棚顶。

老宅院3 位于西墙外,近西南角处,一进院,东南角辟门,宅门无存,院内正房面阔五间,卷棚顶,西厢房面阔三间,单坡顶。

〔1〕 邓庆平:《蔚县碑铭辑录》,广西师范大学出版社,2009年,第458页。

拓5.4　宋家庄镇郑家庄村堡乾隆五十九年《重修堡门楼碑记》拓片(蔚县博物馆　李新威　提供)

老宅院4 即安老卓宅院，位于南街西侧，清代建筑，现存前后二进院落，坐北面南，现前后院已分隔开。现存前院门楼1座，迎门影壁1座，门房1座，东西厢房各1座，过庭1座，后院门楼1座，东西厢房各1座，正房1座。

宅门开在院东南角处，硬山顶，广亮门，迎门砖雕座山影壁1座。前院内东西厢房各二间，单坡顶，过庭面阔五间，四檩三挂卷棚顶，梁架一檩二件，五花山墙，明间六抹万字隔扇，明间后置帘架嵌蝠，下为拐子龙、梅花倒挂楣子。次间后墙置精美的座墙砖雕屏壁。后院西南角开一砖式小门楼，院内西厢房三间，单坡顶，正房五间，东、西梢间面宽仅2米，单檐，硬山顶，正五架梁。

安老卓为清中末期蔚郡南坡一带有名的土财主，财资雄厚，土地众多，因距飞狐古道较近，家中有运输业的骡帮。

三、寺庙

据当地长者回忆，村内曾修建有关帝庙、戏楼、龙神庙、观音殿、峰山寺、三官庙、五道庙，本堡未修真武庙。上述庙宇除尚存者外，其余毁于"文革"之后。

关帝庙 位于堡内东西街中心北侧，正对中心街南侧的大路，处在丁字路口北侧。整座大殿坐落在高1.2米的砖石台明上，砖砌台明，基础为条石，顶部四周铺石碑。台明正面设4步踏步。正殿坐北面南，面阔三间，硬山顶，五架梁出前檐廊。前廊下东、西两侧各有一碑座。前檐下鼓形柱础，4根檐柱挑出前檐廊，"一檩一枋一垫板"绘满彩画，彩画内容有草龙等。门窗尚存，檐下正中悬挂一匾，蓝底4个金字"忠悬烈日"，是为"二〇〇二年秋月立"。前廊两侧廊墙上，一侧是"关帝圣君"介绍，另一侧是2002年重修关帝殿的"布施功德榜"。前檐檩下，垫板上绘有8幅人物故事画。

殿内新塑塑像，正面为一尊红脸关公塑像。两侧与周边也有塑像，塑像后面，内壁曾抹过白灰浆，脱落的白灰浆下露出底层的壁画，正壁及两侧墙壁残存有清中晚期绘制的壁画，正壁与东壁保存较好，西壁仅剩一角，题材内容选自《三国演义》中关羽的故事。

正壁受塑像、帷幕的遮挡，仅可见部分壁画画面。明间为《关公坐堂议事图》，正中为关帝像，东侧为持卷轴的关平，西侧为持刀周仓。明间与两侧次间分隔处绘有一副楹联，将画面分为3个部分，上联为"秉烛春秋大节至今昭日月"，下联为"满腔忠义英风亘古振纲常"。东次间只有静读《春秋》的关羽，西次间只有威风凛凛的武将关羽。

山墙壁画为连环画形式，3排6列，西墙保存较好，东墙表面涂刷白灰浆，壁画漫漶，残存的榜题有"聚涿郡桃园结义""虎牢关三战吕布""陶公祖三让徐州""曹孟德会合三将"。顶部脊檩彩绘《八卦图》。

戏楼 位于南街南端，与关帝庙遥遥相望，保存较好，坐南面北，面阔三间，单檐六檩卷棚顶,未置二架柁。砖石台明高 1.3 米,前檐柱 4 根,古镜柱础,前后台置通柱。前檐柱头施平板枋与额枋,枋上置斗拱,柱头各一攒,明间四攒,两侧次间各三攒,斗拱为一斗三升,外出一跳,斗拱上面承橑檐檩枋。拱眼壁采有木透雕装饰。檐柱间雀替为抹斜卷草。戏楼前台口为木板所封堵,楼内地面为方砖铺墁。墙壁近年维修更换红砖,楼内墙面已抹白灰。楼内堆放杂物。

龙神庙 位于堡南墙外南侧,庙院保存较好。四周院墙新修,南墙中间开山门。山门为随墙门,硬山顶,平顶门洞,檐下饰有砖雕。门内为砖铺甬道,两侧为菜地,院内北部建有正殿与东、西耳房,西部修有一排房屋,作为杂物间。东、西耳房里各住一户居民。正殿坐北面南,面阔三间,硬山顶,进深六架梁出前檐廊,前檐额枋上有残存的彩绘,墀头上尚存有砖雕的装饰,门窗已修缮。前廊两侧墙壁上新施壁画,西壁为四目神,东壁为青苗神。西廊墙下建有 1 座面然大士龛。殿内壁新绘壁画,新塑塑像。院内东墙上辟有 1 座土地龛,龛内正中供奉着土地神。

观音殿 位于堡内东西主街东端,东墙内侧墙下。重建于 2006 年。整个庙院坐落在砖砌台明上,整体坐东面西,与西门正对。正殿面阔单间,硬山顶出前廊,前廊两侧墙上写有文字。南侧为"重修观音殿",题写有参与半天时间以上的重修人员名单;北侧是"重建观音殿塑像画像功德布施芳名"。殿中墙壁新绘壁画,内容为罗汉。

峰山寺 位于堡东南角外的台地上(彩版 5-17)。庙院保存较好,占地面积 990 平方米,整体坐北面南,四周院墙新修。院中一株松树高大挺拔,从正殿中一块新匾得知,峰山寺于 1999 年重修。重修后寺院格局自南而北依次为天王殿(过殿式山门)、释迦牟尼殿,分布在一条中轴线上,正殿两侧设有耳房,前设有东西配殿。如今,该寺主持为一位来自北京顺义区的女居士,法号代蔚。

院南墙正中为天王殿,两侧各有一座门楼(此外,东墙上辟有一便门)。门楼皆为随墙门,硬山顶,平顶门洞。天王殿,即为前殿,坐北面南,面阔三间,硬山顶,进深五架梁,五架梁承三架梁,前后明间辟门。殿内新建塑像,正中面南为大肚弥勒,面北为观音,两侧塑四大天王。两侧山墙壁画新绘。门内西侧建有钟亭,正对面的东配殿南墙上有新建的影壁。天王殿后檐下立有 3 通石碑[1],西侧 1 通为顺治辛卯年(顺治八年,1651 年)《重修峰山寺碑记》,东侧 1 通为道光己酉年(道光二十九年,1849 年)《重修峰山寺碑记》,另 1 通为《重修碑记》,无年号。

院内北侧为正殿,即大雄宝殿。正殿位于台明之上,坐北面南,面阔三间,悬山顶,进深五架梁。檐下柱间施阑额与平板枋,平板枋上施小斗拱,明间二攒,次间一攒。正心桁下也施斗拱支承。庙内梁架上亦有斗拱装饰,顶部脊檩上有彩绘《八卦图》。殿内正面有一尊卧佛,卧佛两侧分立迦叶与阿难。两侧次间立韦驮与吕驮。卧佛后正面墙壁画新绘。壁画两侧分别为文殊与普贤,还有罗汉、明王与众菩萨等。两侧山墙壁画保存完好,色彩鲜艳。根

---

[1] 邓庆平:《蔚县碑铭辑录》,广西师范大学出版社,2009 年,第 456~462 页。

据寺中道光己酉年的石碑记载,此次重修时重绘殿中壁画,推测现存壁画即为道光时期重修时的遗存。壁画为连环画式,3 排 8 列,内容为佛传故事,描绘了释迦牟尼从诞生沐浴、成佛到圆寂的过程,每幅画皆有榜题,且采用周昭王的年号注明时间。此堂壁画内容源自《佛祖统纪》(宋释志磐撰)中的《释迦牟尼本纪》,榜题内容将佛的一生用连贯而通俗的语言表达出来。

东壁

周昭王四十二年三月初八日太子十九岁欲求出家当□□遇	太子游东门偶遇产生者	太子游南门又遇老人者	太子游西门复遇得病者	太子北门看见死人者	太子归宫目睹劳苦人	太子独坐宫中自思死终可厌	太子是夜子时有一天人名曰净居于牖牗中又手白太子言出家时至可去矣
王太子箭穿铁鼓	王太子力举石象	梵王太子读书诵经	九龙吐水深宫沐浴童佛	净饭天国王登殿二妃□□芝□王报喜	清净妙王妃深宫左胜生婴孩满京城香闻十里	即周昭王二十四年甲寅岁四四月初八日也三皇捧童驾鹿投胎净饭王国正宫	清净妙王妃梦吞日光
净饭远祖舍国修行受瞿□姓	大茅草王出家学道成王仙	诸弟子以笼盛悬树上滴血于地□二甘蔗	二甘蔗日炙出一男一女即善生□□	释伽□仁者甘蔗□□四子于雪山北德化人□大国	净饭国霞光万道地出珠玉水生金莲	兜率天降落瑞气垂有大圣佛降生	净饭天国王舍皇□□□□施斋茶普度僧道

西壁

后至一千一十七年□□中□后汉明帝夜梦金人身长大项有日月光	明帝登殿命群臣原梦奏曰西方有佛至名曰佛世尊升承所梦得无是乎	明帝差官到天竺问其道得其经书及沙门同来	沙门见帝奏曰佛身长一丈六尺黄金色项中佩日月光变无所不通而大济□生	佛世尊遇给孤长者愿金银施舍斋众供亦无地式讲经说法	佛世尊遇祇陀太子愿舍祇园要给孤长者金银步海祇园	给孤长者金银步祇园□诵经说法祇陀太子心喜施舍	佛世尊功果成就万德圆满诸佛菩萨沙门比丘来朝
佛世尊驾毫光至本国与母清净妙梦中说法	尔时金棺从坐而□高七多罗树往反空中□□三昧须臾□生得舍利八斛四斗	诸弟子即以香薪竞荼毗之炉□金棺如故尔时大众即于佛前以偈赞语	佛至拘尸那城告诸大众吾今背痛欲涅槃即往□连间侧婆罗双树下右胁累□泊然宴寂	佛复授摩阿迦叶将金楼僧伽黎大衣传□□如□授补处	佛于鹿野苑中为憍陈如等五人而论道果说法	太子在雪山于十二月八日明星出时成佛号天人师时年三十矣	太子于山林中礼拜菩提
太子以闻点化满心喜悦即逾城而去	太子于檀特山中修道	太子于阿蓝迦蓝处三年遇摩	太子令知其非便舍去复至郁头蓝处学三年又知其非□舍去	太子又至象头山同诸外道日食梦径于六年	诸外道先历试邪法示诸方便发诸异见	太子修练乌鸦贯顶	山中苦修芦芽穿膝

西院墙内侧上辟有面然大士龛。正殿两侧设有东西配殿,两殿皆面阔三间,硬山顶,进深五架梁。西配殿为地藏殿,殿内新塑塑像,新施壁画。东配殿为药师殿。此外,庙外东北部不远处为该寺僧侣墓地,封土已推平,尚存有顺治时期的墓碑1通。

三官庙　位于堡西门外北侧,现已无存。

五道庙　位于堡门外大柳树下,现已无存。

第十节　高院墙堡村

一、自然环境与人文历史

高院墙堡村位于宋家庄镇东偏北2公里处,地处平川,地势较平坦,为沙土质,周围辟为耕地。1980年前后有389人,耕地2 126亩,曾为高院墙堡大队驻地。如今,村庄规模较大,旧村即城堡位于村庄的东北部。其余部分为新村,民宅以新房为主,规划整齐,居民较多,228乡道穿村而过(图5.13)。

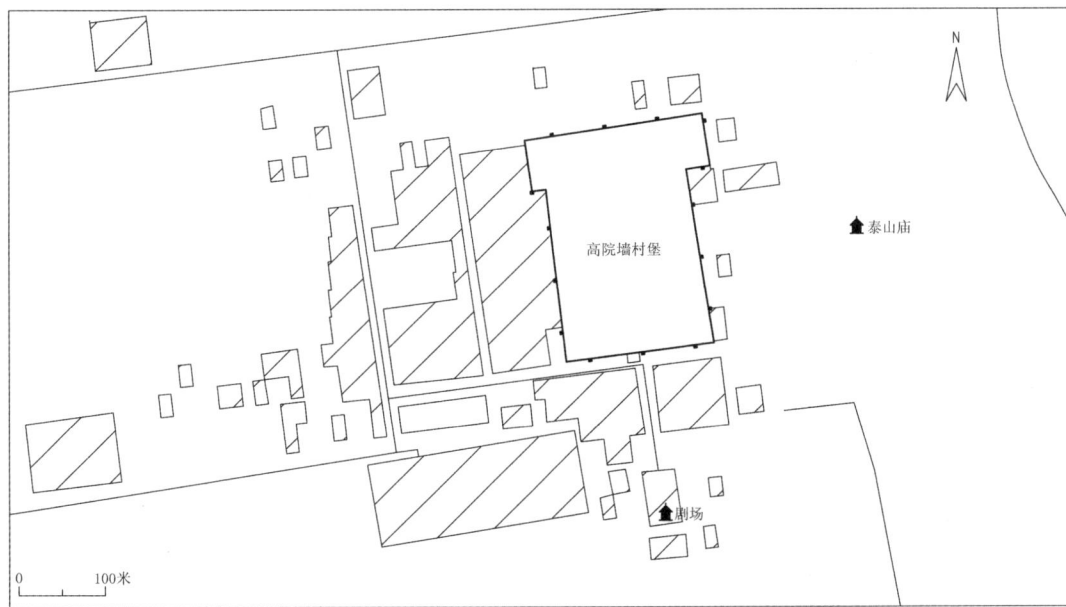

图5.13　高院墙堡村古建筑分布图

相传,明末建村,原叫千家屯,后因高家被盗,遂将院墙筑高,形似堡墙,即更村名为高院墙堡。村名可考的历史最早见于《(正德)宣府镇志》,作"高院墙堡",《(嘉靖)宣府镇志》

作"高院墙",《(崇祯)蔚州志》作"高院墙堡",《(顺治)云中郡志》《(顺治)蔚州志》沿用，
《(乾隆)蔚县志》作"高院墙",《(光绪)蔚州志》《(民国)察哈尔省通志》沿用。

二、城堡

（一）城防设施

高院墙堡村堡,位于东北部的旧村内。城堡平面呈 T 字形,周长约 948 米,开南门,据
当地长者回忆,城堡旧时亦开东门,东门位于东墙南段,南侧第一条东西巷的东端,条石
基,砖砌门洞,但东门于 1974~1975 年被封堵,仅开南门。堡内平面布局为南北主街结构
（图 5.14）。

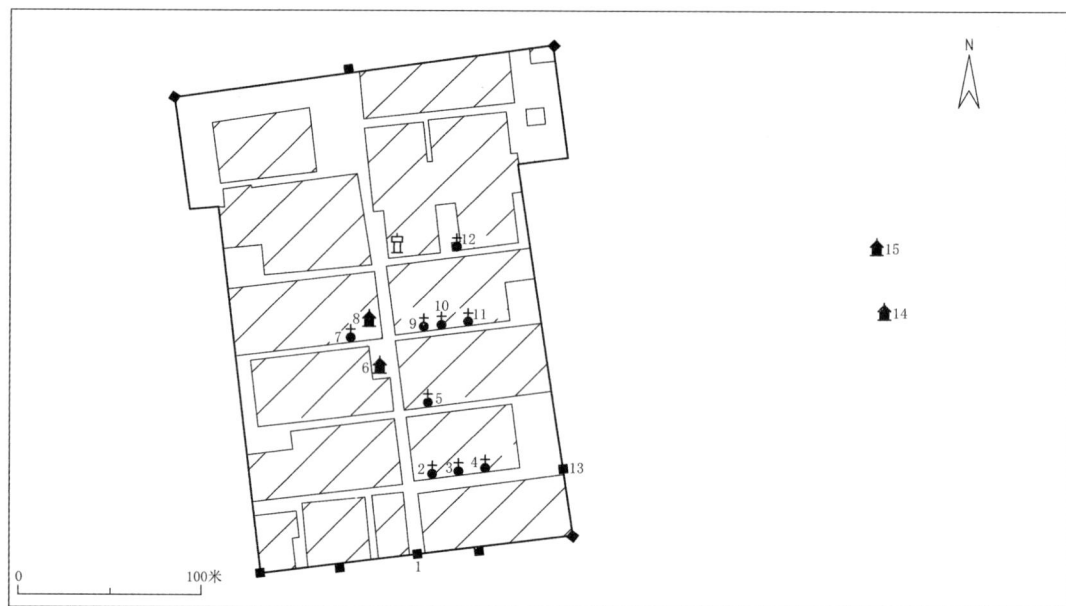

图 5.14　高院墙堡村堡平面图

1. 南门　2. 老宅院 1　3. 老宅院 2　4. 老宅院 3　5. 老宅院 4　6. 戏楼　7. 老宅院 5　8. 关帝庙
9. 老宅院 6　10. 老宅院 7　11. 老宅院 8　12. 老宅院 9　13. 东门　14. 泰山庙（前殿）　15. 后殿

城堡南门曾于"文革"时期修缮,砖石拱券结构,基础条石垒砌,其上为砖墙,拱形门,
门券三伏三券。外侧拱顶上方镶嵌有砖制阳文门匾,正题"高院墙"3 字,顶部饰有 1 颗五
角星。南门内为宽阔的中心街,门洞外两侧墙体上有对联。南门外为 1 条宽阔的水泥路,
尽头是新建的村委会大院（剧场）。

城堡东门为砖石拱券结构,基础为毛石砌筑,上部青砖起券,内外侧为三伏三券,内券
高于外券,门顶为砖券式。东门已经封堵,门内为一户民宅,将堡门围于自家院内。

堡墙均为黄土夯筑,保存较差。东墙长约 294 米,北段保存较好,墙体高薄、连贯,壁面斜直,墙高 5～6 米,墙外侧为道路,内侧为民宅。东墙中部被新建的房屋破坏墙体。东墙南段部分墙体与南墙类似,高 2～4 米,墙体高薄、连贯,内为民宅,外为荒地和道路,修建有许多土坯烤烟房。南墙长约 171 米,保存较差。东段墙体高 2～4 米,设 1 座马面,保存一般。西段墙体低薄,高 2～4 米,墙体设 1 座方形的马面,保存一般,内侧为民宅,外侧为荒地和水泥路。西墙长约 277 米,保存一般,墙体不直,有曲折,与东墙类似,墙体高薄、连贯,高 4～5 米,墙体内、外侧均为房屋。北墙长约 206 米,墙体高薄、断续,多坍塌,形成积土斜坡,高约 4～5 米,积土上有取土的痕迹;墙体顶部有许多坍塌形成的缺口。北墙墙体内侧为民宅,外侧为荒地和道路。北墙中部设有矩形的马面,马面内外突出堡墙,高于墙体,马面顶部原修建有真武庙,建筑于 1966 年拆毁。

东南角设 135°斜出角台,呈方锥形,较高,上面有砖坯修补的痕迹。西南角设 135°斜出台,保存一般,体量大,呈方锥形,角台有两次修筑的痕迹,原来为 135°斜出,后改修为 90°直出。西北角设 90°直出角台,角台呈方锥形,墙体外下有许多坍塌的积土。东北角设 135°斜出角台,保存一般,体量较小,为方锥形,高 5～6 米。

(二)街巷与古宅院

堡内民宅以土旧房居多,老宅院和新房较少。居民旧时以陈、余为大姓,现如今姓氏较杂。堡内为南北中心街,共设有 6 个路口,其中十字路口 5 个,丁字路口 1 个,自南而北分别为一至六街。

一街 东段北侧尚存 3 座老宅院 1～3,尽头处为城堡东门,券门已封堵,门内现为一户民宅。老宅院 1 为一进院,随墙门,平顶门洞,硬山顶。老宅院 2 原为两进院,现为一进院,广亮门,卷棚顶,门内设 1 座影壁,面阔单间,表面砖脱落,露出土坯心,正房面阔五间,卷棚顶。老宅院 3 为一进院,随墙门,平顶门洞,硬山顶。

二街 东段尚存 1 座老宅院 4,两进院,辟门于东南角,坐北面南,广亮门,卷棚顶,前檐坍塌,门内前院已经废弃,无建筑,后院尚存正房五间,东西厢房各三间。

三街 西段北侧有 1 座老宅院 5,两进院,前院东南角辟门,广亮门,卷棚顶,保存较好,门道石板铺墁,二门尚存,后院正房面阔五间,西厢房面阔三间,单坡顶。东侧街道有 3 座老宅院 6～8。老宅院 6 原为两进院,现为一进院,辟门于东南角,随墙门,平顶门洞,硬山顶,前院仅存南房,二道门无存,后院尚存正房五间,西厢房三间。老宅院 7,两进院,硬山顶,广亮门。老宅院 8 为一进院,随墙门,平顶门洞,硬山顶。

四街 街口东北角有 1 座圆形水塔,上面有水泥修建牌,水塔西面有废弃的水井。原为 1 座井房,现井房坍塌,水井废弃,尚存辘轳石。东段北侧尚存 1 座老宅院 9,仅存大门,广亮门,卷棚顶,门内为一片荒地。

三、寺庙

据当地长者回忆,高院墙堡曾修建有戏楼、泰山庙、关帝庙、观音殿、真武庙、风神庙、五道庙。上述庙宇除现存者外,皆拆毁于"文革"期间。

戏楼　位于堡内三街十字口西南角(彩版 5-18)。戏楼前设有一小片空地。戏楼坐南面北,单檐卷棚顶,面阔三间,进深六架梁,砖石基础较高,东墙、后墙为旧构,西墙为新近修缮,前檐额枋上有残存的彩绘,正面为红砖砌筑,加装门窗,改造成房屋。戏楼内壁画已毁。戏楼对面原为关帝庙,现在为一户居民。

泰山庙　位于堡东墙外侧,庙宇已重建前殿、后殿。其中前殿于 2001 年重建。前殿西廊墙下立有 1 通宣统三年(1911)《泰山宫重修碑记》石碑[1]。

前殿,坐北面南,面阔三间,硬山顶,进深七架梁前后出廊,可能为 1 座前后辟门的过殿。前殿梁架与脊顶已修缮,但前后门窗尚未完工,殿内墙壁尚未刷白。

正殿,位于台明上,坐北面南,面阔三间,硬山顶,进深五架梁出前檐廊。殿内正面塑三尊奶奶像,供台上放着信众还愿的娃娃泥像;东侧南面的一尊为判官,登记孩子送出的情况;西侧南面一尊是顺生娘娘(俗称"老奶奶")在保佑婴儿顺利出生;两侧北面的各为搬哥哥、痘姐姐,两侧中间各两位为侍女。供台前还有一尊"小奶奶"像,为游街酬神时使用的神像。据守庙人介绍,最近 10 多年未曾酬神。殿内新绘壁画,东壁绘《孩童欢乐图》,西壁绘抬轿子等场面。正殿前廊西墙下有 1 座小龛,内供面然大士。

关帝庙　位于堡内,对面建有戏楼,现已无存。

观音殿　位于堡南门内侧,现已无存。

真武庙　位于北墙庙台上,现已无存。

风神庙　位于堡外西侧,现已无存。

五道庙　位于东门外,现已无存。

第十一节　高院墙庄村

一、自然环境与人文历史

高院墙庄位于宋家庄镇东偏南 2.5 公里处。村庄地处平川,地势平坦,为沙土质,周

---

[1]　邓庆平:《蔚县碑铭辑录》,广西师范大学出版社,2009 年,第 468～471 页。

围辟为耕地。1980 年前后有 145 人,耕地 926 亩,曾为高院墙庄大队驻地。

相传,清宣统年间建庄,名福兴庄。1926 年曾与高院墙堡合并,1946 年分开后,取村名高院墙庄。该村名在蔚县诸版方志中未见有记载。

历史上该村未曾建过城堡。如今,村庄规模小,村东村外有一排土坯烤烟房,村内民宅以新房较多,老宅院和土旧房少。村中部有一片空场,是为村庄的中心。广场已硬化,村中主要道路亦硬化。广场北侧的空地上有 1 座井房,其内有一口古井,现水井已废弃,井口封堵,井房内西墙上嵌有 1 通"宣统肆年"《重修井碑记》石碑。

二、寺庙

据当地长者回忆,村中曾修建有龙神庙/观音殿、五道庙、井神庙、关帝庙、上玉泉寺,除尚存者外,庙皆拆毁于"文革"期间。

龙神庙/观音殿、五道庙　位于村中广场西北角,现为 1 座独立的庙院,院内殿宇均已改造并废弃。仅存有 1 株大柳树。

井神庙　位于观音殿北侧井房内,壁龛式,现已无存。

关帝庙　位于水井西侧南北向土路的北端,已拆毁为平地。

上玉泉寺　位于村外北侧,该寺曾为附近村庄共有的一座大寺,历史上为高院墙(含庄)、辛落塔、朱家庄、王良庄所有,有养廉地 40 余亩。寺庙创建年代不详,相传明代有 2 位师兄弟僧人,兄建起了上玉泉寺,弟建起了下玉泉寺(南北樊庄之间)。历史上,庙宇建筑规模宏大,由南至北依次为:山门、钟鼓楼、过殿、大雄宝殿、东西配殿、东西禅房、寮房等建筑。1956 年拆除钟鼓楼,1966 年"文革"时塑像全部砸毁,后做战备库房,20 世纪 80 年代初彻底拆毁。旧时,每年七月十五日举行庙会,同时办佛事 3 天。2008 年,当地重建大雄宝殿与两侧的僧房。

大雄宝殿,坐北面南,面阔三间,硬山顶,进深七架梁出前檐廊,五架梁承三架梁,后金柱与后檐柱间施抱头梁。大殿内供三世佛像,中间为释迦牟尼佛,东为药师佛,西为阿弥陀佛,中间释迦牟尼佛的背屏为火焰纹。殿内两侧立有韦驮与吕陀。殿内壁画新绘,连环画式,各 3 排 8 列,题材内容为释迦牟尼佛应化事迹。

寺的东侧有一片墓地,内有 2 座舍利塔与 3 座墓。舍利塔分别为"释慧空法师舍利塔"与"上戒下足比丘之灵位",墓葬分别为云然大师之墓、弥勒堂上仰贤恩师之墓、鹫峰堂尚觉空老和尚之墓。

第十二节　王良庄村

一、自然环境与人文历史

王良庄村位于宋家庄镇东偏南 3.7 公里处，属平川区，东临沙河（上游为郑家庄村），地势较平坦，为壤土质，辟为耕地。1980 年前后有 457 人，耕地 2 802 亩，曾为王良庄大队驻地。

相传，明朝末年建村，此村曾居住一位叫王良的道士，故以道士之名冠村名为王良庄。村名可考的历史最早见于《（正德）大同府志》，作"王良庄堡"，《（顺治）蔚州志》沿用，《（乾隆）蔚州志补》作"王良庄"，《（光绪）蔚州志》《（民国）察哈尔省通志》沿用。

如今，王良庄村为一座南北狭长的村庄，南面为新村，民居分布稀疏，中间有耕地，并非整齐划一的布局。北面为旧村，即王良庄堡所在地。旧村全部在城堡内（图 5.15）。

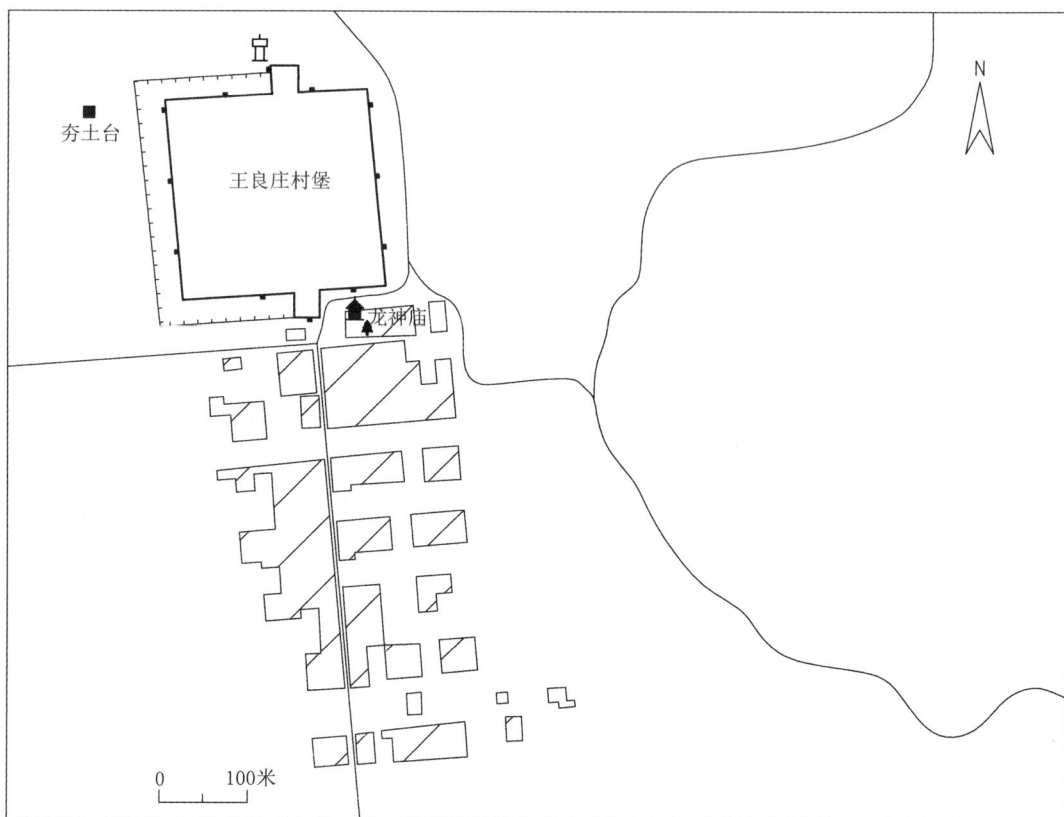

图 5.15　王良庄村古建筑分布图

二、城堡

（一）城防设施

王良庄村堡，位于北部旧村内。城堡平面呈矩形，周长约901米，开南门，城南门外设有瓮城。堡内平面布局为十字街结构（图5.16）。

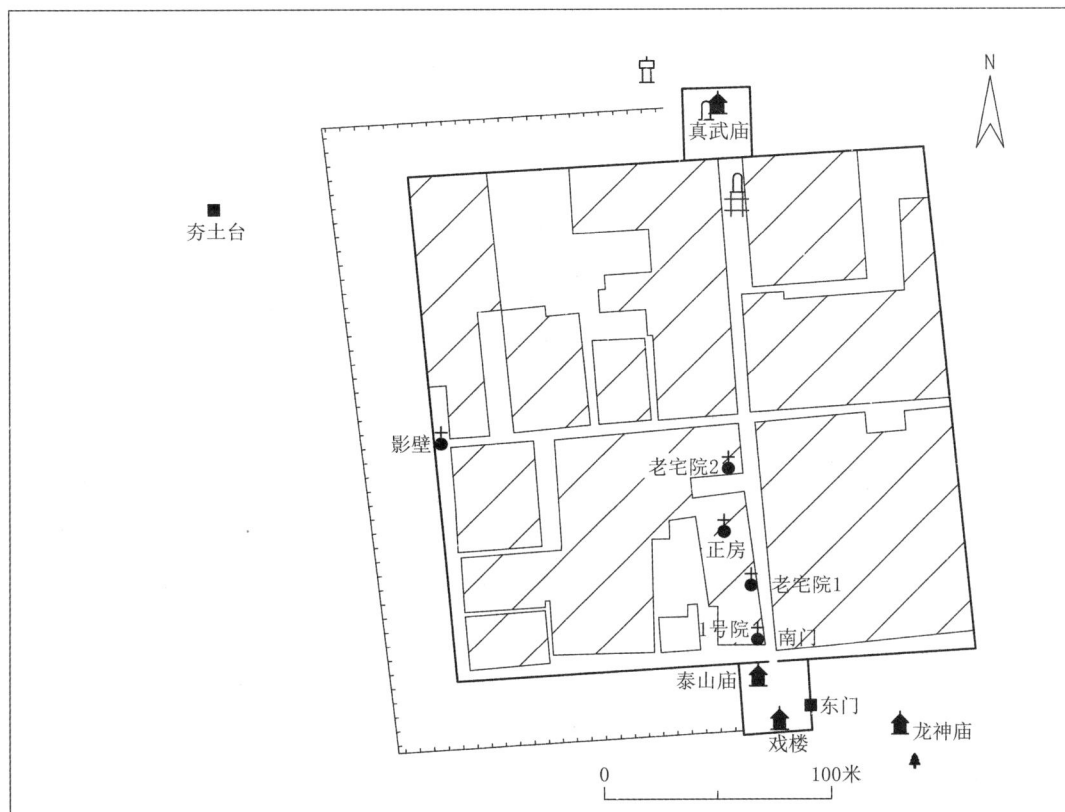

图5.16 王良庄村堡平面图

堡南门全部坍塌，现为缺口，原先形制未知。南门内为南北主街。

瓮城平面呈矩形，周长约90米，墙体黄土夯筑，保存一般，南墙长约30米，墙体高薄、连贯，壁面斜直，高4～5米（彩版5-19）。东墙长约30米，保存较好，墙体高薄、连贯，外侧为水泥路，内侧为荒地，东墙高4～5米，夯土中夹杂有许多石子。历史上南门瓮城内为一组建筑群，如今为荒地。

瓮城辟东门，砖石拱券结构，基础为条石砌筑，较低矮，基础之上为砖砌拱券门。外侧门券三伏三券，门券两侧的墙体上各镶嵌有一块砖雕，南侧者尚存，北侧者破坏。南侧门券拱顶上方镶嵌砖制阳文门匾，正题"王良庄"，"庄"字多一"点"。首款与落款皆铲毁，但首款仍可辨出为"民国十六年"字样。门券顶部有2个排水孔。门顶部坍塌，推测原为木梁架结构，门洞内的基础为卵石，门道为水泥路面。门内北侧有1户居民。瓮城外东侧为龙神庙，现为村委会。

堡墙均为黄土夯筑，保存一般。东墙长约223米，墙体低薄、连贯，壁面斜直，局部坍塌，墙高2～3米，墙体内侧为民宅，外侧为荒地，墙外下有许多坍塌形成的积土；北段墙体整体呈土垄状，土中夹杂许多石子，东北角附近墙体保存较好，高4～5米。南墙长约226米，夯层明显，多夹杂石子。东段墙体高薄、连贯，墙体多坍塌，形成缺口，墙高4～5米，外侧为水泥路，内侧为民宅；南墙西段保存一般，墙壁面斜直、高薄、连贯，高者5～6米，低者2米，有坍塌形成的缺口。西墙长约224米，保存较好，墙体高厚，壁面斜直、连贯，墙外下有坍塌的积土，墙体基础和顶部较宽，墙体高5～6米，厚2～3米（基础）；中部开有一个缺口，便于交通，墙体外侧为耕地，内侧为民房。北墙长约228米，东段保存一般，墙体高薄，下面有坍塌形成的积土，墙高4～5米，顶部多坍塌，形成缺口，墙外为荒地，内侧为民宅；北墙中部建一座类似瓮城的建筑，但未辟门，墙体保存较好，高4～5米，壁面斜直，墙体高薄、连续，少有坍塌，墙内为真武庙。近代时于西墙挖开一缺口便于交通。北墙西段保存较好，墙体高薄、斜直、连贯，外侧有坍塌形成的积土，墙外为荒地和耕地，内侧为民宅，墙体顶部有坍塌形成的缺口，墙高6～7米，墙体中部有坍塌，其余部分保存较好。北墙外有一座水井房和大片的耕地。堡西墙和南墙西段外侧尚存壕沟，且还有类似堤岸的土垅，推测是取土建堡的时候就地取土修建堡墙。

东南角未设角台，仅为转角，夯土一层石子一层交错分布。西南角未设角台，仅为转角，保存较好。西北角未设角台，仅为转角。西北角外有1座土台，用途未知，推测是庙台。东北角未设角台，仅为转角。

（二）街巷与古宅院

堡内民宅以土旧房为主，老宅院较少，新房少。居民人数较多，以高、毕姓为主。南门内为南北向中心街，街两侧有多条小巷子，南段街道西侧尚存老宅院。

1号院　一进院，四合院式布局，保存较好，辟门于东南角，随墙门，平顶门洞，硬山顶。

老宅院1　两进院，辟门于东南角，广亮门，硬山顶，三架梁，雀替尚存，表面有狮子、花草纹木雕装饰，门道石板铺墁。前院宽敞，但仅西厢房为旧构，其余为新建的房屋，二道门无存；后院正房面阔三间，硬山顶，两侧各有1座小拱券门，通往东西耳房院，耳房面阔两间，卷棚顶。

老宅院2　一进院，辟门于东南角，坐北面南，随墙门，平顶门洞，硬山顶。

三、寺庙

据当地长者回忆，王良庄曾修建有戏楼、泰山庙、龙神庙、真武庙、财神庙、五道庙、梓潼楼。寺庙除尚存、倒塌者外，大部分于"文革"时期拆毁。

戏楼 位于城堡南瓮城内，戏楼对面中轴线上为南堡门顶梓潼楼（彩版5-20）。戏楼西为泰山庙，东为看护堡门的门房、瓮城城门。戏楼坐南面北，台明包砌有多通石碑，大部分已磨平，尚能释读有康熙十四年（1675）修建龙神庙的碑记，也有墓碑。戏楼为单檐硬山顶，面阔三间，进深六架梁，山墙五檩中柱分心，土坯墙，前台两侧设有八字影壁。前檐柱柱头卷刹，下为古镜柱础，戏楼顶部坍塌一半。戏楼内墙壁上涂刷白灰浆，壁画无存。

泰山庙 位于城堡南瓮城内西侧，原为一座独立的庙院，依瓮城西墙内侧而建（彩版5-21）。山门面东，随墙门，平顶门洞，硬山顶，檐下砖作仿木构砖雕斗拱，共六攒，平板枋两侧饰砖雕垂花柱。院内北侧为正殿，正殿后墙紧贴堡南墙，坐北面南，面阔三间，硬山顶，进深五架梁，门窗已改建为民宅样式，前檐额枋上有残存的彩绘。20世纪50年代曾维修，殿内曾改作他用，壁画已毁。庙院内有一通石碑。

龙神庙 位于南墙东段外南侧，村委会所在地。院内旧建筑已毁，仅存一株大松树。据戏楼内康熙十四年（1675）石碑记载，推测龙神庙为此年所修建或重修。

真武庙 位于堡北墙外突部分，北墙辟门，墙外土筑高大的小城堡，形成北瓮城状，平面呈方形，边长30米，在小城堡内北侧建有真武庙建筑。

山门位于中心街尽头北墙上，砖砌门体，硬山顶，券形门洞，一伏一券。门洞拱顶上有砖匾，匾上砖雕阳文字已被铲平，留下3个字的痕迹，左侧可辨出认为"宫"，推测为"玄帝宫"3字。两侧门柱上有"四不像"砖雕装饰。门道地面为石板路。门外东南侧尚存一口废弃的古井，井架尚存，井边有一通石碑，碑阴为布施功德碑，首款与落款皆不见。

院内正中建有正殿，即真武庙的玄极宫。正殿坐北面南，南阔三间，硬山顶，进深五架梁，殿内五架梁上承三架梁，置人字叉手。门窗保存较好，明间置六抹落地方格窗，窗内以竹条编织成六角菱花纹饰。西侧窗外立有一通咸丰二年（1852）《蔚州城东角乡王良庄重修井碑之序》石碑[1]。脊顶有砖雕装饰，砖雕已破损。两侧山墙墀头饿檐装饰精美砖雕，东侧为"鹿回头"，西侧已毁。前檐额枋上有残存的彩绘装饰。正殿梁架保存完好，梁架上保存有大量彩绘装饰，顶部脊檩上有彩绘《八卦图》。殿内堆放几口棺材与杂物。

正殿墙体保存较差，西墙南侧坍塌，北墙明间与东次间墙皮脱落。残存的正壁西次间、东山墙内壁、西山墙内壁北侧尚存清末民国时期的壁画，其壁画保存较好。画面色彩

---

〔1〕 邓庆平：《蔚县碑铭辑录》，广西师范大学出版社，2009年，第486～489页。

鲜艳,人物栩栩如生。

王良庄真武庙壁画粉本与众不同。壁画以中间宫殿为核心,四周环绕真武修行与灵应的故事,东壁有 7 幅,西壁完整者有 3 幅,虽各有榜题区,但并无题字,只能凭画面来猜测其中的含义。

东壁以中部宫殿为核心,宫殿内绘有 2 个场景,宫殿外分布着 5 个场景,共由 7 幅画组成。中部宫殿分为两殿,内各绘有着黑袍的真武大帝,北殿真武为坐姿,手持宝剑,两侧立有周公与桃花女,外侧为七星旗君与剑童;东殿真武大帝为立姿,伸出右手,斥责殿外台阶前下跪的人,身后立一位侍童。殿内还有 6 位将官、4 位护法元帅与其他 2 位将官。宫殿外分布的 5 个场景分别为东壁北侧"玄帝显圣"、北侧底部"猿猴献桃"、南侧上部"镇河兴福"、南侧"二虎把洞",还有 1 幅南侧底部尚未释读。

西壁山墙南侧墙毁,残画中只剩北殿与北侧 2 幅。正中北殿表现的应是"威镇北极宫",殿中真武大帝坐于椅上,右手持剑,两侧立有桃花女与周公,再外侧为七星旗君与剑童。院内还有 6 位持剑的女将官。北侧上角"收服龟蛇"、北侧下角"水涌洪钟"。

正殿西次间,上部残存 2 幅壁画。宫殿内主题表现应是"真人降生",左上角是"斩杀魔女"。

正殿两侧设有耳房,东耳房几乎坍塌,正墙上残存有旧报纸,即《长城报》,出版于 1956 年 6 月 15 日。《长城报》创刊于 1953 年 3 月 14 日,为张家口地委机关报,四开四版,三日刊。1958 年 4 月 30 日终刊。此外整个院子内无其他建筑,为大片的空地、荒地。

2015 年,真武庙内东壁壁画整体遭偷盗,西次间北墙整体坍塌,殿内壁画损毁殆尽。

财神庙　位于堡内西侧,年久失修,20 年前倒塌。

五道庙　位于瓮城东门外北侧,5～6 年前自然倒塌。

梓潼楼　位于南堡门顶,现已无存。

第十三节　石　荒　村

一、自然环境与人文历史

石荒村,位于宋家庄镇东南 4.8 公里处,属丘陵区,地势南高北低,村庄东临沙河(上游为郑家庄),附近多为壤土质,周围辟为耕地。1980 年前后有 814 人,耕地 3 815 亩,曾为石荒大队驻地。

相传,据乾隆十九年(1754)重修堡门时之碑文记载,原为石荒堡,因元末建村时石头多,又处荒芜之地而得名。村名可考的历史最早见于《(顺治)蔚州志》,作"石黄村堡",《(乾隆)蔚州志补》作"石黄里",《(光绪)蔚州志》作"石黄村",《(民国)察哈尔省通志》作"石荒村"。

如今,村庄分为新旧两部分,东北部为旧村,其余为新村。旧村规模小,居民少,村内有一通同治五年(1866)《石荒村公议碑记》石碑(拓5.5)。新村规模大,居民多,街巷、民宅整齐划一,中部东西向主路的西尽头北侧有新建小学(图5.17)。

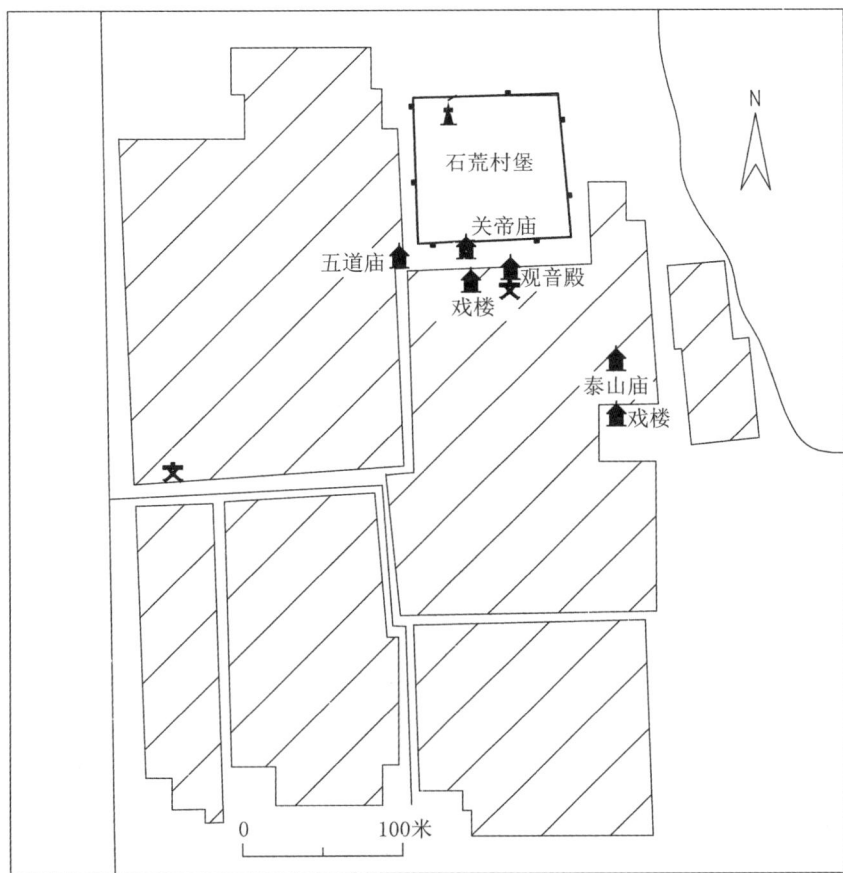

图 5.17　石荒村古建筑分布图

二、城堡

（一）城防设施

据《(民国)察哈尔省通志》记载:"石黄村堡,在县城东南十五里,明嘉靖九年土筑,清乾隆十九年重修,高一丈五尺,底厚六尺,面积二十四亩,有门一,现尚完整。"[1]石荒村堡今位于村庄东北角。城堡平面呈矩形,周长残长约130米,开南门,堡内平面布局为南北主街结构(图5.18)。

---

〔1〕 宋哲元:《(民国)察哈尔省通志》,国家图书馆藏1935年铅印本,第10页。

拓 5.5　宋家庄镇石荒村同治五年《石荒村公议碑记》拓片（蔚县博物馆　李新威　提供）

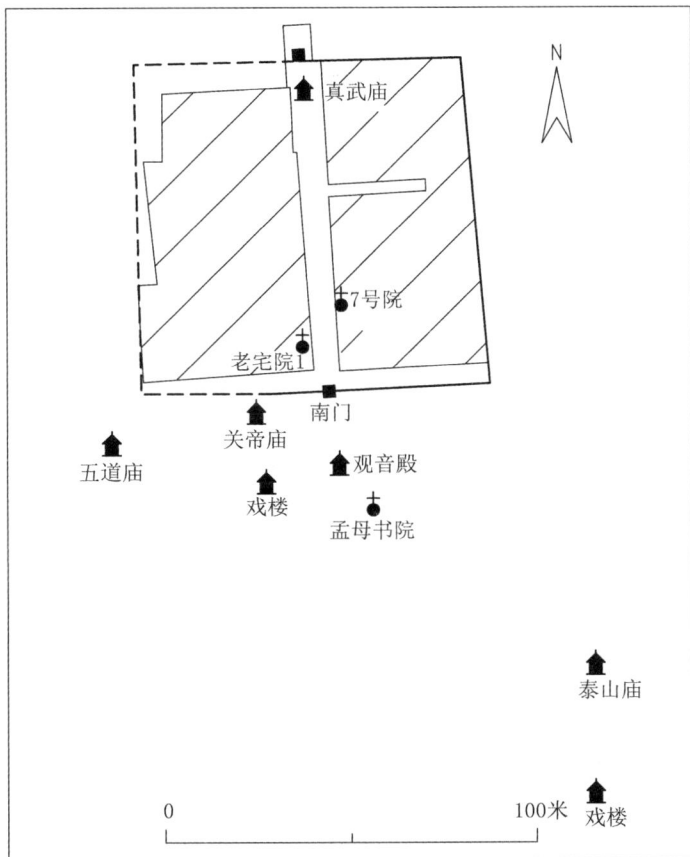

图 5.18　石荒村堡平面图

　　城堡南门为砖石平顶结构,堡门结构简单,基础为条石砌筑,较低矮,其上为砖砌门体,其中西墙新近修缮,红砖砌筑,门顶为木梁架平顶,顶上砌有筒瓦花格墙(彩版 5-22、23)。门内为中心街,两侧有老宅院,中心街尽头为真武庙。此堡门建筑形制与嘉靖时期的风格迥然不同,推测为早期的堡门塌毁后重修时而建。南门外原有一座影壁,抗战时期被日军拆毁。

　　堡墙均为黄土夯筑,保存差。据堡中 64 岁的张姓老人回忆,堡墙于 1975 年在公社组织下拆毁。如今,东墙长约 91 米,保存差,墙体坍塌严重,低厚、断续,多呈土垅状基础,高 2~4 米,墙体上面为土路和民宅,墙体外侧为荒地。东墙南段为民宅所占据,墙体无存。南、西墙全部无存,为民宅占据。北墙残长约 39 米。西段无存,现为荒地,墙体内侧为荒地,外侧为土路和耕地。北墙中部原设有马面,顶部修建真武庙,马面外立面包砖,下方有坍塌的积土,马面北面为树林和荒地。北墙东段保存一般,墙体高薄、斜直、连贯,墙高 4~5 米,墙体内侧为民宅,外侧为树林和荒地,墙体外侧下方有坍塌的积土。

东南角、西北角无存。东北角未设角台,现为转角,坍塌一半。

(二)街巷与古宅院

堡内村民以毕、王姓为主,原有户口 800 余人,如今居民少。民宅以新旧房为主,老宅院少,尚存 2 座。

老宅院 1　位于南北主街西侧,一进院,辟门于东南角,广亮门,卷棚顶,门道铺卵石。

7 号院　位于南北主街东侧,一进院,辟门于西南角,随墙门,平顶门洞,硬山顶。

孟母书院　位于堡南门外观音殿南侧,书院开西门,2011 年新建,据说村中学风好,高考升学率在蔚县较高,这座书院便是考出去的学生为报答家乡而兴办的。

三、寺庙

据堡中 64 岁的张姓老人回忆,石荒村曾修建有真武庙、关帝庙、戏楼、观音殿、泰山庙、戏楼、马神庙、财神庙、佛殿、福神庙、井神庙、五道庙(2 座)、龙神庙、风水庙。上述庙宇除尚存者外,大部分拆毁于"文革"期间。

真武庙　位于堡内南北正街北端北墙内侧及北墙正中的高大墩台之上,曾为一组建筑群,如今仅存北极宫(彩版 5-24)。北极宫所处北墙墩台外立面原包砖,如今两侧面包砖尚存,正面包砖与台阶已被拆毁。真武庙前原有一口井,现庙前有 4 通石碑与 1 块井石,石碑皆为布施功德碑,其中 1 通为康熙三十四年(1695)石碑,表面漫漶。

正殿,即北极宫,坐北面南,面阔三间(坐二破三式),硬山顶,进深五架梁。两侧山墙墀头、戗檐砖雕装饰尚存,山墙脊顶有砖雕悬鱼。正殿内脊檩彩绘太极《八卦图》,殿内墙壁壁画损毁严重,仅存零星,山尖壁画保存较好。

2011 年,本村一信佛的中年妇人化缘募集善款开展重修工作,至 2012 年完工,共花费 20 多万。本次修缮时庙台包砖与正殿墙体未作修缮。新绘正殿内壁画,同时在庙台前修建院墙、院门、前殿、东配殿与西配殿,但各殿内未绘壁画。修缮后的真武庙与旧构略有差别,旧时站庙前无法看到庙台顶,且二道门内两侧还有钟、鼓两亭,山门原为大门楼,维修时改为随墙门样式。

关帝庙　位于堡南门外西侧南墙下(彩版 5-25)。现为一座独立的庙院。整个庙宇坐落在高 1.2 米的砖砌台明上,整体坐北面南,院内条砖铺墁。院墙保存完好,表面刷红色。山门为门楼式,悬山顶,进深三架梁,前檐额枋上残存有民国时期的彩绘,内外挑檐各有两立柱支撑。门前设五级石阶踏步。院中尚存正殿与东、西配殿,殿宇现为村民所占,改建成民宅。

正殿坐北面南,面阔三间,硬山顶,进深五架梁。殿内壁画已毁。正殿西槛墙上镶嵌一块石匾(拓5.6),正题"石荒堡永安门",右侧前款"嘉靖玖年陵月吉日立",左侧落款"乾隆拾玖年重修吉日立"[1]。正题下方刻有"堡内连壕二十四亩",以及以毕姓为主的工匠名字。此匾应为门匾,推测为乾隆十九年重修堡门时,在堡门外同时修建了这座关帝庙,由于堡门重建过于简单,门匾无处可嵌,便被安置于此。东、西配殿各三间,西配殿为硬山顶,前、后坡式,前檐额枋尚存有彩绘;东配殿单坡顶。

拓5.6 宋家庄镇石荒村堡南门门额拓片(蔚县博物馆 李新威 提供)

戏楼 位于关帝庙对面。戏楼坐南面北,面阔三间,单檐卷棚顶,进深六架梁。砖石台明高1.2米,前檐柱4根,柱下鼓形柱础,后金柱2根。戏楼已摇摇欲坠,梁架、墙体向北歪斜约30厘米。村民用两根木杆斜撑西墙,东墙塌倒半面墙,前台为土墙封堵,后墙用红砖重新砌筑。

观音殿 位于南门外侧一排民宅中间,与东西两侧民宅连为一体,正对南门。观音殿坐南面北,面阔单间,硬山顶,顶部覆红瓦。殿内供奉观音像(新塑),壁画新绘。正壁为

---

〔1〕 邓庆平:《蔚县碑铭辑录》,广西师范大学出版社,2009年,第430~431页。

《观音坐堂说法图》,正中为观音,背后为善财童子与龙女,两侧分别为武财神与周仓、文财神与武将,外侧偏上分别为伽蓝、韦驮两位护法。两山墙上部绘观音"救八难"故事,下面绘罗汉画像。

泰山庙 俗称圣母庙,位于城堡东南角外。正殿坐北面南,面阔三间,硬山顶,进深六架梁出前檐廊。两侧墀头、戗檐原有砖雕,现已毁。正殿前檐下用土坯墙封堵,中间留有殿门。殿内尚存残壁画,斑驳不清。殿内堆放棺材等杂物。

戏楼 位于泰山庙对面,保存较好,坐南面北,面阔三间,卷棚顶,进深六架梁。砖石基础,外侧包砌山石。两侧山墙有圆形砖雕山花,已毁。前檐出挑较长,挑檐木足有五分之四伸出山墙之外并有支撑柱。屋檐处有坍塌,已修补。前檐额枋上残存有彩绘装饰和木雕装饰。戏楼前台为土坯墙封堵,后墙开有3扇窗户,里面改造成杂物间。

马神庙 位于真武庙东配殿内,现已无存。

财神庙 位于真武庙西配殿内,现已无存。

佛殿、福神庙、井神庙 位于真武庙一层院内,现已无存。

五道庙 2座,1座位于堡外西南小卖部边,正殿面西,现已无存。1座位于南门外影壁西侧,抗战时期被日军拆毁。

龙神庙 位于堡外南侧,现已无存。

风水庙 位于堡外东南,现已无存。

第十四节 邀渠村

一、自然环境与人文历史

邀渠村,位于宋家庄镇东南偏南3.9公里处,属丘陵区,地势较平坦,为沙土质,村南、西为杏树林,东、北辟为耕地。1980年前后有374人,耕地2 880亩。曾为邀渠大队驻地。

相传,元末建村时,取名邀渠里,因村中间原有一道水渠而得名,后简为邀渠。村名可考的历史最早见于《(崇祯)蔚州志》,作"腰渠村堡",《(顺治)云中郡志》,作"腰曲村堡",《(顺治)蔚州志》作"腰渠堡",《(乾隆)蔚州志补》作"邀渠里",《(光绪)蔚州志》沿用,《(民国)察哈尔省通志》作"邀渠村"。

如今,村庄位于张石连接线公路南侧,X418县道东侧。村庄分为新旧两部分。旧村即城堡所在地,位于西北部,规模较小,居民少。其余为新村,规模较大,居民较多,民宅、街巷整齐划一。新村民宅以新房为主,东西向主街结构。村民有邢、解、冯、李、田几个姓,其中邢姓与黑堡子村邢家原是一个家族(图5.19)。

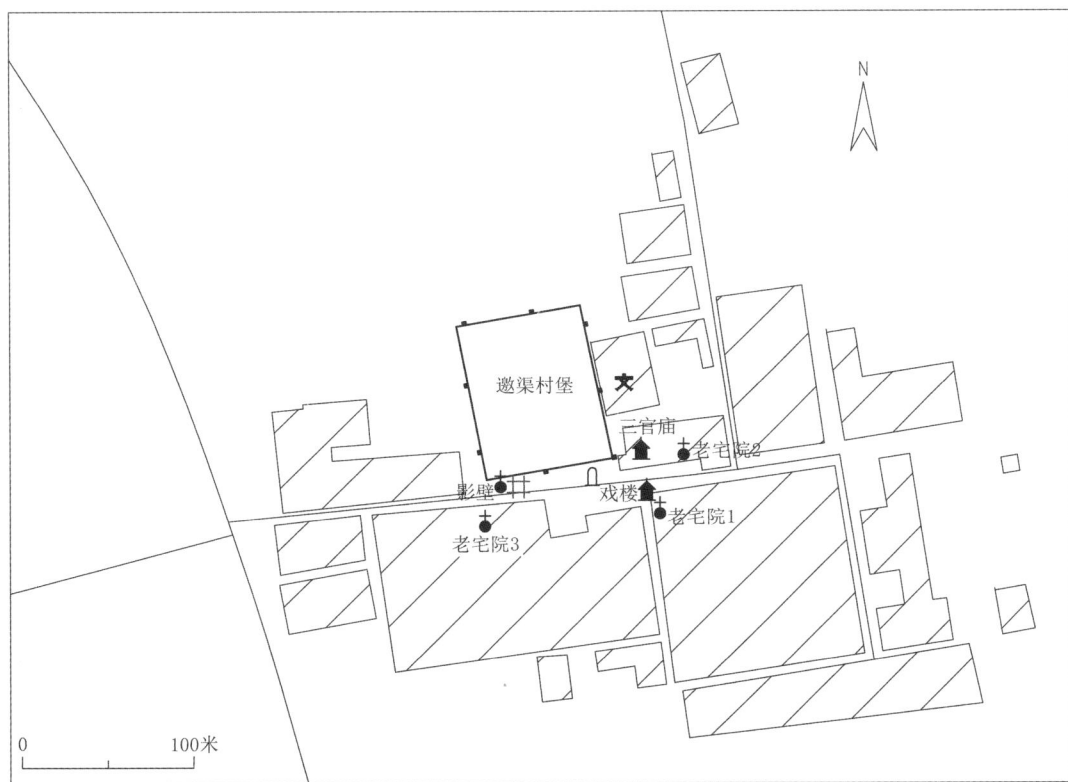

图 5.19　邀渠村古建筑分布图

二、城堡

(一)城防设施

邀渠村堡,位于村西北部,堡平面呈矩形,周长约326米,南北长东西短,开南门,堡内平面布局为南北主街结构(图5.20)。

城堡南门保存较好,砖石拱券结构,基础为条石砌筑,上面砖砌起券(彩版5-26)。外侧门券五伏五券,门券两侧的墙体上镶嵌砖雕装饰,门券拱顶上方镶嵌有3枚门簪,门簪上方镶嵌有石质门匾(拓5.7),正题"永镇平安邢家堡",前款为"大明嘉靖拾柒年",落款为"岁次戊戌吉日造"(彩版5-27)。

由匾得知,邀渠堡建堡时间早于宋家庄堡、吕家庄堡。门匾两侧、门颊共镶嵌6块砖雕装饰。浮雕"犀牛望月""马到成功"等吉祥寓意题材。内侧门券亦为五伏五券,门券拱顶上方镶嵌有砖制门匾,正题"休景门",3个字在5块条砖、4块方砖拼凑的门匾上阴刻双

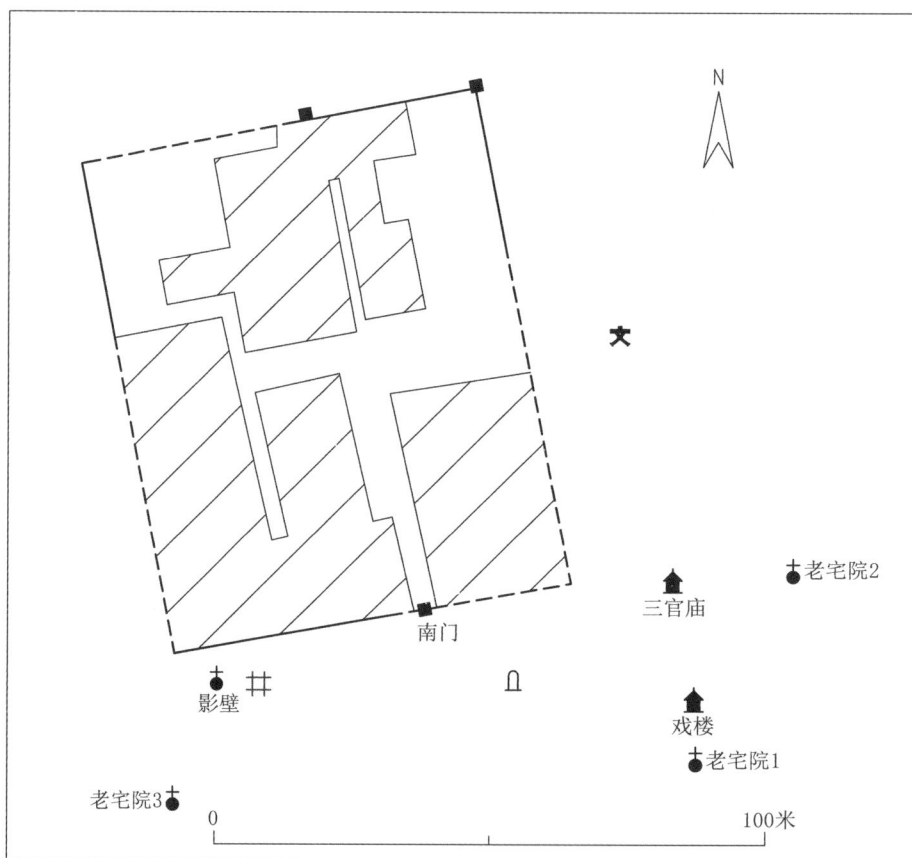

图 5.20　邀渠村堡平面图

拓 5.7　宋家庄镇邀渠村堡南门门额拓片(蔚县博物馆　李新威　提供)

勾而成。匾落款时间"中华甲子阖村重修"阳刻字。中华甲子为1924年。堡门内侧两侧门体上各有2个装饰性窗户,上面的窗户为六边形,下面的窗户为圆形,窗户中间的砖雕装饰已损毁,窗户为民国风格,推测是重修时所设。门内顶部为拱券顶。尚存木门两扇,外包铁皮,表面上钉有铆钉,门扇上有铆钉组成的字,东面为"天下",西面为"太平"。门道为土石路面。据老人回忆,南门外正对原有一座大影壁,但早已拆毁。

门内为中心街,门内两侧残存南墙墙体,其中东面墙体内侧包砖,堡门内东侧有登城砖梯道,梯道坍塌,墙心为夯土。堡门外门前为东西向土路,路边有石碑2通,1通为"乾隆三十年"刊刻,内容漫漶。另1通为断碑。门外西侧有水井和影壁,水井深24丈,当初水质好,旁有辘轳石,今已废弃并干涸。井口盖石板。水井西面(即堡西南角外侧)为坐西面东的影壁。

堡墙均为黄土夯筑,保存差。东墙复原长约89米,现仅存一小段墙体,墙体高薄、斜直、连贯,高3~4米,大部分堡墙位置为新建的学校所占,学校围墙以南的东墙保存有基础部分,低薄、坍塌严重。南墙复原长约74米,墙体无存,为房屋和空地,南墙外侧为道路,内侧为民宅。西墙复原长约90米,仅一小段墙体高3~4米,大部分墙体现存为基础,上面修建有房屋且已废弃,墙体外为土路。北墙复原长约73米。西段近西北角部分墙体无存,现为荒地。北墙中部设1座马面,平面呈方形,保存较好,体量高大,高约4~5米,墙体外下面堆积有坍塌的积土,墙外为荒地,内侧为民宅。北墙东段保存较好,墙体连贯、高薄,壁面斜直,高4~5米,墙体外下有积土,墙外为耕地和荒地,内侧为民宅。

东南角尚存基础。西南角、西北角无存,现为房屋和空地。东北角设90°直出角台,保存较好,壁面上有流水侵蚀的冲沟,墙体外下堆积有积土。

(二)街巷与古宅院

堡内民宅以土旧房为主,多废弃、坍塌,形成荒地,新房数量较少。堡内居民仅4户,均在新房内居住,大部分居民搬迁到堡外的新村。

老宅院1 位于戏楼南侧,一进院,辟门于西南角,坐东面西,保存较好,随墙门,平顶门洞,硬山顶。堡门对面有影壁。

老宅院2 位于三官庙东侧,一进院,辟门于东南角,坐北面南,宅门无存,门内影壁保存较好,但仿木构砖雕破坏殆尽。

老宅院3 位于水井西南面路边,一进院,仅存正房,正房面阔三间,卷棚顶。

三、寺庙

据84岁的邢涛老人回忆,邀渠曾修建有三官庙、戏楼、五道庙、马神庙、井神庙、龙神庙、真武庙。庙宇建筑除尚存外,拆毁于解放战争期间。当时国民党军队在此占领3个月,与大南山中的解放军展开拉锯战,故把寺庙拆毁修建炮楼。

三官庙 位于堡东南角外南侧,坐北面南,正殿面阔三间,硬山顶,进深五架梁,前檐额枋上有残存的彩绘,两侧山墙有山花砖雕。如今,殿内改作小卖部,壁画无存。

戏楼 位于堡南门外东侧,三官庙对面。戏楼坐南面北,面阔三间,六檩卷棚顶,砖石台明高 1.3 米,地面条砖铺墁。挑檐木出挑很长,前檐额枋上有残存的彩绘和木雕装饰,木雕精致,撩檐檩、枋下雕镂空草龙。平板枋下为通体透雕草龙,前檐柱下均为鼓形柱础,前台口为木板所封堵,戏楼内改造成杂物间。墙壁上尚存有壁画。前台两山墙绘六抹隔扇,隔心绘"人物故事"。前后台明间置六抹万字隔扇,万字帘架,荷花栓斗。次间槛窗下砌槛墙,左右为出将、入相二门,门头窗万字隔扇。后台保存有大量的清光绪年间舞台题壁。该楼曾在清咸丰九年重修,明间曾挂匾,刻"云外清声 道光八年"字样。2007 年村民筹资补配垂兽前檐猫头、滴水等。

五道庙 位于戏楼南侧,现已无存。

马神庙 位于戏楼西侧,现已无存。

井神庙 位于堡西南影壁处,现已无存。

龙神庙 位于西南疙瘩(角台)上,现已无存。

真武庙 位于堡北墙上,现已无存。

第十五节 富 胜 堡 村

一、自然环境与人文历史

富胜堡村位于宋家庄镇东南 2.7 公里处,属丘陵区,村选址修建在平川之上,周围地势平坦,无冲沟,为沙土质,辟为大面积的耕地。1980 年前后有 267 人,耕地 2 535 亩,曾为富胜堡大队驻地。

据龙神庙石碑记载,明中期建村,名附城堡。村民为了富裕吉利,后更为富胜堡。村名可考的历史最早见于《(光绪)蔚州志》,作"富胜堡",《(民国)察哈尔省通志》沿用。另据当地传说,富胜堡原名星星铺,考究其起源,古代宣化府到保定府传达文书,利用单人背负文袋,跋山涉水,步履而行,星星铺属于蔚州站口。倘遇漆黑的深夜,由于森林茂密,远远望去,灯火之光,微若星辰,随之村名也唤作星星铺。

如今,村庄规模较小,分为新、旧两部分。旧村为城堡所在地,位于整个村庄的东北角,堡西、南方为新村。新村规模小,民宅以新房为主,居民较少。新村只有 1 条东西主街,出村西连接 X418 县道(图 5.21)。

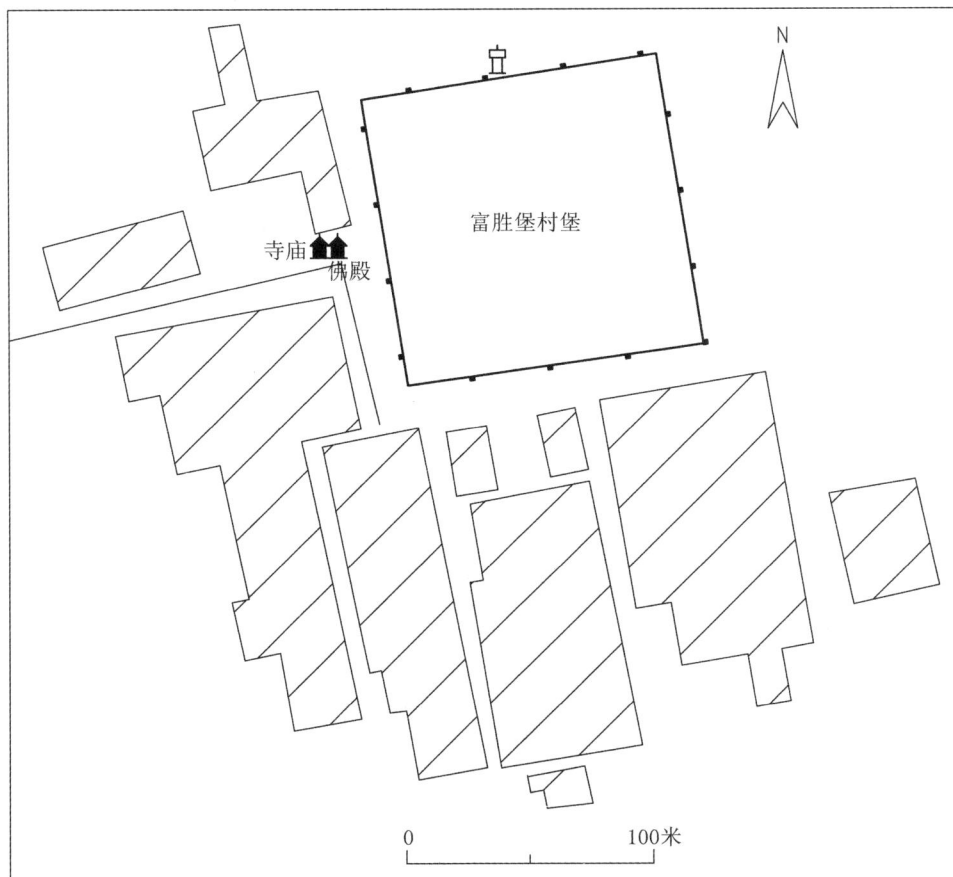

图 5.21　富胜堡村古建筑分布图

二、城堡

富胜堡村堡,位于旧村内。城堡平面呈矩形,周长约 485 米,开西门,堡内平面布局为十字街结构(图 5.22)。

城堡西门位于西墙中部,堡门为砖石木梁架结构,类似庄门。堡门基础为条石砌筑,上面修建砖砌门体,顶部为木梁架,门顶上安装有村委会广播喇叭。门外北侧为新建的砖砌影壁,坐北面南,面阔三间,硬山顶。西门与影壁曾维修,表面涂刷黄色涂料。门外对面为佛殿。

堡墙均为黄土夯筑,保存较差。东墙长约 120 米,墙体低薄、断续、多坍塌,高 1~4 米,墙体内外侧均为荒地。东墙内侧有 1 座圆形的水塔。南墙长约 120 米,保存相对较好;东段墙体高薄、连贯,高 0~4 米,墙体西部有民宅破坏的缺口,墙体内侧为民宅,外侧为荒地;南墙中部有一个缺口,推测是南门的位置;南墙西段破坏严重,墙体低薄,多为院墙,高

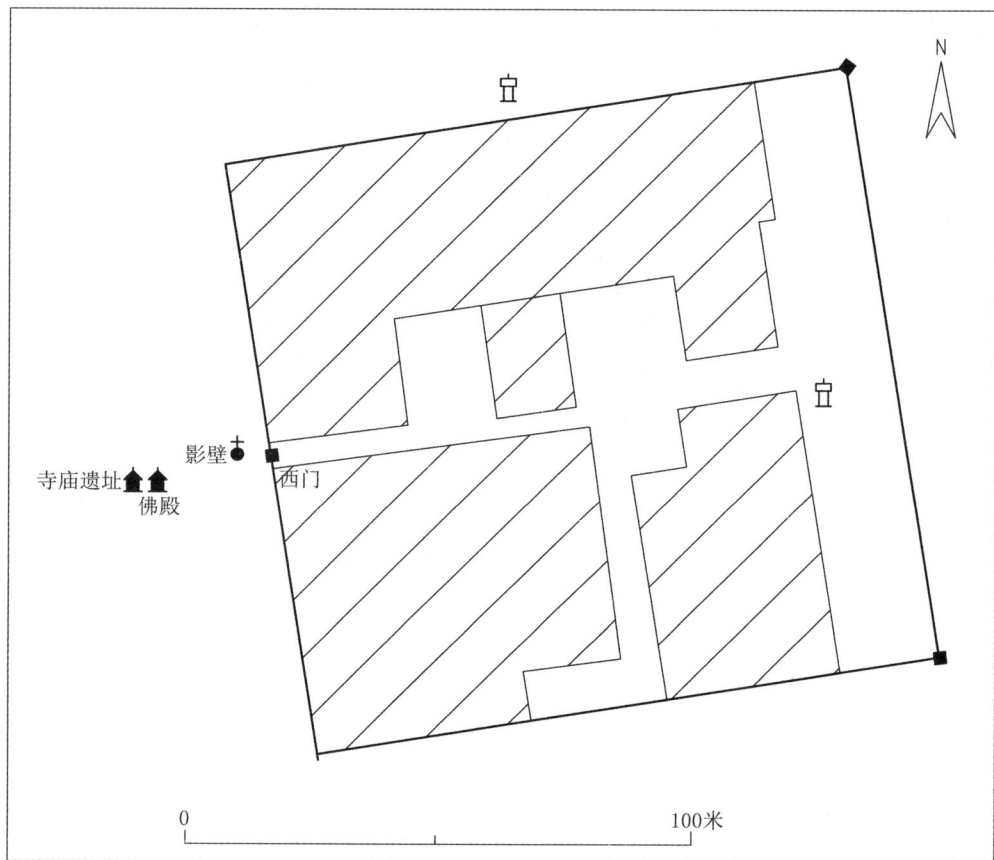

图 5.22 富胜堡村堡平面图

0～4 米,内侧为民宅,外侧为荒地。西墙长约 123 米,南段外侧原有 1 座大水坑,如今水坑已填平,建成了一片小广场;北段墙体大致连贯,但多开裂、倾斜、坍塌,破坏严重,墙体低薄,高 2～5 米,墙体内侧为荒地,外侧为道路。北墙长约 122 米,保存一般,墙体低薄,高 3～5 米,外侧有许多积土,墙体上修建有 1 座水塔。北墙内侧为民宅,房屋较少,为大片荒地,外侧为荒地,未设有马面。

东南角设有 90°直出角台,已坍塌,并有两次修筑的痕迹,高 5～6 米。西南角未设角台,仅存转角,高 4 米。西北角未设有角台,仅为转角,高 5 米。东北角设 135°斜出角台,高 5 米,保存较差。

堡内为十字街结构,居民较少,多为翻修屋顶的土旧房,并有大面积的荒地,大部分居民搬出外面居住。

三、寺庙

据当地长者回忆,村中原修建有佛殿、龙神庙、财神庙、观音殿、五道庙、真武庙。上述庙宇皆已拆毁,佛殿重修。

佛殿 位于西门外对面,坐西面东,面阔三间,单坡顶,进深三架梁。基础包砌水泥。殿内南、北墙壁上有民国时期的壁画遗迹,表面涂刷白灰浆,并有"文革"时期的墨书题记。正面墙壁上有黑板,上面有孩童画的粉笔画。

龙神庙 位于佛殿西侧的土台上,现已无存。

财神庙 位于堡西门外南侧,现已无存。

观音殿、五道庙 位于堡内,现已无存。

真武庙 位于北墙上,现已无存。

第十六节 南 方 城 村

一、自然环境与人文历史

南方城村位于宋家庄镇西北 3.7 公里处,壶流河川南岸台地上,西邻南方城水库,地处平川,地势西高东低,为壤土质,周围辟为耕地。1980 年前后有 414 人,耕地 1 142 亩。曾为南方城大队驻地(图 5.23)。如今,村庄分为新旧两部分,中间为旧村,即城堡所在地,四周新村环绕,村庄规模较小,居民少,民宅以翻建的新房为主,218 乡道穿村而过。

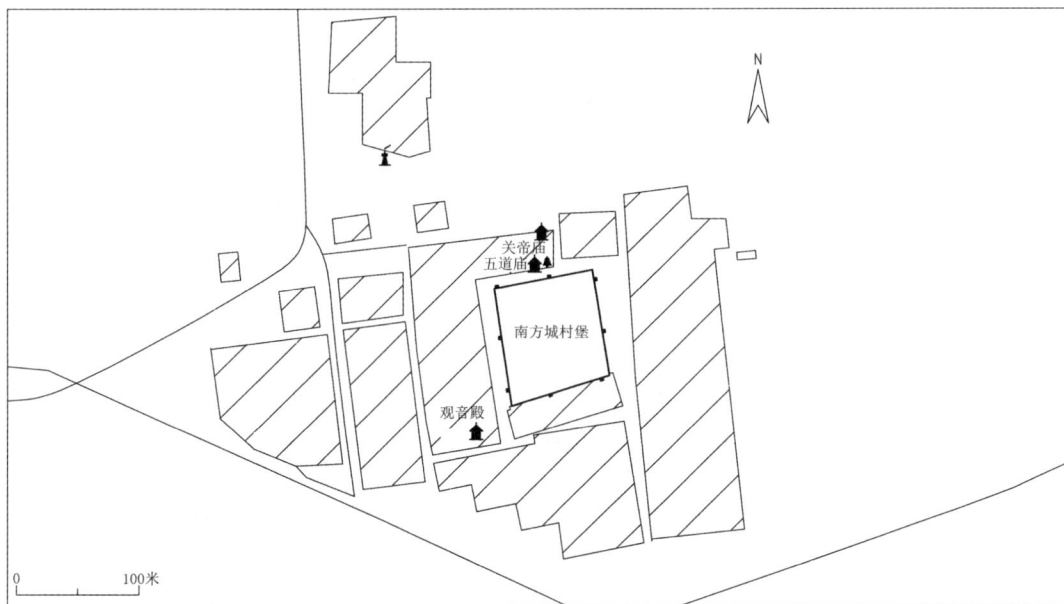

图 5.23 南方城村古建筑分布图

相传,明宣德年间建村,因村形似方形,又位于蔚州古城南,故取名南方城。村名可考的历史最早见于《(乾隆)蔚县志》,作"南方城",《(乾隆)蔚州志补》《(光绪)蔚州志》《(民国)察哈尔省通志》沿用。

二、城堡

(一)城防设施

据《(民国)察哈尔省通志》记载:"南方城堡,在县城西南五里,土筑,高一丈三尺,底厚一丈一尺,面积十亩,有门一,明嘉靖二年补修一次,现尚完整。"[1]南方城村堡今位于村中部偏北。城堡平面呈矩形,周长约 347 米,开北门,堡门楼尚存,堡内平面布局为南北主街结构(图 5.24)。

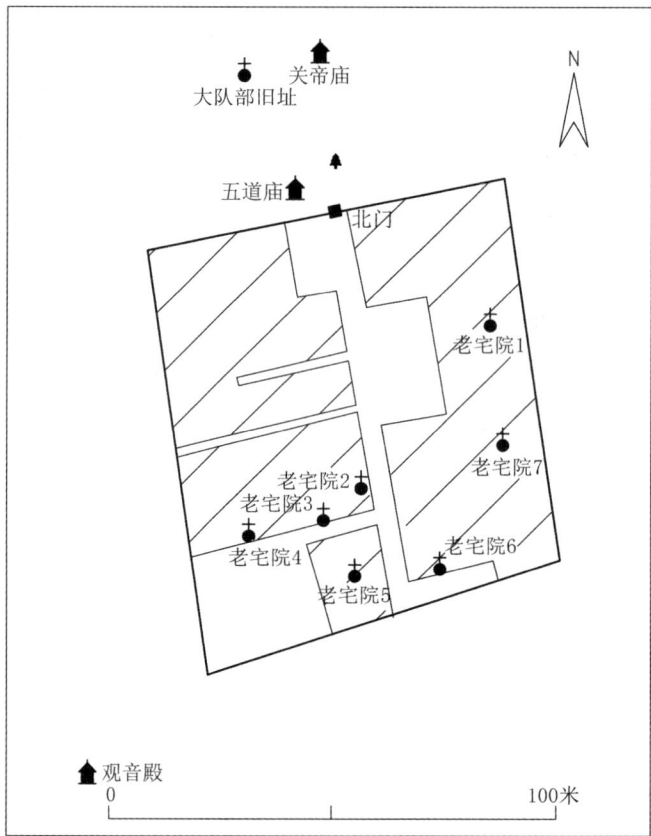

图 5.24 南方城村堡平面图

城堡北门保存较好,砖砌拱券结构,基础为 5 层条石砌筑,上面青砖起券(彩版 5-28)。外侧门券五伏五券,门券拱顶上方镶嵌砖制阳文门匾,正题"南方城",一字占一块方砖,左

〔1〕 宋哲元:《(民国)察哈尔省通志》,国家图书馆藏 1935 年铅印本,第 9 页。

侧原有一排竖字(应为落款),但已被铲毁。门匾两侧各镶嵌有 1 枚门簪,现已残损。内侧门券亦为五伏五券的门券,门券拱顶上方镶嵌有 2 枚门簪,内为方形菊花,外包花瓣。堡门内顶部为券顶,门顶部为砖铺地面,修建有门楼。尚存木门两扇,表面包有铁皮,上有门钉,门上槛尚存,门道为土石路面。北门外长有一株大柳树,树下修建有五道庙。柳树东侧有一通墓碑。堡门内为中心街,土路,门内西侧有登城坡道,部分坍塌。

堡墙均为黄土夯筑,墙体高薄、斜直,保存一般。东墙长约 87 米,高 5～6 米,墙体内侧为民宅,外侧为荒地。南墙长约 83 米,高 5～6 米,墙体内外侧均为民宅。西墙长约 96 米,高 5～6 米,墙体内侧为民宅,外侧为荒地和小路,墙体中部有一个大缺口,为村民方便交通所开辟。北墙长约 81 米,高 4～5 米,墙体外侧为道路和新村,内侧为民宅。

东南角、西南角、西北角、东北角未设角台,仅存转角,保存较好。

(二)街巷与古宅院

堡门内为中心街,中心街两侧有巷子。堡内民宅以旧房为主,土旧房多坍塌。新房较少,仅剩 4 户居民。老宅院尚存 7 座,其中 5 座保存较好。

老宅院 2 位于中心街西侧,一进院,东南角辟门,保存较好。硬山顶,广亮门,砖雕悬鱼,内外檐下柱间木雕精致,门已被土坯墙封堵,门楼内为门厅,北侧辟二道门,随墙门,门内为正房、西厢房,保存较好,砖铺地面,正房面阔三间,硬山顶。西厢房面阔两间,硬山顶。

老宅院 3 位于主街西侧巷内北侧,一进院,辟门于东南角,坐北面南,随墙门,硬山顶,平顶门洞。

老宅院 4 位于主街西侧巷内北侧,一进院,辟门于东南角,坐北面南,随墙门,平顶门洞,硬山顶。

老宅院 5 位于主街西侧巷内南侧,一进院,辟门于东南角,坐北面南,随墙门,平顶门洞,硬山顶。门内砖铺巷道,巷道北尽头为影壁,面阔单间,西侧为二道门,平顶门洞,硬山顶。

老宅院 7 位于主街东侧巷内东尽头,一进院,四合院式布局,辟门于西南角,坐东面西,随墙门,平顶门洞,硬山顶。门内正对影壁,面阔单间,院内为砖铺地面,正房面阔五间,硬山顶,东西厢房面阔三间,单坡顶,西厢房南墙上辟有 1 座圆形窗户。

三、寺庙

据当地长者回忆,南方城曾修建有关帝庙、文昌阁、观音殿、五道庙、龙神庙。

关帝庙 位于堡北门外院内,该院曾作为学校,建有许多校舍(已废弃)。关帝庙坐北面南,仅存正殿。正殿面阔三间,硬山顶,进深六架梁出前檐廊。两侧墀头、戗檐砖雕残存,雕有犀牛望月。正脊上饰一块砖雕牌位,正中有一排竖字"天下太平",两侧饰相背的龙嘴,牌位之上是覆钵式小塔,塔顶设五个塔刹。关帝庙前檐额枋上彩绘无存,门窗仅存框架，殿内曾改作教室，内壁抹成黑板并刷白灰，壁画已毁，如今殿内堆放杂物。

文昌阁 位于堡门顶部。阁楼面阔单间，硬山顶，门楼的前、后墙已塌，东、西墙尚存，从南檐下长长的挑檐木来看，此门楼应是坐北面南，进深五架梁出前檐廊。门楼内山墙上残存有民国时期的壁画，破损严重。西壁绘有学童背书，外出离乡求学会考。东壁绘文官持卷随行，为功成名就荣归故里。

观音殿 位于堡西南角外侧，处在新村的包围之中。庙院整体坐南面北，已被农户圈于自家院内，院内堆放柴草，院外辟为羊圈。院墙保存较好，开北门，随墙门，平顶门洞，硬山顶。院内正殿坐南面北，面阔单间，硬山顶，进深五架梁出前檐廊。前檐额枋上有残存有彩绘。屋檐坍塌，屋顶破一洞，殿内堆放杂物。正壁壁画损毁严重，两侧山墙壁画保存较好，为民国时期的作品。

正壁绘有《观音坐堂说法图》，正中为坐端的观音，两侧各有一位财神与护法神。东侧财神身着红袍，护法神手持大刀；西侧已毁。画中观音两侧偏上方隐约有一众随从，但因毁损已无法辨识。

两侧山墙壁画上部各为 4 幅观音“救八难”题材壁画，此为保存较完整的一幅。下部各为 9 位罗汉。各幅上方绘有长方形榜题框，但其内未题字。

五道庙 位于堡北门外西侧大柳树下。庙宇仅存正殿，坐西面东，面阔单间，硬山顶，进深三架梁。五道庙东墙、南墙已坍塌，脊顶残损。幸存的北墙残存有壁画，色彩较艳，画中人物漫漶，唯有一面三角旗特别醒目，从内容上看，推测为《出征捉妖图》，画面右上角山洞中藏着奸夫淫妇，洞外大兵压境，有一小鬼举三角旗仓皇禀报。北墙山尖绘画，保存较为完整。

龙神庙 位于堡外北侧，现已无存。

第十七节 小 洼 村

一、自然环境与人文历史

小洼（窊）村位于宋家庄镇西偏北 4.6 公里处，属河川区，处壶流河水库东南梁上，地势较平坦，为黏土质，呈盐碱性，辟为耕地。1980 年前后有 794 人，耕地 1 571 亩。曾为小窊大队驻地。

相传，唐末黄巢起义时，山西洪洞县部分人为避战乱迁居此地建村（旧址），名镇源堡小窊，简称小窊。后因村址地势低洼之故，从 1961 年开始搬迁于现址建村。至 1972 年修壶流河水库，全村基本迁居新村，村名仍用小窊。村名可考的历史最早见于《（正德）大同府志》，《（崇祯）蔚州志》作"小宬村二堡"，《（顺治）云中郡志》作"小宬村南北二堡"，《（顺治）蔚州志》作"小宬村堡"，《（乾隆）蔚州志补》作"小宬里"，《（光绪）蔚州志》作"小洼村"，《（民国）察哈尔省通志》作"小宬村"。

如今，小洼新村位于218乡道南路边，村庄规划整齐划一。乡道北面的田地中有2座城堡，即旧村。据当地64岁的王姓老人回忆，小宬堡内原有8大姓，刘、李、曹、许、赵、严等，后因家族变迁等原因，如今以刘、王、贾与田姓为主（图5.25）。

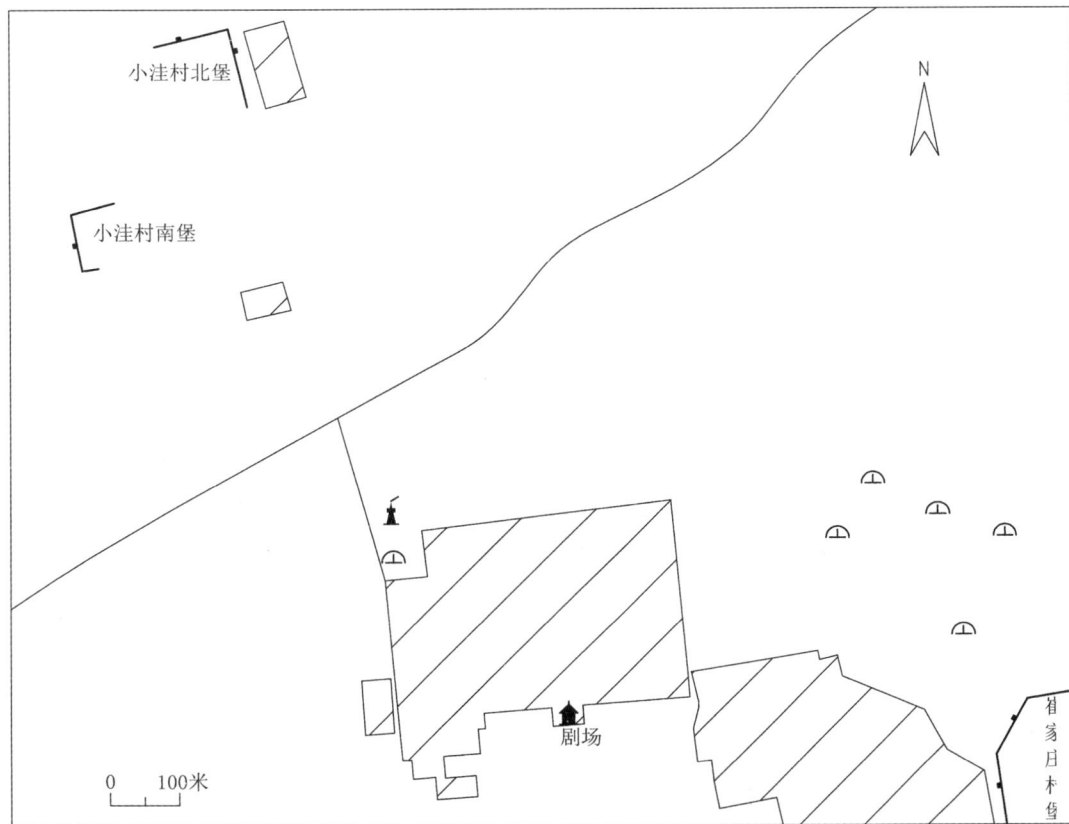

图5.25 小洼村古建筑分布图

二、城堡与寺庙

据当地64岁的王姓老人回忆，小宬村南、北2堡设计成凤凰状，南堡与北堡各为翅膀，龙神庙为凤头，西为凤尾。为了不压住凤凰身体，所以2座五道庙分别置于堡南与堡北。旧路从此两堡之间穿过向西通往暖泉。

（一）小洼北堡

1. 城堡

据《（民国）察哈尔省通志》记载："小宬村北堡，在县城西南八里，土筑，高一丈三尺，底厚七尺,面积一亩七分,有门一,清道光十五年重修,现尚完整。"[1]小洼北堡今位于耕地之中,城堡平面呈矩形,周长无法复原,残长约 228 米,开东门,堡内平面布局未知。如今城堡已彻底废弃,堡内为荒地,中长有一株大树,堡外辟为耕地。堡外东侧有 1 座新建的大院。

堡墙均为黄土夯筑,保存差。东墙残长约 119 米,墙体坍塌严重,仅存基础。南墙无存。西墙仅存土垅状基础,且仅保存一半墙体。西墙外侧为耕地,内侧为荒地,西墙内侧有一只石狮子。北墙残长约 109 米,墙体连贯,保存较差,墙体斜直、高厚,内外侧均高 4～5 米,北墙外侧墙下有坍塌的积土,墙体外侧为耕地,内侧为荒地。北墙中部设有 1 座方形的马面,保存较差,北墙西段上长有许多树木。

东南、西南角均无存,现为地垅。西北角、东北角未设角台,仅为转角。

2. 寺庙

据当地 64 岁的王姓长者回忆,北堡原有关帝庙、三官庙、五道庙(北墙外),但堡墙上未建真武庙。堡东南角外原有龙神庙及石碑。

(二)小洼南堡

1. 城堡

据《(民国)察哈尔省通志》记载:"小寃村南堡,在县城西南八里,土筑,高一丈三尺,底厚七尺,面积一亩五分,有门一,清道光十五年重修,现尚完整。"[2]小洼南堡今位于耕地之中,北堡西南方位,城堡平面呈矩形,周长无法复原,残长约 173 米,开东门,堡内平面布局未知。如今城堡已彻底废弃,堡内为荒地,堡外辟为耕地。

堡墙均为黄土夯筑,保存差。南墙残长约 24 米,仅存部分墙体,墙体低厚。北墙残长67 米,墙体低厚,高 3～4 米,墙体中部设 1 座马面,马面虽高大,高 6～7 米,但仅保存一半。东、西堡墙、四角无存。

2. 寺庙

据当地 64 岁的王姓长者回忆,南堡原有观音殿、五道庙(堡外南)等,堡东门外有戏楼。

第十八节　崔　家　庄　村

一、自然环境与人文历史

崔家庄村位于宋家庄镇西偏北 4 公里,属河川区,地处平川,地势东西高,中低洼,为

---

[1] 宋哲元:《(民国)察哈尔省通志》,国家图书馆藏民国二十四年(1935)铅印本,第 10 页。
[2] 宋哲元:《(民国)察哈尔省通志》,国家图书馆藏民国二十四年(1935)铅印本,第 10 页。

黏土质,呈碱性,周围辟为耕地。村东部临季节性河道,东北临南方城水库,南部为翠屏山脉,1980年前后有857人,耕地3 000亩。曾为崔家庄大队驻地。

相传,明末建村时,居住有申、赵、崔三大姓居民,各姓均建庄堡,申姓叫申家庄,赵姓叫赵家庄小堡,崔姓叫崔家庄大堡,后合并统称崔家庄。村名可考的历史最早见于《(顺治)蔚州志》,作"崔家庄堡",《(乾隆)蔚州志补》作"崔家庄",《(光绪)蔚州志》《(民国)察哈尔省通志》沿用。

如今,崔家庄村西北方与小洼新村连接在一起。村庄分成东、西两部分,两部分间隔较远。东部村庄民宅全部是新建的房屋,规模小,西部为崔家庄主村。主村又分为新旧两部分,东部为旧村,即城堡所在地,西侧间隔一条水泥路为新村,新村规模较大,民宅规划整齐划一,居民较多,民宅以新房为主(图5.26)。

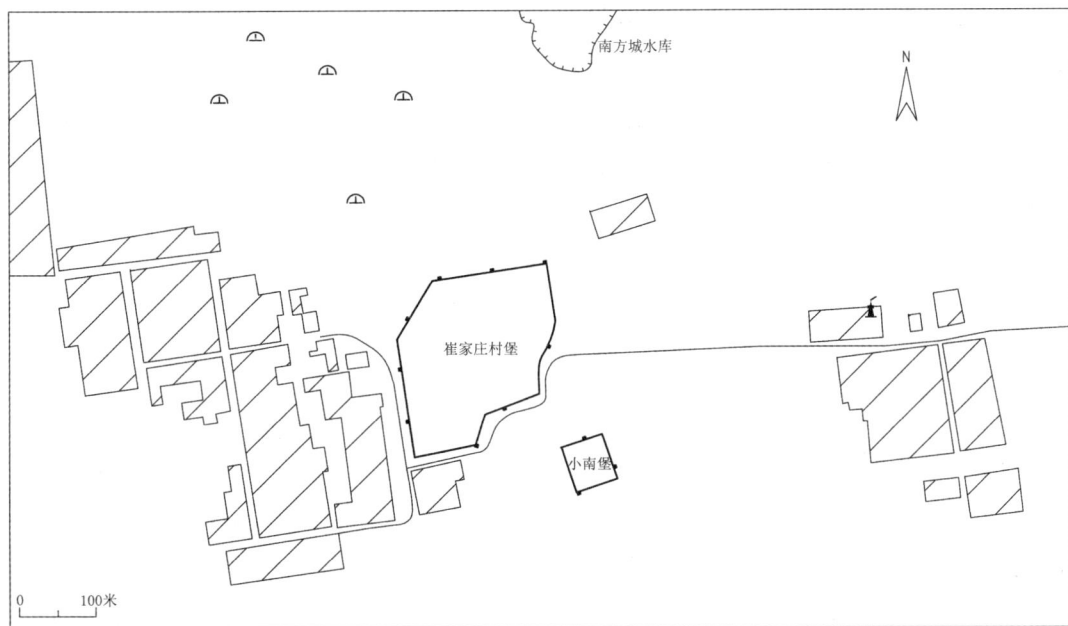

图5.26　崔家庄村古建筑分布图

二、城堡与寺庙

(一)小南堡

据《(民国)察哈尔省通志》记载:"崔家庄小南堡,在县城西南八里,土筑,高一丈五尺,底厚九尺,面积五亩,有门一,民国二十三年补修,现尚完整。"[1]崔家庄村小南堡今位于西部主村东南耕地中,与主村不连接。城堡平面呈矩形,周长约239米,开北门,堡门平面

---

〔1〕　宋哲元:《(民国)察哈尔省通志》,国家图书馆藏1935年铅印本,第10页。

布局为南北主街结构。

城堡北门石砌拱券结构,堡门通体用条石垒砌,外侧门券坍塌,顶部保存一半,内侧门券保存较好,基础较高,一伏一券式(彩版5-29)。门外建有1座砖砌影壁,影壁面阔三间,硬山顶,尚存砖作仿木构枓头装饰。门道为土路。门内东西墙壁上有方形门闩孔,距离地面较高。门内为中心街。

堡墙均为黄土夯筑,保存较差。东墙长约63米,高5~6米,墙体高厚,壁面斜直,保存一般,墙体下有坍塌的积土,外侧有荒地和耕地。南墙长约56米,墙体低薄、断续,坍塌严重,墙体下方有很厚的积土。西墙长约64米,墙体坍塌较重,现存较薄,断断续续,墙体下部较厚,为坍塌形成的积土。北墙长约56米,墙高5~6米,墙体高厚,壁面斜直,墙体外有大量坍塌的积土,墙外为荒地和耕地,内侧为民宅。

东南角、西南角、西北角、东北角未设角台,仅为转角。东北角外有水井一眼,应是当年小堡内水源。现已干涸。水井旁有许多石碑,字迹漫漶不清。

堡内房屋以土旧房为主,老宅院很少,大部分坍塌、废弃,一片断壁残垣,现仅1户居民,即老宅院1,位于北门内东侧、北墙下,一进院,四合院布局,院门辟于西南角,坐东面西,广亮门,卷棚顶,可进出车辆。院内砖铺地面,正房面阔五间,单坡顶,两侧厢房面阔两间,单坡顶。

(二)崔家庄堡

1. 城堡

(1)城防设施

崔家庄堡,俗称北堡。据《(民国)察哈尔省通志》记载:"崔家庄堡,在县城西南八里,土筑,高一丈四尺,底厚一丈一尺,面积十八亩,有门一,民国十七年补修,现尚完整。"[1]今城堡规模较大,平面呈不规则形,周长约781米,墙体多曲折。开东门,堡内平面布局为东西主街结构(图5.27)。

城堡东门现为新修的简易门,门内为中心街,街道不直,多有曲折。

堡墙均为黄土夯筑,保存差。东墙长约178米,墙体低薄、断续,多有坍塌,现多为房屋所占。墙体内侧为民宅,外侧为道路。东墙中部中心街东端建有灯山楼,面西。南墙长约200米,保存较好,墙体连贯、高薄、壁面斜直,墙高5~6米,外侧为道路,内侧为民宅;南墙有一处拐弯,拐弯处东侧设1座马面,马面保存较好,方形,体量大,近10米高,马面顶部安装有广播喇叭。南墙东段多坍塌,墙体低薄断续,高3~4米。墙体外侧为道路,内侧为民宅。西墙长约250米,保存一般,墙体高大,高9~10米,墙体上多有坍塌形成的缺口,墙体内侧为民宅,外侧为土路和荒地。西墙外侧下方堆积有许多坍塌的积土。中心街

〔1〕 宋哲元:《(民国)察哈尔省通志》,国家图书馆藏1935年铅印本,第9页。

尽头的西墙挖出 1 个券门洞,供村民们往返于堡西侧的新村。北墙长约 153 米,修建在台地上,墙体坍塌严重,墙体低薄,外侧为耕地和荒地,内侧为民宅。

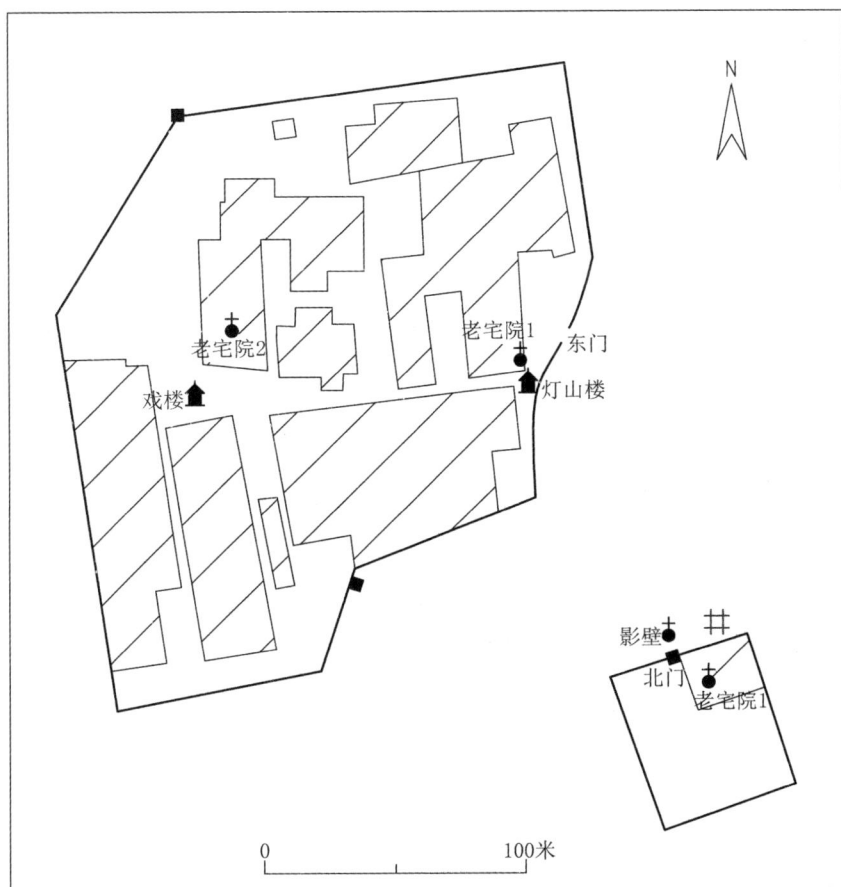

图 5.27　崔家庄村堡平面图

西南角未设角台,仅为转角,保存较好,高 6～7 米。西北角保存较好,未设角台,仅为转角,转角高大厚实,西北角外的台地上有几座汉墓封土。东北角未设角台,仅为转角。

（2）街巷与古宅院

堡内中心街为土路,街面较宽,两侧为民宅,民宅以土旧房为主,多废弃、坍塌,形成许多荒废的空地。新房和老宅院少,居民较少。

老宅院 1　位于灯山楼北,主街北侧,保存较好。宅院坐北面南,由前后两进院落组成。宅门位于前院正东,五檩硬山顶,广亮式,门外迎面砖雕一字照壁一座,门内南侧有门卫房一座,院内迎门座山影壁一面,正北为三檩悬山式垂花门二道门,二道门两侧院墙上有砖券小盲门各一座。后院正房面阔三间,卷棚顶,四檩,前出廊,用材宏大,装修古朴。

该院相传为大同府一显宦要员为答谢一位村民救命之恩,为其仿造大同府衙所建。目前已无人居住,院内荒芜,杂草丛生,破败不堪。宅院因其主人故去,家道败落,又无后人,其昔日的辉煌已消逝。

老宅院 2　位于主街北侧,近代建筑,正房面阔七间。

2. 寺庙

据当地长者回忆,崔家庄曾修建灯山楼、戏楼(2 座)、关帝庙、观音殿、雷公庙、五道庙(2 座)。庙宇建筑除尚存外,大多是在"四清"时期拆毁,建材用于修建壶流河水库。

灯山楼　位于堡东门内南侧,东西主街东尽头(彩版 5-30)。灯山楼保存较好,单坡顶,挑檐木挑出前檐,前檐额枋尚存有彩绘。楼内壁墙残存有壁画,画面漫漶。灯山楼内地面有多通石碑,其中一通为雍正二年(1724)《堡内东边建立诸神行祠兼灯山碑记》[1],字迹漫漶。另一通为墓碑。

戏楼　1 座位于东西中心街南侧,正对灯山楼。戏楼仅存台明,顶部四周边缘采用残碑铺砌。其中有 1 通为道光二十七年(1847)《答报秋成九月唱戏献供碑》"[2],另 1 通为乾隆五十九年(1794)《重建碑记》。另 1 座位于堡东门外,现已无存。

关帝庙　位于堡东门内侧,现已无存。

观音殿　位于南墙外,倒座式,现已无存。

雷公庙　位于西墙内侧,现已无存。

五道庙　2 座,位于堡南墙外路南和西墙外,现已无存。

第十九节　吕家庄村

一、自然环境与人文历史

吕家庄村,位于宋家庄镇西偏南 3.1 公里处,地处平川,地势平坦,为沙土质,周围辟为耕地。1980 年前后有 1 823 人,耕地 7801 亩。曾为吕家庄大队驻地。

相传,唐朝末年建起庄堡,当时村中有吕、张、何三大户。因吕姓最多,故取名吕家庄。村名可考的历史最早见于《(正德)宣府镇志》,作"吕家庄堡",《(嘉靖)宣府镇志》作"吕家",《(崇祯)蔚州志》作"吕家庄堡",《(顺治)云中郡志》《(顺治)蔚州志》沿用,《(乾隆)蔚

---

〔1〕　邓庆平:《蔚县碑铭辑录》,广西师范大学出版社,2009 年,第 464～465 页。
〔2〕　邓庆平:《蔚县碑铭辑录》,广西师范大学出版社,2009 年,第 466～467 页。

县志》作"吕家庄",《(乾隆)蔚州志补》沿用,《(光绪)蔚州志》作"南吕家庄",《(民国)察哈尔省通志》作"吕家庄"。

如今,村庄规模大,228乡道穿村而过,村内民宅以新房为主。旧时村中有南、北2座城堡和1座东庄,位于今村庄东北部,即旧村所在地。其余区域为新村,民宅整齐划一,居民多。村东南约100米处的耕地内尚存贺家家族墓地,现有封土一座,黄土夯筑,高2.5米,平面呈圆形,底直径8米,封土顶部有一个矩形盗洞(图5.28)。

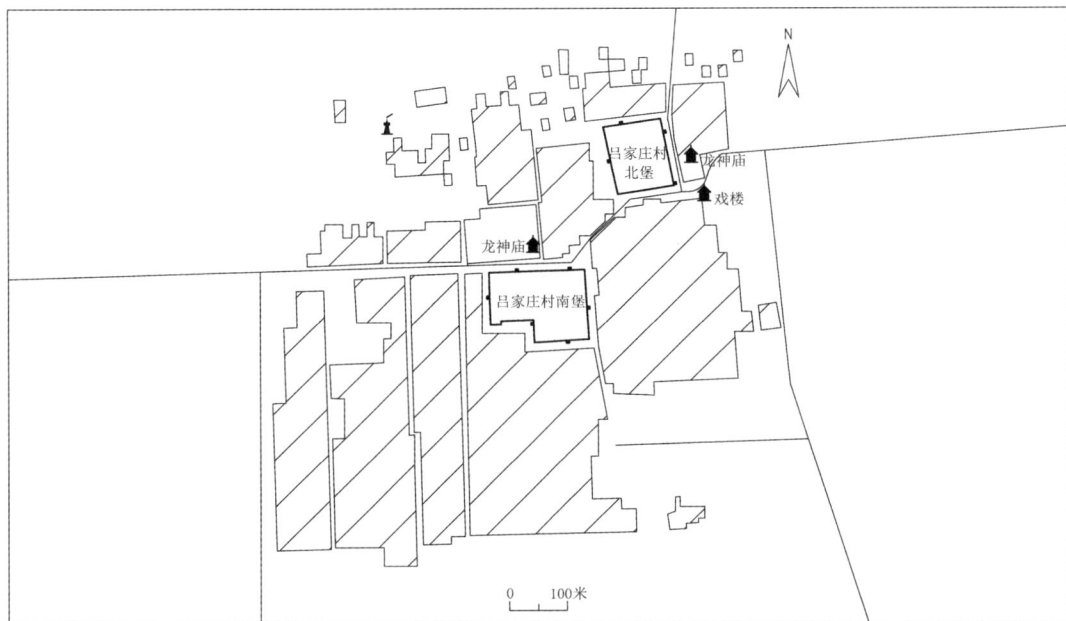

图5.28　吕家庄村古建筑分布图

吕家庄是蔚县"灯影戏"的发源地。蔚县灯影戏是深为百姓喜爱的民间艺术,在蔚县城乡广为流行,民谣:"过节听不上灯影腔,再好的酒肉也不香""开年看几场灯影戏,一年和老婆不生气。"据说,灯影戏源自陕西的"碗碗腔",清光绪年间,陕西大荔一带连年荒旱,一些"碗碗腔"皮影艺人不得不四处逃生。他们东渡黄河,分别流落山西、河北,分东西两支沿途演出。经多年演变,奔西的一支,受山西晋剧的影响,逐渐形成了山西"碗碗腔";奔东的一支,扎根蔚州大地,受蔚县秧歌和大戏的影响,形成了具有蔚县特色的"灯影戏",而吕家庄就是其发源地。

二、城堡与寺庙

吕家庄村旧时分为北堡、南堡与东庄。南堡位于北堡的西南侧,东庄与南堡隔一条南北向街道。北堡、南堡的门匾上均题写"吕家庄堡"4字,并未区分北堡、南堡,匾上落款记载,北堡建于"嘉靖贰拾伍年",南堡建于"嘉靖贰拾陆年",两堡创建相隔仅一年时间,但都晚于宋家庄的嘉靖二十年(1541)。东庄堡门已毁,创建时间不详,推测晚于北堡、南堡。

（一）吕家庄村北堡

1. 城堡

吕家庄北堡位于整座村庄的东北角,城堡平面呈矩形,周长约 434 米,开南门,堡内平面布局为十字主街结构(图 5.29)。

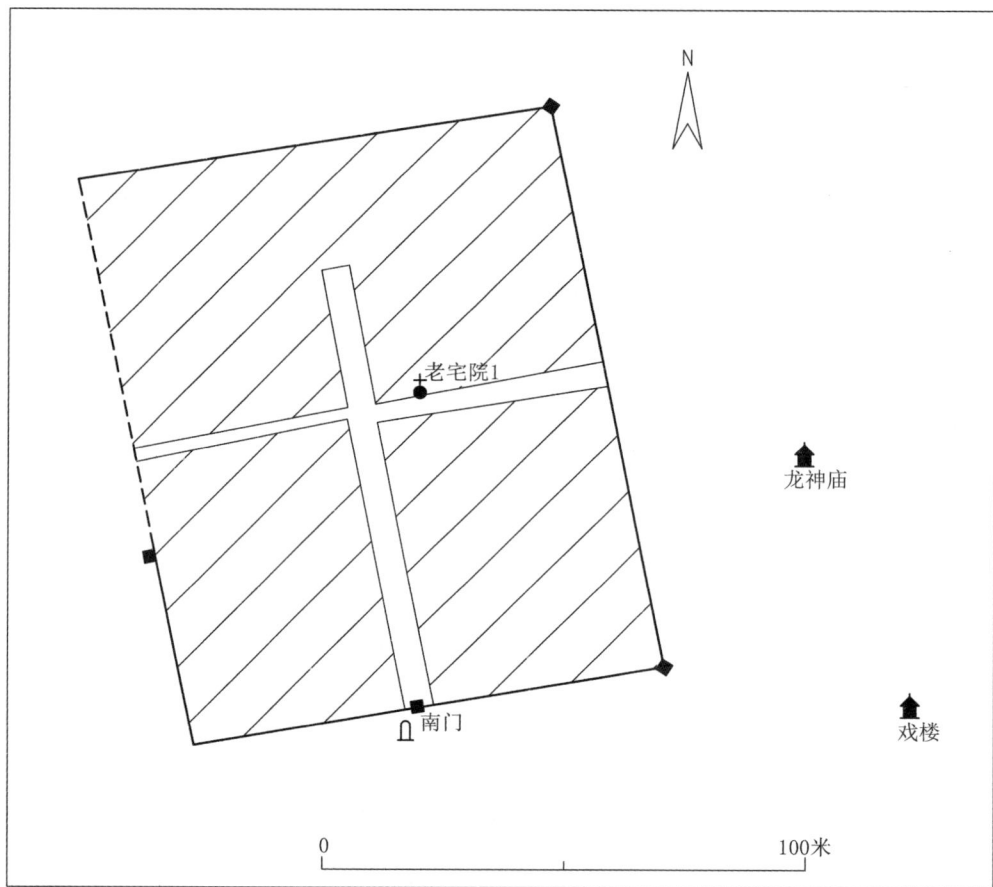

图 5.29　吕家庄村北堡平面图

城堡南门为砖石拱券结构,保存较好,新近修缮。基础为条石砌筑,表面涂刷红色涂料,上部青砖起券,表面刷灰色涂料。外侧门券五伏五券,门券拱顶上方镶嵌有 3 枚门簪,门簪上方镶嵌石质门匾(拓 5.8),竹节式砖雕匾框,正题"吕家庄堡",前款为"大明国",字已在修缮时描金,落款为"嘉靖贰拾伍年岁次丙午伍月日吉",正题下方为"堡长李文现",还有"小甲""乡老""木匠""泥匠"与"石匠"的人名,多已漫漶。门匾两侧各镶嵌有一块砖雕装饰。顶部出砖错缝牙子。内侧及门顶为木梁架结构。

拓5.8　宋家庄镇吕家庄村北堡南门门额拓片(蔚县博物馆　李新威　提供)

堡内为中心街。门外东、西两侧各设有1座护门墩,护门墩坍塌成方锥形,基础部分为水泥和毛石包砌。护门墩两侧新建告示亭,依靠南墙而建,面阔三间,单坡式,其中西侧者为井亭。南门外两侧砌有台明,台明内侧有安插阻挡洪水的木板所用的凹槽,与西北江村堡类似,因此推测南墙与西墙毁塌与洪水有关。台明上铺有庙碑、墓碑,大部分石碑漫漶,其中一通1923年的《重修戏楼碑记》尚可释读,碑文中提到了龙神庙与南门两侧的碑亭;另外一通为"后土神位"碑。

堡墙均为黄土夯筑,保存一般。东墙长约117米,墙体高4～5米,夯土中多夹杂石子,墙体高薄、连贯,裂缝较多,由于坍塌,致使高低起伏,保存较差。墙体内侧为民宅,外侧为便道和南北向水泥路。南墙长约98米,东段墙体现存一半,高4～5米,墙体高薄断续,壁面斜直,高低起伏。墙体内侧为新建的民房,外侧为水泥路。西墙长约120米,中部设1座方形的马面,马面附近的城墙尚存,墙体高薄,壁面斜直,高4～5米;西墙北段仅存2小段,其余部分为荒地或房屋。北墙长约99米,保存较差,墙体低薄断续,高低起伏,整体连贯,高约4～5米,外侧有坍塌形成的积土,内侧为民房的后墙,墙体外侧为顺城的道路,道路旁为民宅。

东南角设135°斜出角台,保存一般,下部为水泥和毛石包砌,角台呈方锥形。西南角、西北角无存,现为民房所占。东北角设135°斜出角台,保存一般,墙体基础部分被水泥和毛石包砌。角台整体呈方锥形,角台东侧下面为垃圾池。

堡内民宅以新房为主,土旧房少,北部房屋多废弃、坍塌,居民少。尚存1座老宅院,位于十字街东街北侧,一进院,四合院布局,辟门于东南角,坐北面南,硬山顶,随墙门,平顶门洞,上面装饰有仿木构砖雕斗拱 7 攒。

2. 寺庙

龙神庙 位于吕家庄北堡东墙外侧,保存较差,坐北面南,正殿面阔单间,硬山顶,前檐额枋上有残存的彩绘,门窗破损,殿内堆放杂物(彩版 5-31)。殿内壁曾涂刷白灰浆,如今白灰脱落露出了底下艳丽的壁画。

正面壁画绘有《龙母龙王坐堂议事图》,主神为龙母、五龙王与雨师,上部为雷公、电母、风伯、功曹、四目等众神。东壁绘有《出宫行雨图》,墙面局部脱落,绘画受损;西壁被杂物所遮,仅可看到内侧一部分。

东壁《出宫行雨图》的粉本与南双涧村龙神庙壁画相似。在前面打头阵的,右上角为日值功曹与时值功曹,右下角为四目神;龙王紧随其后,雨师位于龙王下方。在上部的龙王中间依次有雷公、电母、钉耙神等。

西壁《雨毕回宫图》,右下角为土地神,其身后立一位打伞的随从,上部可见一位年值功曹。右上角为一株松树。

殿内东侧窗台下墙壁镶嵌一通道光五年石碑,从碑文中整理出以下庙名:玄帝庙、灵官庙、天官庙、观音庙、五道庙、奎(魁)星庙、文昌庙。由此可见,当年城堡内外庙宇众多。

戏楼 位于北堡的东南角外侧,228 乡道南侧路边,东庄堡北侧,龙神庙对面。戏楼坐南面北,单檐卷棚顶式,面阔三间,进深六架梁,前檐额枋上残存有彩绘。砖石台明残破不全,高低不平。前檐柱 4 根,古镜柱础,擎檐柱 2 根。后金柱 2 根,前后台金柱置铁箍加固,隔扇已毁。后墙开辟 3 座门,前台口为土坯墙封堵并开门,戏楼内改作羊圈。台内墙壁涂刷白灰浆,壁画漫漶,两侧山尖壁画保存较好,表现乡村生活场景,有人物、鸟、鹅、鸡、萝卜等,一派祥和的景象。墙壁上尚存壁画,壁画损毁严重,斑驳不清,且保存有墨书题壁,内容为:"民国拾九年二月廿七日义顺班全体拜李班主""吕家社□□六天大洋六□□□牛肉一斤半生酒半斤。"义顺班在蔚县还较活跃,单堠堡与涌泉庄的戏楼上都留有义顺班的题壁。

三官庙 位于堡西南角外,现已无存。

(二)吕家庄村南堡

1. 城堡

吕家庄村南堡位于村庄中部,四周为新村所包围。城堡平面呈矩形,周长约 590 米,开南、北门(图 5.30)。门开于墙体中部,由于西墙北段向外突出,南、北门不在一条线上,堡内南北街在西墙突出的拐点也拐一小弯,南门偏东,北门偏西。相传该堡明代时仅开北门,清代又在南墙增设南门。堡内平面布局为双十字主街结构,但街道不直,拐弯处原先有观音殿正对堡门。

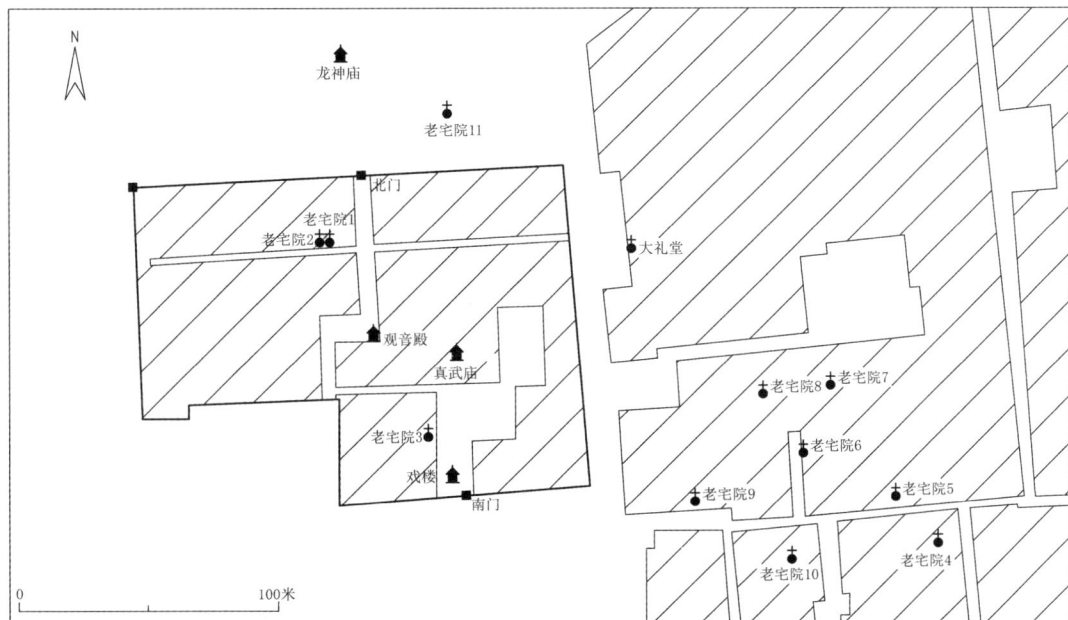

图 5.30　吕家庄村南堡平面图

城堡北门新近修缮,砖石拱券木梁架结构,基础为 9 层条石砌筑,上面青砖起券。外侧门券五伏五券,门券拱顶上方镶嵌 3 枚门簪,门簪上方镶嵌有石质门匾(拓 5.9),字迹已在重修时描金,正题"镇房"吕家庄堡",右侧前款为"大明国",左侧落款为"嘉靖贰拾陆年夏季月上旬吉日造"。正题下方是木匠、堡长、总甲、合村乡老、石匠、泥匠、铁匠人名,如"木匠王大成""堡长何宝、宋孚"。门匾两侧各镶嵌有 2 个砖雕装饰,这 4 件皆是重修时新雕。顶部错缝牙子两层,门顶部铺水泥预制板,门道为土地面,堡门内侧平顶结构。堡门外两侧新修有八字影壁,皆为面阔三间,硬山顶。檐下有砖作仿木构砖雕,4 组砖雕斗拱,斗拱下与拱间各有砖雕装饰,一共有 7 组。砖雕装饰以花草为主,其中 3 组为花草组成,还有 4 组花草中,1 组藏有蝙蝠,2 组藏有书,1 组藏有笔。这 7 组砖雕,既有花草隐喻了富贵,又有蝙蝠喻幸福,还有书与笔表达了"唯有读书高"的思想。堡门墙体表面涂刷青灰色涂料,北门外修建有龙神庙。堡门内为中心街,街道宽,为土路。

城堡南门保存较好,堡门新近修缮,门体表面涂刷灰蓝色的涂料。堡门为砖石拱券结构,基础为条石砌筑,上面青砖起券。外侧券门三伏三券,外券高 3.5 米,门券左右两侧的门柱上各镶嵌 1 块砖雕装饰,饰有鹿与仙鹤。门券拱顶上方镶嵌有砖制阳文门匾,正题砖雕"吕家庄"三字,门匾两侧各有一枚菱形雕菊花门簪,顶部雕牙子砖,顶部檐下仿木砖枋之间有一只蝙蝠。门券内顶部为砖券。内侧门券亦为三伏三券,内券高 4.5 米,门券拱顶上方镶嵌有砖制阳文门匾,正题"南堡",门匾两侧各镶嵌有 1 枚门簪。门道地面为土路。

门内侧两壁墙上有方形门闩孔。门外西侧尚存有方形护门墩保存较好，高7～8米，外突出于墙体。门外西侧有影壁一座，门内西侧有登顶的坡道。南门外为东庄。

拓5.9　宋家庄镇吕家庄村南堡北门门额拓片(蔚县博物馆　李新威　提供)

堡墙均为黄土夯筑，保存一般。东墙长约124米，墙体保存较差，墙体低薄连贯，墙高3～4米，多为墙内民宅的后墙，内侧为民宅，外侧为荒地和道路，东墙外有近代礼堂和村委会。南墙长约212米，东段墙体几乎无存，墙体低薄，断断续续，主要为房屋所占用，保存差，个别地段墙体高3～4米。墙外为荒地和顺墙土路。南墙西段保存相对较好，墙体高薄，壁面斜直，高7～8米，但南墙并不直，中有拐弯，其中一处拐弯保存较好，墙体斜直、高大，在此之后墙体向北延伸并再度向西拐弯，拐弯处保存尚可，但再向西墙体无存，现为平地，墙体内侧为道路和民宅，外侧为荒地，近西南角附近的墙体保存有基础，基础之上为院墙。西墙长约90米，墙体高厚，壁面斜直，保存相对较好，墙体高7～8米，墙体内侧为民宅，外侧下方有坍塌的积土并长有树木，积土外为荒地。北墙长约164米，墙体高薄、连贯，壁面斜直，高3～4米，外侧下方有坍塌的积土，墙外有顺墙生长的一排树木，其外侧为便道。北墙东段外侧有健身园和水泥路，北墙内侧为民宅。

东南角、西南角、东北角未设角台，仅为转角。西北角设90°直出角台，保存较好，体量高大，高7～9米。

堡内为双十字街布局，民宅以土旧房为主，多废弃、坍塌，新房、老宅院少，居民较少，仅几户居民居住。

正街　即南北主街，主街不直，中部有曲折。老宅院3位于戏楼北，空场西侧，一进四合院布局,辟门于东南角,坐西面东,随墙门,平顶门洞,硬山顶。门楼上有精致的砖雕装饰,门内为门厅,正对砖雕影壁,影壁北侧为一券门,院内正房面阔三间,卷棚顶,两侧厢房面阔 2 间,单坡顶。

前街 即北侧十字街东西街,西街北侧尚存 2 座老宅院东西并列,宅门相邻,均为一进院,随墙门,平顶门洞。

堡外 老宅院 11 位于北门外东侧路边,一进院,宅门辟于南墙中间,为广亮门,硬山顶。门顶坍塌。

2. 寺庙

据当地长者回忆,吕家庄南堡曾修建有龙神庙、戏楼、真武庙、观音殿、五道庙(2 座)、马神庙。上述庙宇除龙神庙、真武庙尚存外,其余皆拆毁于"文革"期间。

龙神庙 位于堡北门外,坐北面南,正对北门。庙宇为两进院,院墙为土坯墙,保存一般,多有坍塌,院内长满杂草。

南墙正中辟山门,新近修缮,随墙门,平顶门洞,硬山顶,檐顶高耸于院墙之上。如今山门已被封堵。门外两侧设八字影壁。

前院仅存二道门,随墙门,硬山顶。外侧券形门洞,内侧平顶门洞,门洞拱顶有砖制门匾,3 块方砖组成,表面涂有蓝色,正题"水晶宫"。

二进院内正殿、东配殿(二间)、西耳房(单间)尚存。北侧为正殿,正殿坐北面南,面阔三间,硬山顶,进深六架梁出前檐廊,西侧墀头砖雕装饰"鹿回头",前檐额枋尚存有彩绘及木雕装饰,门窗保存较好。

正殿曾改作教室,如今堆满杂物。两侧山墙上画有黑板,其余部分曾涂刷白灰浆。正壁明间与西次间墙皮脱落,已露出砖墙,东次间残存有壁画。东壁黑板周边尚存有残画,可认出雷公、电母、四目神、风婆、虹童、四值功曹等。西壁黑板周边也有残存的壁画,但仅能看出年值、月值两位功曹、虹童、钉耙神等。壁画应为清代中期的作品,画中诸神与人物形象还有特别之处,尤其是虹童,绘制成一位老者形象,而非传统的孩童形象。

东配殿,损毁严重,门窗全无,屋顶南侧坍塌三分之一,殿内无壁画遗存。

戏楼 位于南门内西侧,真武庙对面。戏楼坐南面北,面阔三间,单檐六檩卷棚顶,砖石台明高 1.2 米。前檐柱 4 根,古镜柱础。山墙青砖垒砌,土坯墙心,地面方砖铺墁。前檐下雕龙首撑拱,细颈,造型较凶猛,额枋前出一层檐檩檩枋,正心双檩一垫。台内隔扇框架尚立,其间隔板已毁。台内壁画全部破坏。数年前戏楼为雷火所烧毁,如今仅存三面墙体。

真武庙 位于堡南门内,坐北面南,正对南门。真武庙选址在城堡南部较为少见。如今庙院尚存,西墙坍塌,南墙正中辟山门。山门为随墙门,平顶门洞,硬山顶。院内有 3 株大树。院内分东、西两院,东院有僧房,西院北侧为正殿。正殿坐北面南,面阔三间,硬山顶,进深六架梁出前檐廊,殿内五架梁承三架梁。前檐额枋上有残存的彩绘。殿内梁架上也有残存的彩绘,顶部脊檩有彩绘《八卦图》案。殿西山墙大多塌毁,仅存北侧部分。殿内墙壁曾抹过厚厚白灰浆,白灰部分脱落,露出壁画。

正壁绘《真武帝坐堂议事图》,正中为真武帝,两侧后分别为七星旗君与剑童,两侧为周公(东)、桃花女(西),再外侧分别站立一位持剑武将。两侧山墙内墙绘有护法众神,西山墙已全毁。东壁白灰墙皮脱落露出三片底画,从露出的壁画人物来推断,每面绘有六位护法神像。东壁最南侧护法神像手执玉环,为温元帅温琼,其他护法神已无法辨别。此殿内绘画,神像高大魁梧,颇有气势,推测所用粉本较早。但从色彩上考察,应为清末民国时期的颜料。

观音殿　位于北街南端,北对北门,现已无存。

五道庙　2 座,位于堡西北角外、南门外,现已无存。

马神庙　位于堡东北角外,现已无存。

(三)东庄

东庄,位于南堡东南角东侧,原四至范围未知。现为一条东西向主街,主街的东尽头新建有 1 座影壁,面阔三间,硬山顶,影壁中间贴有瓷版画,画有起伏的长城。

东庄主街东部以新建的红砖房为主。西部街道两侧有许多土旧房屋,多坍塌。老宅院数量较多。

老宅院 4　位于主街南侧,一进院,宅门已无存,正房面阔五间,卷棚顶,东西厢房面阔三间,单坡顶。

老宅院 5　位于主街北侧,两进院,广亮门,硬山顶。

老宅院 6　位于主街北侧巷内东侧,宅门为随墙门,平顶门洞,硬山顶,院内无建筑,为一片荒地。

老宅院 7　位于主街北侧巷内东侧,一进院,正房面阔五间。

老宅院 8　位于主街北侧巷内西侧,原为两进院,现为一进院,辟门于东南角,坐西面东,随墙门,平顶门洞,硬山顶。院内砖铺地面,十分宽敞,正房面阔五间,卷棚顶,东西厢房面阔三间,单坡顶。

老宅院 9　位于主街北侧,广亮门,硬山顶,进深五架梁,门外两侧路边有多通石碑,字迹漫漶。门外对面修建有影壁,门道毛石铺墁。门内为一片空地。空地东侧有 1 座影壁,坐北面南,面阔单间,影壁西侧为一进院子,随墙门,坐东面西,平顶门洞,尚存砖雕装饰,门内正房面阔五间。门内西侧也为 1 座院子。

第二十节　邢　家　庄　村

一、自然环境与人文历史

邢家庄村,位于宋家庄镇西南 5.1 公里处,属丘陵区,处于山前冲积扇北部,地势南高北低,村南部冲沟纵横,其余三面较为平坦,附近为沙土质,辟为耕地。1980 年前后有1 400 人,耕地 5 380 亩,曾为邢家庄大队驻地。

相传,元延祐年间,黑堡子邢家财主在这里地多,并盖有长工住的种地房。建庄后故取村名邢家庄。村名可考的历史最早见于《(正德)宣府镇志》,作"邢家庄堡",《(嘉靖)宣府镇志》作"邢家",《(崇祯)蔚州志》作"邢家庄堡",《(顺治)云中郡志》《(顺治)蔚州志》沿用,《(乾隆)蔚县志》作"东邢家庄",《(乾隆)蔚州志补》作"邢家庄",《(光绪)蔚州志》作"邢西堡""邢家庄东堡"。

如今,邢家庄村分为新、旧两部分。旧村位于新村的西南和东南部,分别修建有一座城堡。新村位于北部,规模大,居民多,民宅、街巷整齐划一。228 乡道穿村而过(图 5.31)。

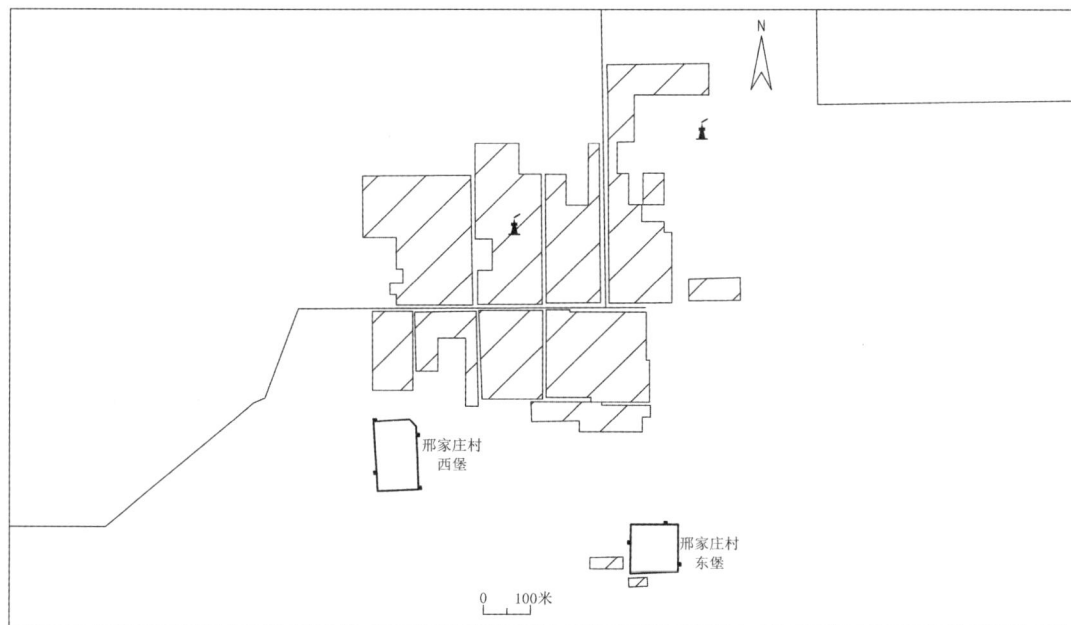

图 5.31　邢家庄村古建筑分布图

邢家庄村是著名的影视基地,电视剧《走西口》《亮剑》《狼毒花》《陈赓大将》《烈火金刚》《小兵张嘎》《敌后武工队》在这里取景。

二、城堡与寺庙

(一) 西堡

1. 城堡

(1) 城防设施

西堡位于村庄西南部的旧村内。城堡平面呈矩形,周长约477米,南北长,东西短,开东门,堡内平面布局为十字主街结构(图5.32)。东门外东侧为一片旧村。

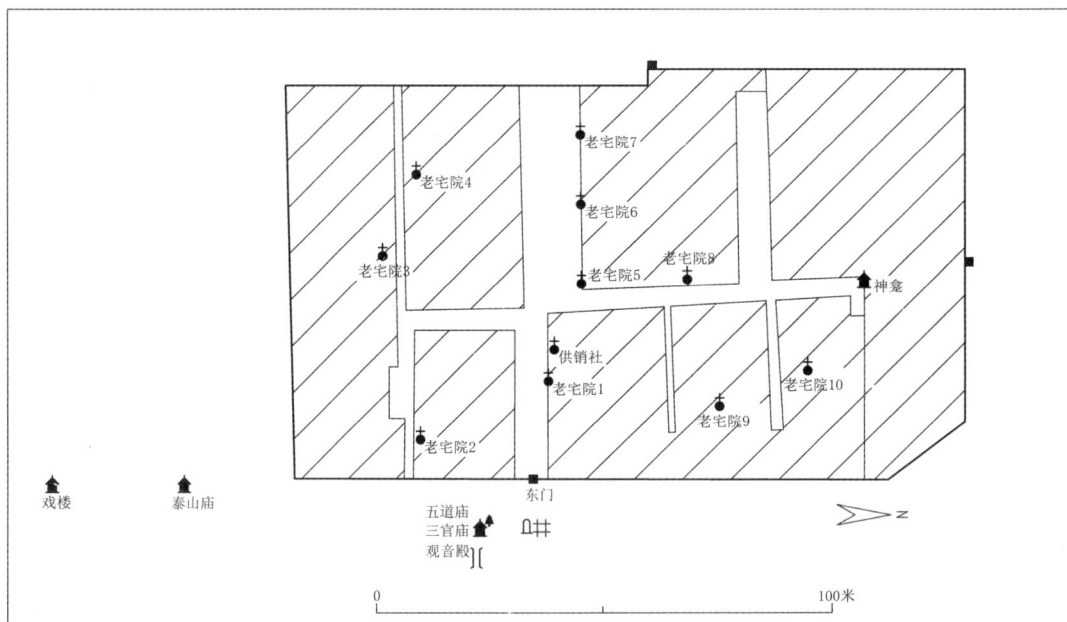

图5.32 邢家庄村西堡平面图

城堡东门为砖砌拱券结构,基础为条石砌筑,上面青砖起券。外侧门券三伏三券,门券拱顶上方镶嵌有石质门匾,门匾两侧各镶嵌1枚门簪,门簪两侧各有1排水孔。内侧门券亦为三伏三券。门顶新近修缮。电视剧《亮剑》曾在这里取外景。故对堡门进行了部分维修,将顶部铺水泥预制板,基础用水泥加固,门匾也用水泥制作。门道为自然石铺成的路面,尚存车辙印。门内为中心街。门外原设护门墩,现南侧护门墩保存较好。护门墩表面砖砌八字影壁。东门外正对一眼水井,当地传说此井凿于明代。水井边有一枯树。井台周边有水槽、几通石碑。除墓碑外,有一通嘉庆十年(1805)《重修碑记》[1],碑文中提到了观音殿、三官庙与五道祠。另一通为《重修圣母祠碑记》[2],落款仅能辨认"雍正"两字,应是立于雍正年

---

〔1〕 邓庆平:《蔚县碑铭辑录》,广西师范大学出版社,2009年,第438~439页。
〔2〕 邓庆平:《蔚县碑铭辑录》,广西师范大学出版社,2009年,第442~443页。

间。圣母祠即今天乡民所说的奶奶庙(泰山庙)。水井南侧的水沟上有座小石桥。东门内为东西主街,路边有一通石碑,深埋地下,仅露出双龙碑首,碑文开篇即为"奉天承运皇帝敕曰"[1]。

堡墙均为黄土夯筑,保存一般。东墙长约 155 米,墙体高大、连贯,壁面斜直,墙体较厚,高 5～6 米,墙体外侧有坍塌的积土,墙体内侧为民宅,外侧为荒地和道路。南墙长约 89 米,东段墙体高薄、连贯,壁面斜直,墙高 4～5 米,中间设有方形的马面,保存较好,墙体内侧为民宅,外侧为荒地及树林。南墙西段墙体多有坍塌,现为低厚的土垅。西墙长约 154 米,南段墙体多坍塌,墙体断续,现存多为基础,高 2～3 米。墙体内侧为民宅,外侧为荒地和树林。西墙北段墙体低薄、连续,墙体高 3～4 米,墙体外侧有坍塌的积土,内侧为民宅的后墙,外侧为荒地。西墙中部设马面,呈方形,保存较好,高 3～4 米,正对东门。北墙长约 79 米,墙体高大,保存较好,高 7～8 米,墙体斜直、连贯,中间有几处坍塌形成的缺口,墙外侧下方有坍塌的积土。墙体外侧为土路和耕地,内侧为民宅。北墙中部设有马面,坍塌较重。北墙内侧的房屋多坍塌,形成大片空地。

东南角未设角台,仅为转角。西南角未设角台,仅存转角,高 5～6 米高,呈圆形转角,多有坍塌形成的缺口,墙体外有坍塌的积土。西北角无存,现为取土坑。东北角未设角台,仅存转角。

(2) 街巷与古宅院

堡内现住居民 10 余人,旧时居民以王、马、李为主,无邢姓。堡内民宅以土旧房为主,多废弃坍塌,老宅院现存 10 座,编号老宅院 1～10。

正街 即十字街,东段尚存老宅院 1 和近代供销社。老宅院 1 位于街北侧,广亮门,硬山顶,梁架上尚存木雕装饰,梁托饰"荷包鲤鱼",门前设 3 级踏步,门内东西各为一进院落。供销社位于街北侧,近代建筑。

西段北侧尚存老宅院 5～7。老宅院 5 为一进院,四合院布局,辟门于东南角,随墙门,平顶门洞。老宅院 6、7 布局相同,两进院,广亮门,硬山顶,门顶局部坍塌。老宅院 7 门内尚存影壁,顶部为砖仿木垂花门砖雕,保存较好,正面盒子、岔角尚存砖雕装饰,盒子为一组圆形砖雕,中间雕有"福、禄、寿"三星与两童,周边有松、竹、梅环绕。前院仅存南房、西厢房,二道门损毁,后院正房面阔三间,卷棚顶,东西厢房面阔两间,单坡顶。

北段仅西侧 1 座老宅院 8,一进院,门辟于东南角,坐西面东,广亮门,硬山顶,进深四椽,门前设 3 步石台阶,两侧设上马石,檐下梁架雀替、柁头等木雕装饰尚存,保存较好,十分精美。门内为门厅,北侧开二道门,2012 年 7 月因降雨而坍塌,院内砖铺地面,正房面阔五间,卷棚顶,东西厢房面阔三间,单坡顶,南房面阔三间,卷棚顶。房主姓马,现为老宅院的传人。

〔1〕 邓庆平:《蔚县碑铭辑录》,广西师范大学出版社,2009 年,第 436～437 页。

南街 即正街南侧的东西向街道,尚存老宅院2~4。老宅院3,位于南侧,一进院,辟门于东北角,坐南面北,广亮门,硬山顶,门顶坍塌。老宅院4,一进院,位于北侧,一进院,辟门于东南角,广亮门,硬山顶,三架梁,门西墙坍塌。门内正对一座影壁,面阔单间,门内东西两侧各一进院落。辟有随墙门,外侧券形门洞,内侧平顶门洞,院内正房面阔三间,卷棚顶,东西厢房面阔两间,单坡顶,全部荒废。

2. 寺庙

据当地长者回忆,邢家庄西堡曾修建有五道庙(2座)、三官庙/观音殿、泰山庙、戏楼、真武庙、龙神庙、关帝庙、马神庙、井神庙、河神庙。除现存外,其余庙宇皆拆毁于"文革"期间。

五道庙 共2座。1座位于堡东门外三官庙/观音殿东山墙外侧,紧贴三官庙东墙。新建庙宇,坐南面北,面阔三间,单坡顶,进深二架梁。殿内壁画全毁。五道庙东侧长有一株大柳树,当地百姓说至少有200年以上树龄。附近嘉庆十年(1805)《重修碑记》石碑中作"五道祠"。另1座为五道神龛,位于堡内十字街北街北端,北墙内侧一间倒座房的南墙上,于墙体约1人高处的土坯中设龛,龛正对着北街。神龛采用砖砌,上设檐顶,龛内后壁上部砖雕三位神像,下部雕有狼与狐,从此内容可以推断,上面为五道神、土地神与山神。

三官庙/观音殿 位于堡东门外南侧。正殿面阔单间,硬山顶,前檐额枋上残存有彩绘,殿内隔为南北两殿。南侧,坐北面南,是为三官殿;北侧,坐南面北,为观音殿。正殿主体建筑残损,西墙重新砌筑。南侧三官庙,门窗无存,正壁与西壁壁画已毁,仅东壁残存,画中有三位官人形象,由于受雨水与人为损坏,壁画已漫漶,推测原绘天官、地官与水官。观音殿内正壁绘画新绘,是为观音与龙女与童子;西侧墙壁重修,壁画已毁;东侧残存有原壁画,损毁严重。壁画内容上部为观音"救八难"题材壁画,下部为诸位神像(十八罗汉)。其中有一幅,从残存的内容可以推断为:"或值怨贼绕,各执刀加害,念彼观音力,咸即起慈心。"据《重修碑记》记载,该庙于嘉庆十年(1805)重修。

泰山庙 位于堡东南角外南侧的台地上(彩版5-32)。该庙原为1座庙院,规模较大,整体坐北面南,四周院墙已塌,南门、东门尚存。南门为随墙门,硬山顶,券形门洞,檐下砖作仿木构砖雕垂莲柱装饰,外侧悬挂有门匾,正题"北□□"。东门为1座随墙门,硬山顶,外侧券形,内侧平顶门洞。院内正殿已毁,东侧耳房面阔两间,门窗无存,房屋已经倾斜。

戏楼 位于泰山庙南侧,与正殿相对。戏楼附近有许多房屋的基础,推测是旧村废弃后遗留。戏楼两侧各建1座单间耳房,耳房开南门,北墙上辟圆形窗户。据当地长者回忆,戏楼除现存建筑外,南侧与东侧尚有房屋。戏楼后台正中开门,可以通南侧房,是为化妆房。两侧耳房主要存放行头,东侧房可居住,即为当年有戏班长期居住所用。戏楼坐南面北,面阔三间,单檐六檩,卷棚顶,砖石台明高1.3米。前檐柱4根,柱下腰鼓形柱础,后金柱2根。前檐额枋上尚存有斑驳的彩绘和木雕装饰,明间前梁下雕张嘴龙首撑拱,次间为象首,有缰绳系首。椽檐檩枋下木浮雕草龙、荷花通体雀替牙子。南墙无存,戏楼正面有台阶可上台内。戏楼内为土地面,隔扇无存,东、西墙壁上有残存的壁画,绘戏剧人物,保存差,山尖壁画尚好,画面独特,在原山水绘画基础上,又外加一层内容为"八大拿"之两出戏。东耳房破坏严重,东墙外墙皮坍塌,露出里面的土坯,殿内墙壁上贴有 1968 年的报纸。

真武庙　位于西墙庙台上,现已无存。

龙神庙　位于堡东北角外,现已无存。

关帝庙、马神庙　位于堡东南角外,现已无存。

井神庙　位于东门外井台上,现已无存。

河神庙　位于堡南较远的田中,现已无存。

(二) 东堡

1. 城堡

东堡位于村庄的东南角外南侧,四周耕地环绕。城堡整体保存较差,平面呈矩形,周长约 416 米,开西门,堡内平面布局为东西主街结构(图 5.33)。

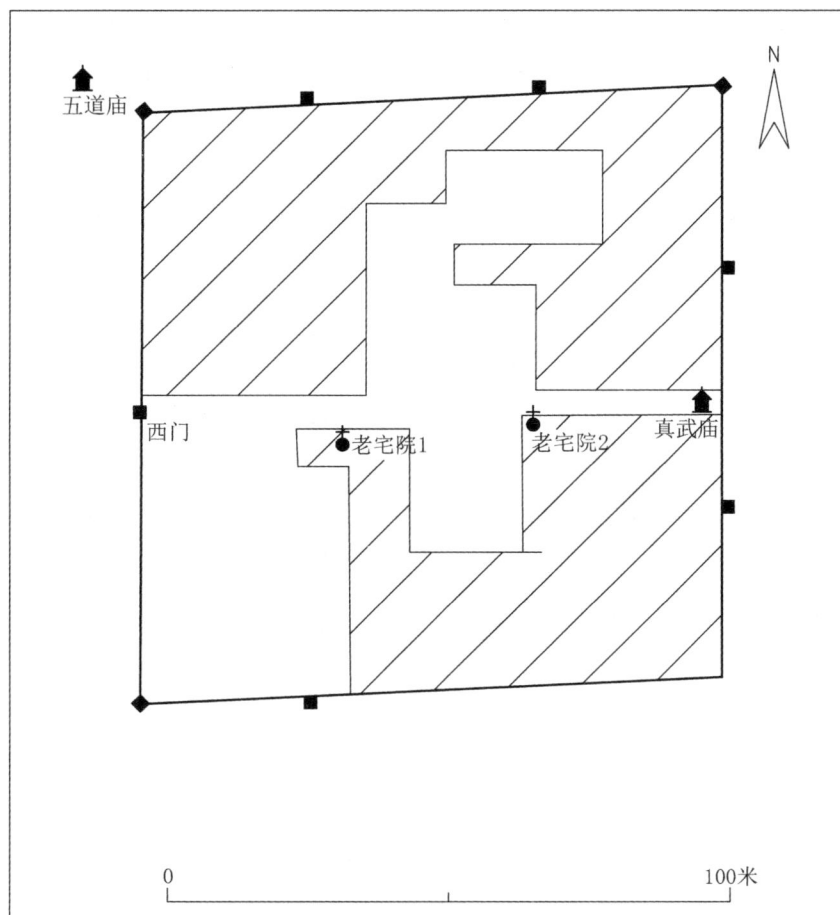

图 5.33　邢家庄村东堡平面图

城堡设西门为砖石拱券结构,近年拍电影外景时曾修缮(彩版5-33)。基础为条石砌筑,水泥勾缝,上面青砖起券,内外侧门券均为三伏三券。外侧门券拱顶上方镶嵌有水泥制作的门匾,上书"南山堡",门匾两侧有门簪和排水孔。门券内顶部为水泥预制板。门外南北两侧设有护门墩,护门墩下面基础部分由水泥和毛石包砌。门道为自然石铺成的路面。

堡墙均为黄土夯筑,保存较差。东墙长约105米,墙体低薄,坍塌严重,高2~3米;北段墙体外侧为沟、台地及耕地,墙体内侧为民宅,墙体外侧的积土上长有许多杏树。东墙设2座马面,保存一般,马面上长有树木。南墙长约103米,东段墙体多坍塌成低厚的土垅状,高2~3米,墙体内侧为民宅,外侧为荒地和树林。墙体中部有一大缺口,缺口西侧有1座方形马面,马面保存较好,坍塌一半。南墙西段相对较好,墙体高薄、连贯,壁面斜直,高3~4米,墙体外有1座新建的大院,无人居住。西墙长约106米,南段墙体多坍塌,墙体高薄,高2~3米,内侧为民宅,外侧为耕地,墙体外有坍塌的积土。西墙外有民居,为改革开放后的建筑,尚有人居住。北墙长约102米,坍塌严重,墙体为低厚的土垅,高2~3米,外侧有大量坍塌的积土,墙体外侧为荒地和耕地,内侧为民宅。墙体上设有2座方形马面,坍塌严重。

东南角原设有角台,现坍塌为土堆。西南角设135°斜出角台。保存相对较好,高5~6米,呈方锥形。西北角台为135°角台,现存为圆锥形状,保存较差。东北角设有135°斜出角台,体量大,保存较好,角台外的高台上新修1座五道庙。

堡内布局为东西向中心街,堡内民宅房屋以土旧房为主,老宅院很少,无新房。房屋多废弃、坍塌,居民很少,仅几户居民。东西中心街为宽阔的土路,但街面的一半已经成为耕地。此外小路和废弃的院子多改作耕地。中心街南侧有2座老宅院,保存较好。

老宅院1 广亮门,硬山顶,门顶坍塌,门内为一条巷子,东西各为一进四合院。巷子尽头为1座单间的影壁,影壁东西各为一随墙门,券形门洞。西侧院正房面阔三间,卷棚顶。东侧院正房面阔三间,卷棚顶,西厢房面阔两间,单坡顶。现全部荒废。

老宅院2 广亮门,卷棚顶,门内为一条巷子,东西各为一进四合院。巷子尽头为1座单间的影壁,影壁东西各为一随墙门,平顶门洞,西侧院坍塌成平地。东侧院尚好,正房面阔五间,卷棚顶,东西厢房面阔两间,单坡顶。

2. 寺庙

真武庙 位于堡内东西主街东端的东墙下。庙院建于砖砌台明上,整体坐东面西,围墙多有坍塌,西墙辟门。西门为随墙门,平顶门洞,硬山顶,西门已被封堵。院内长满灌木杂草,生长有4株杏树,院内东侧建有一座正殿。

正殿坐东面西,面阔三间,硬山顶,进深六架梁出前檐廊。前檐下窗户、门保存较好,门楣上有2枚门簪。明间前檐下有匾,正题"北极紫霄宫"。前檐额枋上有残存的彩绘和木雕装饰,檐下檩替垫板间绘画较艳,有龙、凤形象。殿脊顶已塌毁,但梁架尚存,檩条尚存,殿内梁架上也有残存的彩绘。

殿内壁曾涂抹白灰浆,白灰浆脱落后露出少许壁画,但因雨水侵蚀,墙壁为泥水所污,画面模糊不清,推测为民国时期的作品。从残留可辨的壁画中可见几处榜题:三天诏命、折梅寄柳、攀梅引乡、怒斩魔女、画影成真、太子洗乐、洞真内练、静乐国善圣皇后等等。山尖壁画亦存,壁画为彩色而非黑白色。正殿山墙残有山花砖雕,局部受损。

五道庙 位于堡东北角外侧台地上,庙殿新建,坐北面南,面阔单间,硬山顶,进深四架梁,门窗无存,殿内墙上没有壁画和彩绘,只有一个土坯修建的供台。

第二十一节 南双涧村

一、自然环境与人文历史

南双涧村位于宋家庄镇西南偏南 3.3 公里处,属丘陵区,处于山前冲积扇北部,地势南高北低,为沙土质,辟为耕地。1980 年前后有 245 人,耕地 1 168 亩。曾为南双涧大队驻地(图 5.34)。如今,村庄规模小,分为新、旧两部分,中南部为旧村,及城堡所在地,堡外北、东、西面为新村。村民姓氏较杂,现大概有 100 余人居住,年轻人都外出打工。

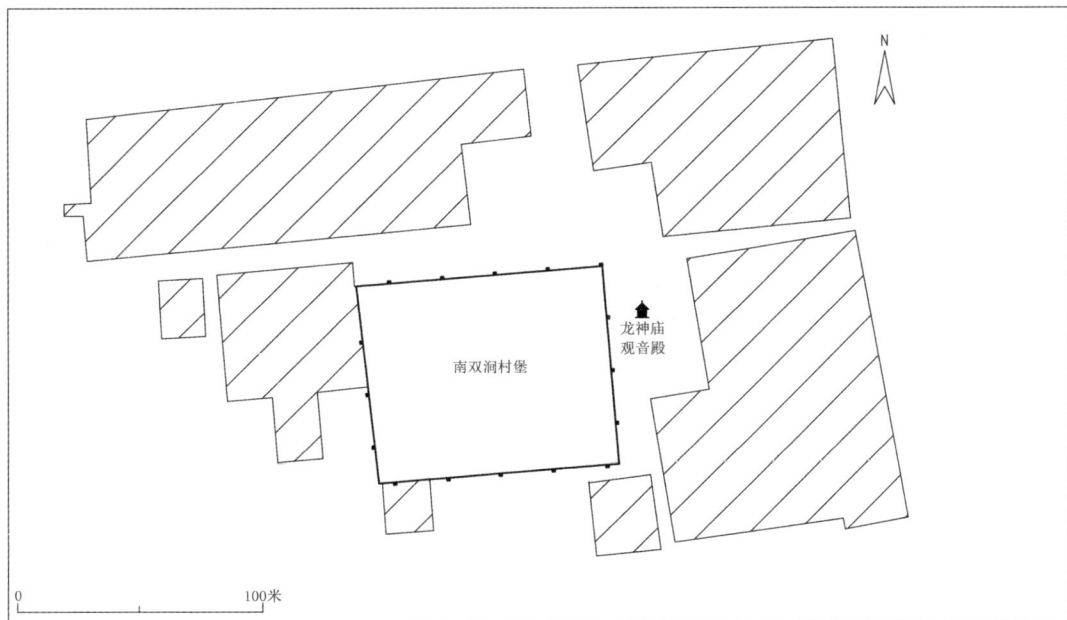

图 5.34 南双涧村古建筑分布图

相传,唐朝末期建村于两条南北向沙河之间,且位于蔚州古城之南,故取名南双涧。村名可考的历史最早见于《(顺治)蔚州志》,作"双涧儿堡",《(乾隆)蔚县志》作"南双涧",《(光绪)蔚州志》《(民国)察哈尔省通志》沿用。

二、城堡

南双涧村堡,位于村中部偏南。城堡平面呈矩形,周长约 362 米,开东门,堡内平面布局为东西主街结构(图 5.35)。

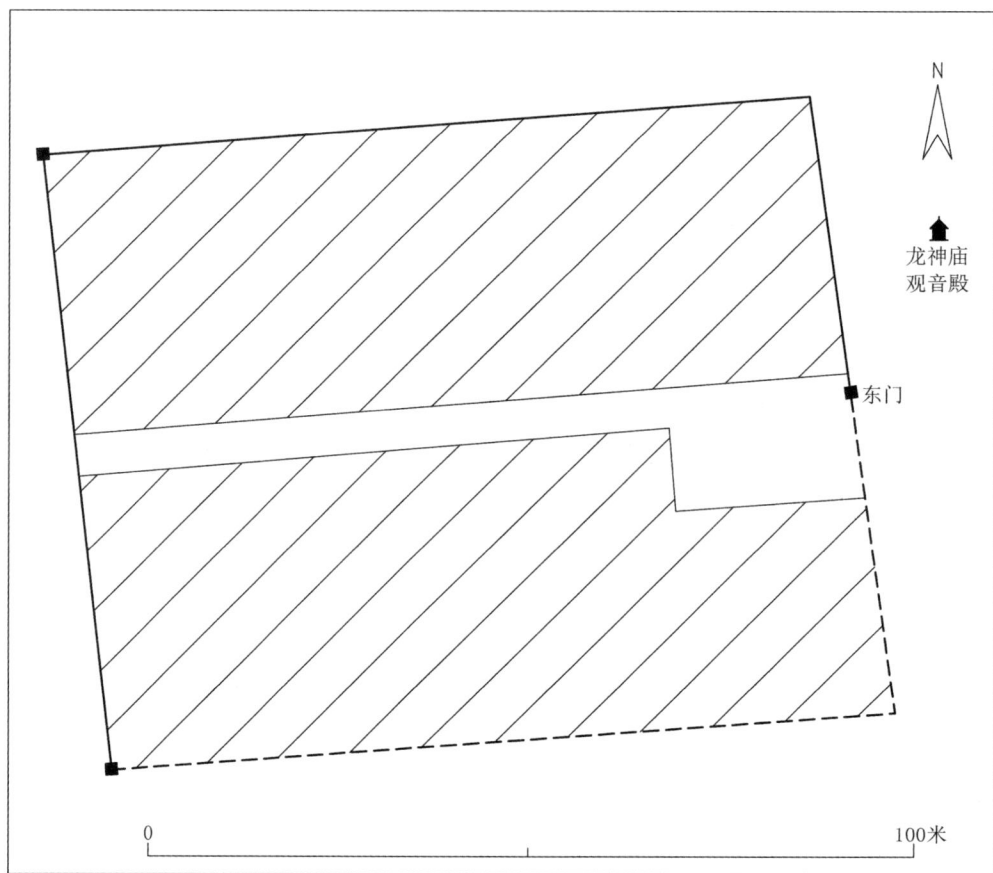

图 5.35　南双涧村堡平面图

城堡东门为砖石木梁架结构,基础为条石砌筑,上面青砖垒砌门柱,门顶部为木梁架平顶,门顶上有砖砌护栏。门道为土路。门洞内北侧墙壁上镶嵌乾隆三十八年《□□堡门碑记》。

　　……贵成仁里为美,而亦赖人培之。我南双涧村本系小庄堡□……年久,欲修茸,但力不足。近因历岁丰□想来□助,阖堡□……施财起□堡门,以而美风,勒石永垂□□云尔……开列于左……

　　捐款人均为信士,从碑文可知,乾隆三十八年(1773)重修堡门,因而南双涧村创建时间早于此。门内为中心街。

　　堡墙均为黄土夯筑,保存一般。东墙长约81米,破坏严重,南段仅存基础,北段为寺庙的院墙,多有坍塌。南墙长约102米,墙体无存,现为空地和民宅。西墙长约80米,保存较好,墙体高薄、连贯,壁面斜直,高2～6米。但墙体多开裂,墙体外侧有坍塌形成的土垅,墙体外侧为耕地,内侧为民房。北墙长约99米,保存较好,墙体高薄、连贯,壁面斜直,墙高5～6米。墙体内侧为民宅,外侧为荒地和道路。北墙外为新村。

　　东南角仅存约0.5米高的基础,破坏严重。西南角设90°直出角台,方形,保存较好,角台外为民宅。西北角设90°直出角台,保存较好。东北角无存,为房屋所侵占。

　　堡内民宅以土旧房为多,新房和老宅院很少,房屋大部分废弃或坍塌,居民少。

三、寺庙

　　据当地长者回忆,南双涧村曾修建有龙神庙/观音殿、关帝庙/观音殿、五道庙、三官庙,村中无真武庙。上述庙宇除尚存者外,大部分拆毁于"文革"期间。

　　龙神庙/观音殿　位于东门外北侧,庙院整体坐北面南,因曾改作村委会,庙院与正殿得以保存(彩版5-34)。院墙保存较好,南墙正中辟山门,广亮门楼,硬山顶,进深三架梁,前檐额枋上残存有彩绘,门楼正脊上彩绘《八卦图》,门楼上绘制八卦图案在蔚县较为少见。门前有斜坡路面,路面上铺有数块石碑,以墓碑为主,碑文漫漶。

　　院内仅存正殿,面阔三间,硬山顶,进深七架梁,前檐额枋上彩绘无存。山墙有砖雕悬鱼与山花,菱形山花中间为菊花,四周为花叶。正殿中间采用隔墙分为南北两殿,面南为龙神庙,进深五架梁;面北为观音殿,进深二架梁。正殿台明上铺有多块石碑和石构件,其中有1通为《重修关帝庙碑记》,但落款时间部分已毁。石构件应是牌坊上的。正殿南北明间皆有门,门前均设台阶,南门外东侧墙壁上写有"南双涧村委会"。

　　殿内堆满杂物,放置几口寿材。殿内梁架上有彩绘,龙神庙、观音殿顶部脊檩上均尚存彩绘《八卦图》。因改为村委会,两殿中间的隔墙已拆除,山墙下部抹了水泥,幸运的是吊顶使上部壁画尚存。东壁绘有《出宫行雨图》,西壁绘有《雨毕回宫图》。龙神庙残存的壁画色彩艳丽,从风格来看,应是清中期的作品。从残存部分内容来看,其构图也有独特之处,如主图面周边有朵朵菊花环绕,这种风格并不多见;东壁四值功曹位居最前面,这与吕家庄北堡龙神庙相似。

东壁绘有《出宫行雨图》,四值功曹位居前面打头阵,功曹中间有一位神隔开(未知);功曹下方依次为电母、四目神、雷公、钉耙神;随后紧跟的是龙王、小轿、龙母銮驾及各位随从;水晶宫仅露出脊顶,不知宫中有何神祇。

西壁绘有《雨毕回宫图》,左部为一株树,一位小鬼在努力地拴住龙神;向前一位雷公张开雷鼓成圆形,另一个雷公收起雷鼓;再前方为电母与风婆闭目于水车中;中部上方龙母乘銮驾而归,周边簇拥随从,随从中前有口衔彩虹的雷神,后有持伞的雷神,还有正在搂抱跳舞的两位神;前下方众神抬着1座小轿,轿中方几之上置数本书;前面的小鬼抬着一物(下部已毁);画的右部,下部是水晶宫,旗官引领龙王及众神正走向水晶宫;上部为年值与月值功曹;右上角是飞奔交差的传旨官。

观音殿壁画破坏严重,仅西墙上残存有一幅观音"救八难"题材壁画。

关帝庙/观音殿　位于西墙内侧,建筑无存。

五道庙　位于堡东北角外侧,建筑无存。

三官庙　位于北墙外侧,距离北墙百十来步,建筑无存。

第二十二节　黑堡子村

一、自然环境与人文历史

黑堡子村位于宋家庄镇南偏东1.4公里处,村庄选址修建在平川之上,周围地势平坦,一马平川,为沙土质,辟为大面积的耕地。1980年前后有235人,耕地1 567亩,曾为黑堡子大队驻地。

相传,元初建村于一片落叶松林中,因每日午后村内即不见阳光,故取村名黑堡子。村名可考的历史最早见于《(崇祯)蔚州志》,作"黑堡子堡",《(顺治)蔚州志》作"黑堡子堡",《(乾隆)蔚州志补》作"黑堡子",《(光绪)蔚州志》《(民国)察哈尔省通志》沿用。

如今,村庄位于X418县道主路西侧,规模不大,村庄分为新、旧两部分。东面为新村,新村由3条东西主街、2条南北主街组成,规模较小,民宅以新房为主,宅院间分布间距较大,较散乱,正房前有较大的耕地,且普遍无院墙。旧村即为城堡的位置,位于村庄西部(图5.36)。

二、城堡

黑堡子村堡,位于村庄西部旧村中。城堡规模较大,平面呈矩形,周长约731米,开南门,南门外设有瓮城,堡内平面布局为南北主街结构(图5.37)。

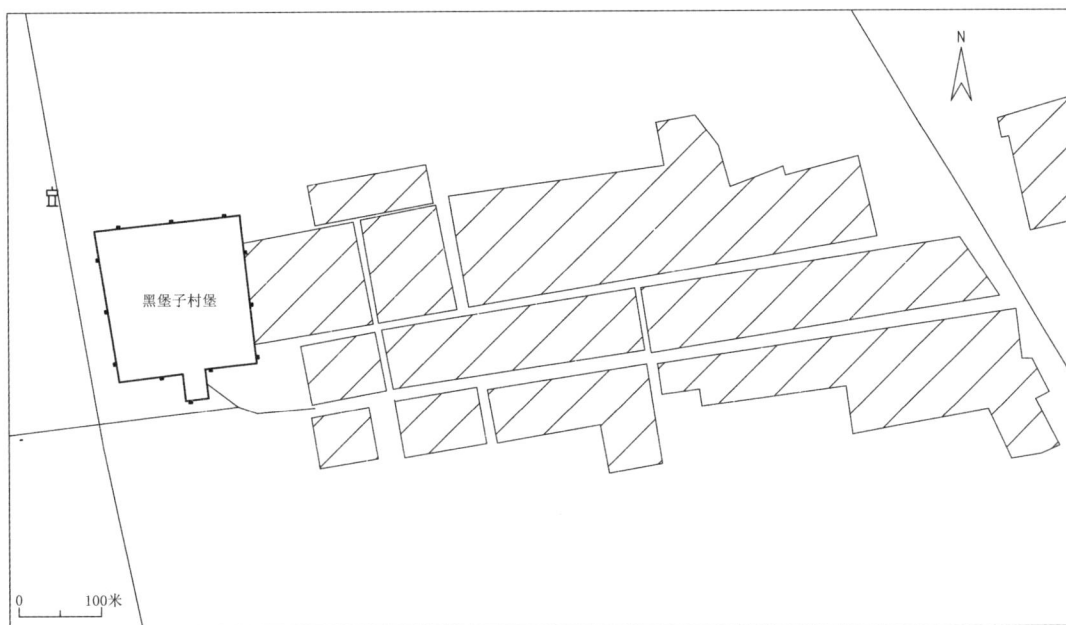

图 5.36　黑堡子村古建筑分布图

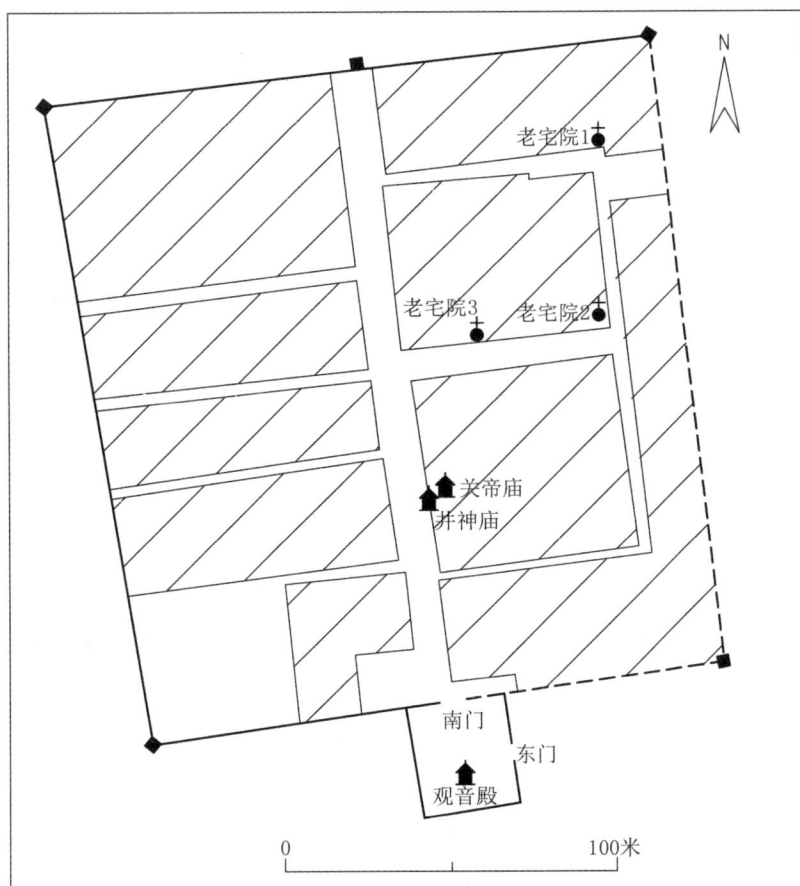

老宅院1

老宅院3　老宅院2

关帝庙
井神庙

南门
东门
观音殿

0　　　　　　　　　　　100米

图 5.37　黑堡子村堡平面图

城堡南门现为缺口,南门外设有瓮城。瓮城开东门,现为缺口。瓮城墙体保存一般,高2~5米。瓮城东墙几乎无存。瓮城南墙东段保存较好,几乎为原高,高5米,壁面斜直,外侧为荒地,南墙西段保存较好,墙体高薄、连贯,高4~5米,中间局部有坍塌,高2米,墙体内外侧均为荒地。西墙与南墙类似。瓮城内有1户民宅和1座新建的寺庙。

堡墙均为黄土夯筑,保存差。东墙长约187米,墙体低薄、断续,多倾斜、坍塌,高0~4米,大部分墙体无存,且有不少段落已为院墙占据,堡墙仅为基础部分。墙体内侧为民宅,外侧为道路。南墙长约172米,东段墙体低薄、断续,高0~5米,大部分墙体仅为1米高的基础,此外还有院墙占据堡墙位置,墙体内侧为民宅,外侧为荒地。西段保存一般。西墙长约192米,墙体低薄、倾斜、坍塌,高1~4米,高低起伏,断断续续,不少段落仅存土垅状基础,或已成为院墙,且西墙较长,中部未设有马面。墙体内侧为民宅,外侧为荒地,西墙外不远处为双排500千伏的高压电线塔。北墙长约180米,西段墙体保存较差,墙外侧高0~3米,墙体多坍塌,断断续续,大部分墙体仅存斜坡状基础,外侧为耕地,内侧为民宅。北墙中部设1座马面,正对南门主街,马面破坏严重,全部坍塌,仅存2米高的基础。北墙东段墙体破坏严重,墙体低薄、坍塌,断断续续,高0~4米,墙体大部分坍塌成土垅状。

东南角设90°直出角台,高5米,东半部坍塌,西半部尚存。西南角设135°斜出角台,保存较好,高4~5米。西北角设135°斜出角台,体量较小,高4米,保存一般,西北角外有水塔1座。东北角设135°斜出角台,保存较差,高3米,外侧紧邻烤烟房。

堡内民宅以土旧房为主,老宅院仅存3座,即老宅院1~3。新房较少,部分翻修了屋顶,居民少,村民姓氏主要为邢、付、刘三大姓。邢姓是有钱的大户,付姓较穷,西侧邢家庄原先是黑堡子邢家的田地,所雇种地的长工居住于此,形成了村庄后叫邢家庄。这与《蔚县地名资料汇编》记载的村庄来历相吻合。

三、寺庙

据当地79岁的邢姓长者回忆,黑堡子村曾修建有倒座观音殿、井神庙、关帝庙、五道庙、真武庙、财神庙、龙神庙、三官庙。除尚存的庙宇外,皆毁于"文革"期间。

观音殿 位于南瓮城内。正殿坐落于毛石砌台明上,坐南面北,面阔单间,硬山顶,进深五架梁。殿内曾涂刷白灰浆,白灰浆脱落后露出壁画。正壁壁画已漫漶,正中张贴一张观音像。山墙上绘有观音"救八难"题材壁画。据当地79岁的邢姓长者回忆,"文革"期间,他以库房的名义保护了观音殿。

井神庙 位于堡内南北街东侧,坐北面南,面阔单间,硬山顶,进深三架梁。殿内原有一口井,西墙外还残存有一辘轳架。殿内北墙设1座小龛,龛内原供奉着井神。井神庙脊顶坍塌,仅存 3 根檩条。

关帝庙　位于井神庙的东侧,坐北面南,面阔单间,硬山顶。殿山墙略倾斜,前脊顶已塌。殿内壁曾抹过白灰浆,白灰浆脱落露出局部残存的壁画。正壁虽然白灰浆较厚,但仍可隐约看到底下壁画的轮廓,绘有《关帝坐堂议事图》,正中关帝有大轮廓,两侧的人物难以分辨。两侧山墙壁画,由于露出部分太少,已无法得知布局和内容。殿内堆放杂物。邢姓老人回忆,原先殿内住有道士,每天都要念经,早上念出勤经,晌午念上贡经,下午 2 点念上贡经,太阳落山念晚经,村里人皆以念经出工或休息。

五道庙　位于堡内南北街路口,现已无存。

真武庙　位于北墙正中马面上,现已无存。

财神庙　位于东墙中部内侧墙下,现已无存。

龙神庙、三官庙　位于堡外东侧,现已无存。

第二十三节　西柳林北堡村

一、自然环境与人文历史

西柳林北堡村,位于宋家庄镇南偏东 3.2 公里处,属丘陵区,南靠王兰峪口,位居山前冲积扇北部,地势南高北低,为沙土质,辟为耕地、杏树林。1980 年前后有 517 人,耕地2 744 亩,曾为西柳林北堡大队驻地。

相传,约在唐朝中期建堡时,因村西是一片柳林,故取村名西柳林。后分为南北两堡,居北者,即为西柳林北堡。村名可考的历史最早见于《(崇祯)蔚州志》,作"西柳林堡",《(顺治)云中郡志》《(顺治)蔚州志》沿用,《(乾隆)蔚州志补》作"西柳林二堡",《(光绪)蔚州志》《(民国)察哈尔省通志》均作"西柳林北堡"。

据当地长者回忆,旧时西柳林南堡归北堡管辖,南堡樊姓为主,北堡杨姓为主,成立生产大队时才分开(图5.38)。

二、城堡

据《(民国)察哈尔省通志》记载:"西柳林北堡,在县城南十五里,明嘉靖二十六年十一月土筑,高约一丈五尺丈,底厚七尺,面积九亩,有门一,现尚完整。"[1]西柳林北堡村堡今

---

〔1〕　宋哲元:《(民国)察哈尔省通志》,国家图书馆藏 1935 年铅印本,第 10 页。

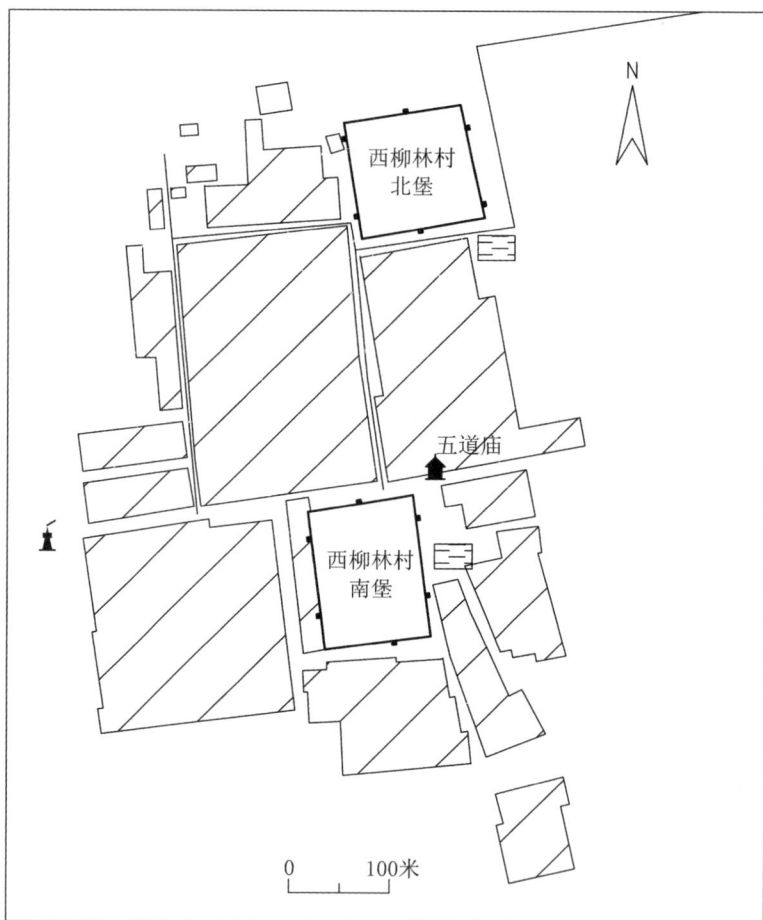

图 5.38　西柳林村古建筑分布图

位于村庄东北角旧村中。城堡平面呈矩形，周长约 482 米，开南门，堡内平面布局为南北主街结构（图 5.39）。

城堡南门建筑已无存，现为缺口。南门外建有影壁，利用了关帝庙的北墙，影壁结构简单。

堡墙均为黄土夯筑，拆毁于"四清"时期，现保存较差。东墙长约 116 米，北段保存一般，高 3～4 米，墙体因坍塌而较厚。南段墙体高薄、连贯，内侧为民宅，外侧为荒地和道路。南墙长约 126 米，现已无存，为新建的房屋占据。南墙外有健身设施。西墙长约 121 米，破坏严重，尚存三分之二墙体，墙体低薄、连贯，壁面斜直，高 3～4 米，墙内侧为民宅，外侧为荒地和土路。北墙长约 119 米，多坍塌呈土垅状，墙体低薄。墙体内侧为民宅，外侧为坍塌形成的大土坡，坡下为土路。北墙中部设有 1 座方形马面，保存一般。

东南角外南侧有 1 座水坑。水坑边长有许多大树，坑内尚有水。西南角无存，为房屋

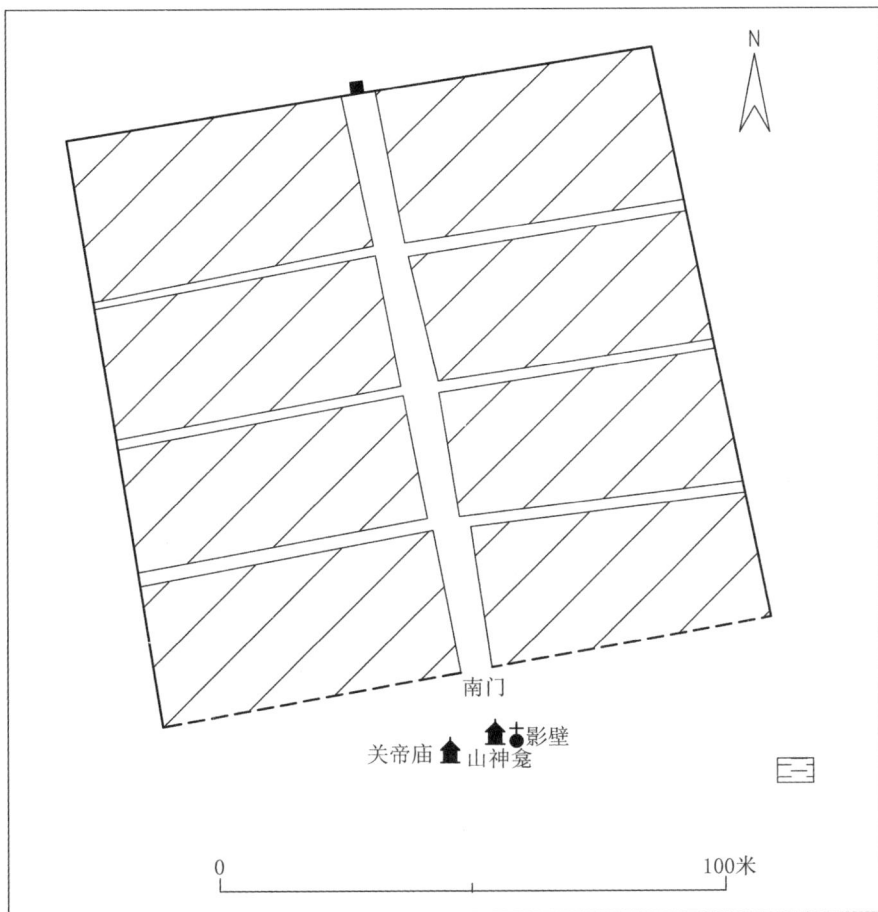

图 5.39　西柳林村北堡平面图

占据。西北角未设角台,仅存转角,体量高大,高 4～5 米,角台外有烤烟房。东北角未设角台,仅为转角,保存较好,转角高 4～5 米,角外为荒地。东南角无存,为新建的房屋。

堡内民宅以旧房为多,无老宅院遗存,新房较少,大部分居民在堡外居住。

三、寺庙

据当地长者回忆,西柳林北堡曾修建有关帝庙、戏楼、山神龛、五道庙、龙神庙、真武庙,堡门顶也有庙,但不知何庙,除了关帝庙尚存外,其余庙皆拆毁于解放战争期间。当时国民党军队短暂占领该村,拆庙用于建炮楼据守,木门窗等用于烧火取暖,这其中也包括南堡的几座庙,而未拆毁的关帝庙是国民党军的驻所。

关帝庙　位于南门外。庙院主体坐西面东。庙院墙尚存,北院墙上砌有 1 座影壁,正对堡南门。东墙正中开门,随墙门,关帝庙对面原有一座戏楼,成立生产大队时将其拆毁。

院内一共有 3 座殿，即正殿、南配殿与倒座房。院内西端为正殿。正殿坐西面东，面阔三间（坐二破三式），硬山顶，进深五架梁出前檐廊。前檐额枋上残存有彩绘，门窗保存较差。殿内为砖铺地面。殿内曾改作教室，南、北两山墙皆画有一块黑板。内壁曾抹过白灰浆，白灰浆脱落露出底下的壁画，虽然不是很清楚，但仍可辨认出局部。殿内山尖壁画绘有羊与狼、猫、鸡、老鼠等形象。

正壁明间绘有《关帝坐堂议事图》，中间为关帝，两侧后为侍童；两侧分别为左丞相陆秀夫，右丞相张世杰；再向外，东侧可见两位武将，西侧已毁。最外侧是周仓、关平；北次间中间为读《春秋》的关羽，两侧各立一位文官，但画面已模糊。南次间中间为武将关羽，两侧为周仓、关平。

两侧山墙为连环画式，从残存的局部来看，应为 3 排 6 列，每壁有 18 幅。北壁残存第 1 排 6 幅与第 2 排第 1 列 1 幅，南壁残存第 1 排 6 幅与第 2 排第 1 列、第 6 列共 2 幅。

北山墙

曹□□□□□	□□□□□□	□□□□□□	□□□□□三□	□□春秋	（榜题毁）
白门楼吕布殉命	（1/3画）	（画毁）	（画毁）	（画毁）	（画不清）
（画毁）	（画毁）	（画毁）	（画毁）	（画毁）	（画毁）

南山墙

古城□□	三人□□□□	□淹七君	卧龙□三访诸葛亮	□□□□□□□□	（榜题毁）
（无榜题）	（1/5画）	（画毁）	（画毁）	□□□关平老成（画毁）	□□□□□□□
（画毁）	（画毁）	（画毁）	（画毁）	（画毁）	（画毁）

山神龛　位于关帝庙东墙北侧的神龛内。

五道庙　位于堡外西南，现已无存。

龙神庙　位于堡外东侧，现已无存。

真武庙　位于北墙马面上，现已无存。

第二十四节　西柳林南堡村

一、自然环境与人文历史

西柳林南堡村，位于宋家庄镇南偏东 3.6 公里处，属丘陵区，南靠王兰峪口，位居山前冲积扇北部,地势南高北低,为沙土质,附近辟为耕地、杏树林。1980 年前后有 602 人,耕地 2872 亩,曾为西柳林南堡大队驻地。

相传,约在唐朝中期建堡时,因村西是一片柳林,故取村名西柳林。后分为南北两堡,居南者,即为西柳林南堡。村名可考的历史最早见于《(崇祯)蔚州志》,作"西柳林堡",《(顺治)云中郡志》《(顺治)蔚州志》沿用,《(乾隆)蔚州志补》作"西柳林二堡",《(光绪)蔚州志》《(民国)察哈尔省通志》均作"西柳林南堡"。

二、城堡

(一)城防设施

据《(民国)察哈尔省通志》记载:"西柳林南堡,在县城南十五里,明嘉靖二十六年八月土筑,高二丈,底厚八尺,面积九亩五分,有门一,现尚完整。"[1]西柳林南堡村堡今位于整个村庄的中部偏南的位置上,城堡平面呈矩形,周长复原约 502 米,开东门,堡内平面布局为三条十字街结构(图 5.40)。

城堡东门保存较好,砖石拱券结构,基础为条石砌筑,较高,上部青砖起券(彩版 5-35)。外侧门券五伏五券,券高 3.4 米,门券拱顶上方镶嵌有石质门匾,正题有 2 排大字,上排为"西柳林",下排为"迎阳堡",左侧落款为"嘉靖二十年秋七月吉日立",正题右侧 1 列小字为"管工堡长杨俊王大安",正题下方为"小甲:刘□、杨志□、樊斌、刘自东、王林、李克恕、乔佑、李承顺、杨志万、胡仲□,石匠:李晶、林仲□"。顶部出二层错缝牙子。门匾两侧各镶嵌有 2 枚砖雕装饰,雕有麒麟、犀牛等吉祥瑞兽。内侧门券亦五伏五券,门顶安装有村委会的广播喇叭。门道为自然石铺成的路面,门前为缓坡式地面,铺自然石,门券内顶部为券顶。外侧门券内拱顶附近修有方形孔洞,为"星池灭火"遗迹。门外北侧尚存有护门墩,保存较好,体量小。东门外修有坑塘,尚有积水,四周垂柳环抱,景色优美。水坑东南角有一通墓碑,刊刻于"乾隆十二年岁次丁卯",碑正中"皇清待赠登仕吏部候选训道显考李公妣杨氏之墓","孝子李维绩绶绍恭立"。门外北侧为关帝庙遗址,现为空地,长有 2 株大树。门内北侧有登顶的台阶通道。

堡墙均为黄土夯筑,保存较差。东墙长约 145 米,北段存一半墙体,墙体高薄,保存一般,墙体外侧为荒地,内侧为民宅;南段无存,现为基础,上面修建民宅房屋,外侧为水泥路。南墙长约 108 米,无存,内侧为民宅,外侧为水泥路。西墙长约 141 米,墙体高薄、连贯,壁面斜直,顶部较平,墙体内、外侧均为民宅,外侧房屋西侧为水泥路。北墙长约 108 米,墙体高薄、连贯,墙体外侧有大量坍塌的积土,上面长有草木,墙外为土路和民宅,墙内为民宅。北墙共设有 2 座马面,中心街尽头的东马面现为真武庙庙台,马面顶部平整。

---

[1] 宋哲元:《(民国)察哈尔省通志》,国家图书馆藏 1935 年铅印本,第 10 页。

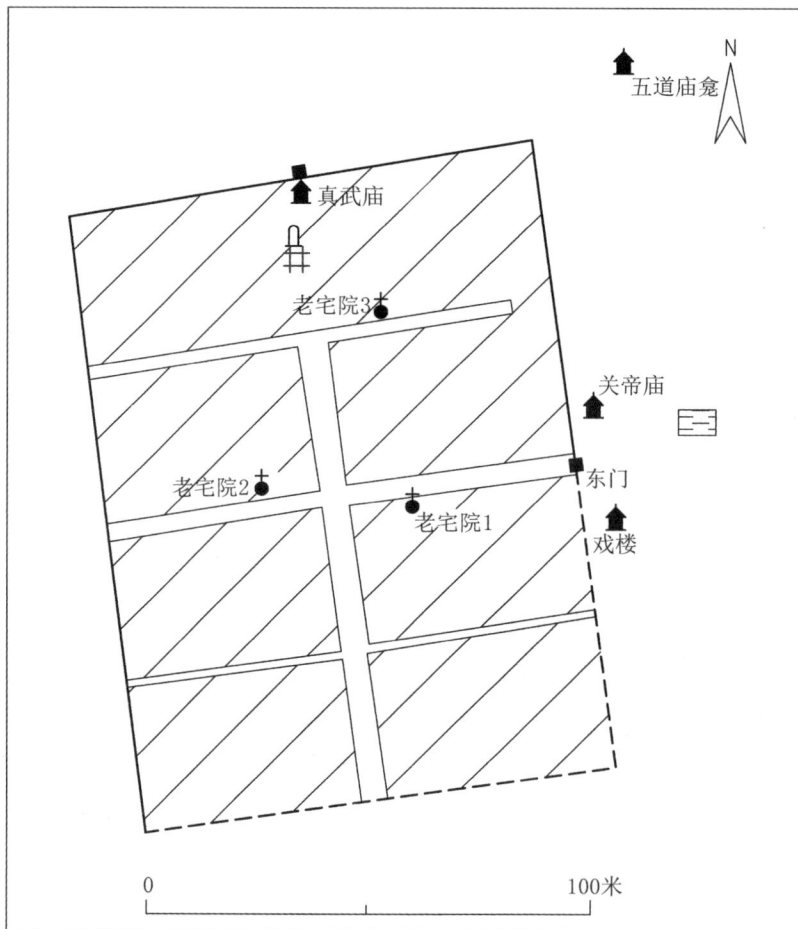

图 5.40　西柳林村南堡平面图

东南角无存。西南角无存,为民宅占据。西北角仅存转角,外侧为土路。东北角仅存转角,墙体高大,高 5～6 米,外为荒地,内侧为民宅,东北角外路边有新建的五道庙。

（二）街巷与古宅院

堡内新房较多,土旧房以及老宅院较少,居民较少。堡门内为较为宽阔的中心街,堡内布局为三条十字街结构,中间者最宽阔。南北主街的尽头有干涸的水井及辘轳石,井口上盖一通"乔公"墓碑。

正街　即东门内东西主街。老宅院 1,位于东段南侧,广亮门,硬山顶,正脊坍塌,门道卵石铺墁。门内为一条巷子,东西各有 1 座宅院,保存较好。老宅院 2,位于西段北侧,原为两进院,现为一进院,东南角辟门,广亮门,卷棚顶。

后街　即北侧十字街东西街。老宅院 3,位于北侧,一进院,广亮门,硬山顶。

三、寺庙

西柳林南堡原建有五道庙、戏楼、关帝庙、龙神庙（2 座）、真武庙，此外还有山神庙、井神庙、罗汉庙等。庙宇除现存外，皆拆毁于"文革"期间。

五道庙　位于堡外东北角，新建寺庙，坐北面南，长、宽、高在 1 米左右。建筑形制并非真正意义上的单间殿宇，但这座小殿却寄托了村民们送亡者一程的愿望。

戏楼　位于堡东门外南侧，坐南面北，对面原为关帝庙，现已毁。青砖包砌的台明高 1 米，顶部四周铺石板。戏楼面阔三间，单檐六檩卷棚顶。梁架结构为六架大柁，无二架柁。前檐柱 4 根，下置古镜柱础。檐下雀替雕卷草。前檐额枋上残存有彩绘。山墙置博风条砖。前后台明间置土坯墙。台内墙壁上有残存的壁画和题记。

关帝庙　位于东门外北侧，东墙墙下，现已无存。

龙神庙　位于堡外东侧，现已无存。

真武庙　位于北墙正中马面上，现已无存。

灯山楼　位于堡南墙下正中，现已无存。

龙神庙　位于村南大南山中凤凰山山腰上，庙中供奉村民行雨之神：龙姑奶奶。如今，南柳林村保留了祭龙神、行雨的习俗。祭神行雨活动由 57 岁（时年）的范志奇与 53 岁的杨成文组织。范志奇是活动的整体组织者、策划者与主持者，负责活动的全场控制，而杨成文负责各个环节的具体操作。整个祭神求雨分为：策划、请神、祭祀、唱戏、庙会与送神等环节。

第二十五节　大探口村

一、自然环境与人文历史

大探口村位于宋家庄镇西南偏南 6.5 公里处，属丘陵区，处红崖峪口，南靠萝山。选址在山口外东侧的冲积扇上，沿山谷南行上坡，可达东岭村，周围地势较高，南高北低，为沙土质，村庄附近有大片的杏树林。1980 年前后有 716 人，耕地 2 500 亩，曾为大探口大队驻地。如今村庄规模较小，居民少，北部为旧村，南部为新村（图 5.41）。

相传，元末建村。因处红崖峪口，属当时的交通要塞，常有兵家来此打探消息，故取村名打探口。后人误传为大探口。据一些史料记载，该村在元代有烧炭之说，取名大炭口。村名可考的历史最早见于《（正德）大同府志》，作"大炭口堡"，《（崇祯）蔚州志》《（顺治）云中郡志》沿用,《(顺治)蔚州志》作"打探口堡",《(乾隆)蔚州志补》作"大小探口",《(光绪)蔚州志》《(民国)察哈尔省通志》均作"大探口"。

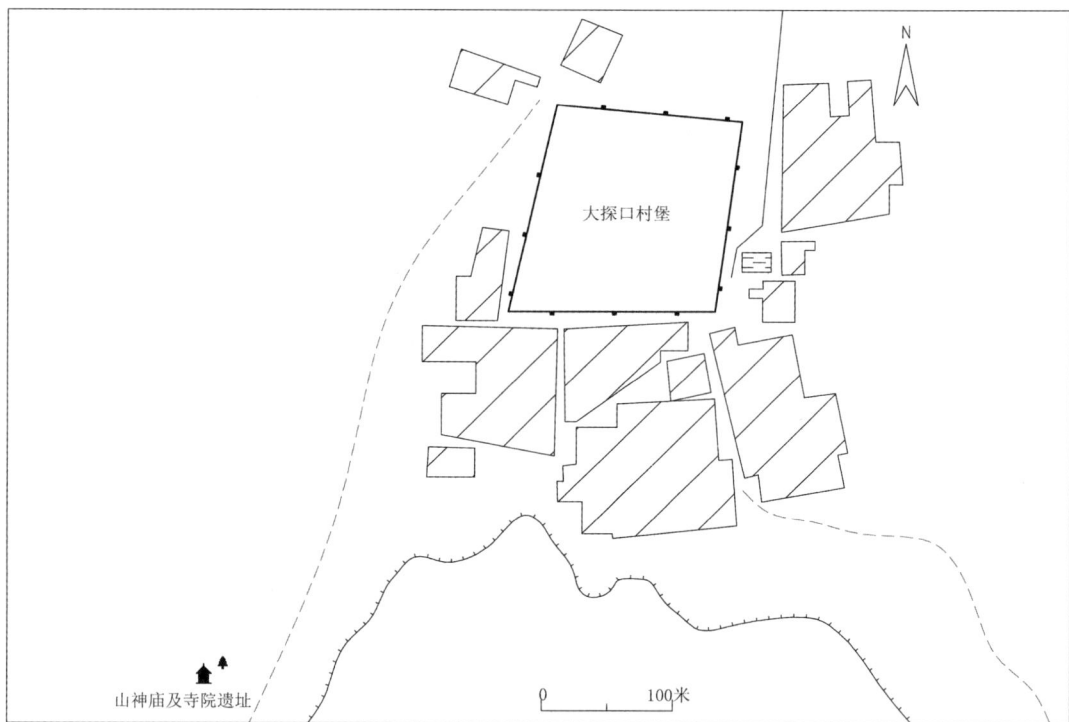

图 5.41 大探口村古建筑分布图

二、城堡

(一)城防设施

大探口村堡,位于村庄北部旧村内。城堡平面呈矩形,周长约 655 米,开东、西门,堡内平面布局为三条十字街结构(图 5.42)。

城堡东门地势较高,东门外可见大南山一山口。东门已修缮,砖石拱券结构,基础为条石砌筑,水泥勾缝,上面青砖起拱券,内外门券三伏三券,门内顶为券顶。外侧门券拱顶上方镶嵌有水泥制作的阳文门匾,正题"大探口村"。门内侧亦镶嵌水泥制作的门匾,上书"永镇平安"。旧门匾已不知去向,仅存拓片(拓 5.10)。正题"永镇平安大炭口堡",左侧落款"雍正拾年柒月吉日立",正题下方是各类人名。门外为自然石修建的坡道,修有 1 座影壁,影壁南部表面坍塌,露出土坯墙心。门外南侧有坑塘。门内为中心街。

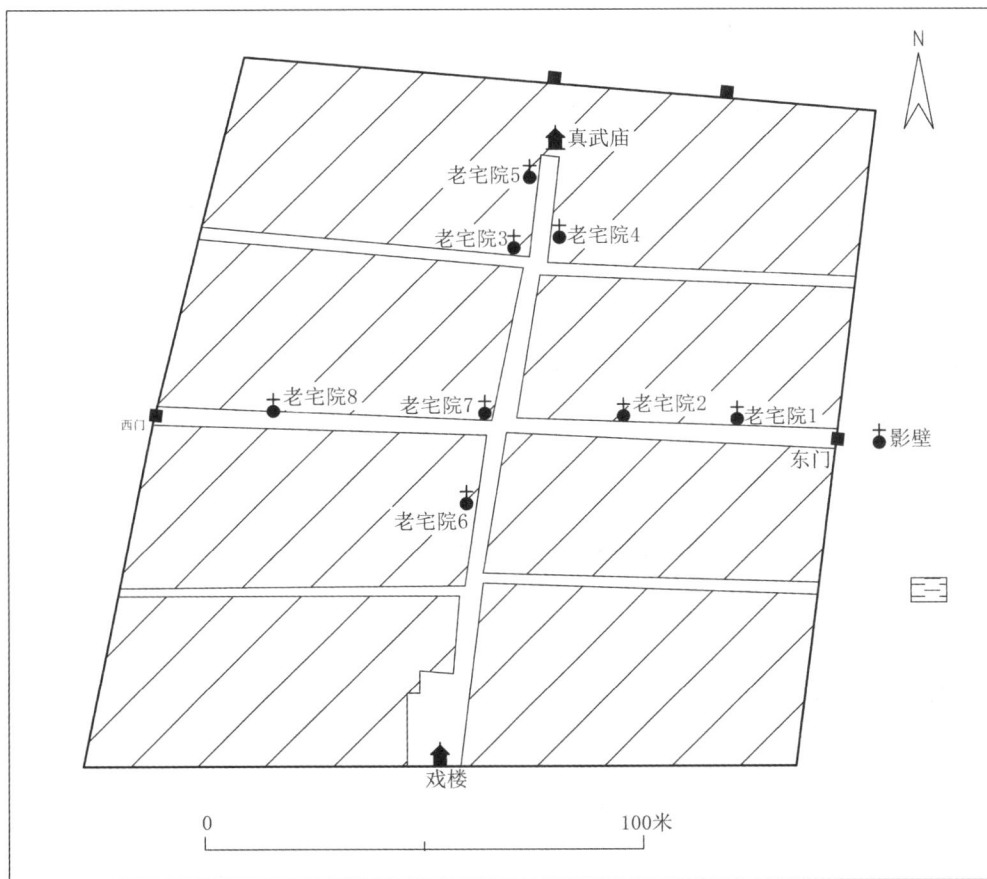

图 5.42　大探口村堡平面图

拓 5.10　宋家庄镇大探口村堡门额拓片(蔚县博物馆　李新威　提供)

城堡西门已修缮，堡门建筑形制与东门类似。砖石拱券结构，基础为条石砌筑，水泥勾缝，上面青砖砌筑拱券门洞，内外门券三伏三券。外侧门券拱顶上方镶嵌有水泥制的阳文门匾，上书"大探口村"。内侧亦镶嵌水泥制作的门匾，上书"永镇平安"。门道为自然石铺成的路面。门外尚存有影壁的基础，毛石垒砌。东门外南侧有一片大坑塘。

堡墙均为黄土夯筑，保存差。东墙长约160米，墙体坍塌严重，现为土垅，上面及内侧修建民宅，墙体外侧为荒地，种有树木。南墙长约168米，墙体无存，墙体的位置为房屋所占。南墙外侧为宽阔的东西向土路，土路的南侧为新村。西墙长约176米，墙体已无存，墙体位置上建有房屋。墙体外侧为顺城路，路西为新村。北墙长约151米，墙体低薄坍重，外侧有坍塌下来的积土，墙体内侧为民宅的后墙，外侧下方为荒地和道路，路边为耕地。北墙西段墙体外侧高5～6米，由于坍塌，致使墙体很厚。北墙中部设方形马面，外立面包石，作为真武庙庙台。马面原为方形，后世为修建真武庙而扩建马面，将马面修成六边形。北墙东段墙体因坍塌而较厚，从外侧看墙体较为高厚，东段中部设有1座马面，马面呈方锥形，较为高大，高7～8米。堡四角仅存转角。

（二）街巷与古宅院

堡内地势南高北低，十字中心街北街由南向北逐渐走低。民宅以土旧房为主，老宅院和新房较少。老宅院主要分布在正街即十字中心街两侧。

东段　北侧尚存2座老宅院。老宅院1，一进院，东南角辟门，广亮门，卷棚顶。老宅院2，一进院，南墙正中辟门，随墙门，硬山顶，平顶门洞。

北段　尚存3座老宅院。老宅院3，位于西侧，一进院，东南角辟门，广亮门，硬山顶，门道石板铺墁，院内砖铺地面，正房面阔五间，卷棚顶。老宅院4，位于东侧，一进院，西南角辟门，广亮门，硬山顶，院内房屋坍塌殆尽。老宅院5，位于西侧，一进院，随墙门，硬山顶，院内尚存正房、东厢房。

南段　仅存1座老宅院。老宅院6，位于西侧，一进院，辟门于东南角，随墙门，硬山顶。

西段　仅存2座老宅院。老宅院7，位于北侧，一进院，四合院布局，东南角辟门，广亮门，硬山顶。老宅院8，位于北侧，原为两进院，现为一进院，东南角辟门，广亮门，卷棚顶。

三、寺庙

真武庙　位于堡内北街北端，北墙庙台上，庙院于1992年10月重修。山门坐落于条石基上，随墙门，硬山顶，外券形内平顶门洞。门内长有2株粗壮的杏树。院内北端北墙上建有庙台，庙台（马面）原本为方形，但后世为修建真武庙而扩建马面，现在将马面修成六边形。使得顶部的空间扩大，四周环以围墙，台南侧有砖砌踏步可登顶。正殿位于庙台北侧，坐北面南，面阔单间，硬山顶，进深六架梁出前檐廊，前檐额枋上残存有彩绘痕迹。

三面砖墙皆为旧墙，门窗新配。前廊东西墙壁上有新绘的壁画，殿内壁画亦新绘，正壁绘真武帝、周公与桃花女，东壁绘有骑骏马挥刀的关帝，西壁绘有骑瑞兽持如意的财神。此绘画风格不是蔚县真武庙壁画的传统风格，而与邯郸龙井村真武庙壁画相似。

戏楼 位于堡内十字街南街尽头，南墙内侧墙下，倚墙修建。戏楼东侧为村委会大院。戏楼坐南面北，正对真武庙。砖石台明高 1.3 米，戏楼保存较好，面阔三间，单檐六檩卷棚顶，五架梁中置罗锅橡。前檐柱 4 根，下为墩接柱，柱下为青石古镜柱础。挑檐木出挑较长，前檐额枋上有残存的彩绘，前檐雀替为清式草龙，前台口两侧存有土坯修建的八字墙。戏楼内新近修缮，铺水泥地面。顶部脊檩绘彩绘《八卦图》。台内墙上有残存的壁画，表面涂刷白灰浆，漫漶不清。隔扇仅存框架，表面残存有彩绘。

山神庙 即大庙，位于堡外西南方的山坡上。新建庙殿，坐西面东，面阔单间，卷棚顶，进深五架梁。殿内供奉一尊塑像，坐于一把木椅上，右手持剑，左手放于盘着的大腿上，像的脸部双眼圆睁。从这尊像的大小与形象来看，推测是抬出祭祀酬神之用。庙的边上长有一株油松，树龄已有 750 年，边上还有一碑座，碑已毁。从庙址基础上看，原先应为一座规模较大的庙，但现仅修复一座小殿。

第二十六节　小探口村

一、自然环境与人文历史

小探口村，位于宋家庄镇西南偏南 5.7 公里处，属丘陵区，处红崖峪口外冲积扇上，地势南高北低，村中有冲沟，附近为沙土质，周围辟为梯田耕地。1980 年前后有 424 人，耕地 2 400 亩，曾为小探口大队驻地。如今，村庄规模不大，南北狭长，分为新旧两部分，西南部为旧村，东、北部为新村，全村人口不足 400 人。居民以刘姓为主（图 5.43）。

相传，原为南山明窑沟刘家的种地房，明末建村，称刘家小堡。后因与大探口相邻，故更名小探口。村名可考的历史最早见于《（乾隆）蔚州志补》，作"大小探口"，《（光绪）蔚州志》《（民国）察哈尔省通志》均作"小探口"。

二、城堡

（一）城防设施

小探口村堡位于村庄西南角。城堡平面呈矩形，周长约 378 米，南北长，东西短，规模小。开东门，堡内平面布局为丁字街结构（图 5.44）。

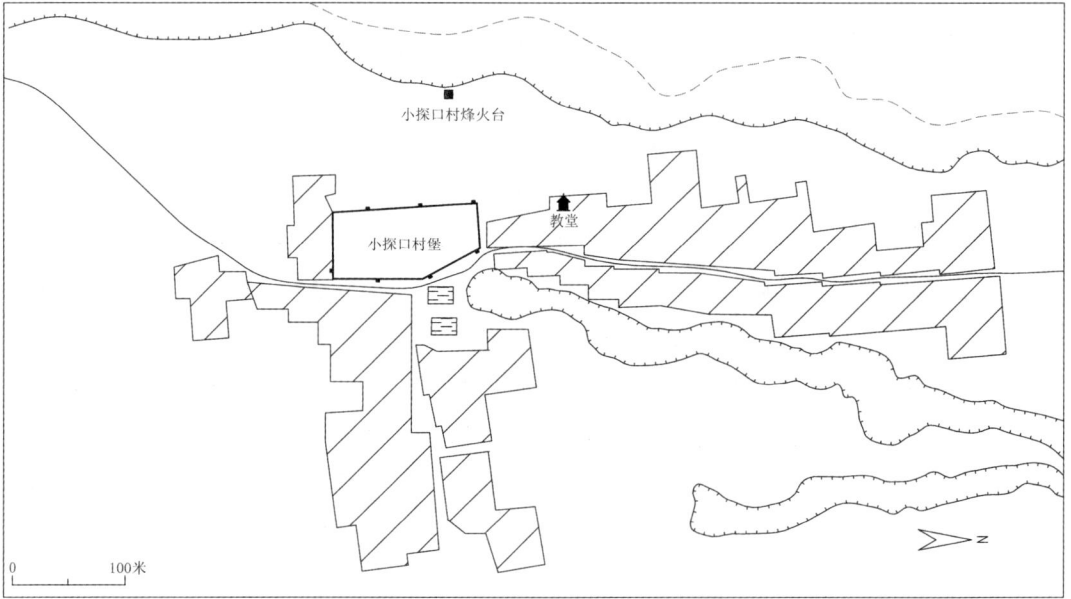

图 5.43　小探口村古建筑分布图

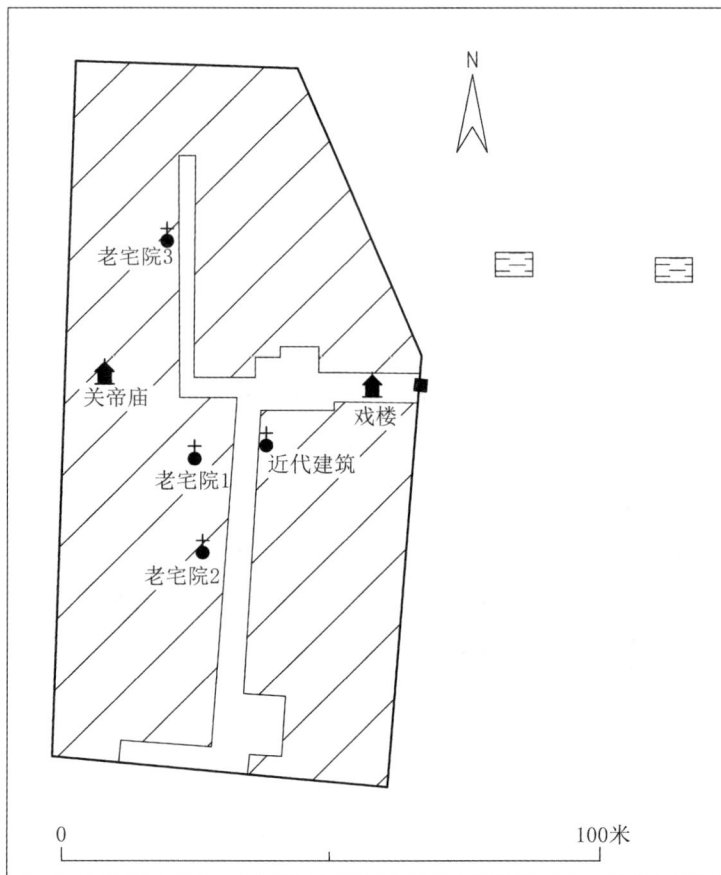

图 5.44　小探口村堡平面图

城堡东门为青条石砌筑拱券门,内外侧均为一伏一券式。外侧券顶上方镶嵌一石质门匾(拓5.11),正题"小探口堡",字口较深,右侧前款为"雍正拾年岁次孟春穀旦",左侧落款为"阖堡重修",正题下方刻有"经领人"和"石匠"的名字。堡门顶为木梁架结构。顶上置筒板瓦垒砌鱼鳞、毯纹、菱花等瓦花样式护墙。门道自然石铺墁。门外南侧墙下有1通石碑,字迹漫漶。门外有2座水坑,坑内尚有水。堡门内侧为穿心戏楼。

拓5.11　宋家庄镇小探口村堡东门门额拓片(蔚县博物馆　李新威　提供)

堡墙均为黄土夯筑,保存差。东墙长约141米,墙体仅存基础,基础上修建房屋,墙体外侧为道路,内侧为民宅。南墙长约63米,仅存一段,内外侧为民宅。西墙长约132米,墙体高大,墙高6~7米,但坍塌严重,墙体外侧为杏树林。北墙长约42米,墙体保存一般,墙高6~7米,但坍塌严重,墙下有许多积土,墙上也长有草木。墙体内侧为民宅,外侧为土路。堡北墙外有新建的教堂。

东南角仅存转角;西南角无存,为民宅占据;西北角仅为转角;东北角仅为转角,体量较大,高5~6米。

小探口村烽火台　位于堡西北角外西侧的台地上。烽火台呈方形,体量较小,底边长2~2.5米,残高约2.5米,顶部较平,烽火台南望可见大探口山口。

（二）街巷与古宅院

堡内民宅以土旧房为主,部分废弃,新房亦少。老宅院分布在丁字街主街两侧,数量少,堡内居民少。

老宅院1　位于南街西侧,一进院,东南角辟门,广亮门,硬山顶。

老宅院2　位于南街西侧,一进院,东南角辟门,随墙门,硬山顶。

老宅院 3　位于北街西侧,广亮门,硬山顶,屋顶坍塌。

三、寺庙

据当地长者回忆,小探口堡内外曾修建有 3 座关帝庙(仅 1 座建有戏楼),旧耶稣教堂、五道庙、马神庙、小财神庙、龙神庙。庙宇建筑除尚存者外,皆毁于解放战争期间。该村曾被国民党军队占领,军队拆庙修建据点,与大南山的共产党游击队展开拉锯战。

戏楼　位于东门内侧,门内主街道上,与堡门连为一体,正对关帝庙。戏楼建造于清雍正年间。戏楼为穿心式,与宋家庄村穿心戏楼不同的是,小探口村戏楼由于台明较高,演出时只在过道上置木板,而前后不置闸板。这样尽管台上文唱武打,中间仍可供行人通行。戏楼坐东面西,面阔三间,单檐六檩卷棚顶,通柱前后插梁式。中柱一线用抱柱槛框作隔扇,隔开前后台。砖石台明高 1.75 米,顶部四周铺石板,前台口高 1.7 米,后台口高达 2.5 米,中间过道宽 2.44 米。前台 4 根檐柱,鼓形柱础。前檐仅置正心撩檐檩、垫、枋三件,前檐额枋上有残存的彩绘,柱头两侧为草龙木雕雀替,雀替下置小斗,小斗两侧出三幅云装饰构件。戏楼内地面方砖铺墁,南北墙壁上有残存的壁画,绘"绿牡丹",惜已残缺不全。隔扇仅存框架,后台明间障板上刻"商宫奏雅"行书字体,落款为"雍正岁次癸丑(雍正十一年)宋仁喜书",匾下木板上绘"金沙滩赴宴"。上下场门上障板绘"回荆州""黄鹤楼"戏画。

旧耶稣教堂　位于堡内丁字路口东南角,教堂开西门,已封堵、废弃,门匾尚存,由 3 块方砖组成,上刻"耶稣堂" 3 个阳文字。新建的教堂"天主圣三堂"位于新村西侧。

关帝庙　共 3 座,分别位于堡内、堡北墙外侧,堡外西南。如今仅堡内关帝庙尚存,位于堡内东西主街西端,西墙马面内侧墙下。关帝庙现为一座庙院,整体坐西面东,正对堡门。山门为过殿式,面阔三间,硬山顶,进深五架梁,保存较差,一堵墙分隔为内外。前檐额枋上有残存的彩绘,外两侧墀头戗檐下砖雕"麒麟望日",下方是一朵方形的菊花砖雕。前檐下柱头斗拱与支柱两侧有雀替木雕。两侧的山墙上有壁画,但已漫漶。门内侧墙壁上有清代题壁。

庙院内有一株大柳树拔地而起,树荫下为正殿。正殿地基较高,坐西面东,面阔单间,硬山顶,进深六架梁出前檐廊。正殿前檐额枋上有残存的彩绘,两侧墀头戗檐下也有砖雕,前屋檐已经坍塌。门窗尚存。

殿内堆放杂物,顶部脊檩上有彩绘《八卦图》。殿内西墙、北墙曾重新修缮,表面涂覆厚厚的白灰,南墙内壁残存壁画,从色彩上看是民国时期的作品。南墙壁画为连环画形式,4 排 5 列,每幅画间采用卷云相隔,每幅画皆有榜题,约一半内容可释读。南墙山尖壁画尚存,风景题材。殿中的北墙壁画已毁,后墙壁画亦毁,中间悬挂一幅关帝像。

南山墙

□□□□□□	□□□□□□	（榜题被覆盖）	圣帝君挂印封金	（画被覆盖）
□□□□	圣帝君秉烛□□	帝君□□□颜良	（榜题被覆盖）	（榜题被覆盖）
东岭关斩孔秀	帝君洛阳关斩韩福孟坦	帝君斩王植	帝渡口关□□□	圣帝君大战夏侯惇
□□□□□□	帝君斩卞喜	帝君□山收□□	（无榜题）	（1/2 画）

院内地面上还有一个覆莲式柱础。

五道庙　位于堡外南侧,现已无存。

马神庙　位于东门外水坑边,现已无存。

小财神庙　位于堡内丁字路口,现已无存。

龙神庙　位于堡东门外,现已无存。

第二十七节　北　口　村

一、自然环境与人文历史

北口村,位于宋家庄镇东南偏南 7.5 公里处,属丘陵区,村选址修建在飞狐峪北口外西侧的山前冲积扇上,地势南高北低,东面为飞狐峪内的沙河河道,河道宽而浅,南为恒山余脉大南山翠屏山脉的北口峪,即太行八陉之一的飞狐陉——北口,飞狐陉自古就是南北交通要道及兵家必争之地。村东、西、北三面地势平坦,一马平川,为沙土质,辟为大面积的耕地,南面为山坡,多开辟为梯田。1980 年前后有 1 569 人,耕地 5 453 亩,曾为北口大队驻地。

相传,元代前建村,因处于飞狐口峪之北口,故村名取北口。村名可考的历史最早见于《(正德)大同府志》,作“北口寨”,《(乾隆)蔚州志补》作“北口”,《(光绪)蔚州志》《(民国)察哈尔省通志》均作“北口村”。

如今,村庄分为新、旧两部分,旧村在村庄的东部,沿着河道西侧边缘修建,南北狭长,其余为新村。村庄规模大,居民较多,民宅以新房为主。老建筑少。城堡位于旧村东南角,山口处。X418 县道、217 乡道穿村而过。

二、城堡

南小堡位于村庄东南部的台地上。城堡平面呈矩形,复原周长约 240 米,规模小,保存差。堡内平面布局为十字街结构。

城堡旧开西门,现堡门无存。堡墙为黄土夯筑,东、南墙无存,西墙长 65 米,北墙 57 米。西北角设 135°斜出角台,保存较差。西南角设 90°直出角台,高 7～8 米,保存好,为原高,蔚为壮观。

堡内面积狭小,仅 3～4 户居民居住,其余房屋多废弃、坍塌。

南小堡北侧—村委会为旧村区域,一条主街南北贯穿,北口西侧为村委会,东为水塔,两侧民宅多为土石修建,现已破败,居民较少,房屋多废弃、坍塌。南北主街路西有老宅院 1 和 2,均为一进院,广亮门,硬山顶,较为破败。

三、寺庙

财神庙　位于村中心南侧,现已被村委会占用。正殿坐北面南,面阔三间,硬山顶。殿内已改造为办公用房,内壁刷白。财神庙正对一座戏楼。

戏楼　位于村中心村委会大院内,戏楼为 1958 年重建。坐南面北,北对财神庙。戏楼面阔三间,单檐卷棚顶,进深六架梁。砖石台明高 1.3 米。台明包砌青砖,顶部铺砖,四周边缘铺条石。前檐柱 4 根,柱下鼓形柱础,后金柱 2 根。前檐额枋上的彩绘多已脱落,戏楼内未设隔扇,墙壁表面涂抹黄泥,无壁画遗存。

关帝庙　位于村中心南北街东侧,一座民宅院内。原为一座庙院,山门、配殿、钟鼓楼已毁坏,仅存正殿。正殿坐北面南,面阔三间,单檐硬山顶,通高 6.5 米,进深六架梁出前檐廊,五架梁上承三架梁,前檐柱下置古镜柱础,前檐柱、前金柱之间施抱头梁。前檐下柱头施阑额与下平板枋,平板上施斗拱承挑檐檩。斗拱为四铺作,明间 3 攒,次间 2 攒。殿内堆放杂物,壁画全毁。

龙神庙　位于关帝庙旁,现已无存。

三官庙　位于关帝庙北侧,现已无存。

五道庙　位于村南村外,现已无存。

观音庙　位于村东南侧山腰坡地上。新建建筑,正殿坐南面北,面阔三间,硬山顶。

第二十八节　岔　道　村

一、自然环境与人文历史

岔道村位于蔚州古城南偏东 24.6 公里,居恒山余脉八仙洞山东坡三岔路口,属深山区,北靠四十里峪,村庄选址修建在山谷之中,规模小,村庄周围地势狭小,但较平坦,为沙土质,附近只有少量的梯田耕地,大部分为树林和山脉。1980 年前后有 135 人,耕地462 亩,曾为岔道公社、岔道大队驻地。

相传,约五百年前,曹、徐、陈三户建村于三岔路口,故取名岔道。村名可考的历史最早见于《(乾隆)蔚县志》,作"岔道",《(乾隆)蔚州志补》《(光绪)蔚州志》沿用,《(民国)察哈尔省通志》作"岔道村"。

如今,蔚县—涞源的柏油路(X418 县道)从村西穿过,S10 张石高速从村东经过。由于岔道村位于交通要道上,村庄民宅建筑更新较快,村中的宅院大多为翻建,仅在村东南坡地上还残存旧村的几处老宅,亦已翻修。村民以陈、曹姓为主,大多外迁离开。村中尚有小学,为宋家庄镇中心校岔道完全小学。

二、寺庙

岔道村曾经修建的庙宇已无从得知,如今新建真武庙、玉皇庙 2 座庙宇。

真武庙　位于旧村坡地北端的坡顶,新建建筑。正殿坐北面南,面阔单间,硬山顶,殿内新塑真武塑像。

玉皇庙　位于整个村庄的北端坡顶上,新建建筑,正殿坐北面南,面阔单间,硬山顶,殿内新塑有玉皇塑像,殿前建有 1 座小照壁。

此外,在村庄南,公路西侧的绝壁上有八个山洞,当地村民称为八仙洞。

第二十九节　小寺沟村

一、自然环境与人文历史

小寺沟村,位于原岔道乡(今属宋家庄镇)西北偏北 3.1 公里处,居恒山余脉后梁前四十里峪沟中,属深山区,地势西北高东南低,村庄选址修建在飞狐峪西侧支山谷内北侧的山坡上,南临山谷,附近为沙土质。村南为树林,东、西、北辟为梯田耕地。1980 年前后有177 人,耕地 522 亩,曾为小寺沟大队驻地。

相传,清乾隆年间,郭姓从明窑沟搬到此沟建村。因沟内有一小寺院,故取村名小寺沟。村名可考的历史最早见于《(乾隆)蔚州志补》,作"大小寺儿沟",《(光绪)蔚州志》作"大小寺沟",《(民国)察哈尔省通志》作"小寺沟"。

如今,村口长有一株枝叶茂盛的槐树。村庄规模小,村庄内房屋皆是毛石砌筑,顺坡垒起的条石基较为高大,民宅尚有人居住者多翻修屋顶,村中有一条东西街道亦为自然石铺就。村中仅50余人居住,村民皆为郭姓。村民以种植山药与土豆为生。

二、寺庙

据村中80多岁的长者回忆,村中曾修建有龙神庙、五道庙、三官庙。

龙神庙　位于村外东坡上一株高大的杆树北侧,正殿坐北面南,面阔单间,40多年前倒塌,目前仅山墙残存。龙神庙北侧修有1座水房,房中水池为村中的水源。

五道庙　位于龙神庙西侧,现已无存。

三官庙　位于村中西侧一片平台上,40多年前已倒塌,目前墙基尚存。三官庙旧址处曾改建水池,现已无水。

第三十节　西高庄子村

一、自然环境与人文历史

西高庄子村,位于原岔道乡(今属宋家庄镇)西偏北6公里处,居恒山余脉王家梁东山沟中,属深山区,地势北高南低,为沙土质,周围辟为梯田耕地。曾为抗日革命根据地。1980年前后有295人,耕地1 270亩。曾为西高庄子大队驻地。

相传,明万历二年(1574),高姓在此定居,故取名高庄子。1982年5月,更名为西高庄子。村名可考的历史最早见于《(光绪)蔚州志》,作"西高家庄子",《(民国)察哈尔省通志》作"西高庄子"。

如今,村庄规模小,村中现有30多户,70余人居住,民宅部分翻修屋顶,村民以胡、伊姓为主,以挖草药、种土豆与放羊为生。村口有一座井房,井房内有一口水井,为村中的水源所在。由于村庄位居深山之中,每年自农历十月至来年三月,山道冰封,村民无法下山。村中没有学校,只有一座林场,属王喜洞林场,这一带深山中的林木采伐归林场所管。

二、寺庙

据当地长者回忆,村中曾修建有泰山庙、戏楼、龙神庙、五道庙。

泰山庙　位于村中西侧,正殿坐北面南,面阔三间,硬山顶,殿内已改造为村民住宅。

戏楼　位于村中。戏楼坐南面北,单檐卷棚顶,进深五椽,为20世纪70年代重建。

龙神庙　位于村口杆树下。庙宇建筑已无存,仅存一株高大的杆树。

五道庙　位于村中,庙宇建筑已无存。

第三十一节　化圪塔村

一、自然环境与人文历史

化圪塔村位于原下战乡(今属宋家庄镇)东南偏南 6.1 公里处,居恒山余脉后山带北梁脚下,属深山区。北依山梁,东西临沟,南靠沙河,地势东高西低,为壤土质,周围辟为梯田耕地。1980 年前后有 236 人,耕地 743 亩,曾为化圪塔大队驻地。为抗日革命根据地。

相传,明末建村于土圪埌旁,村人以化土圪埌成平地为愿望,故取村名化圪埌。村名可考的历史最早见于《(乾隆)蔚州志补》,作"化坑塔",《(光绪)蔚州志》作"化圪塔",《(民国)察哈尔省通志》作"化疙瘩"。

传说的这个愿望现已基本实现,如今的化圪塔村位于山洼中山脚之南坡,村前是一片整齐的农田。村庄规模小,村中仅有 10 多户,30 余人居住,房屋屋顶已翻建。村中屋墙下草丛中卧有一通墓碑,碑文漫漶。碑首上写有"碑记",碑起款为"乾隆□拾年",碑正文是一列竖字"皇清刘氏门□先远三代□亲公……"。

二、寺庙

据当地长者回忆,村中曾建有多座庙宇。三官庙位于村西北松树下;龙神庙位于村东;还有 1 座五道庙。上述寺庙皆拆毁于"四清"期间。

第三十二节　大宁村

一、自然环境与人文历史

大宁村位于原岔道乡(今属宋家庄镇)东南偏南 3 公里处,居恒山余脉南林子山脚下,四十里峪北坡,属深山区,地势北高南低,附近为沙土质,辟为梯田耕地。1980 年前后有 205 人,耕地 912 亩。曾为大宁大队驻地。

相传,清道光年间建村,由于黑石岭是一道关口,曾设把总,置教场,并建有驿站,供南来北往的官员休息,名曰待宁。建村后亦随冠村名为待宁,后讹传为大宁。至今村民仍称为大(dài)宁。村名可考的历史最早见于《(乾隆)蔚县志》,作"大宁",《(乾隆)蔚州志补》作"大宁村",《(光绪)蔚州志》《(民国)察哈尔省通志》沿用。

如今,大宁村沿着窄窄的山谷而建,村中有一条山谷土道贯穿其中,村宅建于土道两侧。村北为山坡,有2条冲沟,村南临沙河。村中常住人口100余人,以郭、赵姓为主,村民以种地与放羊为生。村中宅院多为20世纪80年代所建,无老宅院遗存。

二、寺庙

据当地长者回忆,大宁村曾修建有关帝庙、戏楼、龙神庙、五道庙。

关帝庙　位于村中,位居高大殿基之上,正殿坐北面南,面阔三间,硬山顶。脊顶已坍塌,尚存残破的殿墙,山墙之上山花残存。殿基上保存一通石碑,字迹漫漶,据当地长者回忆石碑载,关帝庙建于清代。此外,庙院内原有4株桑树,如今仅剩1株婆娑而立。

戏楼　位于关帝庙的对面,与关帝庙间隔土路和沙河。戏楼坐南面北,面阔三间,进深五椽,卷棚顶。戏楼于20世纪80年代重建,重建时扩建台明,重绘部分彩绘。

龙神庙　位于村西坡上,现已无存。

五道庙　位于村中碾坊处,现已无存。

第三十三节　黑石岭村

一、自然环境与人文历史

黑石岭村,位于原岔道乡(今属宋家庄镇)南偏东3.6公里处,居恒山余脉黑石岭山梁垭口处,属深山区。地势东北高西南低,为沙土质。1980年前后有65人,耕地300亩。曾为黑石岭大队驻地。

相传,明正德二年(1507),建村于黑石岭山上,因此山曾设把总、置教场,并建有驿站,故取村名黑石城,后更为黑石岭。明代黑石岭堡是控扼飞狐古道的要塞,也是蔚县境内3座载入《宣大山西三镇图说》中的军堡之一。《宣大山西三镇图说·黑石岭堡图说》载:

> 本堡古飞狐峪也,两崖峭立,一线微通,而迤逦宛延殆百里。自蔚而南,实蔽两关,所谓塞飞狐之险,自古记之。堡创建于正德二年,石包于万历元年,内地之重关,

边塞之咽喉也。周围一百二十丈,高二丈七尺。初设巡检司,嘉靖十年始议城设防守一员,顾规制狭隘,见在戍守官军仅一百二十五员名。且岭东有团堡,西有枪头岭,皆盗贼聚结之所。关南商贾输货于两镇者□□此路设备不可不严焉。昔谓戒备于两关,不□□□于飞狐,信然。第旁无村落,四面孤山,仓场□□有事而困守之,难也。[1]

黑石岭堡控扼的这道山岭与峡谷,自古便是北口峪通向涞源县(原广昌县)的必经之路,也是经石门峪、探口等峡谷通向涞源的必经之路。自北口进入峡谷,经四十里峪,过明铺向南至岔道,偏向东南后到达大宁,向西南方向攀上山岭,便是黑石岭。自石门峪进入峡谷,先到七井寺,向东到达下战;自探口入峡谷,翻越西岭、东岭,到达下战;两路交汇后,经笊篱洼、桌子石、果石塘、白水泉、西高庄,向南顺沟到达永康南庄,再向东北至西水泉,从西水泉向东翻过一道梁,到达黑石岭。虽然中途在大宁村东南侧的对臼沟村,向东偏南有一条小道可达涞源的牙庭村,还有一条小道可达涞源的羊圈村,但皆路险且远,不如走黑石岭便捷。上述诸道汇集到黑石岭后便一路下行,经伊家铺村、石片村到达留家庄乡,之后一路南下经金家井乡到涞源县城(广昌县)。

如今,黑石岭村规模小,民宅以旧房为主,尚有 40 余人居住,村民以刘、孙两姓为主,以种地与放羊为生。

二、城堡

黑石岭村堡,位于村中。城堡平面呈矩形,周长残长约 201 米,开东、南门,堡内平面布局为丁字主街结构。

城堡东、南门建筑无存,现为缺口。南门外坡地有一条自然石铺墁的古道,通向东南方向的峡谷中,古道在峡谷的西坡向南蜿蜒而下,通向涞源县的伊家铺村。为加强防御,堡东南侧的梁顶上还建有 1 座烽火台,平面呈矩形,毛石砌筑。

堡墙为黄土夯筑,保存较差。东墙残长约 41 米,北段尚存,南段已毁。南墙靠近坡地边缘,已完全塌毁,仅存墙基。西墙残长约 54 米,墙外约百米的大树下原有一口古井,但由于张石高速的隧道从黑石岭下穿过,如今水井已干涸。北墙长约 106 米,保存较为连贯,墙体中部设 1 座马面。

西北角设 135°斜出角台;东北角台倒塌。

堡内曾建有衙门,西北角建钟鼓楼。如今堡内北部为耕地,南部为旧村。

---

〔1〕 杨时宁:《宣大山西三镇图说》,《明代蒙古汉籍史料汇编·第十二辑》,内蒙古大学出版社,2015 年,第 78 页。

三、寺庙

据当地长者回忆，黑石岭曾建有泰山庙、戏楼、龙神庙、关帝庙、玉皇庙/观音殿、五道庙、火神庙。上述庙宇除龙神庙内神像在"文革"中破坏外，其余因年久失修，自然坍塌。

泰山庙　位于堡外东侧山坡石崖下。庙院遗址条石基尚存，山门、正殿与戏楼遗址可辨。泰山庙于20世纪80年代重建，在正殿旧址上新建1座正殿。正殿坐北面南，面阔三间，硬山顶，正对峡谷中的古道。新建的正殿成为村民求子与保佑娃娃平安的场所，殿内供奉奶奶神像，供台有乡民们祭拜时押摆上的平安娃娃。每年四月二十八日举行祭祀活动，届时唱戏酬神。

戏楼　位于泰山庙正殿的东南侧，坐东面西，台明顶部边缘铺有2通石碑，字迹磨损严重，仅可辨出"嘉庆拾七年拾壹月贰拾叁日"等字。

龙神庙、关帝庙　位于堡内南北主街西侧，两庙并排，现已无存。

玉皇庙/观音殿　位于南门外坡道边台地上，现已无存。

五道庙　位于东门外坡地上，现已无存。

火神庙　位于东北角台外侧土台上，现已无存。

第三十四节　嗅水盆村

一、自然环境与人文历史

嗅水盆村，位于原岔道乡（今属宋家庄镇）西南7.3公里处，居恒山余脉西甸子山沟东南梁，属深山区，村庄选址修建在山顶上，村东、西、北三面环山，为1座山顶小盆地，地势北高南低，附近为沙土质，周围山顶上立有风车。村北、西、南三面多辟为梯田，梯田外为高山草甸。1980年前后有446人，耕地2 554亩，曾为抗日革命根据地南山游击队司令部所在地，后为嗅水盆大队驻地。

相传，三百年前建村。因村南沟西的石板上有个盆状水坑，常年积有臭水，故取名臭水盆。1982年5月，更名为嗅水盆。村名可考的历史最早见于《（乾隆）蔚州志补》，作"泉水盆"，《（光绪）蔚州志》《（民国）察哈尔省通志》均作"臭水盆"。

如今，庄规模较大，居民多，新旧房均有分布，村中部有一条南北冲沟，将村庄分为东西两部分，村内民宅分布不甚规整，大致为一条南北和东西主街组成。村中、村东口各有一座坑塘。村口水坑的北面为村委会。

嗅水盆村是这一带最大的村庄,尚有近 300 人居住,村民以王姓为主。旧村位于村东部,新村建于村西部。X418 县道穿村而过。村中共有 2 口水井,一口位于新旧村之间,一口位于旧村戏楼边上,后山之上还有泉水流入村中。村中居民以种地、放羊、牧马、采蘑菇为生,而今村庄是空中草原旅游区的重要接待站,旅游业已成为村中的经济支柱之一。

二、寺庙

据当地长者回忆,村中曾修建有龙神庙、马神庙、戏楼、真武庙、五道庙、观音殿,上述庙宇除尚存外,皆拆毁于"破四旧"时期。

龙神庙、马神庙　位于旧村正中高台之上。正殿坐北面南,硬山顶,面阔五间,东侧三间为龙神庙,西侧两间为马神庙,如今西侧三间已倒塌。

戏楼　位于龙神庙、马神庙正殿对面,坐南面北,戏楼为硬山顶,进深为六架梁。

据当地 76 岁的李姓老人回忆,旧时每年阴历五月祭祀龙神,酬神时唱 2～3 天的晋剧。此外每年阴历除夕至正月初十五,均祭龙神,但形式不限,多是上供与烧香。此外,旧时本村还组建有秧歌队,现无。

真武庙　位于村北,现已无存。

五道庙　位于村中碾坊处,现已无存。

观音殿　村西北角,现已无存。

第三十五节　永康南庄村

一、自然环境与人文历史

永康南庄村,位于原岔道乡(今属宋家庄镇)西南偏南 6 公里处,居恒山余脉阎王鼻子东梁山脚下,属深山区,地势北高南低。村庄选址修建在山顶南坡上,周围为荒山坡,为沙土质,有少量的梯田耕地,村西南有大山谷,为山谷的起点处,怪石嶙峋。这条山谷的出口为涞源县的留家庄乡。1980 年前后有 110 人,耕地 499 亩,曾为永康南庄大队驻地。

相传,明初燕王朱棣扫北时,曾在这里将子逼死,建村后遂取名燕王逼子,民间误称为阎王鼻子。另相传,村北五里外有一庄名小鬼窑,因村名相克,两村人发生争执并打官司。官府查明详情后,命该村改为永康庄。因有南北两庄,居南者即为永康南庄。村名可考的历史最早见于《(乾隆)蔚县志》,作"阎王鼻子",《(乾隆)蔚州志补》沿用,《(光绪)蔚州志》《(民国)察哈尔省通志》均作"永康庄"。

如今,村庄规模小,民宅以土石房为主,多废弃、坍塌,仅剩几户居民居住,村民多姓王、邵。X418县道从村北经过。

二、寺庙

据村中53岁王姓大叔回忆,村中曾修建有龙神庙、观音庙、山神庙(推测),上述庙宇除尚存者外,皆于"破四旧"时期拆毁。

龙神庙　位于村北与北庄交界的台地上。原为一座庙院,四周院墙仅墙基可辨。正殿坐北面南,面阔单间,硬山顶,毛石砌筑。屋顶已经坍塌,只剩下三面残墙。

龙神庙由南庄、北庄共祭,40多年前还曾举行祭龙王行雨活动,之后再未举行。庙中供奉的龙母的娘家是30多里外涞源留家庄乡的团园村,永康南庄为龙母的婆家,龙母平日住在婆家。庙中共供奉7尊木雕神像,按规制这7尊应分别龙母、5个龙子,还有一位雨师。只有当娘家大旱之时,龙母才被娘家来人请回娘家——团园村,由村民祭祀求雨。

观音庙　位于村西坡上,现已无存。

山神庙　位于村南,为1座小庙,推测为山神庙,现已无存。

第三十六节　尖　山　村

一、自然环境与人文历史

尖山村位于原岔道乡(今属宋家庄镇)东北4公里处,居恒山余脉尖山东脚下,四十里峪东沟梁头上,属深山区,地势北高南低,为沙土质,周围辟为耕地。1980年前后有194人,耕地710亩,曾为尖山大队驻地。

相传,约五百年前建村,因村西紧靠尖山,故借山冠村名为尖山。村名可考的历史最早见于《(乾隆)蔚县志》,作"尖山儿",《(光绪)蔚州志》作"尖山怀",《(民国)察哈尔省通志》沿用。

如今,尖山村仍是一座较大的村庄,村西北较远处有一座圆顶形的山头,即乡民所称的尖山。村西口修建有一座坑塘,村内为二条东西主街布局,常居人口达到了170～180人,姓氏较杂,房屋多翻建屋顶。村内还有一间农家书屋,为"河北省农家书屋工程建设领导小组"所创建。

二、寺庙

龙神庙/观音殿　位于村西南山坡顶。正殿面阔单顶,硬山顶,毛石垒砌墙体,进深六架梁。坐北面南为龙神庙,占四架梁出前檐廊;坐南面北为观音殿,占二架梁,正脊顶位于龙神庙一侧。庙脊顶已毁,殿内摆有木桌做供台。

第三十七节　西 潮 陶 村

一、自然环境与人文历史

西潮陶村位于原岔道乡(今属宋家庄镇)东北偏北 5.3 公里处,居恒山余脉后梁山前,四十里峪东沟坡,属深山区,地势东高西低。村庄位于一条东西向的山沟内,民宅集中于沟北坡上,为沙土质,周围辟为梯田耕地。1980 年前后有 158 人,耕地 672 亩,曾为西潮陶大队驻地。

相传,约三百年前建村于庙安山西,因山下有一暗泉,出水滔滔,百姓称为泛潮,故取名为西潮陶。村名可考的历史最早见于《(乾隆)蔚县志》,作"西潮淘",《(乾隆)蔚州志补》《(光绪)蔚州志》《(民国)察哈尔省通志》沿用。

旧时西潮陶村规模较大,坡上的宅院连成一片,皆为宽大的毛石所垒砌。如今,村庄大部分宅院已废弃,一片断壁残垣的景象。仅村西部坡地上的几间宅院内尚有 4～5 户居住,村民皆为刘姓。

二、寺庙

龙神庙　位于西潮陶村偏东侧的坡地上,一株高大的松树之下。龙神庙坐北面南,正殿面阔单间,硬山顶,进深四架梁出前檐廊,青砖砌筑墙体。殿内东、西两壁残存壁画,东壁绘《出宫行雨图》,西壁绘《雨毕回宫图》。由于画面模糊,仅能从残存的画中分辨部分内容。但由于西潮陶位于大南山的深山中,能代表蔚县深山村庄的龙神庙壁画风格,是研究深山中村民龙神信仰的难得样本。

东壁《出宫行雨图》,画面中未见到水晶宫,但图的正中有一座宫殿式的楼阁,判定这是轿顶,因此行雨图的类型是抬龙母牌位出征的一类。图中前阵引领的队伍由众辅助之神组成,上排依次是雷公、电母、四目神,中部是四位功曹前后排列,下面是风婆。其后跟随的是龙王与雨师纵队;后面压阵的是旗官等。

西壁《雨毕回宫图》，画面主体是龙王与雨师回宫，随从众神排兵布阵难以分辨。

东、西山墙壁画表面尚存后人题写的毛笔字。东壁写西潮陶村村史，西壁写毛主席语录，从落款看是20世纪60年代所写。村史中写有"西潮陶村人87口，410亩地"，此外，还写了解放前村中的不幸，解放后共产党的恩情。

第三十八节　井　沟　村

一、自然环境与人文历史

井沟村位于原岔道乡（今属宋家庄镇）北偏东4.4公里处，居恒山余脉四十里峪东沟内，北与西潮陶隔1座山梁，顺沟向东南上行，即为尖山村，属深山区。地势北高南低，为沙土质，周围辟为耕地。1980年前后有97人，耕地356亩，曾为井沟大队驻地。

相传，明嘉靖年间建村，因村东沟中有1眼水井，故取名井沟。但蔚县各版方志中均失载。

如今，井沟村分为新、旧两部分，相距约660米。旧井沟村位于山梁南坡之上，规模小，早已废弃，尚存一片毛石垒砌的残墙。新井沟村位于山梁之南一条东西向的山沟中，宅院全部坐落于沟北坡上。新旧村已完全废弃，没膝的荒草中到处是断壁残垣。沟底有一条土道，顺着这条土道西行下坡，便可到达飞狐古道（四十里峪）。

二、寺庙

龙神庙/观音殿　位于旧村东侧坡地上，修建于1座高大的条石台明之上，正殿面阔单间，硬山顶，进深六架梁，殿内采用隔墙分为南、北两殿，面南为龙神庙，进深四架梁出前廊；面北为观音殿，进深二架梁。龙神庙与观音殿内壁皆涂刷白灰浆，将壁画覆盖。龙神庙西山墙壁画只有极少部分露出；东山墙挂着泥水，南侧上部表面脱落；正壁白灰浆局部脱落，露出几处壁画。依据色彩推断，其应是民国时期作品。

正壁绘《龙母龙王坐堂议事图》，正中为龙母，两侧分列五龙王与雨师，两个下角各绘一位手持书卷的雨官，画的上部分列各辅助之神。壁画代表着深山区龙神庙的一些特征。其最大的特点是单间殿面窄，正壁没有充足的空间，所以中心位置的龙母位居高处，两侧呈45°斜坡状依次为各龙王与雨师。

观音殿正壁露出部分壁画，绘有《观音坐堂说法图》，观音坐于正中，怀中抱着童子；两侧各为财神，外侧立有护法神将。

第三十九节　银王寺村

一、自然环境与人文历史

银王寺村位于原岔道乡（今属宋家庄镇）东北偏北 5.6 公里处，居恒山余脉旺火台山脚下东峪沟坡，属深山区。地势西北高东南低。为沙土质，村周围仅有少部分梯田耕地，大面积为树林。1980 年前后有 42 人，耕地 125 亩，曾为银王寺大队驻地。

相传，明隆庆年间建村，因村东龙王寺院内有一深涧，曾出过银沙，故冠村名为银窝寺，后误传为银王寺。但蔚县各版方志中均失载。

如今，银王寺村选址修建于一片狭窄的坡地上，村庄大部分已废弃，村宅虽尚未坍塌，但多已无人居住。仅 1 户居民常住，姓李。此外还有几位村民回此种油菜与莜麦，庄稼收割后便会下山。

二、寺庙

龙神庙　位于村北坡地上，一株高大杆树和一株枯死的松树之下。寺庙毁于"文革"期间，如今仅存院墙的石基。寺中原有 2 通石碑，被乡民压于村中学校教室的门槛下，石碑表面已经磨平。寺所在山坡的西侧坡下有一口水井，为村中的水源。

五道庙（山神庙）　位于村中，面阔单间，坍塌殆尽。

第四十节　其他村庄

一、西李家碾村

西李家碾村位于宋家庄镇西北 1.8 公里处，地处平川，地势平坦，为沙土质，周围辟为耕地。1980 年前后有 470 人，耕地 1 310 亩，曾为西李家碾大队驻地。

相传，明末建村，因李姓主居，村内有一碾坊，故取名李家碾。原址隶属暖泉公社。1971 年修建壶流河水库，搬迁到现址，划归宋家庄公社。村名仍沿用旧称。1982 年 5 月，更名西李家碾。村名可考的历史最早见于《（光绪）蔚州志》，作"西李家碾"，《（民国）察哈尔省通志》沿用。

如今,村庄位于玉泉街西侧,民宅经统一规划,排列整齐,全部为新房。村西有一排土坯修建的烤烟房。村内无古建筑。

二、水峪村

该村在《蔚县地名资料汇编》中失载,村名可考的历史最早见于《(光绪)蔚州志》,作"水峪里"。如今,位于上苏庄村东大南山山谷中沙河北岸的坡地上,北靠大山,南临沙河,沙河上游为黄崖沟村,东靠冲沟,村庄规模小,无人居住,民宅全部废弃,一片断壁残垣,尚存2座较为完整的院落,村庄周围辟为梯田耕地。

三、黄崖沟村

该村在《蔚县地名资料汇编》中失载,村名可考的历史最早见于《(乾隆)蔚县志》,作"黄崖沟",《(乾隆)蔚州志补》《(光绪)蔚州志》《(民国)察哈尔省通志》沿用。如今,位于上苏庄村东大南山山谷中沙河北岸的坡地上,村南临沙河,东靠冲沟,村庄规模小,无人居住,民宅全部废弃,一片断壁残垣,村庄周围辟为梯田耕地。

四、王兰里村

王兰里村位于原下战乡(今属宋家庄镇)东北6.3公里处,居恒山余脉前山带王兰峪尽头山湾处。全村分三片,之间有梁、冲沟相隔,属深山区,地势较低,为沙土质,周围辟为梯田耕地。1980年前后有150人,耕地639亩,曾为王兰里大队驻地。如今,村庄全部废弃,一片断壁残垣。

相传,明末清初建村于王兰峪尽头,故取名王兰里。村名可考的历史最早见于《(乾隆)蔚州志补》,作"王兰里",《(光绪)蔚州志》《(民国)察哈尔省通志》沿用。

五、龙宫村

龙宫村位于原下战乡(今属宋家庄镇)东北偏北3.6公里处,居恒山余脉前山带交牙山龙宫坨山脚下,属深山区。北依梁,南临沙河,东西靠沟,地势西高东低。为沙土质,周围辟为梯田耕地。1980年前后有190人,耕地744亩,曾为龙宫大队驻地。如今,村庄小,无人居住,民宅全部废弃,一片断壁残垣的景象。

相传,三百年前建村于四周环山、形似盘龙的山地沟中,故取村名龙宫里。1945年又改为龙宫。村名可考的历史最早见于《(乾隆)蔚州志补》,作"龙宫里",《(光绪)蔚州志》《(民国)察哈尔省通志》沿用。

六、蛤蟆嘴村

蛤蟆嘴村位于原下战乡（今属宋家庄镇）东北 3.8 公里处，居恒山余脉中山带后梁脚下，属深山区。北、西靠梁，南临沙河，东临沟，地势北高南低。为沙土质，周围辟为耕地。1980 年前后有 188 人，耕地 646 亩，曾为蛤蟆嘴大队驻地。为抗日革命根据地。如今，村庄小，无人居住，民宅全部废弃，一片断壁残垣的景象。

相传，清乾隆年间建村，以该村地形而取村名为蛤蟆嘴。村名可考的历史最早见于《（乾隆）蔚州志补》，作"蛤蟆嘴"，《（民国）察哈尔省通志》沿用。

七、明铺村

明铺村位于原下战乡（今属宋家庄镇）北偏西 2.6 公里处，居恒山余脉东梁山脚下四十里峪半坡，属深山区，地势南高北低，为沙土质。1980 年前后有 47 人，耕地 70 亩，隶属岔道大队。如今，村庄已无人居住。X418 县道、S10 张石高速穿村而过。

相传，明万历年间有 2 个姓田的人从南方逃荒到这里，以开饭店为生，取店名明铺，建村后，村名亦随之称明铺。村名可考的历史最早见于《（光绪）蔚州志》，作"明铺里"，《（民国）察哈尔省通志》作"明铺村"。

八、北相府村

北相府村位于原岔道乡（今属宋家庄镇）北偏西 5.6 公里处，居恒山余脉西梁东，四十里峪西沟，村庄依山沟北坡而建，属深山区，南临冲沟，地势西高东低。为沙土质，周围辟为梯田。1980 年前后有 106 人，耕地 363 亩，曾为北相府大队驻地。如今，村庄小，无人居住，民宅全部废弃，一片断壁残垣的景象。

相传，约唐代中和年间建村。相传，当朝宰相曾路经此村住宿。村民认为吉利，即取村名相府。后村南建一村，该村居北，故更名为北相府。村名可考的历史最早见于《（乾隆）蔚州志补》，作"相府里"，《（光绪）蔚州志》作"东西厢府"，《（民国）察哈尔省通志》作"北相府"。

九、南相府村

南相府村位于原岔道乡（今属宋家庄镇）西北偏北 4.7 公里处，居恒山余脉西梁东沟，属深山区。村庄依山谷北坡而建，地势南高北低，为沙土质。1980 年前后有 57 人，耕地 148 亩，曾为南相府大队驻地。如今，村庄小，无人居住，民宅全部废弃，一片断壁残垣的景象。

相传，唐末建村，王姓主居，因村址位于北相府之南，故取名南相府。村名可考的历史最早见于《（乾隆）蔚州志补》，作"相府里"，《（光绪）蔚州志》作"东西厢府"，《（民国）察哈尔省通志》作"南相府"。

十、大寺沟下庄村

大寺沟下庄村,位于原岔道乡(今属宋家庄镇)西偏北 2.7 公里处,居恒山余脉摆宴坨山东脚下,四十里峪西沟坡,属深山区,地势西高东低,为沙土质,周围辟为耕地。1980 年前后有 95 人,耕地 350 亩。曾为大寺沟下庄大队驻地。

相传,建村晚于大寺沟上庄,因该村地势较上庄低,故取名大寺沟下庄。村名可考的历史最早见于《(乾隆)蔚州志补》,作"大小寺儿沟",《(光绪)蔚州志》作"大小寺沟",《(民国)察哈尔省通志》作"大寺沟"。

如今,村庄选址修建在山沟的西坡上,南临沙河。村庄规模小。村中民宅大多数已废弃坍塌,仅 6 户居民居住于此,村民皆为段姓。

十一、大寺沟上庄村

大寺沟上庄村位于原岔道乡(今属宋家庄镇)西偏北 2.9 公里处,居恒山余脉摆宴坨山东脚下,四十里峪西沟坡,属深山区。地势西高东低。为沙土质。1980 年前后有 67 人,耕地 287 亩。曾为大寺沟上庄大队驻地。

相传,清康熙年间,建村于沟旁。借村北寺院取村名大寺沟。后因村北又建一村,该村地势较高,即更名为大寺沟上庄。村名可考的历史最早见于《(乾隆)蔚州志补》,作"大小寺儿沟",《(光绪)蔚州志》作"大小寺沟",《(民国)察哈尔省通志》作"大寺沟"。

如今,村庄南靠沙河,村庄规模小,周围辟为梯田耕地,远处山坡为树林。村内民宅大多已废弃、塌毁。村内尚有 4 户居民,6～7 人居住。部分村民已外迁到宋家庄镇居住。

十二、白水泉村

白水泉村位于原下战乡(今属宋家庄镇)东南偏南 5.6 公里处,居恒山余脉后山带北梁脚下,属深山区,西北靠梁,东、南临沟,地势西高东低,为壤土质,周围辟为梯田耕地。1980 年前后有 82 人,耕地 348 亩,曾为白水泉大队驻地。

相传,明末清初建村,因村周围泉水较多,故取村名百水泉,后讹传为白水泉。村名可考的历史最早见于《(乾隆)蔚州志补》,作"白水泉",《(光绪)蔚州志》《(民国)察哈尔省通志》沿用。

如今,白水泉村基本废弃,民宅大多坍塌,仅剩下 2 户居民居住于此,一户姓邵,一户姓平。村中的坡地上有 3 口水井,如今井水干涸。村南松树下原有一座龙神庙,殿宇因年久失修已坍塌。

十三、伍沟上庄村

伍沟上庄村位于原岔道乡(今属宋家庄镇)西北6.9公里处,居恒山余脉摆宴坨山脚下西峪沟坡,南临沙河,属深山区。地势西高东低。为沙土质,周围辟为耕地。1980年前后有196人,耕地691亩。曾为伍沟上庄大队驻地。如今,村庄小,无人居住,除2座宅院翻修屋顶外,其余民宅全部废弃,一片断壁残垣的景象。

相传,大约五百年前建村,因村址位于明窑沟峪口西南第五道沟坡上,故取名伍沟上庄。村名可考的历史最早见于《(民国)察哈尔省通志》,作"五沟村"。

十四、伍沟下庄村

伍沟下庄村位于原岔道乡(今属宋家庄镇)西北6.5公里处,居恒山余脉摆宴坨山脚下西峪沟边北坡,属深山区,村东、南临沙河,地势西高东低。为沙土质,周围辟为梯田。1980年前后有75人,耕地313亩。曾为伍沟下庄大队驻地。如今,村庄小,无人居住,民宅全部废弃,一片断壁残垣的景象。

相传,大约五百年前建村,因村址位于明窑沟峪口西南第五道沟坡下,故取名伍沟下庄。村名可考的历史最早见于《(民国)察哈尔省通志》,作"五沟村"。

十五、明窑沟村

明窑沟村位于原岔道乡(今属宋家庄镇)西北5.8公里处,居恒山余脉郝家岭山东坡,属深山区。村庄依山谷东、西两侧台地而建,沙河穿村而过,地势东南高西北低。为沙土质,周围辟为耕地。1980年前后有210人,耕地755亩,曾为明窑沟大队驻地。

相传,明洪武年间建村于山沟,因村北有一个向阳的双石窑,故取村名明窑沟。村名可考的历史最早见于《(乾隆)蔚州志补》,作"明窑沟",《(民国)察哈尔省通志》亦作"明窑沟"。

如今,村庄规模较小,约有一半的民宅翻修屋顶,居民少。村北山顶大树下有1座庙院,保存较好。

十六、对臼沟村

对臼沟村位于原岔道乡(今属宋家庄镇)东南偏南3.4公里处,居恒山余脉北梁山脚下,南临沙河,属深山区,地势北高南低。为沙土质,周围辟为耕地。1980年前后有169人,耕地855亩,曾为对臼沟大队驻地。

相传,明末建村于山沟中,因村内井旁曾有一捣面用的石钵,村名故取对臼沟。蔚县诸版方志中失载。

如今，对臼沟村选址修建在深山中的交通枢纽上，周边一共有 6 条沟，四通八达。向东偏北可达草沟堡的大木厂，向东北方向顺着风电路 20 里可达草沟堡的邓草沟，向东偏南 10 里可达涞源县牙庭村，向东南还有一条 20 里道可达涞源县羊圈村，向西南方向翻上山岭即为黑石岭，向南顺沟进入林中可接上古道。村庄规模较大。村中曾有户籍人口 100 余人，目前仅 60 人左右居住，民宅多翻修屋顶。村民多姓李、王、刘与吴，为一个杂姓村庄。

据当地长者回忆，村东北角杆树下曾建龙神庙/观音殿，面南为龙神庙，面北为倒座观音殿，30 多年前倒塌。

十七、东滩村

东滩村位于原岔道乡（今属宋家庄镇）南偏西 5.2 公里处，居恒山余脉黑石岭南坡平滩上，属深山区，周围辟为耕地。地势略北高南低。为沙土质。1980 年前后有 50 人，耕地 287 亩。隶属黑石岭大队。如今，村庄处于蔚县、涞源县交界处，村南隔 S10 张石高速即为涞源县伊家铺村，村庄规模小，居民少，大部分房屋废弃坍塌，仅 2 座翻修屋顶。

相传，大约一百年前建村。因村东有一平滩，故取名东滩。蔚县诸版方志中失载。

十八、杨大人沟村

杨大人沟村位于原岔道乡（今属宋家庄镇）西南 2.5 公里处，居恒山余脉北梁山脚下西沟坡，属深山区，地势北高南低，为沙土质。1980 年前后有 138 人，耕地 423 亩，曾为杨大人沟大队驻地。

相传，清康熙年间建村于沟边。传说，当朝一杨姓官员曾出巡路过此地，村人视为祥兆，故取名杨大人沟。"文革"期间，曾短期内改名为向阳村，不久改回。蔚县诸版方志中失载。

如今，杨大人沟村选址修建在一条东西向山谷北侧坡地上，南临冲沟，周围辟为耕地，村庄规模较大，民宅约一半翻建屋顶，村中仅剩 30 多位老人居住。村民以放羊为生。据村中 57 岁的曹占颂回忆，村中并无杨姓居民，而是多李、曹两姓。此外，沟西还有 1 座杨家坟。

十九、分水岭村

分水岭村位于原岔道乡（今属宋家庄镇）西南 5.2 公里处，居恒山余脉三清崖庵山脚下，村西临沟，南临沙河，属深山区，地势北高南低。为沙土质。1980 年前后有 80 人，耕地 265 亩，曾为分水岭大队驻地。

相传，明初，建村时名为小鬼窑，因村南五里外有一庄名阎王鼻子，两村人认为村名相克,与村民不利,便发生争执,打官司。官府查明详情,据小鬼窑村北有一道山梁,梁北之水流向蔚县,梁南之水流向涞源县,命其更名为分水岭。村名可考的历史最早见于《(民国)察哈尔省通志》,作"风水岭"。

如今,分水岭村庄较小,仅剩 20 余人居住,村民多为雷姓,少数人姓赵,以放羊与种地为生。村北山脚下有泉水,村民们在泉眼边上砌筑一个水塘,泉水漫过水塘,流入山沟之中。泉水不仅仅可供分水岭村,周边缺水的村庄也到此用水车来拉水。水塘边的山脚下土中埋一通石碑,仅碑首露出,碑文未知。

据村中长者回忆,村中西北坡上原有龙神庙,水源处有五道庙,现均无存。

二十、西水泉村

西水泉村位于原岔道乡(今属宋家庄镇)西南偏南 3.2 公里处,居恒山余脉黄花洼山脚下,四十里峪南沟,属深山区,地势北高南低,为沙土质。1980 年前后有 118 人,耕地 412 亩,曾为西水泉大队驻地。

据碑文载,400 年前建村时为四庄,后仅存该村。据村西有三个水泉,取村名西水泉。村名可考的历史最早见于《(乾隆)蔚州志补》,作"西水泉",《(光绪)蔚州志》《(民国)察哈尔省通志》沿用。

如今,西水泉村选址修建在山沟中北坡上,村口修有一座坑塘,村庄规模较小,村中仅 20 余人居住,部分宅院屋顶翻修,村民多为郭姓,只有 1 户张姓。村民以种地与放羊为生。

据村中长者回忆,村内曾修有几座庙宇。村东北山坡上杆树下为龙神庙,村东侧路口有五道庙,五道庙对面的土台上有戏楼,进沟的沟口有山神庙,上述庙宇早已塌毁。

二十一、永康北庄村

永康北庄位于原岔道乡(今属宋家庄镇)西南偏南 5.6 公里处,居恒山余脉阎王鼻子东梁脚下,属深山区。西邻沙河,地势北高南低,为沙土质,周围辟为梯田。1980 年前后有 70 人,耕地 307 亩,曾为永康北庄大队驻地。

相传,明初燕王朱棣扫北时,曾在这里将子逼死,建村后遂取名燕王逼子,民间误称为阎王鼻子。另相传,村北五里外有一庄名小鬼窑,因村名相克,两村人发生争执打官司。官府查明详情后,命该村改为永康庄。因有南北两庄,居北者即为永康北庄。村名可考的历史最早见于《(乾隆)蔚县志》,作"阎王鼻子",《(乾隆)蔚州志补》沿用,《(光绪)蔚州志》《(民国)察哈尔省通志》均作"永康庄"。

如今,村庄规模小,村中仅剩 20 余人居住,以放羊为生,村民以邵姓为主,留守的村民皆为老人。村内西坡上曾有一座五道庙,"四清"时期拆毁。

二十二、长江村

《蔚县地名资料汇编》和蔚县各版方志中均失载。如今村庄位于山顶洼地内,四周环山,地势较平坦,村庄规模小,民宅大部分废弃,坍塌,为一片断壁残垣,仅一户翻修屋顶,推测为放羊人居住。

二十三、折腰峪村

折腰峪村位于原岔道乡(今属宋家庄镇)北偏东 7.5 公里处,居恒山余脉庙梁山脚下,四十里峪东梁上,属深山区。地势南高北低。为沙土质。1980 年前后有 224 人,耕地765 亩,曾为折腰峪大队驻地。如今,村庄南北狭长,一条南北向主街贯穿村庄,村庄以土旧房为主,居民少。

相传,明正统年间建村时,因村西有一条小峪,山高路陡,行走困难,故取村名折腰峪。村名可考的历史最早见于《(乾隆)蔚州志补》,作"折腰峪",《(光绪)蔚州志》《(民国)察哈尔省通志》沿用。

二十四、十字村

十字村位于原岔道乡(今属宋家庄镇)东北偏北 7.5 公里处,居恒山余脉二梁山脚下东峪西梁上,属深山区,地势南高北低,为沙土质。1980 年前后有 55 人,耕地 145 亩,曾为十字大队驻地。如今,村庄规模很小,民宅均未翻修,居民少。村内原有 1 座寺庙,早已毁塌。

相传,清康熙年间建村时,因村中央有一十字路口,故取名十字。但蔚县各版方志中均失载。

二十五、东潮陶村

东潮陶村位于原岔道乡(今属宋家庄镇)东北偏北 7.3 公里处,居恒山余脉海子梁山脚下沟坡上,属深山区,地势南高北低,为沙土质,1980 年前后有 158 人,耕地 470 亩,曾为东潮陶大队驻地。如今,村庄依山坡而建,规模较小,大部分房屋废弃,仅有 6～7 户居住,1 座宅院翻修屋顶,村内无寺庙遗存。

相传,约三百年前建村于庙安山东,因山下有一暗泉,出水滔滔,百姓称为泛潮,故取名为东潮陶。村名可考的历史最早见于《(乾隆)蔚县志》,作"东潮淘",《(乾隆)蔚州志补》《(光绪)蔚州志》《(民国)察哈尔省通志》沿用。

第六章　暖　泉　镇

第一节　概　况

暖泉镇地处蔚县西部,东与蔚州镇、宋家庄镇接壤,南与下宫村乡交界,西与山西省广灵县相邻,北与南留庄镇、涌泉庄镇相连。面积 57.3 平方公里,1980 年前后共 15 956 人。如今,全镇共有 16 座村庄,其中行政村 16 座(暖泉镇区包含 8 座村庄)(图 6.1)。

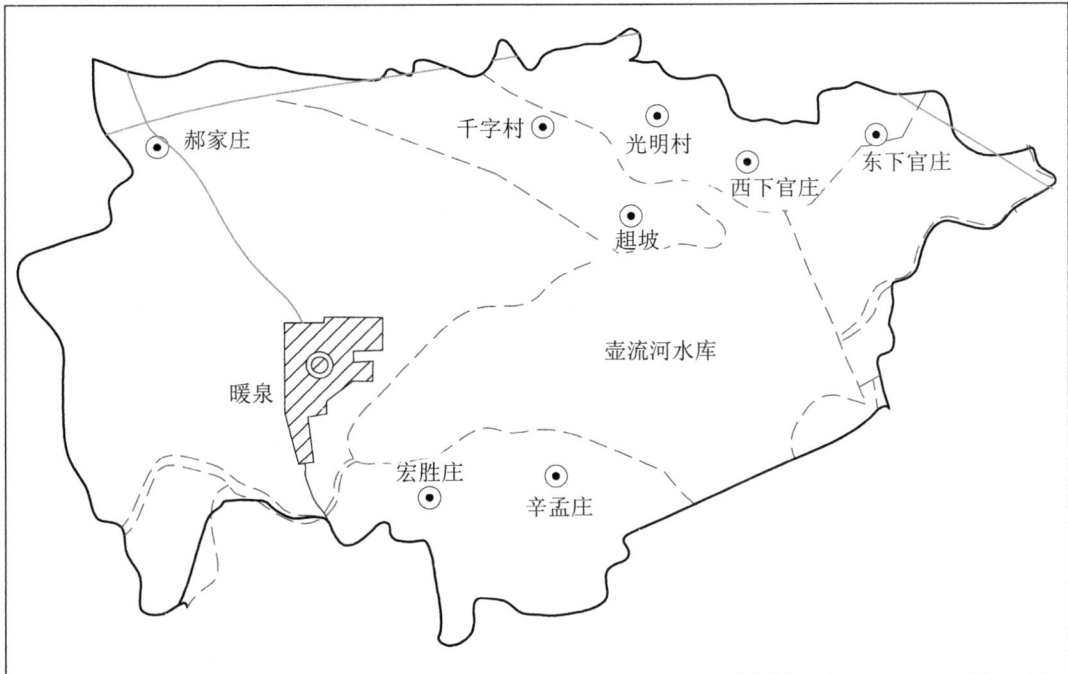

图 6.1　暖泉镇全图

全镇属壶流河河川区,北高南低。南部地下水源丰富。壶流河流经镇域南部,注入镇域中部的壶流河水库中。经济以农业为主,兼有工副业。1980 年前后有耕地 41 796 亩,占总面积的 65.7%。其中粮食作物 37 409 亩,占耕地面积的 89.5%;经济作物 2 480 亩,占耕地面积的 5.9%。1948 年粮食总产 561 万斤,平均亩产 150 斤。1980 年粮食总产 1 060 万斤,平均亩产 283 斤。主要粮食作物有谷子、黍子、玉米。

暖泉镇现存古建筑丰富。历史上,庄堡 12 座,现存 8 座;观音殿 12 座,现存 8 座;龙神庙 7 座,现存 2 座;关帝庙 9 座,现存 5 座;真武庙 8 座,现存 1 座;戏楼 7 座,现存 3 座;五道庙 22 座,现存 2 座;泰山庙 4 座,现存 1 座;阎王殿 3 座,无存;财神庙 4 座,现存 2 座;火神庙 1 座,无存;魁星阁 3 座,现存 1 座;玉皇庙 3 座,无存;眼光庙 3 座,现存 1 座;月光庙 1 座,无存;井神庙 1 座,无存;三官庙 5 座,现存 2 座;马神庙 4 座,现存 1 座;老君观 1 座,现存 1 座;地藏殿 1 座,现存 1 座;梓潼庙 1 座,现存 1 座;佛殿 2 座,现存 2 座;三清阁 1 座,现存 1 座;药王庙 1 座,无存;岳王庙 1 座,无存;其他 9 座,现存 6 座。

第二节　暖泉镇中心区

一、自然环境与人文历史

暖泉镇区位于蔚州古城西偏南 12.4 公里处,为蔚县"八大镇"之一。属河川区,处壶流河水库上游,壶流河河道北岸。地势略北高南低,较平坦。以壶流河为界,南为沙土质,北部大多为壤土质。1980 年前后有 8 765 人,耕地 22 753 亩。曾为暖泉公社及暖泉西古堡、中小堡、西太平庄、西场庄、砂子坡、西辛庄、北官堡大队驻地。216 乡道穿镇区而过。

相传,建村于元代,因镇内有一水池,其水澄清如鉴,三冬不冻,故名暖泉。村名可考的历史最早见于《(正德)大同府志》,作"暖泉堡",《(崇祯)蔚州志》作"暖泉三堡",《(顺治)云中郡志》作"暖泉南北中三堡",《(乾隆)蔚州志补》作"暖泉",《(光绪)蔚州志》作"暖泉东市、暖泉西市",《(民国)察哈尔省通志》作"太平庄""西场庄""西古堡""中小堡""北官堡""西辛庄""砂子坡""风水庄"。

据当地长者回忆,旧时暖泉号称"三堡六巷十八庄","三堡"即北官堡、西古堡、中小堡。"六巷"说法不一,如今有:油坊巷、大巷、小巷、常家巷、尿湿巷、海子巷、乡绅巷、平房巷等等。"十八庄"的准确名称亦无人能说出确切名称及数量,尚能回忆起名称者有:永盛庄(宏盛庄)、太平庄、老头庄、西常庄、风水庄、砂子坡、砖瓦窑(西辛庄)、辛庄。

对于暖泉来说,不仅有"三堡六巷十八庄",还有"一泉、二街、三堡、五市、六巷、十八庄"的称谓。

一泉：古镇中心的暖泉；

二街：上街、下街；

三堡：西古堡、中小堡、北官堡；

五市：粮市、草市、煤市、麻秆市、东市；

六巷：油坊巷（砂子坡）、海子巷（西辛庄）、大巷（西辛庄）、小巷（西场庄）、常家巷（太平庄）、尿湿巷（太平庄）；

十八庄：涌泉庄（凉山和砂子坡）、窑头庄（也称福盛庄，砂子坡）、辛庄（中东堡和砂子坡）、太平庄、西辛庄、西场庄、风水庄、浪头庄（西古堡）。

经我们实地考察与询问乡民，永盛庄、永安庄、福隆庄、福德庄这4座庄子，村中老人没有听说过；而风水庄，只有坡上与坡下的两片，没有分出东风水庄、西风水庄；西台庄、北台庄、花园庄还能找到，但已改称为街巷。

上述区域全部位于今暖泉镇区的西北部。如今，镇区共分为8座村庄：砂子坡村（大巷、油坊巷、古铜巷、东窑头、西窑头、凉山）、西辛庄村、西场庄村、风水庄村、西太平庄村（平房巷、尿湿巷、乡绅巷、常家巷）、西古堡、中小堡、北官堡。其中砖瓦窑为旧名，后改为西辛庄。

镇区内名胜古迹众多，明清时期交通发达，经济繁荣，名人辈出，现为全国历史文化名镇。镇内打树花民俗活动为河北省非物质文化遗产（图6.2）。

二、城堡、寺庙与民宅

（一）西太平庄村

西太平庄村，"文革"时期曾改称"红卫庄"，位于镇区内中西部。北、东邻西场庄村，南接西古堡。村西为南北向河堤，沿着村西河边东岸修筑（彩版6-1）。现村内民宅门牌多沿用旧名，新名亦有分布。民宅主要分布于正街、后街、西台街、西券外街、尿湿巷、乡绅巷、常家巷、平房巷中。此外，西太平庄村内南部与西古堡村、中小堡村分界处有一条东西向主街，东起暖泉水池，接暖泉村内主街，西到村西的河堤。街北为西太平庄村村委会，南面为西古堡北墙，由于街道较长，自东而西地名如下：中小堡村上街（西古堡北门外以东）、北门外（西古堡北门外以西），街面宽阔，为暖泉镇区主街的一部分。

1.寺庙

据当地长者回忆，西太平庄内旧有关帝庙、观音庙以及多座五道庙，现只有关帝庙尚存。

关帝庙　位于正街西端拐弯处，红卫庄正街在此向南拐弯南下。正殿坐落在砖砌庙台之上，整体坐西面东，庙台高1.3米。正殿面阔三间，单檐硬山顶，六架梁出前檐廊，殿宇已于七八年前维修，殿内新塑塑像，尚存有壁画，表面涂刷白灰浆，漫漶不清。壁画为清代中期作品。南、北山墙壁画为连环画式,各 3 排 5 列。

2. 街巷与民宅

西太平庄(红卫庄)正街 位于村内中北部,大致呈东西向,东面与乡绅巷相接,西端逐渐南折,与西券外街相连,街巷内有老宅院多座:红卫庄正街 75 号院、79 号院、80 号院,老宅院 40、41,红卫庄正街 88 号院,西太平庄正街 21 号院、22 号院、23 号院、24 号院、25 号院,老宅院 42,太平庄村正街 34 号院,红卫庄正街 100 号院。

红卫庄后街 位于正街西北部,由一条南北街道和两条东西街道组成。街巷内老宅院众多,有红卫庄后街 102 号院、103 号院、104 号院,老宅院 43,红卫庄后街 115 号院(附近有 2 通石碑),红卫庄后街 107 号院、121 号院、126 号院、129 号院。

西台街 位于正街北侧,乡绅巷西侧,共由两条南北并列的东西向街道组成,东端与乡绅巷连接,西端为死胡同。其中北侧街道东口正对小巷街,路边有老宅院 26,街内北侧为西台街 68 号院,西尽头为老宅院 27。南侧街道内西端为西台街 70 号院。

西券外街 位于西太平庄村内南部,由 1 条东西向和 2 条南北向街巷组成。整体地势较高,南望可见西古堡全景。街内老宅院只有 1 座,即位于东西向街道北侧的西券外街 147 号院。此外还有西券门遗址。

西券门 位于西券外街西侧,三合泰西侧,仅存遗址。

三合泰 位于主街北侧,西邻西券外街,南望西古堡北门瓮城。民国风格建筑,改造为旅馆。

尿湿巷 现名要扫巷,位于三合泰东侧,大致呈南北向。街巷南口正对西古堡北门瓮城,北端与乡绅巷相连,平面呈倒 L 形,东端与平房巷相接。巷内有老宅院多座:尿湿巷34 号院,老宅院 44(彩版 6-2)、45,尿湿巷 41 号院、40 号院、43 号院。

乡绅巷 大致呈南北向,北接西场庄村主街,南连尿湿巷,其相接处街巷西折,为死胡同。老宅院主要集中在西折处。主要有:乡绅巷 185 号院、49 号院,老宅院 46、47、48,乡绅巷 178 号院,老宅院 49。

常家巷 位于尿湿巷东侧,大致呈南北向,较短,北端为死胡同,南端与主街相连。街巷内有老宅院 50、常家巷 30 号院。

近代建筑,位于常家巷南口,东西主街南侧,改造为宾馆。

平房巷 位于常家巷东侧,大致呈南北向,北面和西场庄村前街相连,南端与中小堡村上街相连。巷子内有老宅院 51,平房巷 3 号院。

(二)西场庄村

西场庄村,位于暖泉镇区的中西部,砂子坡村(辛庄)、西辛庄村以南,西太平庄村、中小堡村以北。旧时居民有 800~1 000 人。

西场庄村主街东口新建有牌楼,牌楼南侧为近代供销社,牌楼西侧为 1 座新建的影壁,在此主街分为南北两道,北侧为北台街,南侧为坡底街,构成村内的主要格局。

1. 寺庙

据当地长者回忆,旧时西场庄有五道庙,现已无存。

2. 街巷与民宅

北台街 即西场庄村东西主街。平面大致呈东西向,东端邻近暖泉书院、朝阳楼,西端与暖泉镇区西部南北向的防洪堤相连。东、西两端均新修建有影壁。为旧构翻新。西场庄村委会大院位于街道内北侧。街巷内老宅院众多,主要有:北台街 64 号院,位于街北侧。老宅院 20,位于街南侧,西场庄村委会对面。近代建筑,位于街北侧,村委会东侧。北台街 56 号院、老宅院 34、老宅院 28、北台街 78 号院、老宅院 30、北台街 76 号院、北台街 68 号院、老宅院 31、老宅院 32、老宅院 33、北台街 63 号院等皆位于街北侧。

花院街 位于北台街内偏西部街北侧。街巷大致呈南北走向,南口与北台街相连,并修建有 1 座影壁,街内老宅院众多,有花院街 112 号院、97 号院、98 号院、105 号院、108 号院、109 号院、106 号院、107 号院、102 号院,老宅院 29。

小巷街 即小巷,位于北台街与前街(属太平庄村)之间,大致呈东西向,东与北台街相连,西与乡绅巷相接。巷内街道较窄,老宅院众多,主要有老宅院 21、22,小巷街 28 号院,老宅院 23,小巷街 24 号院、26 号院、37 号院,老宅院 24、25。

坡底街 位于西场庄村内南部,小巷街南侧,大致呈东西向,东与北台街相连,西与前街相接。街内南侧有暖泉中心学校、近代风格的大门和 1 座大院子。老宅院 35,位于街北侧。老宅院 36,位于街北侧。

前街 位于西场庄村内南部,小巷街南侧,大致呈东西向,东与坡底街相连,西与乡绅巷相接。街内有老宅院 37、38、39。

(三)西古堡村

西古堡村位于暖泉镇区的西南部。北接西太平庄村,东邻中小堡村,西侧为南北向河道,南为大面积的耕地。村庄由西古堡(旧村)、老头庄、西古堡新村三部分组成。

1. 城堡

(1)城防设施

西古堡位于村庄的东北部。城堡选址修建在平地之上,地势平坦,四周为民宅。城堡平面呈矩形,周长约 962 米,总面积 67 300 平方米,合 101 亩。开南门、北门,门外设有瓮城。堡内平面布局为十字街结构(图 6.3)。

现为全国重点文物保护单位。

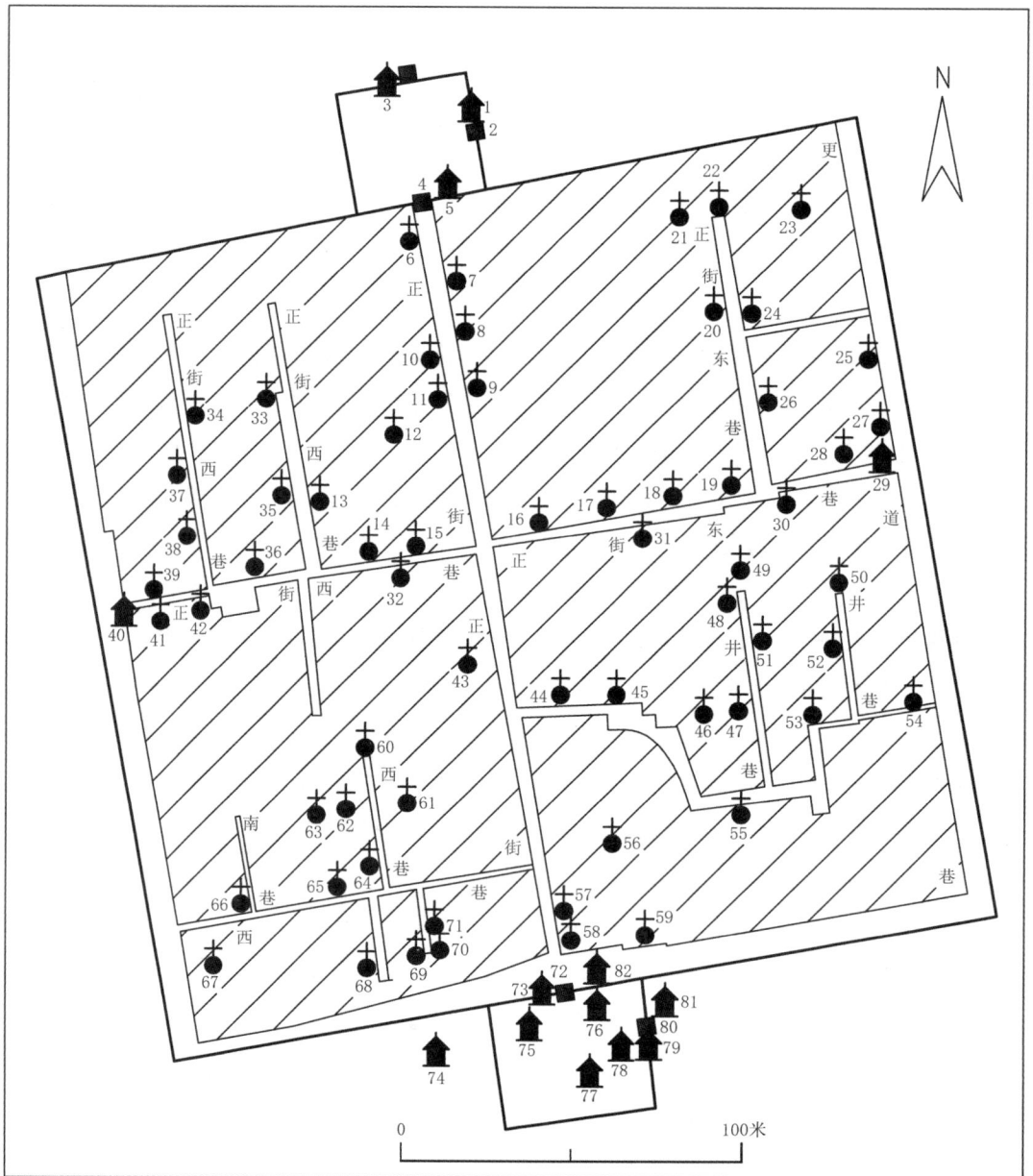

图 6.3　西古堡村堡平面图

1. 梓潼庙　2. 东门　3. 真武庙　4. 北门　5. 观音殿、三官庙　6. 256 号院　7. 老宅院 1　8. 老宅院 2
9. 老宅院 4　10. 老宅院 3　11. 老宅院 5　12. 260 号院　13. 老宅院 12　14. 10 号院　15. 老宅院 10
16. 384 号院　17. 近代建筑　18. 81 号院　19. 老宅院 6　20. 83 号院　21. 388 号院　22. 老宅院 8
　23. 390 号院　24. 老宅院 7　25. 142 号院　26. 90 号院　27. 老宅院 9　28. 91 号院　29. 关帝庙
　30. 92 号院　31. 94 号院　32. 老宅院 11　33. 18 号院　34. 老宅院 14　35. 274 号院　36. 22 号院
　37. 31 号院　38. 老宅院 13　39. 34 号院　40. 观音殿　41. 老宅院 15　42. 近代建筑　43. 老宅院 16
　44. 老宅院 17　45. 老宅院 18　46. 老宅院 19　47. 老宅院 20　48. 103 号院　49. 104 号院
　50. 老宅院 24　51. 老宅院 22　52. 老宅院 23　53. 107 号院　54. 老宅院 25　55. 老宅院 21
56. 近代建筑　57. 老宅院 30　58. 近代建筑　59. 老宅院 32　60. 51 号院　61. 老宅院 28　62. 52 号院
63. 53 号院　64. 老宅院 27　65. 313 号院　66. 老宅院 28　67. 老宅院 29　68. 67 号院　69. 老宅院 26
70. 69 号院　71. 70 号院　72. 南门　73. 佛殿/观音殿　74. 佛殿　75. 显圣庵　76. 广慈庵　77. 戏楼
　78. 地藏殿　79. 魁星楼　80. 东门　81. 财神庙、五道庙　82. 多圣祠

南堡门　位于南墙中央,砖石拱券结构,基础为条石,上部青砖起券,内外侧三伏三券,门道铺石板,尚存一道车辙印(彩版6-3、4)。门外正对戏楼,四周为瓮城,门顶为寺庙群,修建佛殿/观音殿、三义庙、马神殿。

南瓮城　位于南门外侧,平面呈矩形,黄土夯筑,保存较好,墙体高厚、连贯,边长50米,高10米,可见2次修筑的痕迹。瓮城东墙已修缮。瓮城开东门,与城门成90°夹角。瓮城内为寺庙群。

南门瓮城东门结构与北门瓮城东门类似(彩版6-5、6)。砖石拱券结构,内外三伏三券,内侧门券顶部装饰砖作仿木构垂花门。外侧门券拱顶上方镶嵌3枚砖雕门簪,其上镶嵌石质门匾,正题分为上、下两行,下行"西古堡",上行"永盛门",落款"时康熙十九年"。两侧门柱上镶嵌有砖雕装饰。东门顶部为魁星楼,东门外正对村委会,北侧为财神殿。

北堡门　位于北墙中央,堡门为砖石拱券结构,与北瓮城东门相比相对低矮(彩版6-7、8)。基础为条石砌筑,上部青砖起券,内外门券三伏三券,门道为石板铺成,尚存一道车辙印。门顶部修建有三官庙和观音殿。

北瓮城　位于北门外侧,平面呈矩形,黄土夯筑,保存较好,墙体高厚、连贯,边长30米,高10米。瓮城东、北墙已修缮,瓮城内侧墙壁表面包砖,顶部修建护墙。瓮城北墙中部设有马面,体量高大,外包青砖,上原建九天阁,现新建真武庙,瓮城东北角外新建牌楼。牌楼外侧题"物阜天宝",内侧题"岁稔民康"。

北门瓮城开东门。体量高大,总高度在10米以上,保存较好。堡门为砖石拱券结构,基础为条石,上面包砖起券,外侧门券五伏五券,门券拱顶上方镶嵌三枚砖雕门簪,其上镶嵌石质门匾,字迹漫漶,门匾两侧各镶嵌2块砖雕装饰。门顶有砖作仿木构垂花门。砖仿木出檐斗拱六攒,外出一跳,两侧垂花柱。门顶部修建梓潼庙。门内顶部为拱券顶。门道为石板路,尚存车辙印。门内侧门券与外侧门券同高,三伏三券,门券拱顶上方共镶嵌4块砖雕装饰,门顶部亦作砖作仿木构砖雕垂花门装饰。瓮城内北部建单坡正房一排,为暖泉社仓。如今瓮城内尚有1户居民居住。

堡墙　均为黄土夯筑,保存一般。东墙长约240米,墙体低薄、连贯,高1~6米,多有坍塌,局部有破坏形成的缺口。墙体内外侧均为倚墙修建的民宅。东墙外隔一条水泥路即为中小堡西墙。东墙内侧低薄,高0~3米。南墙长约243米,东段保存较差,墙体低薄、连贯,高2~6米。墙体内侧为民宅,外侧为荒地。南墙西段墙体与瓮城墙体类似,墙体高薄、连贯,高4~10米,内侧为民宅,外侧为荒地。2018年重新夯筑南墙墙体。西墙长约236米,保存一般,墙体高薄、连贯,墙体高3~10米,外侧多垮塌,可看出为两次修建。内侧为顺城道路、民宅,外侧为顺城道路或为荒地。西墙内侧高0~6米。西墙南段于2018年重新夯筑。北墙长约243米,墙体高薄、连贯,内外侧均为房屋,墙体高5~

10 米。

东南角仅为转角,高 6～7 米。西南角仅为转角,高 10 米,为原高,体量高大,蔚为壮观。西北角未设角台,仅为转角,高 10 米,体量高大,上面长有大树。

(2) 街巷与古宅院

西古堡堡内为十字街布局。其中南北主街为正街,东西主街分别为正街东巷、西巷。目前居住在西古堡内的居民有 243 户,719 人。

正街北段 尚存多座老宅院,正街 256 号院,位于正街西侧,一进院落,坐北面南,开东门,广亮门。老宅院 1,位于正街东侧,一进院落,坐北面南,开西门,随墙门。老宅院 2,位于正街东侧,一进院落,坐北面南,开西门,广亮门。老宅院 3,位于正街西侧,坐北面南,开东门,随墙。老宅院 4,位于正街东侧,坐北面南,开西门,广亮门。老宅院 5 位于正街西侧,一进院落,坐北面南,开东门,随墙门。正街 260 号院,位于正街西侧一条巷子内,一进院落,坐北面南,开南门,广亮门。

正街东巷 范围包含堡内东北部,包含东西、南北向街道各一条。老宅院众多。正街东巷 384 号院,位于巷内北侧,一进院,坐北面南,开南门,广亮门,门外两侧设上马石,门内设影壁 1 座;正房面阔三间,卷棚顶,出前檐廊。近代房屋,位于巷内北侧,坐北面南,开南门,随墙门,中西合璧式正门。94 号院,位于巷内南侧,坐北面南,开北门,广亮门。81 号院,位于巷内北侧,坐北面南,开南门,广亮门,门两侧设门墩。老宅院 6,位于巷内北侧,坐北面南,开南门,广亮门。92 号院,位于巷内南侧,坐北面南,开北门,广亮门。91 号院,位于巷内北侧,坐北面南,开南门,广亮门,门外两侧设上马石。90 号院,位于巷内东侧,坐北面南,开西门,广亮门。老宅院 7,位于巷内东侧,坐北面南,开西门,广亮门。83 号院,位于巷内西侧,坐北面南,开东门,随墙门。老宅院 8,位于巷内北侧,坐北面南,开南门,广亮门。388 号院,位于巷内北侧,坐北面南,开南门,随墙门,门外饰砖仿木垂莲柱影作。390 号院,位于巷内北侧,坐北面南,开南门,随墙门。

更道巷 即东墙内顺墙道路,呈南北向。更道巷 142 号院,位于巷内西侧,坐北面南,开东门,广亮门。老宅院 9,位于巷内西侧,坐北面南,开东门,随墙门。

正街西巷 范围包含堡内西北部和部分西南部地区。具体包括一条东西向街道,3 条南北向街道。老宅院众多。老宅院 10,位于巷内北侧,坐北面南,开南门,广亮门,门内为一条甬道,设有二门,亦为广亮门,正房面阔三间,卷棚顶。老宅门 11,位于巷内南侧,坐北面南,开北门,广亮门。10 号院,位于巷内北侧,坐北面南,开南门,随墙门。老宅院 12,位于巷内东侧,坐北面南,开西门,广亮门。274 号院,位于巷内西侧,坐北面南,开东门,广亮门。18 号院,位于巷内西侧,坐北面南,开东门,随墙门,门内二道门无存,仅存正房,面阔三间硬山顶。22 号院,位于巷内北侧,坐北面南,开南门,广亮门。老宅院 13,

位于巷内西侧,坐北面南,开东门,随墙门。31 号院,位于巷内西侧,坐北面南,开东门,随墙门。老宅院 14,位于巷内东侧,坐北面南,开西门,广亮门。老宅院 15,位于巷内南侧,坐北面南,开北门,广亮门。34 号院,位于巷内北侧,坐北面南,开南门,随墙门。

堡内西南片区　西南片区主要由一条东西向主街组成,名称未知。其北侧有 2 条南北向街道,名为井巷。老宅院 18,位于巷内北侧,坐北面南,开南门,随墙门。老宅院 19,位于巷内北侧,坐北面南,开南门,随墙门。老宅院 20,位于巷内北侧,坐北面南,开南门,正门建筑无存,仅存正房及东西厢房。老宅院 21,位于巷内南侧,坐北面南,开北门,广亮门。

井巷　呈南北走向,老宅院 22,位于巷内东侧,坐北面南,开东门,广亮门。井巷 103 号院,位于巷内西侧,坐北面南,开东门,随墙门。井巷 104 号院,位于巷内北侧,坐北面南,开南门,随墙门。井巷 107 号院,位于巷内北侧,坐北面南,开南门,随墙门。老宅院 23,位于巷内西侧,坐北面南,开东门,随墙门。老宅院 24,位于巷内西侧,坐北面南,开东门,随墙门。老宅院 25,位于巷内北侧,坐北面南,开南门,随墙门。

西巷　主要为堡内西南片区,大体呈东西走向,南北两侧有支巷。巷内老宅院众多。西巷 70 号院,位于巷内南侧支巷中东侧,坐北面南,开西门,随墙门。69 号院,位于巷内南侧支巷中的东侧,坐北面南,开西门,随墙门。老宅院 26,位于巷内南侧支巷中的西侧,坐北面南,开东门,随墙门。老宅院 27,位于巷内北侧,坐北面南,开东门,随墙门。老宅院 28,位于巷内北侧,坐北面南,开南门,随墙门。西巷 52 号院,位于巷内北侧,坐北面南,开南门,广亮门。53 号院,位于巷内北侧,坐北面南,开东门,广亮门。51 号院,位于巷内北侧,坐北面南,开南门,随墙门。67 号院,位于巷内南侧,坐北面南,开东门,随墙门。

南巷　主要为堡内西南角片区,平面呈丁字街结构,东与西巷相连,西与西墙内顺城街相连。老宅院较少。南巷 313 号,位于巷内北侧,坐北面南,开南门,广亮门。老宅院 28,位于巷内北侧,坐北面南,开南门,广亮门。老宅院 29,位于巷内南侧,坐北面南,正房面阔五间,卷棚顶。

正街南段　老宅院 17,位于正街东侧,坐北面南,开南门,广亮门。老宅院 30,位于正街东侧,坐北面南,开西门,广亮门;门外西侧(正街西侧)设砖砌影壁,院内为西古堡村委会;院内正房面阔三间,卷棚顶,东耳房边尚存 1 座中西合璧式砖砌门,尚存砖制阳文匾额,由 3 块方砖拼接而成,正题"心自在"。老宅院 31,位于主街西侧,坐北面南,开东门,随墙门。文化站,位于正街东侧,坐北面南,开西门,随墙门,为近代建筑。

南墙内顺城街　位于南墙内侧,其东段尚存 1 座老宅院。老宅院 32,位于巷内北侧,坐北面南,开南门,随墙门。

堡西南角外为西古堡新村,现为一排排整齐的房屋。民宅以新房为主,无老宅院,居民多。据当地长者回忆,新村修建于 1986 年前后,原为荒地。居民多为外地人。新村最南部有暖泉镇第一完全小学,北部主路边有供销社旧址。

2. 寺庙

观音殿(佛堂) 位于北门顶,三官庙东侧,正殿坐北面南,面阔两间,单坡顶,殿内尚存清末时期的壁画,画面漫漶,观音殿已修缮,新绘彩绘,新塑塑像。

三官庙 位于北门顶,正殿面阔三间,硬山顶,五架梁,明间前出卷棚抱厦为三架梁,殿前东西两侧置钟、鼓亭,正殿已修缮,新绘彩绘,新塑三官塑像,殿内两山墙尚存壁画,画面漫漶。

梓潼庙 位于北门瓮城东门顶部,新建建筑,坐西面东,面阔三间(坐二破三),六架梁,出前檐廊,殿内无塑像和彩绘。

真武庙 位于北堡门瓮城北墙马面上,新建建筑,面阔三间,七架梁,前后出廊,殿内供奉南北真武大帝塑像。

地藏殿 位于南门瓮城东门内南侧,新建建筑,正殿坐东面西,面阔三间,四架梁,单坡顶,殿内为新塑像、壁画、彩绘。

广慈庵 位于南门正门外东侧,为依靠南墙修建的1座独立庙院,一进院(彩版6-9)。山门为随墙门,外侧装饰砖作仿木构垂花门,饰砖雕椽、檩、枋、斗拱等,两侧饰垂花柱,垂花柱下饰砖雕瑞兽。门拱上方嵌有砖匾,匾上雕"广慈庵",匾两侧各饰一只门簪。门外西侧的南墙上镶嵌1通石碑,为1936年的《公议渠水浇地碑记》。院内为窑洞式建筑。正殿位于堡南墙下,面阔三间,中间辟券形门,两侧各辟一窗。券形门与地藏寺一层门相似。院内东侧墙下建有东配殿,单坡顶。

显圣庵(地藏寺) 位于南门外南瓮城内西侧,分为前、后两进院。相传,地藏寺始建于清初顺治年间,是古堡乡耆董汝翠所建。当年董家的祖宗董大泽家庭富有,是他捐献了一囤子黑豆建起了地藏寺。

地藏寺在前院开设东门,东门是1座如意门,券形门洞,硬山顶,檐下砖作仿木构砖雕飞子、檩、枋、斗拱、平板枋、额枋等仿木结构,斗拱共有六攒,皆为五踩单翘,檐下两侧檐柱的位置饰垂花柱。拱门顶上嵌1块砖匾,匾上砖雕"显圣庵",匾两侧各饰一只门簪。

前院,前院南侧是1座巨大的影壁。影壁为硬山顶,檐下饰11攒斗拱,皆为五踩单翘,两侧各饰一根垂花柱,正中饰两条盘龙。前院只有西厢房三间,单坡顶。北侧为过街楼式券门,顶部修建面然大士殿。

后院,为双层结构,天井式建筑。一层为窑洞式建筑,建有12个全砖券窑洞,下层东、西配殿各面阔五间,辟3座券形门与2扇券形窗;南殿面阔三间,中间辟1座券形门,两侧各1扇券形窗。券形门拱顶上饰有两只簪,顶上皆饰以门罩,门罩为硬山顶,檐下饰五攒斗拱与垂花柱。一层建筑顶檐环绕一圈檐顶,下饰斗拱与垂花柱。

二层环绕建有殿堂。北部为地藏殿，单檐硬山顶，面阔五间，六架梁。其中明间和东、西次间共三间为地藏殿，东、西梢间为禅房。正殿中间3间出前檐廊，门匾上书"誓愿弘深"。殿宇已经修缮，新绘彩绘，新塑塑像，正中塑地藏菩萨像，两侧塑十殿阎君像。殿内尚存清末民国时期十殿阎君题材的壁画，与前面的塑像对应。顶部彩绘《八卦图》。东西配殿均为面阔五间，四架梁，硬山顶建筑，亦重新修建，西配殿门匾上书"惩恶扬善"，东配殿门匾上书"果报分明"，殿内南北山墙上尚存清末民国时期的壁画，十殿阎君题材。南殿为面然大士殿，坐南面北，面阔三间，硬山顶，五架梁，门匾上书"面然心慈"，殿内尚存民国时期壁画，漫漶不清，新塑塑像。其东西两侧建钟鼓亭。西侧鼓亭旁立1通石碑，北面为康熙十五年（1676）《重修地藏王菩萨庙宇碑记》，南面为乾隆三十一年（1766）九月《重修暖泉西古堡地藏寺记》。

佛殿/观音殿　位于堡南门顶部，正殿面北，面阔三间，硬山顶，六架梁，梁架为分心造。面南为佛殿，占三架梁并出前檐廊。门匾上书"有求必应"，正殿内为全新塑像，供奉三大士，无壁画。面北为观音殿，占三架梁，并出三架梁抱厦。门匾上书"慈悲广度"和"南海慈航"。前檐墙上镶嵌石碑1通，刊刻于嘉庆六年（1801）。观音殿前两侧设四柱悬山钟鼓亭。殿内南侧供奉南海观音，两侧供十八罗汉小塑像。壁画重绘。壁画上部各有五幅观音"救八难"题材壁画，中部为《首楞严经》中观世音"三十二应"说法图等内容，下部为群山众岭。这样的壁画内容在蔚县观音殿内比较少见。

多圣祠　位于南门顶东侧。院一角立有1通石碑，为《重修暖泉西古堡多圣祠碑记》，从碑文可以得知，多圣祠建有观音殿、三义庙、马神殿和下面的戏楼，"文革"前后被毁，1997年开始筹划重修，历经三年才得以修成。碑立于2001年7月29日。上面书有布施人的姓名和金额。

观音殿，位于多圣祠内东侧殿，坐东面西，面阔三间，单坡顶。北侧二间供奉观音，殿内壁画新绘，门匾上书"普渡众生"。南侧次间另辟，内置2001年的《重修暖泉西古堡多圣祠碑记》。两侧山墙外侧各嵌有1通石碑。

三义庙，位于堡南门顶部，佛殿/观音殿东侧，正殿坐北向南，新建建筑，面阔三间（坐二破三），硬山顶，五架梁，门匾上书"义重桃园"。殿内新塑塑像，旧有壁画，表面涂刷白灰浆。

马神殿，位于南门顶部，三义庙东侧，正殿面阔三间（坐二破三），硬山顶，五架梁，门匾上书"骒牝三千"。殿内新塑马神等像，旧壁画表面涂刷白灰浆。东配殿面阔三间，单坡顶，进深三架梁，明间和北次间为观音殿，新塑塑像，南次间未知。均为新建建筑。

魁星楼　位于南门瓮城东门顶部，四角攒尖顶，新建建筑。

财神庙　位于南门瓮城东门外北侧，新建建筑。庙院整体坐北面南。院门为随墙门，硬山顶，券形门洞。拱洞上方嵌扇形砖匾，匾雕"财神庙"，匾两侧各饰一只门簪。正殿坐北面南,面阔三间,硬山顶,进深五架梁。殿内新塑财神等塑像,两侧壁画新绘。

五道庙 位于南瓮城东门外,财神庙南院墙西侧,面阔单间,规模小。殿内塑五道将军像,背后壁画绘有山神与土地神,两侧绘《出征图》与《凯旋图》。

戏楼 位于南门瓮城内,坐南面北,正对南门。戏楼为单檐六檩卷棚顶,台明砖石高1.3米,面阔三间,鼓形柱础,戏楼前后台以木隔扇相隔,走马板上绘戏剧人物,次间设出将、入相二门,戏楼东西各加一间耳房,平面呈"凸"字形。20世纪90年代村民多方集资修缮,基本按照原样进行恢复。

关帝庙(岭圣寺) 位于堡内正街东巷东端,现为1座独立的庙院,庙院整体坐东面西。山门为随墙门,券形门洞,硬山顶,檐下装饰有砖作仿木构砖雕,饰椽、檩、枋、斗拱等,斗拱共有六攒,额枋于两侧腿子上方施垂花柱。拱顶之上嵌有砖匾,匾雕"岭圣寺"。院内正殿坐东面西,面阔三间,硬山顶,进深五架梁出前檐廊。殿内供奉伽蓝菩萨(关羽),东侧有关平、王甫、廖化、马童,西侧有周仓、赵累、胡班、信童。

壁画中,关公正在烛光下伏案读《春秋》,关平、周仓位于身后。书中所写内容如下:

> 丙子十有五年春,王正月,公如齐。楚人伐徐。三月公会齐侯、宋公、陈侯、卫侯、郑伯、许男、曹伯,盟于牡丘,遂次于匡。公孙敖帅师及诸侯之大夫救徐。夏五月,日有食之。秋七月,齐师、曹师伐厉。八月,螽。

观音殿 位于堡内正街西巷西尽头,新建建筑,坐西面东,现为1座独立的庙院,山门为随墙门,硬山顶,平顶式门洞。门内南北两侧设钟、鼓亭。正殿坐西面东,面阔三间,硬山顶,六架梁出前檐廊,殿内新塑观音像。北配殿面阔两间,单坡顶,为禅房。

3. 庄

老头庄 位于西古堡西墙外,与西古堡同属一个大队。据当地长者回忆,旧时只有几户居民。为不怕洪水之人居住在堡外。后由于1957年修建了河堤(现已废弃,上面的缺口为闸口),居民逐渐增多。老头庄规模很小,仅为一条南北主街。没有古建筑遗存。

(四)中小堡村

中小堡村,位于暖泉镇区的中南部,北邻西太平庄村,西接西古堡村,东连暖泉村,南为大面积的耕地。村庄由中小堡城堡和堡北村庄两部分组成。

1. 城堡

中小堡,位于村内西南部。城堡选址修建在平地之上,周围地势平坦,一马平川,西面与西古堡隔街相望。城堡平面大致呈矩形,周长约510米,开南、北门,堡内平面布局为南北主街结构(图6.4)。中小堡外东南方新建有室内打树花广场、城堡和塔。

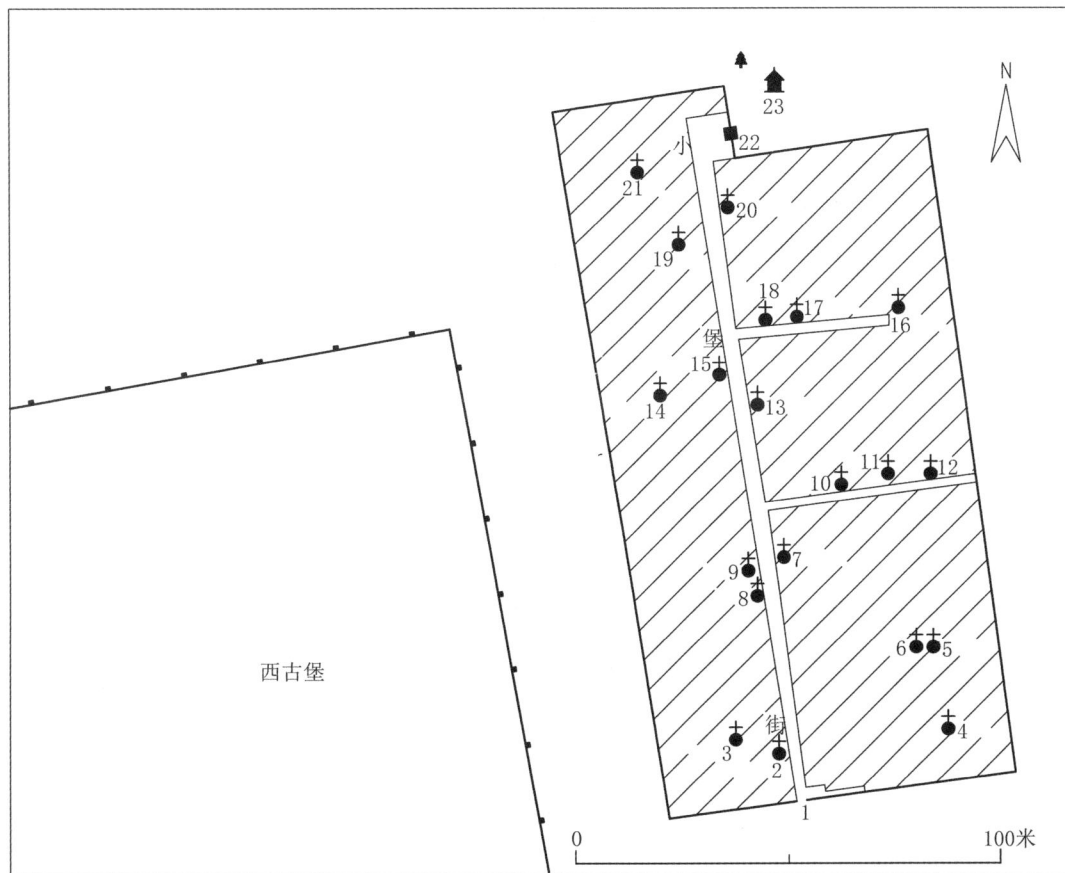

图 6.4 中小堡村堡平面图

1. 南门　2. 老宅院 65　3. 老宅院 66　4. 164 号院　5. 162 号院　6. 131 号院　7. 老宅院 64
8. 141 号院　9. 142 号院　10. 125 号院　11. 126 号　12. 127 号院　13. 老宅院 63　14. 老宅院 62
15. 老宅院 61　16. 老宅院 60　17. 老宅院 59　18. 老宅院 58　19. 老宅院 57　20. 老宅院 56
21. 老宅院 55　22. 东门　23. 观音殿、关帝庙、财神庙、佛堂、马神龛

城堡东门坐西面东,体量较大,通高 7.3 米,保存较好,局部已经修缮(彩版 6-10、11)。砖石拱券结构,基础为条石砌筑,上面青砖起券。外侧门券为五伏五券,高 3.4 米,拱顶上方镶嵌三枚砖雕门簪,其上方镶嵌石质门匾,字迹漫漶。顶部为二层错缝牙子。门外南侧新建 1 座影壁,坐南面北,面阔单间。门外正对观音殿、马神庙。内侧门券高于外侧门券,亦为三伏三券。内券高 5.3 米。门顶新建堡门楼 1 座。门内新修建有 2 座影壁,1 座坐西面东,1 座坐北面南。堡门内为宽阔的南北向中心街,名为小堡街。

城堡南门建筑无存,现为缺口。2018 年新建南门。

堡墙均为黄土夯筑,保存较差。东墙长约 155 米,保存一般,墙体高薄、连贯,墙体高 1~5 米。墙体内侧为民宅,外侧为道路。南墙长约 83 米,仅存西南角附近墙体,高 5~

6 米,其余南墙无存,为民宅所占据,墙体内侧为民宅,外侧为道路。南墙中部设有缺口,应为南门遗址。现缺口外有影壁,为旧构翻新。西墙长约 171 米,墙体高薄、笔直、连贯,近为原高,高 5～6 米。墙体内侧为民宅,外侧为水泥道路。北墙长约 101 米,中部开设北门,附近墙体曲折。北门以西部分墙体包砖修缮,部分墙体为民宅所占据,邻近西北角尚存原始墙体,高 5～6 米。北门以东墙体均为黄土夯筑,高 5～6 米,墙体内外侧都是民宅。2018 年重修南墙及西墙南段,条石基础,夯土墙体,顶部铺砖并修建砖砌垛口。

东南角仅存转角,高 4 米。西南角未设角台,为转角,高 4～5 米。西北角未设角台,仅为转角。

堡内南北主街地名为小堡街,街面水泥方砖铺墁。堡内民宅多因旅游开发而翻修,民宅以老宅院为主,数量众多。有老宅院 55、56、57、58、59、60(村委会)、61、62、63(小堡街 123 号)、64、65、66。此外还有小堡街 125 号院、126 号院、127 号院、141 号院、142 号院、162 号院、131 号院、164 号院。

2. 堡北村庄

中小堡村上街 位于中小堡村内北部,大致呈东北—西南走向。东起暖泉书院,西达西古堡北墙外。路北有上街 190 号院。街内北部有三条南北向巷子,自东而西分别为上街东楼后、上街中楼后、上街西楼后。

上街西楼后,大致呈南北向,较短,北端为死胡同。巷内老宅院有:上街西楼后 187 号院、188 号院,老宅院 52,上街西楼后 191 号院。

上街中楼后,大致呈南北向,较短,北端为死胡同。巷内老宅院有:上街中楼后 195 号院、196 号院(彩版 6-12),老宅院 53。

上街东楼后,大致呈南北向,较短,北端为死胡同。巷内老宅院有:老宅院 54。

中小堡村下街 位于中小堡村内中部,大致呈东西走向,东起暖泉书院南侧,西达西古堡北墙外,与中小堡村上街汇合。街内无老宅院遗存,路北建有暖泉派出所,路南为暖泉中心卫生院。西尽头为染坊,北侧为关帝庙。

3. 寺庙

据当地 83 岁的长者回忆,中小堡曾修建有关帝庙、观音殿、马神庙、玉皇庙(堡南)、魁星楼、五道庙(牌楼处)等。

关帝庙 位于中小堡村堡西北角外,地处中小堡村上街和下街的西端交汇处(彩版 6-13)。其中下街为一条明清官道,上街为一条商贸街区。整体坐东面西,原为 1 座二进庙院。由前、后院落组成,由前至后渐次增高,后院高出前院 1.4 米。

前院正中为山门,坐东面西,随墙门,砖砌券式门洞,硬山顶。门洞拱顶之上饰有两颗门簪,檐顶之下有砖作仿木构砖雕——椽子、檩、枋,枋上饰有斗拱六攒,皆为四铺作,斗拱下为平板枋与额枋，其两侧再饰砖雕垂花柱。院内南北下房各三间。

正东为二道门，随墙门，方形门洞，硬山顶。门前设石条台阶，内侧为垂花门，尚存基础。门内为石板甬道。

正殿，坐东面西，面阔三间，单檐硬山顶，五架梁，出前檐廊，前檐额枋尚存彩绘，并有斗拱装饰。檐下置三踩斗拱，蝉肚草龙雀替，门窗为六抹码三箭、四抹码三箭槛窗。门窗尚存，保存较好。殿内壁画破坏严重，顶部脊檩有彩绘《八卦图》。正殿上悬挂有文保标识牌，为"暖泉镇重点文物保护单位，2002 年立"。前槛墙上镶嵌 2 通石碑[1]，即乾隆三十一年（1766）《暖泉西市关圣庙重造供器碑记》和乾隆四十五年（1780）《暖泉西市关圣庙重造供器碑》。两侧为配殿，其中南配殿前槛墙上镶嵌 2 通石碑[2]，即光绪三十年（1904）《斗行永义社规章碑记》和光绪六年（1880）《重修关帝庙供器碑记》。该庙在清代、民国年间曾作为暖泉镇的行业商会驻地，成为暖泉商贸的行业中心。

观音殿　位于北门外，现为 1 座庙院，整体坐东面西，据院内《蔚县暖泉重修观音寺碑记》载，观音寺建于清康熙年间，因年久失修佛像凋残、僧房漏泄，寺院损毁十分严重，今暖泉人郭垣有子女七人（郭鸿梅、郭鸿喜、郭鸿福、郭鸿荣、郭鸿娥、郭鸿江、郭鸿山）作行善之举，发起并捐资修缮，于 2009 年 8 月动工，2010 年春完工。院内建有观音殿、关帝庙、财神庙与佛堂等。

山门，坐东面西，随墙门，硬山顶，檐下砖作仿木构砖雕，饰有椽、檩、枋、斗拱等，斗拱有七攒，两侧各饰有一根垂花柱。

正殿，即观音殿，位于院内南侧，坐东面西，面阔三间，硬山顶，进深六架梁出前檐廊。前廊下南北各立 1 通 2010 年刊刻的石碑，南侧为《蔚县暖泉重修观音寺碑记》，北侧为《观音寺功德碑》。殿内塑像为新塑，殿内正面塑观音、文殊、普贤三大士像，两侧塑十八罗汉像。内壁壁画新绘，南、北两侧绘观音"救八难"题材壁画。

关帝庙，位于南配殿西间，坐南面北，面阔单间，硬山顶，进深五架梁。殿内新塑关公像，壁画新绘。

财神庙，位于南配殿东间，坐南面北，面阔单间，硬山顶，进深五架梁。殿内新塑福、禄、财三神像，内壁壁画新绘。

北配殿共为四间，分别为佛堂、僧舍、斋堂与职事堂等。北配殿西侧长有一株粗壮的柳树。

马神龛，辟于南配殿的西山墙外侧，正对堡北门门洞，内为全新的塑像和壁画。

---

〔1〕　邓庆平：《蔚县碑铭辑录》，广西师范大学出版社，2009 年，第 496、500 页。
〔2〕　邓庆平：《蔚县碑铭辑录》，广西师范大学出版社，2009 年，第 501、508 页。

（五）北官堡村

北官堡村，位于暖泉镇区的中北部，西邻砂子坡村，东、南邻暖泉村，北接风水庄村。北官堡在20世纪60年代有1 600余人，现在有700余人，杂姓。北官堡外一半归北官堡，一半归中小堡。其中中小堡地多人少，北官堡人多地少。

1. 城堡

（1）城防设施

北官堡，位于村中高岗上，即村主体部分。堡墙临台地边缘修建，为暖泉镇区制高点之一。城堡平面呈"凸"字形，周长约1 093米，开南门，堡内平面布局为南十字北丁字街结构。堡内地面大大高于堡外（图6.5）。

城堡开设南门，砖石拱券结构，基础条石砌筑，上部青砖起券（彩版6-14）。外侧门券五伏五券，券上出二层伏檐，其上镶嵌门簪三枚，门簪之上方镶石质门匾，表面为打树花留下的铁水覆盖，字迹漫漶。门匾两侧各有一块砖雕装饰。其上部砖作仿木构砖雕垂花门，置一斗三升斗拱五攒，两侧垂花柱。堡门内侧为三伏三券，内券高于外券，门券上方镶嵌2枚门簪，其上方镶嵌水泥制门匾"人文蔚起"。东、西设砖砌台阶登顶。顶部建单檐歇山顶门楼，面阔、进深各一间，四周设围廊，楼内供魁星。门外东西两侧门体各镶嵌1通石碑，为重修堡门的碑记，东侧为缘由及经过，西侧为工匠姓名，表面为打树花留下的铁水覆盖，字迹漫漶。2008年村民捐资重修堡门。

南门外侧为一广场，旧时为观看打树花之地。南门外西侧建村卫生室。广场东侧、西南角尚存供销社建筑，南面建倒座观音殿1座。

堡墙均为黄土夯筑，保存一般。东墙长约242米，亦修建在台地上。墙体较直，墙体高2～5米，总高8～10米。墙体内侧为民宅，外侧为顺墙道路或为民宅。南墙长约270米，墙体无存，为民宅占据。东墙、南墙东段外侧地名为"堡外街"。西墙长约306米，选址修建在台地上，南低北高，墙体不直，墙体保存较差，大致连贯，多坍塌成斜坡状，高0～7米。西墙南段近西南角附近墙体无存，为民宅占据。西墙近西南角附近开有1座砖砌拱券门，仅存拱券，门券低矮，内外侧包砖无存（彩版6-15）。西墙墙体内侧为民宅，外为216乡道，属砂子坡管辖。北墙长约275米，选址修建在冲沟南岸顶部，顺地势而建，整体较高，但是墙体自身较低，高0～5米。北墙外侧为荒地，内侧为荒地和民宅。北墙外台地下不远处为风水庄村（先锋庄）。

堡东南角无存。东南角外为东券门所在地，现已无存。西南角已无存。东北角设90°直出角台，总高10米以上，角台自身高约5米。

（2）街巷与古宅院

堡内街巷纵横，老宅院众多。

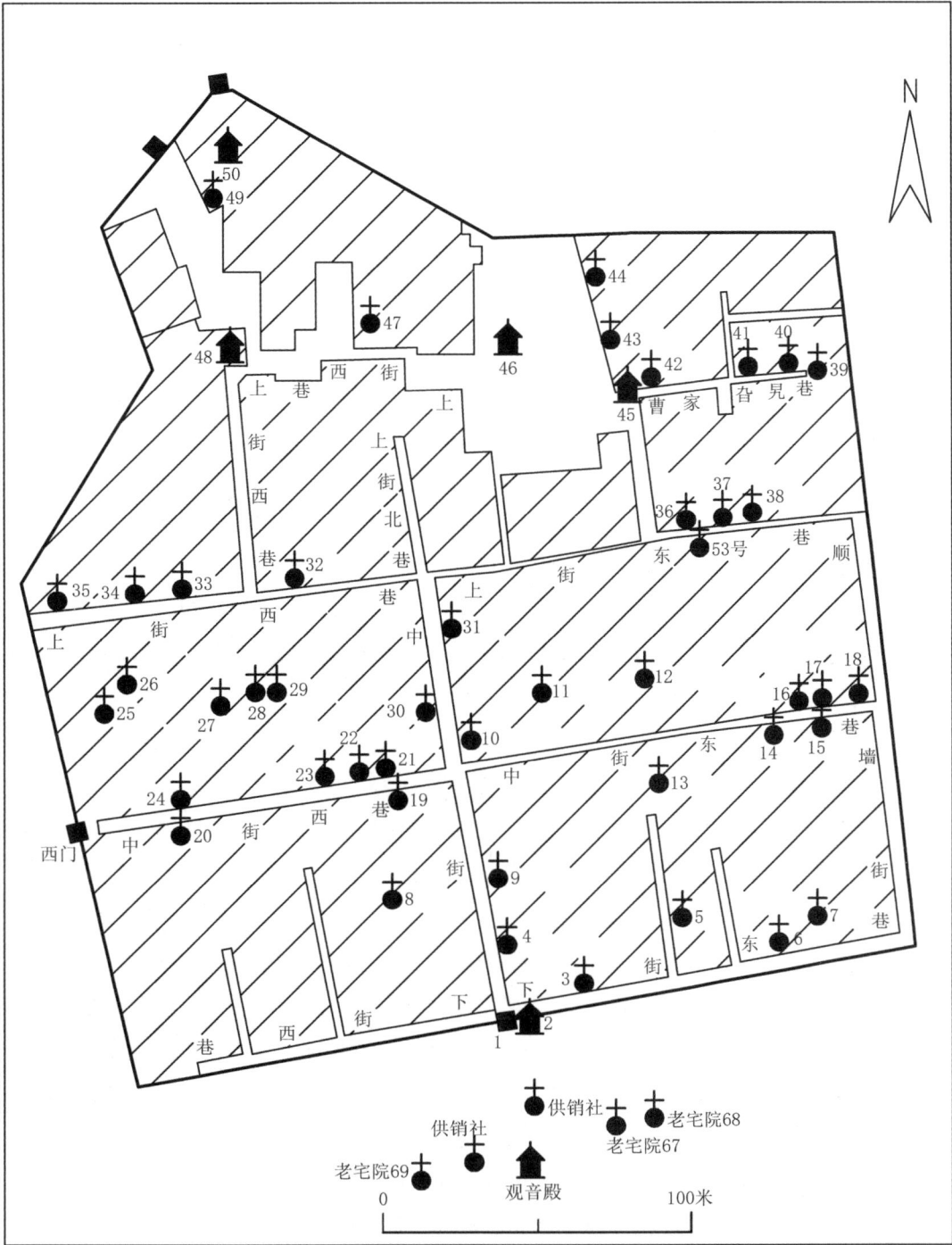

图 6.5　北官堡村堡平面图

1. 南门　2. 魁星阁　3. 21号　4. 老宅院13　5. 6号院　6. 老宅院14　7. 12号院　8. 129号院
9. 宗家大院　10. 近代建筑　11. 老宅院8　12. 老宅院9　13. 23号院　14. 36号院　15. 37号院
16. 老宅院10　17. 老宅院11　18. 老宅院12　19. 135号院　20. 32号院　21. 107号院　22. 老宅院6
23. 109号院　24. 117号院　25. 122号院　26. 121号院　27. 影壁　28. 老宅院7　29. 108号院
30. 6号院　31. 40号院　32. 103号院　33. 101号院　34. 100号院　35. 98号院　36. 老宅院2
37. 老宅院3　38. 56号院　39. 67号院　40. 68号院　41. 69号院　42. 77号院　43. 老宅院1
44. 79号院　45. 五道庙　46. 玉皇阁　47. 老宅院5　48. 三清阁　49. 老宅院4　50. 教堂

上街东巷　原名曹家旮旯巷,位于堡内东北部,平面不规则,大致呈东西走向。老宅院1,位于巷内东侧,一进院落,坐北面南,开西门,随墙门。曹家旮旯巷79号院,位于巷内北侧,一进院落,坐北面南,开南门,广亮门。曹家旮旯巷77号院,位于巷内北侧,一进院落,坐北面南,开南门,随墙门。曹家旮旯巷69号院,位于巷内北侧,一进院落,坐北面南,开南门,随墙门。曹家旮旯巷68号院,位于巷内北侧,一进院落,坐北面南,开南门,随墙门。曹家旮旯巷67号院,位于巷内东侧,一进院落,坐北面南,开西门,广亮门。老宅院2,位于巷内北侧,两进院落,坐北面南,开南门,广亮门,门内设砖砌影壁。前院南房面阔三间,硬山顶。西厢房坍塌,东厢房面阔两间,单坡顶。二道门为随墙门。后院正房面阔三间,卷棚顶,两侧厢房面阔两间,单坡顶。老宅院3,位于巷内北侧,一进院落,坐北面南,开南门,广亮门。曹家旮旯巷56号院,位于巷内北侧,两进院落,坐北面南,开北门,广亮门。曹家旮旯巷53号院,位于巷内南侧,一进院落,坐北面南,开北门,广亮门。

　　上街西巷　位于堡内西北、北部,平面不规则。上街西巷103号院,位于巷内北侧,两进院落,坐北面南,开南门,广亮门,二道门已毁,现存条石台阶。上街西巷101号院,位于巷内北侧,坐北面南,两进院,开南门,广亮门,门外设门墩,二道门尚存,亦设门墩;后院正房面阔三间,卷棚顶,东西厢房面阔三间,单坡顶。上街西巷100号院,位于巷内北侧,坐北面南,开南门,广亮门,门内设砖砌影壁,正房面阔三间,卷棚顶,东西厢房面阔两间,单坡顶。上街西巷198号院,位于巷内北侧,坐北面南,开南门,随墙门。老宅院4,位于堡内北端北墙内侧,一进院落,坐北面南,开南门,广亮门;院内现作为教堂使用。该院为全城制高点。老宅门5,位于巷内北侧,一进院落,坐北面南,开南门,随墙门。

　　南北主街　主街两侧有老宅院。中街东巷40号院,位于主街东侧,一进院落,坐北面南,开西门,随墙门。正街6号院,位于主街西侧,一进院落,坐北面南,开东门,广亮门。近代建筑,位于十字街口东北角。

　　中街西巷　即堡内南部十字街西街,呈东西走向,其北侧有2条南北向的支巷。中街西巷135号院,位于巷内南侧,一进院落,坐北面南,开北门,随墙门,门内设砖砌影壁1座。中街西巷107号院,位于巷内北侧,二进院落,坐北面南,开南门,广亮门。门内设二道门、三道门,均为随墙门,正房面阔五间,卷棚顶。老宅院6,位于巷内北侧,二进院落,坐北面南,开南门,广亮门,门外两侧设门墩,前院正房面阔三间,卷棚顶,东西厢房面阔三间,单坡顶;后院正房面阔三间,卷棚顶,东厢房面阔两间,单坡顶,厢房面阔三间,单坡顶。中街西巷109号院,位于巷内北侧,二进院落,坐北面南,开南门,广亮门;前院东西厢房各三间,单坡顶,二道门为随墙门;后院正房面阔三间,卷棚顶,东西厢房面阔两间,单坡顶。中街西巷108号院,位于巷内北侧,一进院落,坐北面南,开南门,广亮门,门内设砖砌影壁。老宅院7位于巷内北侧,一进院落,坐北面南,开南门,仅存正房。中街西巷117号院,位于巷内北侧,院内分东西两院,均为一进院落,坐北面南,开南门,广亮门,门内设影壁。32 号院,位于巷内南侧,一进院,坐北面南,开北门,广亮门,门内设砖砌影壁。121 号院,位于巷内北侧,一进院落,坐北面南,开南门,广亮门,门内设影壁,正房面阔五间,硬山顶,西厢房面阔三间,单坡顶。门外西侧即南房南墙上设影壁 1 座,影壁上装饰"五福捧寿"主题砖雕。122 号院,位于巷内西侧,一进院落,坐北面南,开东门,随墙门。

中街东巷 即堡内十字街东街,呈东西走向。老宅院 8,位于巷内北侧,二进院落,坐北面南,开南门,门已毁,二道门尚存,正房面阔五间,卷棚顶,东西厢房面阔三间,单坡顶。老宅院 9,位于巷内北侧,二进院落,坐北面南,开南门,门已毁,仅存正房,正房面阔五间,为过厅样式。中街东巷 36 号院,位于巷内南侧,一进院落,坐北面南,开北门,随墙门。老宅院 10,位于巷内北侧,二进院落,坐北面南,开南门,广亮门。37 号院,位于巷内南侧,一进院落,坐北面南,开北门,随墙门。老宅院 11,位于巷内北侧,一进院落,坐北面南,开南门,广亮门,正房面阔三间,卷棚顶。老宅院 12,位于巷内北侧,一进院落,坐北面南,开南门,广亮门。东墙内尚存顺城街,南达东南角与南墙顺城街相连,北连上街东巷,无老宅院。宗家大院,位于南北主街东侧,一进院落,坐北面南,开西门,广亮门。中街西巷 129 号院,位于南北主街西侧,一进院落,坐北面南,开南门,门已毁,仅存正房。老宅院 13,位于南北主街东侧,一进院落,坐北面南,开西门,广亮门,门内设砖砌影壁 1 座。

下街东巷 南墙内顺城街东,呈东西走向。下街东巷 21 号院,位于巷内北侧,一进院落,坐北面南,开南门,广亮门。下街东巷 6 号院,位于巷内东侧,一进院落,坐北面南,开西门,广亮门,门内设影壁 1 座;院内正房面阔三间,卷棚顶,东西厢房各面阔三间,单坡顶。下街东巷 23 号院,位于巷内北侧,一进院落,坐北面南,开南门,随墙门,正房面阔五间,卷棚顶。老宅院 14,位于巷内北侧,一进院落,坐北面南,开南门,门已毁,正房面阔五间,卷棚顶。东巷 12 号院,位于巷内北侧,一进院落,坐北面南,开南门,广亮门,门内设影壁。户主姓杨。

下街西巷 南墙内顺城街西,呈东西走向,无老宅院。

观音殿东侧有一条巷子。内有老宅院 67 和 68。观音殿西侧为街道,有老宅院 69。

2. 寺庙

三官庙 位于玉皇阁南侧,现已无存。

真武庙 位于堡西北角、三清阁北侧,现已无存。

马神庙 位于南门内南北主街上,正对南门,现已无存。

魁星阁 位于堡门楼。

五道庙 位于下街东巷内,东墙内侧,现已无存。

药王庙　位于上街西尽头的西墙下,现已无存。

岳王庙　位于上街西巷内,现已无存。

寺庙1　位于西门顶部,名称未知,现已无存。

寺庙2　位于中街东尽头的堡墙上,名称未知,现已无存。

寺庙3　位于上街西巷,三清阁对面,面东,名称未知,现已无存。

三清阁(过街楼)　位于上街西巷内(彩版6-16)。坐北面南,砖砌拱券过街楼,设南北门,门券均为三伏三券。南面门券拱顶上方镶嵌砖制阳文门匾,由3块方砖拼接而成,正题"众妙门"。北面门券拱顶上方亦镶嵌砖制阳文门匾,由3块方砖拼接而成,正题"捧圣阁"门顶修建三清殿,面阔三间,硬山顶,出前檐廊。

玉皇阁　位于堡北墙中部内侧,平面呈矩形,黄土夯筑,体量较大,外立面尚存包砖遗迹。庙台南立面设登台踏步,黄土夯筑,外立面原包砖。现台上建筑已毁,推测为玉皇阁。

观音殿　位于北官堡南门外,正对南门。观音殿仅存山门,新建建筑。

龙神庙　位于北官堡西南角外,为新建建筑,现为打树花艺术团驻地。殿宇在"文革"时期拆毁,20世纪70年代修建电影院。2010、2011年前后拆除电影院,复建龙神庙。龙神庙对面即为暖泉水池。旧时北官堡在行雨时需要去大街上的水池中取水,游街,将龙神庙中的龙神抬出,唱戏三天。若不下雨,便用水泼北官堡堡门。

五道庙　位于上街东巷,新建建筑,面阔单间,单坡顶,内壁新绘壁画。

(六)西辛庄村

西辛庄村,位于暖泉镇区的西北部,北接砂子坡村,南邻西场庄村,东邻暖泉村,西为冲沟河道和大坝。村内有海子巷、大巷、东沟街、西沟街等部分。西辛庄村民为杂姓,现在户口有700多,与旧时相当。

1. 街巷与古宅院

海子巷　位于村内,大致呈西北—东南走向,西北尽头为五道庙,街道与大巷、东沟街相连,东南尽头为当铺和暖泉幼儿园,街巷与砂子坡主街相连。街道宽阔,现为水泥路面,因路南侧旧有1座圆形的水坑,俗称海子而得名。现水坑已经干涸,沦为垃圾坑。坑西侧为西辛庄村委会大院,院中立有手机信号塔。街内老宅院众多,主要有:西辛庄村48号院,近代大门,位于海子旁边,门楣正题写有"海子",两侧有水泥对联。老宅院7,随墙门。海子巷10号院,随墙门。老宅院6,广亮大门。海子巷15号院,即为姑子庙。庙前街17号院,广亮大门,大门倾斜。庙前街18号院,广亮大门,门内有影壁。

大巷　位于村内五道庙西侧,大致呈东西向,东端与海子巷相连,西端连接西沟街,现为宽阔的水泥路面。街内老宅院众多,主要有:老宅院10,位于五道庙西侧,大巷路北侧,广亮大门;还有庙前街41号院、大巷街74号院,老宅院11、老宅院12。

东沟街　位于五道庙东、北侧,尽头为死胡同。其中东侧街道内无老宅院遗存。北侧街道内有老宅院 8 和 9。

西沟街　大致呈东西向,东与大巷相连,西出村。街内老宅院主要有:老宅院 13、14。

2. 寺庙

据庙前街 18 号院房主、72 岁的曹姓老人回忆,旧时村中曾修建有姑子庙、五道庙、真武庙、关帝庙。

姑子庙　位于海子巷 15 号院。寺庙于 2007 年由主持义宏布施修缮,现为二进院,原东跨院(禅房院)已无存。山门的建筑形制与民宅大门无异。前殿面阔三间,卷棚顶,五架梁。殿内没有壁画和塑像。殿前置一铁质香炉,两侧为面阔 2 间的东、西厢房。后院正殿旧为土坯房,殿内仅中间供奉塑像。修缮后面阔五间,外卷棚顶,内硬山顶,五架梁,前檐额枋新绘彩绘,殿内供奉三世佛、观音和文殊。全新塑像。没有壁画遗存。正殿两侧旧时建有配殿,西配殿为地藏殿,东配殿为观音殿。现为禅房。

寺院现由一位尼姑看护,法号义宏,蔚县人,1989 年来此地。

五道庙　位于海子巷北口,现为十字路口,南侧为海子巷,西侧为大巷,东、北侧为东沟街。庙宇建筑无存,现为新建的影壁。

真武庙　位于西辛庄村西北部,五道庙西北方山坡上,真武庙内曾有壁画。现为遗址。

关帝庙　或称"四方院",位于真武庙西北侧,属大巷范围内,"文革"后期拆毁。现为遗址。

(七)砂子坡村

砂子坡村,位于暖泉镇区的西北部,南邻西辛庄村(辛庄),东接北官堡村。村西为一条南北向河流,北为一马平川的耕地,村东北为三条冲沟交汇处,村北部新建有暖泉中学。村庄旧时有 800 余人,现在有 1 000 余人居住。

1. 城堡

辛庄村堡　又名东中堡,位于砂子坡村内,油坊巷东侧,砂子坡主街西侧,海子巷主街北侧,面积小。据当地长者回忆,城堡现仅存 1 座东堡门。由于堡墙无存,城堡四至未知。堡内平面布局大致呈丁字街结构。

城堡开设东门,坐西面东,砖石拱券结构,基础为 3 层条石,上面青砖起券,内、外侧均为三伏三券。内侧门券上有 2 门簪,上面镶嵌石质门匾,正题"永安门",右侧落款"太平真富贵",左侧落款"春色大文章"。门内顶部为券顶,石雕门闩孔。外侧门券与内侧结构相同,2 门簪,上面镶嵌石质门匾,正题"东中堡",右侧落款"大清光绪岁次乙酉桂月榖旦",乙酉年即光绪十一年(1885)。左侧落款"阖堡公议创建堡门楼 1 座"。堡门上出错缝牙子砖,顶部砖砌花勾栏,墙体收分不明显,保存较好。堡门外对面为供销社,堡门北侧为砂子坡卫生室。门内为南北主街,水泥路面。

据当地长者回忆,辛庄旧时有百八十人居住,杂姓。当地传说堡门刚落成后,社会变革,故未建堡墙。堡内南北主街西侧共有3条东西向巷子,为老宅院所在地。堡内老宅院有:辛庄36号、40号院、43号院、44号院、45号院、46号院、47号院、48号院。

2. 民宅

砂子坡村内老宅院众多,主要分布于砂子坡主街、油坊巷、凉山等处。

砂子坡主街　位于村内,大致呈西北—东南走向,北部位于村内,街内东侧为老君观所在地,街内老宅院有:砂子坡108号院,位于老君观西侧水泥路边。老宅院1,位于老君观西侧水泥路边。此外,还有老宅院16、老宅院18。

南部即216乡道所在地,地名三道壕,主街西侧有老宅院,为小庙前街60号,继续北上,路西有老宅院15及供销社。该街道南端即为暖泉当铺。

油坊巷　位于村内,大致呈南北向,南端与西辛庄村的海子巷相连接。油坊巷为分界线,西侧为西辛庄,东侧为砂子坡。街内老宅院有:老宅院2,位于油坊巷北尽头,随墙门,还有老宅院3~5。

凉山　位于砂子坡村的东北部。据当地长者回忆,凉山曾名凉山庄(涌泉庄),属砂子坡村管辖,处于1座独立的台地上。其南侧为北官堡北墙。凉山顶部地势狭窄,平面布局仅一条南北主街,北口为进村主口,修建有健身园,南北主街地名东道湾。水泥方砖铺地。主街西侧有凉山93号院和老宅院17。主街南口修建有观音殿。

砂子坡后沟　位于凉山东、北侧的冲沟中。山谷内有新立的暖泉石板沟事件遗址纪念碑。沟内民宅以新房为主,居民较少。

3. 寺庙

据当地长者回忆,辛庄村堡曾有观音龛、五道龛,砂子坡曾修建有老君观、观音殿、泰山庙以及3座五道庙。

观音殿　位于凉山南北主街南端,整体坐南面北。正殿前长有一株松树。正殿面阔单间,单檐硬山顶,四架梁出前檐廊,前廊内悬挂有1999年暖泉镇车站铸造厂铸造的铁钟一口。殿内新施壁画、塑像。观音殿东侧有4通石碑。字迹漫漶,其中1通为咸丰时期的墓碑。殿前杨树下有1通嘉庆十年(1805)的石碑。

老君观　位于砂子坡村东部高岗上,东、西、南三面环沟,沟下为道路,为暖泉镇区北部制高点之一(彩版6-17)。建筑群坐北面南,由前后二进院落组成。现存戏楼1座、山门1座、钟鼓楼各1座、三清殿1座、祖师殿1座、财神殿1座、真武庙1座、斗姆殿1座、文昌殿1座,真武庙西耳房1间,东西厢房各1座。据悬于三清殿门口的匾额记载,三清殿始建于金泰和年间,初修于元元贞年间,重修于明隆庆年间,复修于清乾隆年间,抢修于

2003 年农历癸未年。

现为全国重点文物保护单位。

戏楼，位于山门外南侧，三面临沟，坐南面北。该戏楼于 20 世纪 80 年代为大火所焚毁。2004 年在村两委会的带领下，村民们集资 85 000 元，经过四个多月的修缮，在原址上重建了戏楼。砖砌台明高 1.3 米，单檐六檩卷棚顶，面阔三间，前檐柱 4 根，金柱 2 根，柱下石鼓柱础。明间置四抹落地隔扇分隔前后台，左右出将、入相二门。隔扇上的走马板绘人物故事画，山尖绘山水画。

山门，单檐硬山顶，广亮门，五架梁，内正中置屏门，已修缮，重施彩绘。门外从南至北为 18 步砖砌台阶，两侧各设 1 只石狮子。门扇之上绘有《八卦图》，门楣上饰有三枚门簪。门簪之上悬匾，匾上书"老君观"三字。门内东西两侧建有三檩四柱悬山顶钟鼓亭，钟亭内悬挂有 2003 年暖泉镇铸造的铁钟一只。

前院正殿为老君殿，已经修缮。坐北面南，面阔三间，硬山顶，六架梁出前檐廊，殿内塑像新塑。梁架新施彩绘。殿内壁曾抹白灰浆，壁画残存。

在中央石供台的背屏后绘有赵公明元帅像，红脸黑髯，右手高举钢鞭，像高 192 厘米。从画面的破损程度和画面边框的花纹装饰，大致可以判断这幅神像图和三清殿其他壁画属于同时期绘制。

正壁两侧次间各绘五位真君，顶上皆有榜题。书写真君名号。西次间真君图宽约 196 厘米，高约 219 厘米；东次间真君图宽约 198 厘米，高约 224 厘米。10 位真君分别是：

东（从东至西）：①长生明德真君，②长真蕴德真君，③丹阳普化真君，④庄子南华真君，⑤广宁太古真君。

西（从西至东）：⑥重阳开化真君，⑦正阳传道真君，⑧纯阳警化真君，⑨东华紫府真君，⑩清静顺化真君。

北壁东次间、西次间表现的并不是南北五祖，而是北五祖中的四位、七真中的五位、玄元十子中的一位。这十位真君选自版刻经本中的真人像。康熙六年(1667)、乾隆四十五年(1780)本《老子八十一化图》以及杭州本、太清宫本中都收录有三十一位真人祖师像，暖泉老君观三清殿的十位真人像保持了和版刻本中图像的相似性。

两侧山墙尚存清代中期的老子八十一化题材壁画[1]。连环画式，壁画表面涂刷有白灰浆。

东壁分布着第一至第四十一化，但只有 40 幅图，有一处只有题榜内容而没有对应的图；西壁分布着第四十二至第八十一化，也有 40 幅图。壁画大多数保存比较好，画面和题

---

[1] 胡春涛：《河北蔚县暖泉老君观三清殿壁画的考察与相关问题的研究》，《艺术探索》，2012 年第 26 卷第 1 期。

榜文字多数还能看得清楚。东、西壁底第 1 排每幅宽约 44 厘米,高约 46 厘米;上 3 排每幅宽约 44 厘米,高约 51 厘米。老君观三清殿老子八十一化壁画在东、西两壁的分布情况如下表:

东壁

第四十一化□□□	第四十化□□□	第三十九化□□	第三十八化游于阗	第三十七化藏日月	第三十六化降外道	第三十五化拨泰山	第三十四化说浮屠	第三十三化摧剑戟	第三十二化跨神龙	第三十一化起青莲
第廿一化过函关		第廿二化试徐甲	第廿三化训尹喜	第廿四化升太微	第廿五化会青羊	第廿六化□□□	第廿七化入罽宾	第廿八化化王子	第廿九化□□□	第三十化□金光
第廿化弃周爵		第十九化□□□	第十八化诞圣日	第十七化授隐文	第十六化为帝师	第十五化住崆峒	第十四化始器用	第十三化教稼穑	第十二化置陶冶	第十一化□□
第一化（榜题毁）		第二化□□□	第三化□□□	第四化□□□	第五化辟天地	第六化隐玄灵	第七化受玉图	第八化变真文	第九化垂经教	第十化传五公

西壁

第七十二化传丹诀	第七十三化现朝元	第七十四化颁流霞	第七十五化刻三泉	第七十六化云龙岩	第七十七化居玉堂	第七十八化明崖壁	第七十九化珍庞勋	第八十化传古砖	第八十一化起祥光
第七十一化应帝梦	第七十化彰灵宝	第六十九化新兴寺	第六十八化黄天原	第六十七化□□□	第六十六化毗摩铭	第六十五化建安化	第六十四化封窊谦	第六十三化□□□	第六十二化□□□
第五十二化天地数	第五十三化诏沈羲	第五十四化解道德	第五十五化授道像	第五十六化游郎琊	第五十七化校簿书	第五十八化传正一	第五十九化说斗经	第六十化教飞升	第六十一化授三洞
第五十一化训阳子	第五十化教卫生	第四十九化胤四真	第四十八化扬圣德	第四十七化叹犹龙	第四十六化□□□	第四十五化弘释教	第四十四化赐丹方	第四十三化舍正国	第四十二化□□□

从上表可以看出,老子八十一化图的分布有一定规律。东壁始于底排,由北向南,第 1 排结束后接第 2 排南边,层层向上,呈"S"形上升。东壁结束后接西壁底排北边第 1 幅,从北至南,第 1 排结束后接第 2 排南边第 1 幅,呈反"S"形循环上升。

前院西配殿为财神殿,面阔三间,单坡顶,三架梁出前檐廊,殿内正壁及南北山墙尚存清代中晚期壁画。壁画表面涂刷白灰浆。正殿已修缮,殿内新塑塑像,梁架新施彩绘。

正壁绘有《财神坐堂议事图》。明间绘有 3 尊主要神像,呈三角形分布,每一神像身后配置 4 位侍从。位居中央者,头戴硬翅幞头,项戴方心曲领,双手持笏,端坐。其正前方摆放聚宝盆,盆内盛宝珠和珊瑚,熠熠生辉。身后左右各 2 名侍童,左侧两位勾肩搭背,满脸含笑;右侧一人拱手侧立,手捧如意,一人手捧大铜钱,上书"乾隆通宝"。居左者(北侧),侧身面右而坐,面容清秀,身披青袍,左手藏于袍内,右手捻裙带置于胸前。其身后有侍从

4 人,前两人头戴乌纱帽,身着绿、红官服,都手捧书卷,第一人所捧书签上题有"招财进宝
□□";后两人为胡人,一人手捧花瓶,瓶中插有珊瑚,另一胡人手托玉盘,盘中有熠熠发光
的宝珠。居右者(南侧),侧身面左而坐,身披绿袍,圆目硕鼻多髯,左手置于左腿上,右手
托元宝于胸前。其身后亦有侍从 4 人,前 2 人着明代朝服;后 2 人亦为胡人,一人双手持
象牙,一人手托盘,盘中有物,但已漫漶。

正壁南、北两次间,分别立有 4 位进宝人。北次间前面两位手持书卷,后面两位手中
持宝物。南次间 4 位皆手中持宝物,其中有一位胡人。

两侧山墙壁画为连环画式,3 排 4 列,内容为《百工图》。各有 12 幅,两殿合起来共计
48 幅,未见榜题。壁画表面涂刷白灰浆。

前院东配殿为祖师殿,面阔三间,单坡顶,三架梁出前檐廊,前廊南墙下设面然大士
龛。殿内正壁及南北山墙尚存清代中晚期壁画,连环画式,每面 3 排 4 列,内容为《百工
图》。壁画表面涂刷白灰浆。正殿已修缮,殿内新塑塑像,梁架新施彩绘。

后院正殿为真武殿,面阔三间,硬山顶,六架梁出前檐廊,前廊西墙下有一碑座。正殿
已经修缮,殿内新塑塑像,梁架新施彩绘,壁画新绘,其中东西山墙壁画为连环画式,4 排
9 列。正殿西侧建有西耳房,无东耳房。前后院配殿之间修建有房屋,作为杂物间使用。

后院西配殿为斗姆殿,新建建筑,面阔三间,单坡顶,正殿已经修缮,殿内新塑塑像,梁
架新施彩绘,无壁画遗存。

后院东配殿为文昌殿,新建建筑,面阔三间,单坡顶,正殿已经修缮,殿内新塑塑像,梁
架新施彩绘,无壁画遗存。

后院尚存石碑 2 通,1 通为道光丁未年,即道光二十七年(1847)八月《重修五道庙施
财善人开列于左》;1 通为残碑,仅存上半部,为乾隆三十……"勒碑刻铭"。

泰山庙　位于老君观东墙外,与老君观并列,正殿坐北面南,面阔三间,硬山顶,进深
五架梁。殿内新塑三位奶奶像,两侧还有几位侍女。两侧内壁新绘壁画,画中上部为诸乐
女弹奏表演,下部为一群孩童戏耍的欢乐场景,表现了天伦之乐。

（八）风水庄村

风水庄村,位于暖泉镇区的东北部,旧时称为"后涧",分为涧上、涧下两部分。村庄选
址修建在平地及冲沟内,地势南低北高,北部有 3 条南北向冲沟。西接砂子坡,南邻北官
堡、暖泉村。村庄东、北地势相对平坦,辟为大面积的耕地。新村分为东、西两个片区。民
宅以新房为主,居民较多,东部片区地名为"涧底街"。西部片区地名为"下涧",尚存 1 座
老宅院,下涧 50 号院。旧村位于村中部的台地上,处于东西两条冲沟的交汇处,地势较
高。旧村规模较小,民宅以土旧房为主,新房较少,大部分废弃、坍塌,无人居住。旧村南
侧坡地下为风水庄村委会、卫生室所在地。

1. 民宅

旧村地名"先锋庄",应为"文革"时期所改。据当地长者回忆,旧村在改革开放后陆续搬迁下来,目前只有三五人居住,旧时有 700~800 人,杂姓。均住在坡上及东沟内。搬迁的主因是房屋陈旧,交通不便。村内尚存数座老宅院。

西沟沿街 位于旧村内西南部,街巷临冲沟边缘,尚存 1 座老宅院,为西沟沿街 41 号院。

前坡 位于旧村中东部,临冲沟边缘,在前坡与正巷交汇处尚存 1 座老宅院,前坡 78 号院。此外,东部还有前坡 84 号院和老宅院 69。

西沟巷 为村内西侧南北主街,巷内有老宅院 67。

正巷 为村内中部南北主街,巷内有正巷 27 号院,北尽头为老宅院 68。

2. 寺庙

五道庙 位于旧村的东村口,现已无存。

(九)暖泉村

1. 民宅

暖泉村位于暖泉镇区的中东部,北邻风水庄,西接北官堡、西场庄、中小堡、砂子坡,东、南为大面积的耕地。村庄平面格局为东西主街结构,村内已全部改造为新村,东村口为暖泉镇区的主入口,修建有暖泉中心学校、牌坊、客运站、环岛、手机信号塔等建筑。东西主街两侧多为临街的商铺,民宅整齐划一,居民较多,主街北侧建有卷烟厂、树花广场、工商局。

王敏书院 位于暖泉镇内中心处,暖泉逢源池的源头。书院传说为元代工部尚书王敏所建,整座书院坐北面南,现存正房 1 座(5 间)、魁星楼 1 座、古井 1 口、逢源池 1 面、石碑 1 通、凉亭 1 座。前院正房单檐硬山顶,面阔五间,五架梁前后各出廊,次间悬挂清代第七十七任察哈尔都统代都统多罗特·升允题写的楹联一副。东西两侧各建厢房。正房前有一口古井,旧时暖泉的泉水便从古井中涌出。凉亭后有 30 米见方的石砌水池,有东西二龙口,前有石灰石砌八角井 1 座,由逢源池经凉亭下过八角井向南汇入暗渠。凉亭东有 1 座重檐四角攒尖式魁星楼,魁星楼基座为砖砌,四面方形,基座四周顶部形成坡脊,脊顶檐下砖作仿木构砖雕椽子,椽子下饰檩、枋、枨头,枨头下饰垂花柱,柱头间施平板枋,枋下饰雕花额枋。基座辟南北券形通道,拱形门洞顶部饰两颗门簪,门簪上有匾,但字体已被铲平。基座上再建两层楼阁,每层阁外皆设环形回廊。顶层楼阁内新塑"魁星点斗"。

书院曾作为镇招待所饭店被占用。"文革"期间,牌楼、大门、东西厢房、三角井毁坏。1982 年公布为第一批县级文物保护单位。

暖泉当铺 位于暖泉村内。当铺面北,前为三岔路口,西侧有暖泉中心幼儿园。现存房屋 4 栋,东、南、西、北各 1 栋,面北临街 10 间,南房 5 间,东、西房各 5 间。当铺建筑布局呈口字形,内为天井,四面建筑合围。南房为倒座房,硬山顶,六架梁建筑;东、西房各面阔五间,五架梁,歇山顶建筑;转角合围;北房为门面房,东部开门,铁皮木板门二扇,东西面宽十间32.1米,南北进深五间18.2米,梁架为四架梁,梁架上木雕雀替、驼墩等。其他建筑所开门窗均为平顶结构,无拱券。据村内长者回忆,原建筑内为银号、票号、钱庄、当铺。

朝阳楼 二层楼,旧时为饭馆,现为药店使用。楼西面为老宅院19。朝阳楼南侧为西场庄东口。

暖泉保障坝 位于暖泉镇区西侧。暖泉历史上饱受洪水之患。康熙十九年(1680)村人董揆叙筑土坝,乾隆三十八年(1773)知州靳荣藩再筑石坝,袤延共三百一十丈,高九尺有奇,原名董公坝,后称许公坝,最后称保障坝。如今石坝保存完好,南北长约1 023米,坝宽4米,外包条石内夯土,高2.5米,坝中间开一出入孔道。

2. 寺庙

华严寺 位于暖泉村东部,俗称大寺,清光绪年间曾称为崇教寺,是这一带的三大华严寺中的下寺,也是蔚县历史上著名的古刹,其规模仅次于县城的灵岩寺。整座寺院坐北面南,寺南有一条古道,道南有佛爷镜水塘,塘南为倒座观音殿(已重修)。寺院始建于唐代,明初敕赐重建,整个寺院坐落在高1.3米的方台上。"文革"期间钟鼓楼、禅房、山门等被拆毁,1968年改为粮库使用。现存前殿、大雄宝殿。

现为全国重点文物保护单位。

前殿,位于砖砌台明上,坐北面南,面阔三间,进深三间,单檐歇山顶。檐下柱头施额枋与平板枋,枋上施斗拱,前后檐下补间两攒,山墙补间一攒;斗拱五踩单翘单下昂,一跳翘头施异形拱;二跳作昂形,昂上置十八斗;十八斗上施厢拱与要头,厢拱上置三踩,上升承挑檐枋与挑檐桁;其中间三才升垂直方向再出一要头。前檐额枋尚存彩绘。前殿东侧前槛墙上镶嵌有乾隆四年(1739)八月的施银碑,从碑中可以见到果家庄、牛家岭、伊家庄、歇心庵、南留庄、埚里、绫罗里、西石门、良草涧、西马庄、西下官庄等地名,说明当年这座华严寺影响范围很大。殿内顶部置天花板,上绘龙凤、仙鹤等图案。殿内原供养"华严三圣"。旧时殿内所供一尊佛前檐悬匾"无上士"。殿内尚残存壁画。

后殿,位于砖砌台明上,坐北面南,面阔五间,进深四间,单檐歇山顶,檐下柱头施额枋与平板枋,枋上施斗拱,前后檐下补间两攒,山墙中间两间补间一攒,两侧无补间;斗拱五踩双单下昂。殿内采用七架梁,梁架上布满五彩彩绘的花卉、狮子等图案。殿门悬匾"调御丈夫",殿内原供养三世佛,中间为毗卢遮那佛,左为药师佛,右为阿弥陀佛。殿内两侧均有悬塑,塑有帝释天尊、伽宾宫娥、文臣武将等。

旧时前院东配殿供奉土地神,西配殿供奉祖师像;后院东配殿供奉眼光菩萨,西配殿供奉马神。钟鼓楼位于中殿两侧。

华严寺长期作为暖泉粮库使用,2014 年维修大殿拆除砌墙时,露出了原墙壁上完整的水陆壁画,此堂水陆壁画独到之处是,每组神祇人物均被线框分开,每幅画中,一人持幡引路,上面注明引导的是何方神仙。

观音殿　位于华严寺南侧,新建建筑。前面有圆形水池。观音殿坐南面北,正殿面阔三间,硬山顶,出前檐廊。

第三节　宏 胜 庄 村

宏胜庄村位于暖泉镇东南偏南 2 公里处,地处壶流河南岸,属河川区,地势南高北低,为沙土质,周围辟为耕地。1980 年前后有 495 人,耕地 1 345 亩,曾为宏胜庄大队驻地。

1972 年兴建壶流河水库时,原西下官庄村部分居民迁此建村,取名"宏胜庄村"。如今,宏胜庄为新村,无古建筑。228 乡道穿村而过。

第四节　辛 孟 庄 村

一、自然环境与人文历史

辛孟庄村位于暖泉镇东南 3.3 公里处,坐落于壶流河水库南岸。228 乡道从村中通过。属河川区,地势较平坦,为沙土质,辟为耕地,1980 年前后有 1 520 人,耕地 4 600 亩,曾为辛孟庄大队驻地。

相传,村庄建于辽重熙年间,原称千家镇,为一集镇。后因洪水冲毁,集镇迁到暖泉,经历代修整成为现庄。因辛、孟两姓名较多,故取村名辛孟庄。村名可考的历史最早见于《(乾隆)蔚州志补》,作"辛孟庄",《(光绪)蔚州志》《(民国)察哈尔省通志》沿用。

如今村庄规模较大,分为南、北两个部分。南部为新村,新村村口有新修的铁牌坊。民居规划整齐,全部为红砖修建的房屋。旧村位于北部。村西立有 1 座大影壁。影壁正中有巨大的"福"字,"福"字两侧绘龙与凤。影壁两侧楹联分别为,上联"功积于人天赐吉祥",下联"修德在己复求如意"。影壁外侧正中为"辛孟庄"三个大字。旧村亦分为新旧两部分,西部有新建的房屋,但总数较少,东部即城堡所在地。柏油公路穿村而过。(图 6.6)。

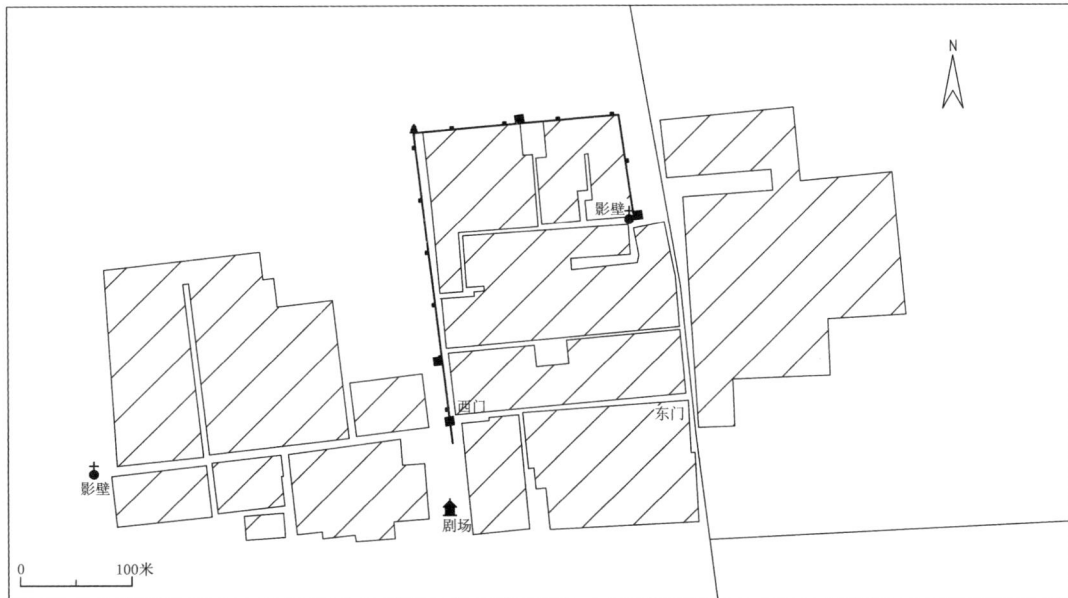

图 6.6　辛孟庄村古建筑分布图

二、城堡

辛孟庄村堡,位于北部旧村内,旧村大部分位于城堡内,故城堡所占面积大。城堡所在地地势平坦,建筑毁于 20 世纪 60 年代。城堡平面呈矩形,开东、西门,堡门位置偏南,且二门不正对,城堡内平面布局为东西主街结构(图 6.6)。

城堡开设东、西门,堡门位置偏南,堡门建筑拆毁于"文革"期间,现东门无存,为豁口,西门尚存北侧的护门墩,228 乡道从门中穿过,西门外南侧为剧场。

堡墙均为黄土夯筑,保存差。东墙仅存近东北角附近墙体,长 99 米,高约 5 米,大部分墙体位置为房屋占据。东墙尚存 1 座马面,方形,坍塌一半。马面正对一条东西向街道,故在马面内侧立面修建 1 座影壁。影壁为 2 层条石基础,保存较差,坍塌约三分之一,且表面砖多已脱落,露出土坯心,顶部亦坍塌。南墙无存,现为民宅。西墙现存约 283 米,以西门以北的墙体为主,西门附近墙体保存一般,墙体高大、连贯,壁面斜直,高约 5 米,墙体夯土不纯净,里面夹杂有许多石子和陶片。其余大部分墙体保存差,墙体低薄,多坍塌,断断续续,部分地段仅存不足 1 米高的土垅。墙体内侧为道路,外侧为耕地。西墙尚存 1 座马面,位于西门北侧,马面呈方形,体量很大,保存一般。北墙长约 175 米,保存差,墙体外侧为耕地及道路,内侧为民宅。北墙西段现存为约 1 米高的土垅。北墙中部设 1 座方形马面,马面体量大,保存较好,高约 6 米,近乎原高,其上部长一株大树。北墙东段墙体相对较高,高 2～3 米,墙体内侧长有一排杨树。

东南角、西南角、西北角无存,东北角仅存基础。

堡内共3条东西向街道,以南侧为主街,西墙内侧的顺城街连接3条街道。堡内民宅以旧房为主,无老宅院遗存。

三、寺庙

据当地长者回忆,城堡内外原有关帝庙、龙神庙、戏楼、阎王殿、五道庙、真武庙、泰山庙、观音庙、财神庙、马神庙、眼光庙等。寺庙建筑拆毁于20世纪50年代。如今仅存1座剧场。

关帝庙、龙神庙及戏楼　位于东门外,现已无存。

阎王殿、五道庙　位于西门外,现已无存。

真武庙　位于北墙马面上,现已无存。

剧场　位于城堡西门外侧,坐南向北,保存一般。从水泥制的装饰上看,为1980年修建,且原先此处未建有戏楼。剧场的建筑与其他同时代的剧场风格一致。剧场最有内涵的还是剧场两侧的楹联,这是蔚县文化的浓缩,此处楹联有两副。外侧,上联"管弦呕哑外观朴内窥质原为精思结晶",下联"歌台暖响远看秀近视美□系匠心精湛"。内侧,上联"广袖漫舞心旷神怡",下联"乐声交响云停鸟聚"。正面为"蔚县辛孟庄舞台"。剧场前为空地,长满杂草,久已废弃。

此外,村中有2通残碑,1通为明嘉靖年间,另1通为清乾隆年间,石碑字迹漫漶。

第五节　郝家庄村

一、自然环境与人文历史

郝家庄村位于暖泉镇西北偏北3.7公里处,坐落于金泉峪沙河东岸,该河西岸即为山西省广灵县境内。村庄属平川区,地势东北高西南低,为壤土质,辟为耕地。1980年前后有160人,耕地387亩,曾经为郝家庄大队驻地。

相传,清乾隆年间从蔚州城郝家巷迁来一户姓郝的居民看管坟地,始于崖头下挖窑居住,后建村,故取名郝家庄。但蔚县诸版方志均失载。经过调查,当地长者云本村是为蔚州古城郝杰家看守祖坟人的后代,当时为看守郝家祖坟,搬迁部分族人来此居住,逐渐形成坟庄子。

如今,216乡道从郝家庄村中部穿过,将村庄分成东、西两部分。西面为旧村,东面为新村。旧村规模小,民宅以土旧房为主,仅几户居民,大多数已废弃。当地长者云村庄旧时只有四座院子,现全部废弃,但4座院门尚存,皆为随墙门。新村的房屋有一部分是因附近的蔚县水泥厂(位于村南)而建。村民全部姓郝。

二、寺庙

龙神庙　位于村北台地上,其南面为一片空地。寺庙仅存正殿,坐北面南,面阔单间,硬山顶,四架梁出前檐廊,保存差,墙体外包砖多已无存,露出里面的土坯墙,屋顶坍塌,门窗残存,殿内因坍塌形成大量积土和砖瓦。墙壁上有少量残存的壁画,大部分漫漶,仅可见到《回宫图》中水车上的电母,故断定为龙神庙。

五道庙　位于村中部偏北,现已无存。

三、郝氏墓地

郝氏墓地,位于村北,216乡道西侧,水渠南侧的耕地中,墓地四至未知,尚存有多座封土。

第六节　千　字　村

一、自然环境与人文历史

千字村位于暖泉镇东北3.7公里处,属平川区,地势较平坦,为壤土质,周围辟为耕地,村北为杏树林。1980年前后有940人,耕地3 151亩,曾经为千字村大队驻地。

历史上这里交通发达,曾是"白六堡""水三堡"通往暖泉的一条古商道,十分繁华。相传,明正德十六年(1521)建村,取名千字。据传当时村人识字不能过千,如超之即受官府处置,故据此取村名。村名可考的历史最早见于《(顺治)蔚州志》,作"千字村堡",《(乾隆)蔚州志补》《(光绪)蔚州志》《(民国)察哈尔省通志》均作"千字村"。

如今,村庄规模大。新村在堡外,旧村在堡内。村委会位于东北角外。村庄原以兰姓为主,但仅剩一户。现以王、赵、宋姓较多。本村的门牌号标识工作较好,几乎每户居民大门上都安装门牌号,这在蔚县的村庄中是不多见的(图6.7)。

二、城堡

(一)城防设施

千字村堡,位于村中部偏西,平面呈刀形,周长约783米,东西长,南北窄。城堡开设东门,东门外为古建筑群,修建有戏楼、寺庙以及近代的学校等(图6.8)。堡内平面布局大致呈丁字街结构。

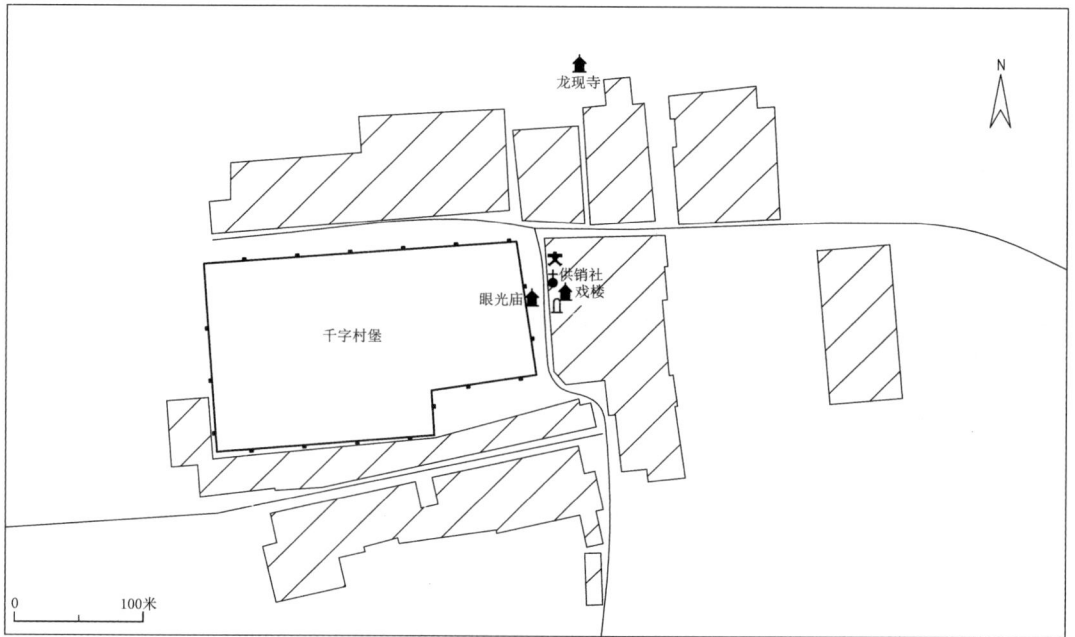

图 6.7　千字村古建筑分布图

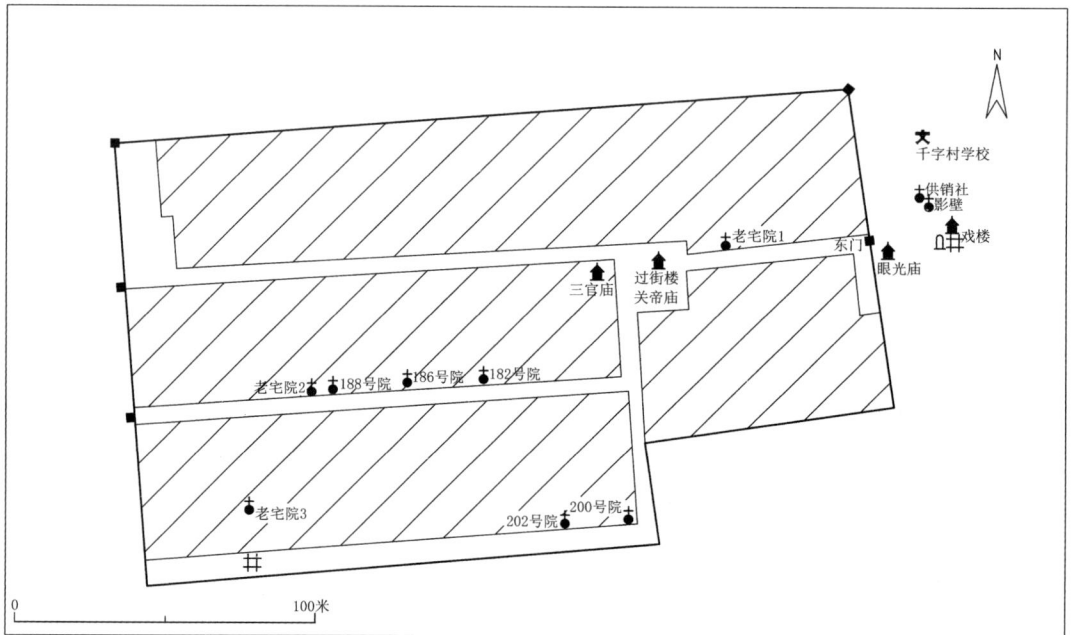

图 6.8　千字村堡平面图

　　城堡东门保存较好,砖石拱券结构,条石基础,较高,共 6 层,条石规整(彩版 6-18、19)。上部为砖砌拱券结构,门券三伏三券,券上出二层伏檐,门券上原镶嵌两枚门簪,现已无存,门簪上方镶嵌石质门匾（拓6.1），正题"千字村"，右侧起款为"道光岁次疆圉协洽年重修"，"疆圉协洽年"，即丁未年，道光二十七年（1847）。右侧落款为"孟夏月立"。堡门内侧拱顶上方亦镶嵌1块较小的石匾（拓6.2），表面风化严重，正题为"千字村堡石碑"，右侧起款"正德拾肆年贰月吉日立"，正题下方刻有"兴工人""石匠""泥匠""木匠"等人的姓名。门匾两侧各镶嵌1块砖雕猴，可辨其为一雄一雌。门顶为砖砌拱券结构，上面安有广播喇叭。门闩孔为方形，条石错位而成。门扇无存，门扇上槛尚存。门道为水泥路面。门外曾修建有护门墩，北侧护门墩尚存，方形，体量较大，保存较好。南侧的护门墩无存，现为眼光庙山门。堡门内南侧尚存有登城梯道，近年新修了门和梯道护栏，堡门顶部铺砖。东门内为东西主街，现为水泥路面。

拓6.1　暖泉镇千字村堡东门外侧门额拓片（蔚县博物馆　李新威　提供）

拓6.2　暖泉镇千字村堡东门内侧门额拓片（蔚县博物馆　李新威　提供）

堡墙均为黄土夯筑。东墙长约 105 米,墙体内侧为民宅,外侧为道路,墙高 4～5 米,高薄,多坍塌,墙体连贯,壁面斜直。但东南角附近东墙不直,有一处拐弯,墙体坍塌严重,仅存基础,基础很高,外面坍塌形成大土坡,上面倾倒有垃圾。南墙长约 289 米,高薄、连贯,壁面斜直,保存一般,高 4～5 米,墙外为新建的房屋,内侧为道路。南墙中部有一缺口,可进出城墙内外。缺口东侧土路南侧尚存一石质香炉,推测为庙中旧物。缺口对面路边有一口废弃的水井。井口盖一巨石,井旁有辘轳石和石槽。西墙长约 147 米,保存较好,墙体高厚,壁面斜直。墙体外侧为顺城土路和新村,内侧为民宅。西墙设有 2 座马面,大大高于墙体。马面保存一般。西墙外侧下面也有坍塌的积土。墙高 4～5 米。北墙长约 242 米,保存一般,墙体高厚,外侧有坍塌成的土堆,墙体高 4～5 米,墙外为荒地,倾倒了许多垃圾,荒地边为东西向水泥路。路北为北庄,为新村。墙体上长有大量灌木和树木。

西南角无角台,仅为转角。西北角设 90°直出角台,东北角设 135°斜出角台,角台坍塌严重。

（二）街巷与古宅院

堡内民宅从门牌号上看分为两部分,以过街楼为界,东半部称为"堡里小堡"。堡内土旧房较多,新房较少,老宅院多。其中过街楼东侧路北有 1 座老宅院 1,硬山顶,广亮门,保存较好。

堡内西半部,即过街楼西侧,共分成东西向三条街道,三条街道的尽头均为西墙,为死胡同。故三条街道的东端为一条南北向水泥路相连。街道内老宅院众多。

堡里后街 即北面的街道,街面宽阔,土路面。该街正对过街楼上楼门口。路北侧多为土旧房,居民少,有许多废弃的房屋。

堡里中街 即中间的街道。土路面,路面宽阔,两侧老宅院众多,几乎每座民宅都是老宅院,门内有影壁,院内砖铺地面,多为一进院,正房保存较好,废弃者少。182 号院,随墙门,门内正对 1 座影壁,硬山顶,菱形方砖壁面,院内正房面阔三间,卷棚顶,两侧厢房面阔三间,单坡顶。186 号院,一进院,随墙门,平顶门洞,硬山顶。188 号院,李家宅院,保存完好,规模大,大门为广亮门,硬山顶,山尖尚存壁画。大门内为一条南北向通道,通道北尽头为影壁,通道两侧共分为 3 个院子,每院皆为一进,院内砖铺地面,正房、厢房皆存。1 座位于门内东侧,随墙门,平顶门洞。2 座位于巷子北端东西两侧,均为随墙门,平顶门洞。西侧为 189 号院。正房面阔三间,卷棚顶,房前东侧有一眼水井,至今仍在使用,井口为石板凿刻而成。院内尚有李家后人居住,房主今年 73 岁,出生于该院内,老人有兄弟二人,老人祖父便在此院中居住。老宅院 2,位于北侧,一进院,随墙门,平顶门洞,硬山顶,院内面积狭小,院子幽深,正房面阔三间,卷棚顶。

堡里前街　即南街,位于南墙内侧。街面宽阔,北侧老宅院众多。200 号院位于前街东口,广亮门,卷棚顶。202 号院广亮门,硬山顶。老宅院 3 为三进院,门前西侧有废弃的水井,宅院前院荒芜,二道门为随墙门,券形门洞,过厅面阔三间,卷棚顶,后院正房面阔五间。

影壁　位于东门外戏楼北侧。影壁坐北面南,面阔三间,硬山顶,保存较好。基础为二层条石。檐下砖雕椽、檩、枋与垫木等仿木构砖雕,采用四根砖雕栀头与垂花柱将其分为三间,垂花柱间饰砖雕草装饰纹的额枋。

供销社和学校　位于影壁北侧,1949 年后所建,建筑坐东面西,供销社为三角形门楼,学校为平顶式门楼,大门上有水泥阳文门匾。如今仅存大门,门内的房屋已改作他用。

三、寺庙

千字村城堡内外曾修建有戏楼、龙现寺、三官庙、眼光庙、五道庙、关帝庙。未曾建真武庙、观音庙和泰山庙。

戏楼　位于千字村堡东门外 20 米处,坐东面西,正对堡门,基础较高,青砖包砌,台明顶部四周铺石碑(以石碑当作石板使用)。戏楼前台口两侧原修有八字墙,现仅存南侧墙体,北侧无存。八字墙近似影壁,墙上有装饰,顶部尚存瓦当和滴水。戏楼面阔三间,卷棚顶,进深六架梁。前檐柱多墩接,古镜柱础,挑檐木出挑很长,南墙外有支撑的土坯墙。戏楼保存较好,前檐额枋上有残存彩绘,象首撑拱,草龙雀替。台内地面为土地,脊檩上彩绘《八卦图》。隔扇仅存框架,残存的走马板上还有彩绘,内容为八仙及戏剧人物故事题材。戏楼内山墙壁上有壁画的痕迹,漫漶不清,隐约可见楼阁与人物。戏楼后墙砖裹檐,中间位置开设一门,门上有门罩檐顶。

戏楼南侧的土路边有水井和石碑,水井为石质井圈,井边有辘轳石,全部废弃。水井上面盖石碑,字迹漫漶不清。此外戏楼东侧还有 1 块墓碑插于地面中,露出部分可见“慎追”,落款有“道光”字样。

龙现寺　位于村东北角外的台地上,四面临旷野(彩版 6-20)。现存建筑为清代。20 世纪七八十年代曾作过学校、大队部、村办企业(皮毛厂)等之用,装修格局已遭破坏,现存建筑已荒芜破败,椽飞糟朽,瓦件脱落严重,门窗残缺。

庙宇坐北面南,庙台高 1 米,自然石垒砌,原有前、后二进院落,前殿已坍塌,现为一进院落。院墙为旧构,保存较好。南墙中部开门,随墙门,硬山顶,内外皆券形门洞,前后一伏一券,上挂二层砖楣子,檐下砖作仿木构的椽、檩、枋、垫木、栀头与垂花柱,枋间施砖雕枋托,柱间饰龙纹砖雕。外侧拱顶上有砖制阳文门匾,南侧门匾上书“龙现寺”,首款为“同治九年桃月吉日立”,落款为“经理人等修造”。内侧也有砖制门匾,表面涂抹白灰浆,从残破处可以看出也是"龙现寺"三字。门前有石头铺的甬路和砖台阶。

庙院内均为砖铺地面,上有积土和杂草。前殿原为龙神庙,已坍塌。如今前院尚存有西配殿及正殿两边的耳房。西配殿面阔三间,硬山顶。东配殿已坍塌成土砖瓦堆。2座耳房均为单间硬山顶,四架梁出前檐廊。东耳房为马神庙,前檐额枋上有残存的彩绘,殿内有残存的壁画,壁画表面刷白灰浆,漫漶不清,殿内北墙下有神台。西耳房为五道庙,殿内墙壁涂抹白灰浆,壁画漫漶。马神庙前有废弃的水井和辘轳石。

后院正殿为佛殿,台明较高,中部有石台阶,台明前地上有2通石碑,字迹漫漶。正殿坐北面南,面阔三间,单檐硬山顶,六架梁出前檐廊,前檐下鼓形柱础,三架梁上置人字叉手。前檐额枋上有彩绘,前廊西墙上中部有一神龛。西廊墙下有龛,供奉面然大士。屋顶北半部坍塌,破坏较为严重。殿内墙壁上刷白灰浆,壁画不清楚,正壁两次间可见背光,两侧山墙似为连环画形式的壁画。从壁画颜色上看,其应是清末民国时期的作品。正殿前东、西配殿均面阔三间,硬山顶,三架梁前出廊,院内地面条砖铺墁,内壁皆涂刷白灰,并贴报纸。东配殿顶脊顶坍塌,殿内壁画损毁严重;西配殿保存较好,尚可见残存的壁画。正殿前东西两侧设有小门可通院外。

三官庙 位于堡内中部,关帝庙西侧,南北向水泥路西侧,现存一进庙院。整个庙院坐西面东,坐落在高0.5米的庙台上。院墙仅存北、东、西三面,南面为房屋的后墙,院子很小,里面有许多积土。山门为广亮门,硬山顶,前后各两根檐柱支撑脊顶,檐柱下有鼓形柱础。前檐额枋上残存彩绘,并设包袱泥塑金龙五条。雀替为木雕松、竹、梅、鹿、草龙等。山门前设石台阶,台阶宽长。山门内左右钟、鼓楼,悬山顶,已毁。院内西侧为正殿,坐西面东,面阔三间(坐二破三式),硬山顶,五架梁出前檐廊,门窗全无,南墙下设面然大士龛。前额枋残存彩绘,殿内地面有许多垃圾,四壁墙上刷白灰浆,山尖壁画残存。寺庙保存较差。

眼光庙 位于东门外南侧,紧邻东墙而建,现仅存山门,大殿已为平地,现在为荒地,有许多垃圾。山门为随墙门,平顶门洞,硬山顶,门前有双向条石台阶,共四级踏步。门前有影壁,影壁靠在北护门墩南墙上,影壁坐于条石基上,坐北面南,面阔三间,单坡顶,正中采用菱形方砖砌筑。

五道庙 位于东门外北侧,现已无存。

关帝庙 位于东门内东西主街过街楼上,清代建筑,保存一般(彩版6-21)。关帝庙布局特殊,与众多的关帝庙风格迥异,整体造型为过街楼形式,通高10余米,为堡内东西主轴线上最重要的高台建筑。过街楼保存较好,过街楼南侧有砖砌的护墙,呈坡形。过街楼基础为整齐的条石修砌,上面为青砖拱券,高7.4米,门券为三伏三券,门洞为通券顶结构,门券下为水泥路。拱顶上镶嵌有砖制阳文门匾,东刻"永平安",西刻"万民和"。门内北侧有登城口,随墙门,平顶门洞,门前有石台阶。门顶部有两个出水口,并修建砖砌花勾栏。门顶上建关帝庙。庙台明设在墩台西部北端。正殿坐西面东,单檐硬山顶,面阔一间,进深一间,四架梁出前檐廊,门窗无存,墙壁上保存有关羽故事壁画,庙前有旗杆基座2块。

第七节　光　明　村

光明村位于暖泉镇东北5.4公里处,属平川区,西、南临沟,地势北高南低,大部分为壤土质,辟为耕地。1980年前后有651人,耕地1814亩,曾为光明村大队驻地。

该村原系趄坡村的一部分。1972年因修建壶流河水库迁此新建,命名为光明村。蔚县各版本方志中均未记载。如今,村庄规模很大,居民多,全村90%以上为新建房屋,旧房少。村庄由3条主街组成,以中间的街道最宽,村内主道路均为水泥路,村委会在中心街北端尽头。

第八节　趄　坡　村

一、自然环境与人文历史

趄坡村位于暖泉镇东北4.6公里处,坐落于壶流河水库北岸。属平川区,地势北高南低,北、西临沟,为壤土质,辟为耕地。1980年前后有470人,耕地1471亩,曾为趄坡大队驻地。

相传,明嘉靖年间建堡于陡坡上,曾名夏官堡、上官庄。清乾隆年间,据地势改名为坦坡。1982年5月,更名为趄坡。村名可考的历史最早见于《(顺治)蔚州志》,作"坦坡里堡",《(乾隆)蔚州志补》《(光绪)蔚州志》《(民国)察哈尔省通志》均作"坦坡村"。

如今,村庄分成新、旧两部分。据当地长者回忆,村庄为1972年修建壶流河水库而搬迁过来的居民组成(趄坡村迁出后分为两个村庄,即趄坡村、光明村)。原先的旧村在水库边、新村的东南方。新村民宅整齐划一,四周有土墙环绕,南墙正中开一缺口,置铁牌楼,庄堡遗风尚存。村口南有健身园,村口内为宽阔的水泥路面中心街。村口外西侧有修路的纪念石碑。新村共分为三条南北街道,以中间者最宽阔。村的西北角外台地上有2座汉墓封土,保存较好(图6.9)。

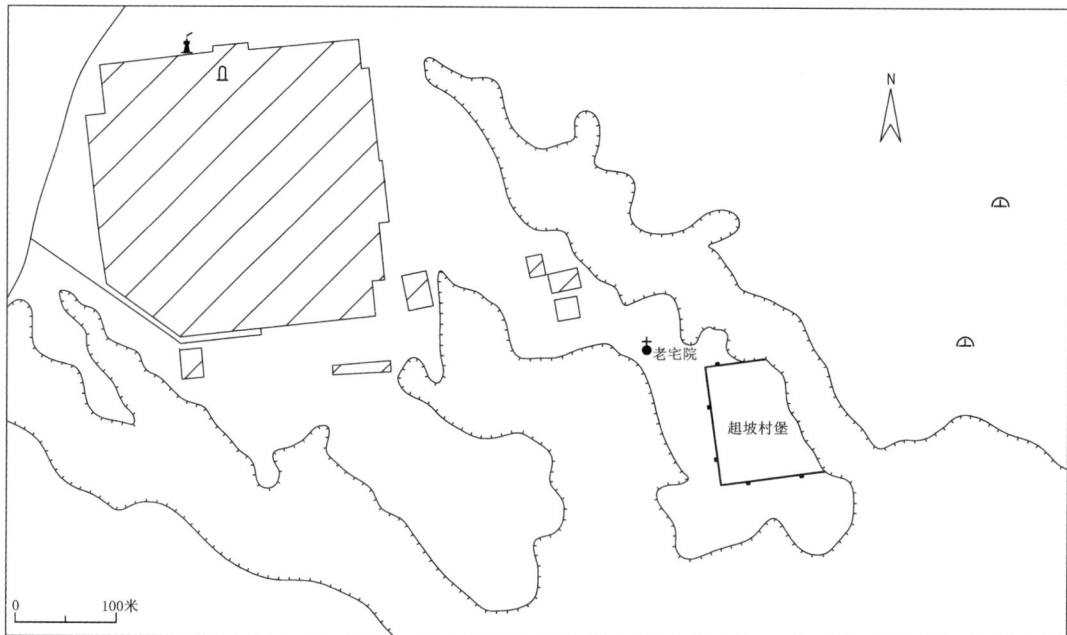

图 6.9　趄坡村古建筑分布图

二、城堡

趄坡村堡,位于新村东南方旧村中,水库边缘,东、西、北均临冲沟,城堡破坏严重,彻底荒废。城堡平面呈矩形,周长残长约 285 米,开南门,堡内布局无从得知。南门现存为缺口,两侧的夯土门体尚存。

城堡堡墙均为黄土夯筑。东墙墙体无存,为洪水所冲毁。南墙残长约 101 米,现存基础,墙外为陡坡,即村民所称的"南坡底"。南墙外有庙址,具体位置未知。坡下为壶流河水库,水位较低。西墙现存为基础,墙体低薄,多坍塌,墙体复原长约 121 米。北墙残长约 63 米,保存较好,墙高 3～4 米,墙体高薄、斜直,外侧为荒地和冲沟,墙下有许多积土,内侧较好。北墙中部内侧有一土坯修建的墩台连接北墙,推测是真武庙庙台。

东南角、西南角未设角台,仅存转角基础。东南角外的耕地中尚存数个汉墓封土。西北角设 90°直出角台,体量大,保存较好,高近 10 米。

堡内已夷为平地,沙化严重,成为荒地。堡内外原先有居民 1 300 余人。分成堡内和堡外两部分,未曾修建庄。村内居民以苑、梁、赵姓为主。如今,堡内和西墙外有许多民宅房屋的旧址,残砖断瓦俯拾皆是。堡东北角外尚存一处独立的老宅院,保存一般。

三、寺庙

当地长者回忆,城堡内外寺庙众多。城堡南门顶有玉皇阁;门外正对有三官庙/观音庙;南门外西侧南墙下依次有眼光庙、月光庙、五道庙;五道庙西偏南有1座戏楼,戏楼坐西向东;南坡底有龙神庙、阎王殿、五道庙和泰山庙。真武庙2座,1座在堡北墙内侧,1座在堡北墙马面上。先建堡内的真武庙,后建堡上的真武庙。2座真武庙内真武大帝神像不同,马面上的真武大帝像为铜像,堡内的为画像。另外,堡内还修建有龙亭。

堡内外寺庙中原有多通石碑,大部分已损毁无存。如今,村委会门口叠置有3通石碑。即为村中寺庙内的石碑,后移至村委会门口。3通石碑分别为乾隆五十四年三元宫、观音殿的修建碑记,保存较好。中间者为墓碑,最下面的1块为文昌、玉皇、玄帝碑记。石碑保存好,从碑文中得知,村内苑姓较多。

第九节　西下官庄村

一、自然环境与人文历史

西下官庄村位于暖泉镇东北5.9公里处,南邻壶流河水库,地势呈北高南低的坡形,为壤土质,辟为耕地。1980年前后有643人,耕地1 446亩,曾为西下官庄大队驻地。

相传,该村原址建于元代。因村东石人坡上曾有尊纪念一武官的石碑,文官过此要下轿,武官过此要下马,故取村名西下官庄。1972年因修壶流河水库,一部分村民在此重新建村,村名仍沿旧称。村名可考的历史最早见于《(崇祯)蔚州志》,作"下官庄堡",《(顺治)云中郡志》《(顺治)蔚州志》沿用,《(乾隆)蔚州志补》改作"西下官庄",《(光绪)蔚州志》《(民国)察哈尔省通志》沿用。

如今,西下官庄村为搬迁的新村,村中以王、李姓居多,尚有700余人。新村四周修建有夯土围墙,南墙中部开门,门内为水泥路面的中心街,中心街尽头为村委会。村中民宅规划整齐划一,庄堡遗风尚存。该村系修水库时,因地基下陷,故废弃旧村,搬迁至新村(西下官庄村迁出后,分为两村,建于水库南北,北侧的为西下官庄村,南侧的为宏胜庄。)村内新旧房较多。

二、城堡与寺庙

西下官庄村堡,原位于旧村中,城堡平面呈矩形,开南门。1972年逐渐淹没在壶流河水库中。

堡内寺庙较多。北墙上修建有真武庙;东墙外下修建有泰山庙;南门外为戏楼;戏楼南侧为阎王殿/观音殿;龙神庙在堡东北角外;火神庙与龙神庙相邻;关帝庙在堡内东北;

马神庙在村东南；五道庙3座，分别位于南庄、城堡西北角外侧、堡内。上述寺庙全部无存。

如今，新村南门外有1983年修建的剧场。剧场两侧有楹联，上联为"鼓乐交响云停鸟集"，下联为"广袖漫舞心旷神怡"。剧场南为观音殿，坐西面东和剧场背靠背。

第十节 东下官庄村

一、自然环境与人文历史

东下官庄村位于暖泉镇东北7.6公里处，南邻壶流河水库，东、西临冲沟，属河川区，地势北高南低，为壤土质，下湿，部分呈盐碱性，辟为耕地。1980年前后有1013人，耕地2401亩，曾为东下官庄大队驻地。村名来历与西下官村相同。

东下官庄村现在为新村，村内居民有1300余人，以刘姓为主，占一半。村庄四周有土围墙环绕，南面中部开门，门内为南北中心街，街道两侧为多条东西向的巷子。村内民居整齐划一，城堡遗风尚存。村庄南墙外有一条水渠，与墙平行，水渠上建有桥。村口内中心街东侧为村委会和剧场（图6.10）。

二、城堡与寺庙

东下官庄村堡，位于乡道的南侧，新村西南面水库边上的旧村内，遗址尚存，处于耕地之中。城堡平面呈矩形，周长约470米，开南门，堡门建筑无存，现为缺口。

堡墙均为黄土夯筑。东墙长约105米，大部分墙体尚存，墙体高薄、断续，多数段落坍塌成基础，墙高3～4米，墙体外侧为坍塌形成的积土土坡。南墙无存，墙体复原约长127米。西墙仅存一小段，其余为平地，墙体复原长约114米。北墙长约124米，墙体多坍塌，形成高大的土垅，墙高5～6米。墙体内侧为民宅，外侧为耕地。中部设马面，保存较好，方形，高大，高近10米，原来有包砖，现在无存。堡内为荒地和耕地。

东北角和西北角为转角，未修建角台。东南角、西南角无存。

东下官庄村原为"一堡三庄"，即东、西、南三庄。如今，庄已完全消失。城堡内外原修建有多座庙宇。南门外建三官庙，对面为戏楼；北墙上为真武庙，其下方为井神庙；城堡内、外各建1座五道庙；南庄修建龙神庙、财神庙、关帝庙。上述庙宇均无存。

新村村口处的剧场修建于1982年，剧场两侧有楹联，上联为"乐声交响云亭（停）鸟聚"，下联为"广袖漫舞心旷神怡"。现已不再酬神唱戏。

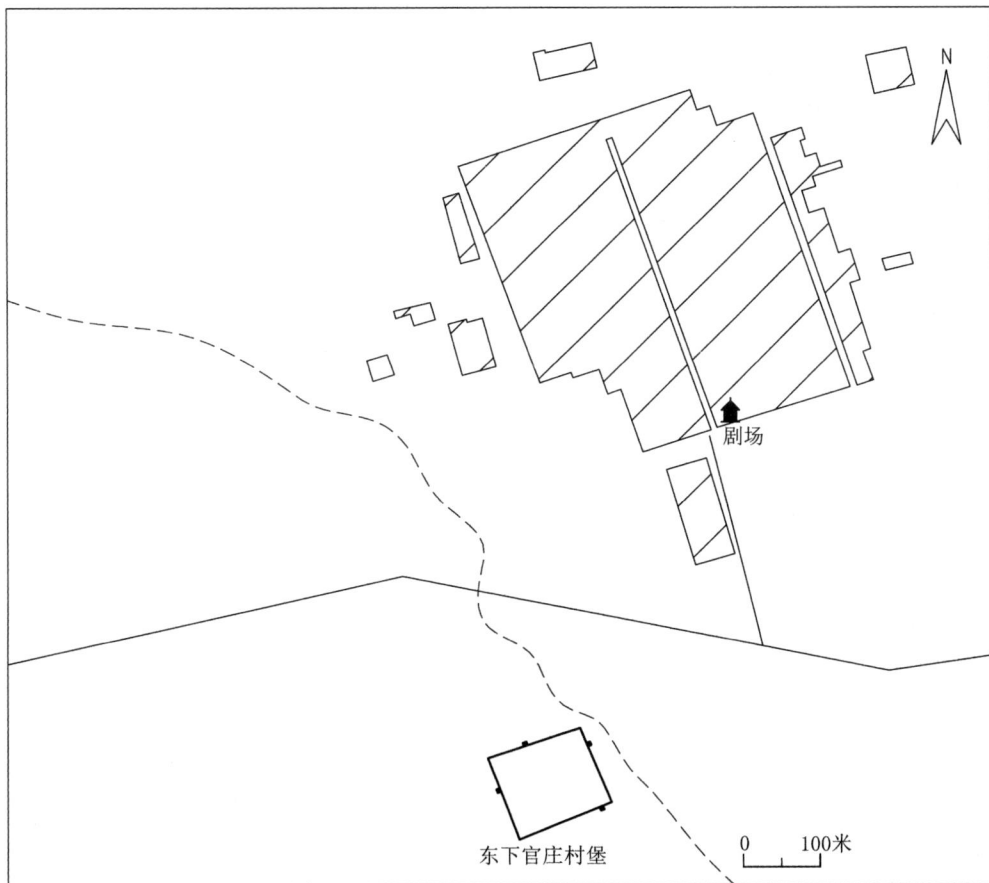

图 6.10　东下官庄村古建筑分布图

第七章 杨庄窠乡

第一节 概　　述

杨庄窠乡地处蔚县西北部。东与南岭庄乡、西合营镇相邻,南隔壶流河与代王城镇相望,西与涌泉庄镇接壤,北与阳原县交界。现今杨庄窠乡由原杨庄窠乡(1984 年由公社改乡)和白草窑乡合并(1996 年并入)组成。面积 149.3 平方公里。分述如下:

杨庄窠乡,面积 66 平方公里。1980 年前后有 13 971 人,其中藏族 1 人,余为汉族。1958 年成立公社,辖 25 个大队,划分为 95 个生产队。

全乡地形为丘陵,有部分河川。北部丘陵区水源缺乏,土质瘠薄;南部河川区水源丰富,土质较肥沃。经济以农为主,兼有少量林业、工副业。1980 年前后有耕地 58 802 亩,占总面积的 65.3%。其中粮食作物 51 500 亩,占耕地面积的 80.8%,经济作物 3 659 亩,占耕地面积的 15%。1948 年粮食总产 570 万斤,平均亩产 110 斤;1980 年粮食总产 746 万斤,平均亩产 145 斤。宜种谷子、玉米、黍子等。

白草窑乡,面积 83.3 平方公里。1980 年前后有 4 492 人,全为汉族。1958 年并入杨庄窠公社,1961 年置公社,辖 18 个大队,划分 42 个生产队。1984 年改乡。

全乡地处丘陵,境内沟壑纵横,土质瘠薄,地下水源缺乏。经济以农为主,兼工副业。1980 年前后有耕地 24 489 亩,占总面积的 19.6%。其中粮食作物 21 390 亩,占耕地面积的 87%,经济作物 880 亩,占耕地面积的 3.6%。1948 年粮食总产 170 万斤,平均亩产 80 斤;1980 年粮食总产 324 万斤,平均亩产 151 斤。宜种谷子、黍子、马铃薯。

2013 年,杨庄窠乡全乡共 45 座村庄,其中行政村 29 座,自然村 16 座(图 7.1)

杨庄窠乡现存古建筑丰富。历史上有庄堡 36 座,现存 32 座;观音殿 28 座,现存 7 座;龙神庙 43 座,现存 20 座;关帝庙 27 座,现存 11 座;真武庙 21 座,现存 3 座;戏楼 22 座,现存 13 座;五道庙 54 座,现存 5 座;泰山庙 14 座,现存 5 座;佛殿 4 座,现存 2 座;财神庙 8 座,现存 2 座;土地庙 1 座,无存;窑神庙 3 座,现存 1 座;玉皇庙 2 座,无存;灯山

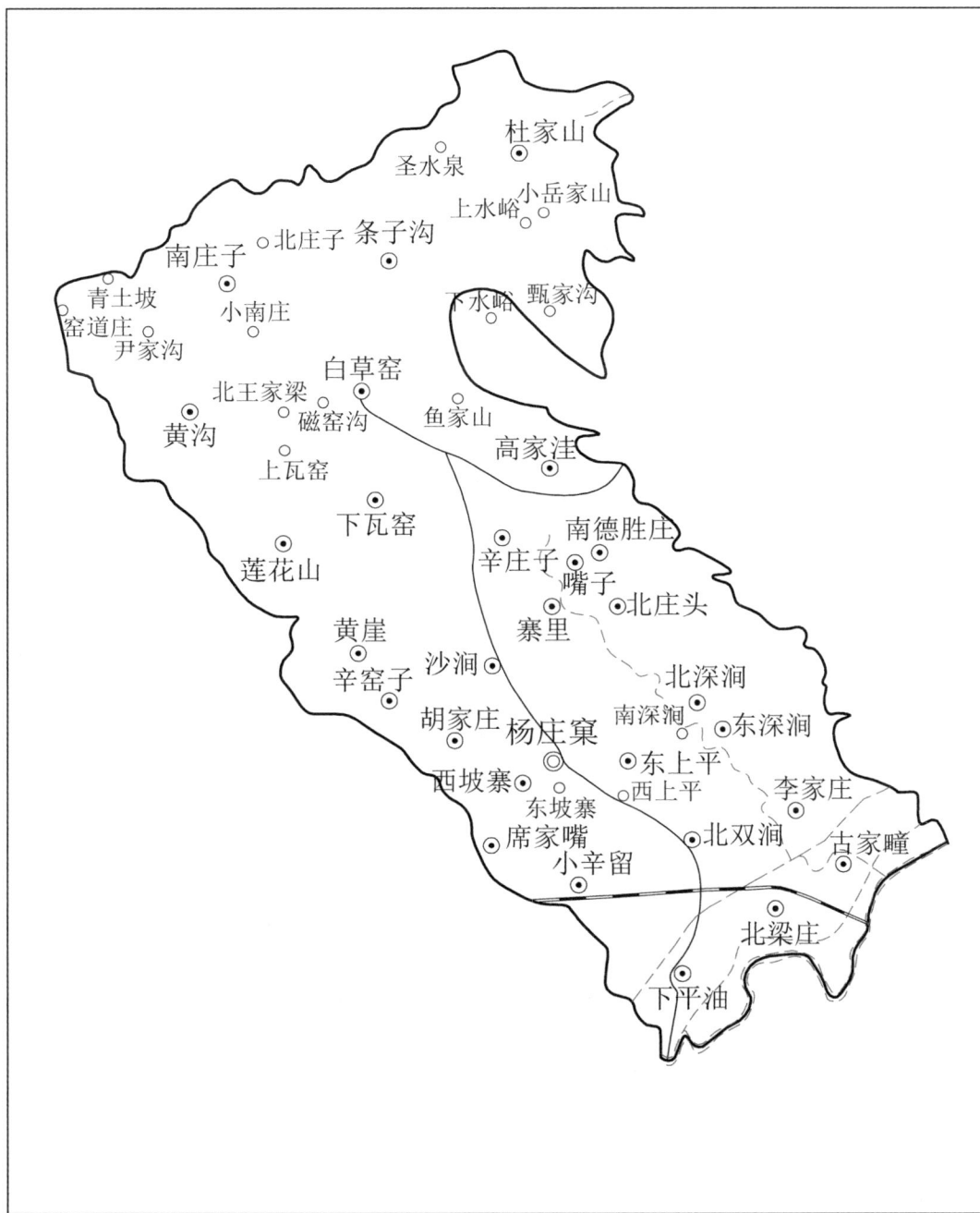

图 7.1 杨庄窠乡全图

楼 1 座,无存;三官庙 8 座,现存 3 座;马神庙 9 座,现存 4 座;魁星阁 1 座,无存;梓潼庙 2 座,无存;雨神庙 1 座,无存;老君观 1 座,无存;阎王殿 6 座,现存 1 座;吕祖殿 1 座,无存;火神庙 1 座,无存;虫神庙 1 座,无存;风雨庙 1 座,无存;其他 8 座,现存 2 座。

第二节　杨庄窠乡中心区(杨庄窠村)

一、自然环境与人文历史

杨庄窠村位于蔚州古城北偏东11公里处,属丘陵区。四周临沟,地势较平坦,为黏土质,周围辟为耕地。1980年前后有650人,耕地2 696亩,曾为杨庄窠公社、大队驻地。如今,杨庄窠村规模大,以新建的房屋、楼房为主,居民较多。旧村在整个村庄的西北部(图7.2),218乡道穿村而过。

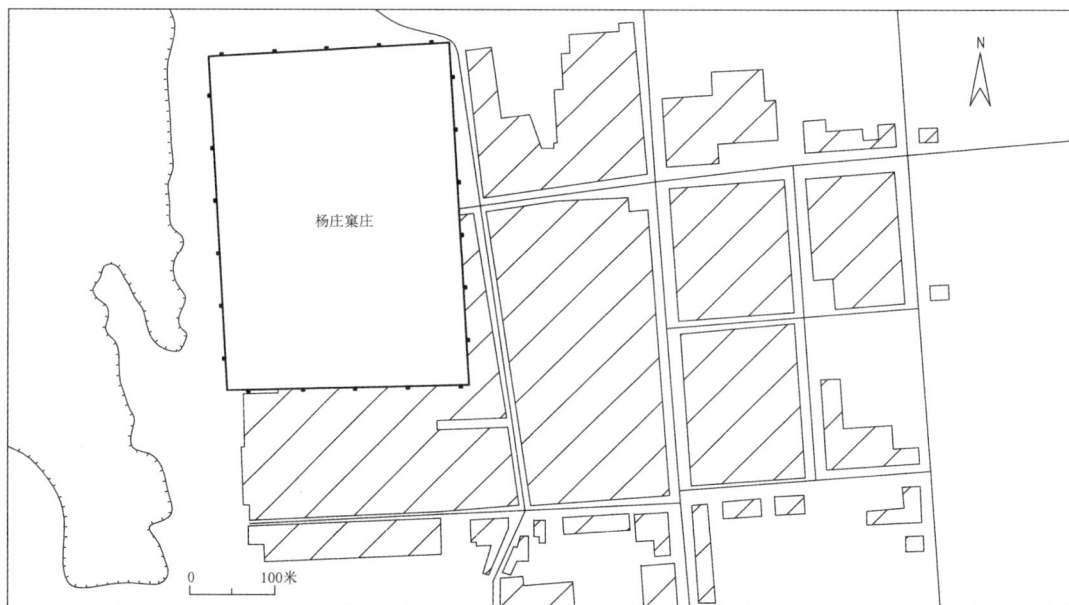

图7.2　杨庄窠村古建筑分布图

相传,明万历元年(1573),杨姓在这里建村,取名杨庄窝,后传为杨庄窠。据东坡寨村的长者回忆,杨庄窠建村晚于东坡寨,是东坡寨的杨姓庄户在此建村。村名可考的历史最早见于《(民国)察哈尔省通志》,作"杨庄窠"。

二、庄

(一)城防设施

杨庄窠庄位于村庄的西北部,庄西临1条南北向的冲沟,庄内地面高于庄外。庄平面为矩形,周长四至未知,开东门,庄内平面布局为东西主街结构(图7.3)。庄门建筑无存,仅为一坡道。东门外为镇卫生院,近代建筑。门内为主街道,位于整个庄的中部偏南的位置,并非正中心,路面已硬化为水泥路。南北两侧是典型的以庄门组成的封闭式的宅院群。街北侧有4条南北向巷子,只有中间的1条能贯穿南北,南侧有2条南北巷。

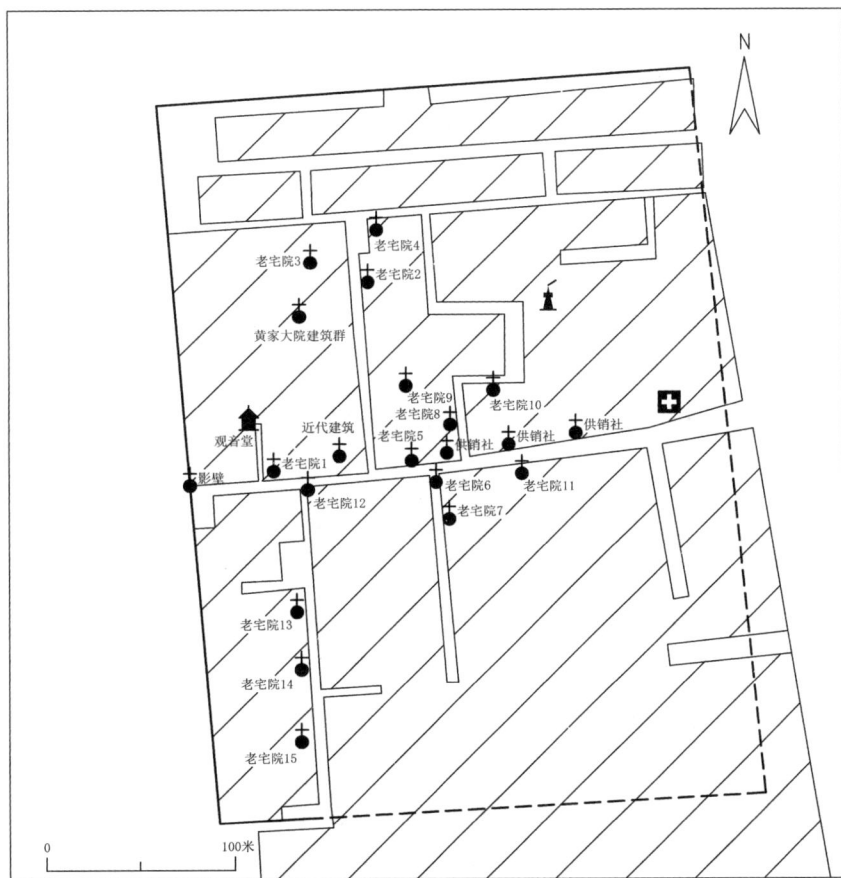

图7.3 杨庄窠村堡平面图

旧时庄规模很大,但如今逐渐坍塌、废弃,庄墙均为黄土夯筑。东墙无存。南墙大部分为房屋所占据,现仅存西南角附近的墙体,长40米,高1~3米,墙体高薄,保存较差,墙体外为顺墙土路,内侧为荒地和民宅。西墙残长386米,位于冲沟边,墙外为顺墙水泥路,墙内多为民宅。西墙北段现存2段,残长50米,高4~5米,墙体高薄,保存较差。西墙南段有一部分墙体沿着沟边修建,长65米左右,墙体不直,高3米左右,墙体外为荒地和小路,内侧为民宅。北墙无存,被新建的房屋和荒地、耕地占据。

西南角无存,为缺口,西南角外为一大院,院内为空地,不知何用。西北角角台无存。

东南角、东北角无存，为新建的民宅。

（二）街巷与古宅院

庄内主街两侧临街的老宅院较少，现存2处，分别为老宅院5、老宅院11。主街西尽头为新建的影壁。据当地人回忆，主街上曾修建有杨氏贞洁石牌坊，牌坊坐北面南，双柱单间结构，"文革"时期遭破坏，现仅存基础，主街两侧以及西侧沟中仍遗弃有石牌坊的构件碎块，可辨者有匾、楣板、斗拱、柱等，其中残存的石构件楣板刻有"暗八仙"等图案，残存的横楣上刻有"壬戌建""王安人节"字样。石牌坊北侧路边有废弃的供销社建筑。

庄内街巷纵横，东西中心街北侧有4条南北向的巷子，南侧有2条南北向的巷子。北侧的巷子，自西向东依次排序。

北西一巷　巷子较短，巷口路边有石牌坊残块。巷口对面曾修建有影壁，现已无存，为民宅所占。但当地人保留了在影壁上贴对联的习俗，影壁虽已无存，便把对联贴在了房屋的后墙上。巷内为硬化的水泥路面，路东侧有1座老宅院1，巷子的尽头为1999年修建的观音堂，内有新绘的壁画。

北西二巷　巷内西侧有1座大宅院，即黄家大院（彩版7-1、2）。黄家大院是杨庄窠村现存最大的老宅院，曾作过大队部，现为6户居民分住。黄家大院保存好，规模大，由东路、西路和东跨院3部分组成，各有门楼与门楼内影壁，两院之间有1道院墙相隔。如今两院之间隔墙已拆，连为1座大院落。从残存的布局考察，原先的东、西两院布局相同，皆是前后两院。从南至北分别有：影壁、东南角的大门、门内影壁、倒座房、前院东、西厢房、过房，后院东、西厢房、正房、东、西耳房。倒座房、过房皆为面阔三间，卷棚顶；正房皆为面阔三间，硬山顶；厢房皆为面阔三间，单坡顶；耳房面阔单间，单坡顶。

西院，门楼、南院墙损毁无存，门外影壁尚存。前院仅存西厢房，倒座房、东厢房毁，后院东、西厢房皆毁。过房已毁，在原址建起1座新瓦房。

东院，门楼残存，硬山顶，广亮大门，前檐额枋上残存有民国时期彩绘装饰，与后面的大院相比，门楼极为低调。门楼正对面建有1座影壁，面阔单间，硬山顶。门内正对的东厢房南山墙上建有1座影壁，面阔单间。东侧建有1道隔墙，墙上辟有1座偏门，可通至东侧跨院。东院前院与后院的西厢房已毁，正房两侧各有1座耳房。

东跨院，分为南北2个独立的院子，分别设偏门与东院前、后院相通，但东跨院的前后院之间未修建相通的二道门。

前跨院，保存较好，整座院坐北面南，院东墙南侧辟院门。院门面东开，广亮门，硬山顶。院内存倒座房、正房、西厢房，无东厢房。正房面阔三间，硬山顶。前跨院与东院之间有偏门相通，由于偏门已封堵，现住户已不知相通的这段历史。

后跨院，曾被大火烧毁，目前一片废墟。院门、正房、西厢房已毁，仅存门内1座影壁。

影壁面阔单间,硬山顶,影壁中间菱形方砖铺砌,檐下两侧各有砖作仿木构砖雕垂花柱。门外上马石尚存,表面有雕刻装饰。

据村民回忆,院内部分焚毁的建筑(西路院第一进正房)为土匪所烧毁,新中国成立后归公社所有,进行较大的改造。该院东南角外有近代建筑。

黄家大院的北面还有 3 座老宅院。老宅院 2,位于巷内东侧,院子已荒芜,作为羊圈使用。老宅院 3,位于巷子尽头处的西侧支巷里,现为 1 座保存较好的院子,门内有影壁,院内为砖铺地面(彩版 7-3)。老宅院 4,位于巷子尽头处的东侧支巷里,现为 1 座废弃的院子,仅存部分房屋。

北西三巷 巷子口东侧保存有近代供销社,现为小卖部。巷内尽头保存有老宅院 9,院子已废弃,从宅院的纵深看,原先应为前、后两进院,中间设有二道门,但现在仅存后院正房和前院西厢房,其余建筑无存。

北西四巷 巷子口的东西两侧均为近代建筑,巷内道路宽阔,西侧有 1 座老宅院保存较好。巷子的尽头保存有老宅院 10,仅存门扇,其余全部翻新。

中心街南侧有 2 条巷子,自西向东依次排序。

南西一巷 巷子口保存有老宅院 12,门内为宽阔的支巷,巷内东侧有一大院。在巷子里西侧有 1 座新建的老宅院 13,旧门扇新墙体。其南侧为老宅院 14,在门前路东有 1 通光绪元年《重修庙宇门洞坡道宫墙……》残石碑,字迹漫漶,石碑上记载有魁星阁、真武庙、关帝庙、文昌祠等。由此可知,杨庄寨曾修建有庄门,而且门顶上可能建有魁星和文昌两阁。巷子尽头为 1 条东西向的支巷,保存有老宅院 15,为近代修建的仿古宅院。

南西二巷 位于供销社对面,巷子口保存有老宅院 6,类似于庄子门,门内为 1 条巷子,巷子的东侧有为老宅院 7,贴有一副联"信耶稣头等大事,进天国最高福分",横批为"恩门大开",从门上的对联上看,住户信奉天主教。这个门对面有 1 座新建的仿古老宅院。此外,在巷子的尽头也有 1 座新建的老宅院,门扇为旧,是为新大门 2。

当地长者回忆,杨庄寨居民是从北部的山上叫白石沟的地方搬居至此,故为庄,未曾修建过城堡。村民以杨姓为主,耿姓次之。现已陆续外迁。

三、寺庙

据当地长者回忆,旧时村庄内外曾修建有五道庙、阎王殿、龙神庙、观音堂(2 座)、泰山庙、关帝庙。寺庙年久失修,坍塌殆尽。

五道庙、阎王殿 位于庄西部,现已无存。

龙神庙 位于村东,现已无存。

观音堂 2 座,1 座位于村南,现已无存。1 座位于北西一巷内,现存为 1999 年新建的小殿堂,坐北面南,面阔单间,单坡顶。堂前贴着一副对联:"千处祈求千处应,苦海常用渡人舟。"

泰山庙　又称双龙寺[1]。位于村外冲沟的西南方,现已无存。

关帝庙　现已无存。

第三节　南庄子村

一、自然环境与人文历史

南庄子村位于原白草窑乡(今属杨庄窠乡)西北 3.3 公里处,属浅山区。南、北均临沟,处一条梁上。为沙土质,周围辟为梯田耕地。1980 年前后有 151 人,耕地 823 亩。曾为南庄子大队驻地。

相传,明朝天启二年(1622)有杭姓人在这里定居建庄,因位于太寺庄(北庄子)之南,故取名南庄子。村名可考的历史最早见于《(民国)察哈尔省通志》,作"南庄子"。

如今,村庄西部为旧村,东部为新村,两者连接在一起,218 乡道穿村而过。村庄规模小,居民少,目前仅剩五六名放羊人居住。村内只有一条东西向街道,民宅以土旧房为主,新房较少,多数房屋已废弃,或坍塌,或沦为羊圈。

二、寺庙

旧时,村庄修建有龙神庙(村西)、五道庙,"文革"时将庙拆毁,现已无存。

第四节　北庄子村

一、自然环境与人文历史

北庄子村位于原白草窑乡(今属杨庄窠乡)西北偏北 3.2 公里处,属浅山区,地势北高南低,为沙土质,周围辟为耕地。1980 年前后有 201 人,耕地 1 000 亩,曾为北庄子大队驻地。

---

〔1〕　刘国权:《佛寺与蔚州传统文化》,中国文史出版社,2006 年,第 168~171 页。

相传,三百八十多年前建村,名曰太寺庄,后来有了南庄子,该村名即更为北庄子。村名可考的历史最早见于《(民国)察哈尔省通志》,作"北庄子"。

如今,由于村庄处于交通线、附近开有煤矿的缘故,村庄规模较大,民宅以新房为主,居民较多,新村沿着路边修建,居民多为外地人,本地人较少。旧村在西面,与新村隔一条冲沟,选址在西山坡上以及南坡和与新村间的冲沟里,地势较高,向南可见南庄子村,村内多土旧房,许多房屋已经废弃,居民较少。

二、寺庙

据当地长者回忆,旧村以前修建有 3 座寺庙,除 1 座寺庙名称记不清外,其余 2 座为龙神庙、五道庙,"文革"期间将庙拆除。

第五节　青土坡村

一、自然环境与人文历史

青土坡村在《蔚县地名资料汇编》中未见详细记载,蔚县各版方志中亦未见。

村庄处于杨庄窠乡最西端,村内有土路通往阳原县马主部村,这一带共有 3 座村庄,青土坡、窑道庄和尹家沟,其中青土坡和窑道庄均有道路向西进入阳原县。目前 3 座偏远的村庄只有青土坡村尚有人居住,村庄并未废弃的原因,可能是因为在村北还有煤矿的缘故。

青土坡村选址修建在山坡上,规模小,周围辟为梯田耕地。居民目前有 20 余人居住,以李姓为主,旧时有 70～80 人,大部分外迁。村内为一条不规则的南北主街,居民民宅大部分为土旧房屋,新房很少。村庄附近山上有林业局修建的看护山林、预防山火报警用的房屋。

二、寺庙

据当地长者回忆,旧时青土坡村内外曾修建有龙神庙、五道庙、塔会寺。

龙神庙、五道庙　位于南村口,龙神庙仅存夯土台明,五道庙无存。

塔会寺　位于村外东北侧 1 里许半山处的山坳里,原为这一带的"大寺",如今仅存遗址,寺庙选址在山坳处的平地上,庙所在山的北侧不远处为采石场,为村北煤矿的一部分。寺庙所在地势狭窄,占地面积较小,因此修建寺庙时用毛石垒砌平台扩大建筑面积,寺庙原为两进院,之间有高台阶相连。寺庙遗址内断砖残瓦,比比皆是,此外也有青花瓷片。

目前尚存 5 通石碑,分别为:《布施功德碑》,石碑两面皆刻布施人名单,无记年;嘉靖十年(1531)《重修塔会寺碑记》;大……三十八年《重修塔会寺碑记》;嘉庆四年(1799)的残碑;某五十年石碑,表面漫漶。由于石碑多为砂岩质地,风化较为严重,保存较差。据当地人回忆,旧时塔会寺内供奉有泥像,"文革"时期将寺庙建筑拆毁。

关于塔会寺的位置,当地有两说:一说寺庙原不在今址,而是在山南对面的平地上,突然有一天,一夜之间到了这里。一说寺庙原在今址南面的山顶上,"文革"拆庙之后转移到现今位置。据说在旧庙址上还有大柳树和老和尚坟,但是并没有明显的建筑遗址。

第六节　条子沟村

一、自然环境与人文历史

条子沟村位于原白草窑乡(今属杨庄窠乡)北偏东 2.4 公里处,属浅山区,地势西高东低。村庄选址在山坡之上,为沙土质,周围辟为梯田耕地。村南、北、东面为冲沟,村西不远处亦为冲沟,仅西北角土路进村附近是连贯的山体。村庄南面冲沟宽阔,沟中尚有流水,可能和上面的众多煤矿排水有关。这条沟的下游为下水峪,修建有下水峪水库,下水峪水库的下游为高家洼、吴家浅、苟家浅、南石化、宋家小庄、广德等村,最后汇入壶流河。1980 年前后有 285 人,耕地 1 188 亩,曾为条子沟大队驻地。

相传,明隆庆年间建村于条子沟南,取名幸旺庄,后村名随沟改名为条子沟村。村名可考的历史最早见于《(民国)察哈尔省通志》,作"条子沟"。如今,关于条子沟的村名,当地人解释为村庄附近冲沟很多,沟中多野生的柳树,因柳树干生长相对缓慢,柳条滋生,故取名条子沟。民国时期这里为土匪泛滥区。

如今,村庄规模较大,村中有冲沟将村庄分隔开,东面为旧村,西面为新村,村中有一条不规则的主干道,水泥路面,连接村庄内的主要部分。受地形地貌的影响,村庄布局凌乱,村委会位于北侧进村村口处。村内民宅以土旧房为主,新房较少,居民少,房屋废弃较多。旧村居民少,土旧房屋多废弃坍塌。当地村民以张姓为主,现只有 100 余人,因村里没有学校(并校)而陆续搬走,大部分村民搬去杨庄窠、白草窑居住。

二、寺庙

据当地长者回忆,旧时寺庙全部位于村中,曾修建有五道庙、龙神庙。龙神庙位于水泥路北侧,村中北部位置,现仅存台明。"文革"时期将庙拆毁。

第七节 圣 水 泉 村

一、自然环境与人文历史

圣水泉位于原白草窑乡（今属杨庄窠乡）北偏东 4.5 公里处，处骆驼山北脚下，属浅山区，北临骆驼山林场，地势西高东低，为沙土质，周围辟为梯田耕地。1980 年前后有 88 人，耕地 526 亩，曾为圣水泉大队驻地。

相传，明嘉靖年间，宋姓在此居住建村，因该村食用西山顶上的泉水，故取村名圣水泉。村名可考的历史最早见于《（乾隆）蔚县志》，作"圣水泉"，《（光绪）蔚州志》《（民国）察哈尔省通志》作"胜水泉"。

如今，沙石路从村庄的中南部穿村而过，村庄主要分布在路北侧。村庄规模小，村中可远望条子沟村，且有土路相连。圣水泉村的布局与城堡的布局类似，南北主街结构，村庄内的地面高于村外。主街两侧分布有房屋，主街的尽头为真武庙庙台，主街两侧的民宅以土旧房为主，共有 4 排房屋，房屋多废弃、坍塌，房屋建筑类型中也有窑洞式建筑，大部分废弃，目前村内仅只有 1 户放羊人居住。

二、寺庙

真武庙 位于村北正中坡顶台地上，正殿坐北面南，面阔单间，硬山顶，进深五架梁出前檐廊（彩版 7-4）。门窗无存，西廊墙下设有面然大士龛。殿内壁曾涂刷白灰浆与黄草泥浆，灰浆局部脱落露出壁画。正壁仅露出两侧的侍从，东侧的为桃花女与七星旗君，西侧为持骨朵武将，中部被从后脊顶浸下的泥水所毁。东壁露出 5 尊神像，由南向北两位分别为左手执玉环的温元帅温琼与手持宝剑的马天君马元帅，其他 3 位未知。西壁只露出一小片。从壁画的色彩考察，其应为清末民初时期的作品。

第八节 杜 家 山 村

一、自然环境与人文历史

杜家山村位于原白草窑乡（今属杨庄窠乡）东北偏北 4.9 公里处，处骆驼山北脚下黄土梁上,属浅山区。北邻骆驼山林场,地势北高南低。为沙土质,周围辟为梯田耕地。1980 年前后有 145 人,村民以赵、王、武姓为主,耕地 883 亩,曾为杜家山大队驻地。

相传,明嘉靖元年杜姓居民建村于山上,故取名杜家山。村名可考的历史最早见于《(民国)察哈尔省通志》,作"杜家山"。

如今,杜家山村东、西、南临冲沟,规模不大,村中民宅以土旧房为主,居民少,仅有 10 余人居住,多为中老年人,村民居住在老宅基础上改造过的新宅中。村庄没有饮用水,需要从西北方的骆驼山林场附近的铁佛寺挑水。村庄东北、东面有麻黄坑,现已淤平。

二、寺庙

据当地 76 岁武姓长者回忆,村庄修建有观音殿、五道庙、龙神庙、铁佛寺,"四清"时期拆毁。

观音殿、五道庙 位于村庄南侧,现已无存。

龙神庙 位于村东南部的冲沟边上。正殿坐北面南,面阔单间,硬山顶,进深五架梁出前檐廊。前廊西侧设有龛,供奉面然大士。前檐下门窗无存,前檐额枋上有残存的彩绘。"四清"期间,大殿改造为库房,村民在龙神庙内壁抹白灰浆将壁画覆盖。如今,殿顶后脊局部垮塌,泥水侵蚀墙壁,白灰浆脱落的部分虽已露出清末民国时期的壁画,但又被泥水浆所损。殿内脊檩上残存有彩绘《八卦图》。

铁佛寺 位于村庄西北的骆驼山林场中的 1 座已经停工的大理石矿场(东方城村口的石料厂便是这家矿场的门市)西北侧矿工宿舍附近,背依骆驼山,寺院坐西向东。寺院由正殿(面阔五间)与两侧配殿组成。据记载正殿内供五尊像,中间是释迦牟尼站像,两侧为骑青狮的文殊菩萨与跨白象的普贤菩萨,外侧还有两尊像。南配殿为地藏殿。

旧时,寺院由附近的 4 座村庄,即大岳家山、圣水泉、杜家山、小岳家山村供养。寺拆毁于"文革"期间,由其中一个村的村民牵头拆毁,寺院很快便被拆除,大殿的建筑用材与石碑亦被乡民运回村庄。当地人在 1974 年时仍见过庙宇建筑,但是未见壁画和塑像。如今,寺院仅残存有面阔五间正殿的台明,基础保存较好,台明四周条石尚存,中间设条石踏步。上面有今人修建的采石场工人宿舍房屋,已废弃,工房墙基上,还嵌有 3 块碑首,1 块为二龙戏珠,1 块为双狮绣球,还有 1 块为瑞兽。附近村民仍在寺院遗址上烧香祈福。

第九节 小岳家山村

一、自然环境与人文历史

小岳家山村位于原白草窑乡(今属杨庄窠乡)东北偏北 4.4 公里处,属浅山区,地势南高北低,为沙土质。1980年前后有234人,以邢、赵、崔姓为主,耕地1341亩,曾为小岳家山大队驻地。

相传,明天启二年(1622),姚姓建村于山上,故取名姚家山,因与村北10里的岳家山易发生音混,抗日战争时期更名为小岳家山。村名可考的历史最早见于《(民国)察哈尔省通志》,作"姚家山"。

如今,村庄南、北、西三面临冲沟,东面相对平坦,辟为梯田耕地。村庄规模较大,分为坡上和坡下两部分,新村在梁上偏东,旧村在坡下偏西,旧村已无人居住,全部是废弃的土旧房屋,旧村村口处地上有2通石碑,字迹漫漶,石碑的西侧原为麻黄坑,现已淤平,水坑边还长有高大的树木。新村的房屋也多为改革开放前后修建,大部分已废弃。新村居民较少,仅7～8户居民,为放羊或种地之人。由于此地无水,当地人需去高家洼村买水,一车水要300元,生活艰难,外加村中无学校,因此大部分居民外迁。

二、寺庙

龙神庙　当地称为大庙,位于旧村的西南角,水坑西侧,庙西紧邻冲沟(彩版7-5)。庙前有石头铺就的小路下入西沟,为村民汲水之道,庙南侧为一小片空地,上面有废弃的碾盘。寺庙坐落在高台之上,台明四面包砌有石块,南面用条石修建台阶。

高台之上正殿保存较好,坐北面南,面阔单间,硬山顶,进深五架梁。庙内堆放较多杂物,墙壁上有保存较好的壁画。殿内前檐下悬有1块清光绪十九年(1893)木匾,记录了重修姚家山龙神庙一事(彩版7-6)。录文如下:

> 盖闻重修姚家山龙神庙壹所。年深日久,以风雨损坏,以旧还新,神之所敢,风调雨顺,五谷丰登,神之赐。阖村众姓人等,各发处心,地亩均摊,各出资财。天子有三推之典,诸侯有九耕之勤,君臣之仁义,国以农为本,民以食为先,天地生成,雨润滋养,五谷丰熟,人民乐业,花费开列于后:
> 邢门李氏、张永旺、张永武、张永相、邢守官、邢守文、张禄、赵瑞、章彩、章廷、章殿士、章殿举、崔九明、崔祯、崔玉、崔琢、崔元、霍建平、傅成己邢守武施银贰钱。邢老小施银贰钱。以共出石工钱四千贰佰七十五文。以共出木工钱捌千壹佰二十二文。以共泥工钱壹万贰千四佰卅文。以共画工钱壹万柒千零八十九文。以共砖钱壹万捌千玖佰卅七文。以共木头钱壹万玖千四佰一十六文。以共出杂用钱贰万四千七佰九十文。以共七中费用钱拾□零六千二百四十九文。经理人:张永旺、章殿士、章廷、崔元、邢满。画、泥、木、石工人:张安、姚成、王润施银贰钱、门太恒施银贰钱。大清光绪拾玖年五月穀旦立。

由此匾可知，此时本村还称为姚家山，村中以崔、章、张、赵、邢五姓为主。依据匾中记载及壁画颜色推断，壁画应为光绪十九年(1893)重修时所绘。

正壁绘有《龙母龙王坐堂议事图》，以龙母为中心，两侧为五龙王与雨师，左、右下角各立有一位手持雨簿的雨官。龙母与龙王所着龙袍上绘有龙，雨师袍上绘有八卦。上部绘有各位行雨辅助之神，四值功曹在龙母左右两侧，其他各神依次排列。左上部从中向外侧，上排依次为钉耙神2位、青苗神2位，下排依次为雷公、电母与风婆；右上部从中向外侧，上排依次为持鸟笼的商羊、雷公、虹童、持葫芦的未知神，下排为持鸟的商羊、旗官与四目神。

东壁绘有《出宫行雨图》，各路辅助之神冲在前面打头阵，从上到下依次有雷公、领旗手、旗官、风婆与四目神、舞动的雷公与电母；紧随其后的是龙王阵队，在龙王阵队的下方有两位持瓶倒水的神；龙王阵队之后，龙母乘銮驾压阵，龙母前有年值月值功曹，后有日值时值功曹，周边簇拥随从；銮驾之后，从上至下，有青苗神、龙王与虹童，龙王回头看判官伸出的圣旨，了解行雨之令；判官前有商羊，各持商羊鸟与鸟笼；再下有雨师及两位雨官；图的最左侧是水晶宫，龙母站立于水晶宫内，其上方有一轮红日。画面的底部，是一行匆忙躲雨的行人、农人等。

西壁绘有《雨毕回宫图》，引领前面的是，右上角的传旨官，策马飞奔，左手伸出圣旨，玉帝伸出玉手接玉旨；下方是1座宫殿，殿檐站着土地神与山神，恭迎行雨大军凯旋；前面引领的是各4位龙王、雨师，还有一位未知神；紧跟着的是龙母銮驾与随从，龙母坐其中，四值功曹分列前后；龙母銮驾之后，黑脸龙王怒目圆睁，回头看判官手中的圣旨，落实降雨是否满足要求；其下方有持鸟商羊、四目神与2位雨官；其身后为旗官、电母与风婆在水车中闭目，其上方有2位雷公、持笼商羊、虹童与青苗神。画的底部是庆祝丰收的场景，在村长带领下，乡民已列队到龙神庙酬神。

龙神庙北侧与五道庙连接的还有1座面东的房屋，是为禅房，已废弃。

五道庙 位于龙神庙北侧，一排坐西面东的房屋中的一间，面阔单间，进深二椽，门窗无存，殿内墙壁涂抹有白灰浆，白灰后面依稀可见清末民初时期的壁画。

第十节 甄家沟村

一、自然环境与人文历史

甄家沟村位于原白草窑乡(今属杨庄窠乡)东北偏南3.4公里处，属浅山区，处一南北向山岭上，为沙土质。1980年前后有192人，耕地1 303亩，曾为甄家沟大队驻地。

相传，清雍正元年，由几户甄姓建村于此山沟，故取名甄家沟。村名可考的历史最早见于《(民国)察哈尔省通志》,作"甄家沟"。

如今,甄家沟村分为新旧两部分。新村选址于一条山沟的西岸台地上,地势较平坦,村北、西、南辟为耕地,村东为梯田耕地。村庄规模较小,东西向4条街,5排房屋,居民较少。旧村位于新村西北方的山沟里,选址在山沟西侧坡地的台地上,与新村之间有土路相连。旧村所在山沟沟底宽阔,沿着沟北行逐渐上山梁,可到达小岳家山村,但无法行车。由于旧村交通不便,30多年前村民便搬迁至新村居住,如今旧村已无人居住,全部废弃,村内的房屋大部分坍塌。村庄周围梯田耕地亦荒芜。如今新村以陈姓为主,还有30余人居住。

二、寺庙

据当地66岁陈姓长者回忆,旧村曾修建有观音殿、五道庙、真武庙、龙神庙、关帝庙,无戏楼。村中大部分寺庙于1966年前后拆毁,目前仅存龙神庙。

龙神庙　位于旧村西南侧的台地上,南侧紧邻冲沟。如今寺庙仅存正殿,坐北面南,面阔单间,硬山顶,进深四架梁出前檐廊,西廊墙下设面然大士龛。前廊的墙壁上还有"文革"时期的标语。正殿前檐额枋上残存有彩绘,门窗仅存框架,殿内砖铺地面。殿内壁抹过白灰浆,灰浆上隐约可见壁画上人物的影子,沥粉贴金,为清末民初时期所绘,但真面目已完全被遮,保存较差。东山尖绘画有题字,可见"宣统元年"字样。由此推测,龙神庙建于或重修于清末。如今,殿内供台尚存,村民还来此祭拜。

第十一节　莲花山村

一、自然环境与人文历史

莲花山村位于原白草窑乡(今属杨庄窠乡)西南偏南3.1公里处,属丘陵区。选址在山梁的南坡上,东西临沟,地势北高南低,为沙土质,辟为耕地。1980年前后有239人,耕地1286亩,曾为莲花山大队驻地。

相传,明嘉靖三年(1524),有几户朱姓居民建村于莲花状山下,故借山形取村名为莲花山。村名可考的历史最早见于《(乾隆)蔚州志补》,作"沙涧并莲花山",《(光绪)蔚州志》沿用,《(民国)察哈尔省通志》作"莲花山"。

如今,村庄分为新、旧两部分,四周沟壑纵横,村北是一道高大起伏的山峦。当地村民将村北的1座尖山称为花山,即头道花山,北侧还有2座尖山,即二道、三道花山,3座尖山相连,称为连花山,谐音莲花山。早年村庄居于山脚下,后迁到现今位置。村庄规模较大,居民较多,房屋以新房为主。旧村的范围只是整个的村庄西北部和北部部分地域。新村的房屋多修建于改革开放前后,近年翻修屋顶。村庄常住人口尚有 40 余人,村民有三大姓,即李、姚、朱姓。村民种植的农作物主要是谷和黍。

二、街巷与老宅院

旧村集中于村北部,顺坡地而建。以五道庙为界,分为东西两个片区。庙西侧的一条东西向巷内有 3 座老宅院。老宅院 1,位于巷子口北侧,一进院,宅门上保存有砖雕仿木结构。老宅院 2,位于巷内南侧,一进院,宅门已坍塌。老宅院 3,位于巷内北侧,一进院,保存较好。

五道庙东北侧的一条东西向巷内有 2 座老宅院 4 和 5,老宅院保存较好,均为两进院。

三、寺庙

据村中 75 岁的姚姓老人回忆,旧时曾修建有关帝庙/马神庙、龙神庙/观音殿、真武庙、五道庙。村中寺庙在"四清"时期拆除。

关帝庙/马神庙 位于村口东侧,2 座庙"背靠背",关帝庙面南,马神庙面北。现已无存。

龙神庙/观音殿 位于村东南部冲沟边两株两人合抱的油松下。现已无存。

真武庙 位于村北的土台上。现已无存。

五道庙 位于旧村街中心东北角,庙东侧为村委会。五道庙整体保存较好,基础毛石包砌,正殿坐东面西,面阔单间,硬山顶,进深四架梁出前檐廊。南北两侧山墙上皆砌影壁,南侧影壁正对村口,北侧影壁对村北。近代改造为仓库,将前廊封堵。前檐额枋上残存有彩绘,正壁下砖砌供台尚存,脊檩上彩绘《八卦图》。殿内壁抹有一层泥浆,壁画被覆盖,但从露出的几处看,色彩鲜艳,应是清末民国初期所绘。

据了解,莲花山村民并不去沙涧村龙神庙祭祀行雨,原先村中关帝庙内有一尊关帝塑像,行雨时,将此像抬出祭祀,而龙神庙内无塑像,仅为画像。

第十二节 下 瓦 窑 村

一、自然环境与人文历史

下瓦窑村位于原白草窑乡(今属杨庄窠乡)南偏东 1.8 公里处,属丘陵区,南临沙河,北靠沟,地势北高南低,为沙土质,村庄周围辟为耕地。1980 年前后有 465 人,耕地

2 859亩,曾为下瓦窑大队驻地。

相传,明成化九年(1473)建村于 1 座砖瓦窑之南,因村址地势较砖瓦窑低,故取名下瓦窑。村名可考的历史最早见于《(乾隆)蔚州志补》,作"下瓦窑子",《(光绪)蔚州志》作"上下瓦夭子",《(民国)察哈尔省通志》作"下瓦窑"。

如今,下瓦窑村分为新旧两部分,东部为新村,西部为旧村。旧村民宅以土旧房屋为主,大部分废弃坍塌,只有 1 户居民居住。新村规模较大,但村民逐步外迁,留守居民多为贫寒家庭。村民姓氏较杂,以李、赵相对较多(图7.4)。

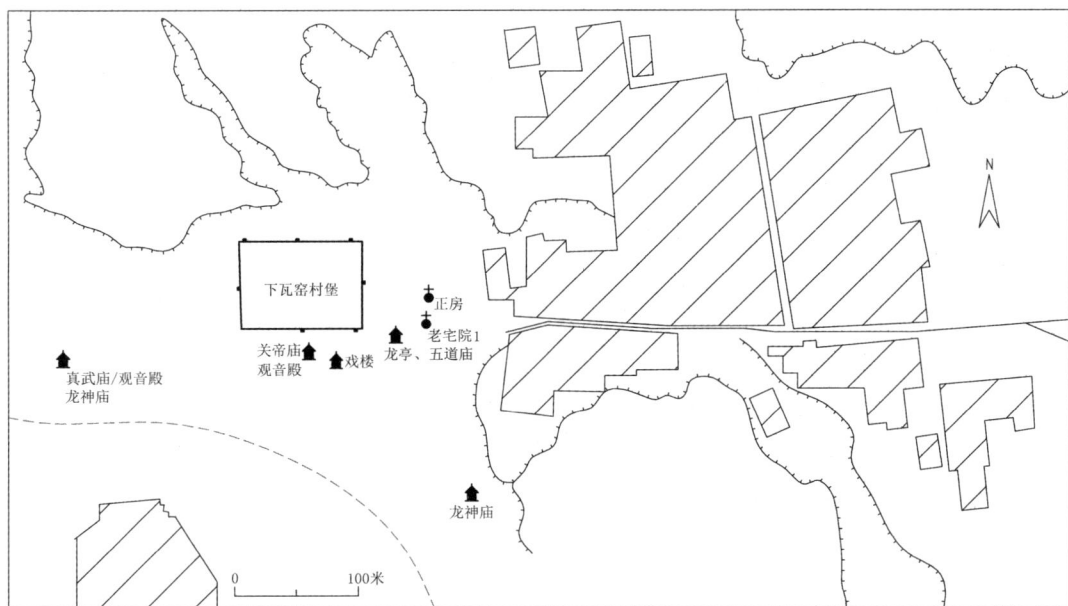

图 7.4　下瓦窑村古建筑分布图

二、城堡与寺庙

(一)下瓦窑村堡

1. 城堡

据《(民国)察哈尔省通志》记载:"下瓦窑堡,在县城北三十五里,清乾隆十二年四月土筑,高八尺,底厚五尺,面积二亩,有门一,现尚完整。"[1]下瓦窑村堡今位于村庄西部旧村中部的河边台地上,南低北高,随地势而建。城堡平面为矩形,周长约 346 米,开南门,堡内平面布局为南北主街结构。

城堡南门拆毁于"文革"期间,建筑无存,现为缺口。南门外有一条坡道,引领进入南

---

〔1〕　宋哲元:《(民国)察哈尔省通志》,国家图书馆藏 1935 年铅印本,第 6～14 页。

门内。南门外对面遗留有夯土台明，为关帝庙/观音殿基础。

堡墙均为黄土夯筑。东墙复原长约 69 米，墙体无存，现为台地，外侧为荒地和旧村。东墙外的旧村基本废弃，民宅以土旧房为主，且有不少废弃的窑洞。南墙复原长约 105 米，西段仅存基础，东段尚存一段土墙。西墙长约 69 米，仅存一半，中间有一处坍塌的缺口，墙体内高 3～4 米，外高 4～5 米，西墙外侧为台地，现为农田、荒地及部分村庄。北墙长约 103 米，内高 4～5 米，外侧多有坍塌，墙体下有大量坍塌形成的积土。北墙中部设 1 座马面，平面呈方形，体量大，现已坍塌。北墙外为沟，沟中为耕地。

东南角、西南角、东北角无存。西北角为 90°直出角台，角台高大，保存较好，高 3～4 米，为整座堡的制高点，角台外台地上有许多废弃的窑洞。

堡内南北中心街已荒废，堡内民宅均为土旧房屋，大部分坍塌成遗址，仅西部尚存 3 座较为完好的民宅，目前仅 1 座民宅中尚有 1 位老人居住。

堡东墙外为旧村，全部废弃。东南角外尚存老宅院 1。老宅院 1 原为两进院，门楼坐北面南，硬山顶，平顶门洞，外侧形为随墙门，内侧建有单坡顶，用两根檐柱支撑脊顶。前院已经废弃沦为荒地，尚存后院正房与东厢房。新村有一条东西主街贯穿，街东端有 1 座老宅院，正房面阔三间，墙体已被改造。

2. 寺庙

据当地长者回忆，下瓦窑村曾修建有 4 座龙神庙、2 座观音殿、2 座真武庙、1 座五道庙和 1 座关帝庙。其中所谓的 4 座龙神庙，1 座为龙亭，是祭祀、行雨时摆放龙神神像之所；东、西两侧河岸边上的龙神庙，可能是河神庙，即用于镇河水；只有堡东南角外的龙神庙，才是真正供奉龙神之所。如今，除堡东南角外龙神庙尚存外，其他寺庙连同众多碑刻皆拆毁于"文革"期间。

关帝庙/观音殿　位于南门外对面，现已无存。

龙亭、五道庙　位于南墙东段外墙下，现已无存。

真武庙　位于北墙马面，现已无存。

龙神庙　位于戏楼东南方，沙河河边台地上，仅存夯土台明。

真武庙/观音殿、龙神庙　位于堡外西南方沙河岸边，现已无存。

龙神庙　位于城堡东南角外高台上。村民称为"大庙"。高大的夯土台明突兀于地面，台明外原包有毛石，现仅南面有残存。台明西南角辟院门，院门坐东面西，随墙门，硬山顶，平顶门洞。门上有简单的木雕装饰。院门内有盘旋的砖砌踏步达于台明顶部，踏步多有坍塌。顶部为砖铺地面，长有一株小树，立一根电线杆。台明顶部北侧现有 2 座面阔三间的房屋，近代建筑，虽梁架上残存有彩绘，但从建筑风格上看不像庙殿，推测原殿已拆，这两间房屋是利用原构件修建的。由于当地乡民称龙神庙为大庙，不知道是否为诸神共享一堂的庙。

戏楼 位于南门外东侧,面对原南墙下龙亭,戏楼坐南面北,台明较高,外立面包砖,顶部四周铺石板,戏楼面阔三间,卷棚顶,进深六架梁(彩版7-7)。前檐额枋上残存有彩绘装饰,戏楼内为土地,隔扇无存,后台开西门。东西墙内壁上残存有民国时期的壁画,东墙上也有几处题壁,但已漫漶不清。戏楼保存一般,有很多积土,后墙与后脊顶已倒塌。

(二)南山小堡

南山小堡,位于下瓦窑村堡西南方的山梁上,与下瓦窑村堡隔沙河相望。城堡东北侧紧邻沙河河道,现已干涸,四周沟壑纵横,地势险要。城堡可见莲花山村,堡正处于莲花山、下瓦窑两村间的台地上。当地村民回忆,该堡为躲避土匪之用,推测为两村共用。

城堡平面为矩形,周长约221米,方位偏向东南,并非正向。城堡开南门,现为缺口。

堡墙均为黄土夯筑,有两次修筑的痕迹。东墙长约64米,墙体多坍塌,现仅存2小段,高2~3米。南墙长约40米,墙体外侧高于内侧,外高2~5米,东部墙体高3~4米,西部高1~2米,墙体外侧有坍塌的积土。西墙长约68米,外高4~5米,内侧较低,墙体低薄,多坍塌,高1~2米。北墙长约49米,修建在台地上,墙体高薄、连贯,外高内低。外侧总高6~7米,墙高3米,内侧低,高1~3米。墙体外侧是沙石路。

东南、西南角设90°直出角台,保存较差。西北角设90°直出角台,保存较好。东北角仅为转角,东北角外为废弃的矿场。

堡内已夷为平地,现为荒地,未见任何建筑遗迹。或许城堡从未长期居住过村民,仅为临时躲避土匪骚扰而用。堡内偏北近东墙中部的位置修有矩形夯土台,高3~4米,保存较差,四面底部多为坍塌的积土。推测为庙台,但没有砖瓦残存,抑或是瞭望台、指挥台。台南侧有夯土墙基础,呈垄状,高2~3米,将城堡分为东西两部分。

第十三节　上　瓦　窑　村

一、自然环境与人文历史

上瓦窑村位于原白草窑乡(今属杨庄寨乡)西南1.8公里处,属丘陵区。东临沙河,地势西高东低,为沙土质,周围辟为梯田耕地。1980年前后有94人,耕地949亩,曾为上瓦窑大队驻地。

相传,清康熙九年(1670),建村于1座砖瓦窑之北,因村址地势较砖瓦窑高,故取村名上瓦窑。村名可考的历史最早见于《(乾隆)蔚州志补》，作"上瓦窑子"，《(光绪)蔚州志》作"上、下瓦夭子"，《(民国)察哈尔省通志》作"上瓦窑"。

上、下瓦窑村同属一条山沟，上瓦窑位于下瓦窑的西北方，沙河上游，上游开辟有煤矿。如今村庄规模小，大部分民房已废弃，村庄分为新、旧两部分。旧村在河谷西侧的山坡台地上，均为土旧房，大部分废弃。新村在河谷中东侧一级台地上，规模小。当地居民以刘姓为主，村民大部分外迁。新村只有4排房屋，1户居民，4人居住；旧村有四五户居民，十七八人居住（图7.5）。

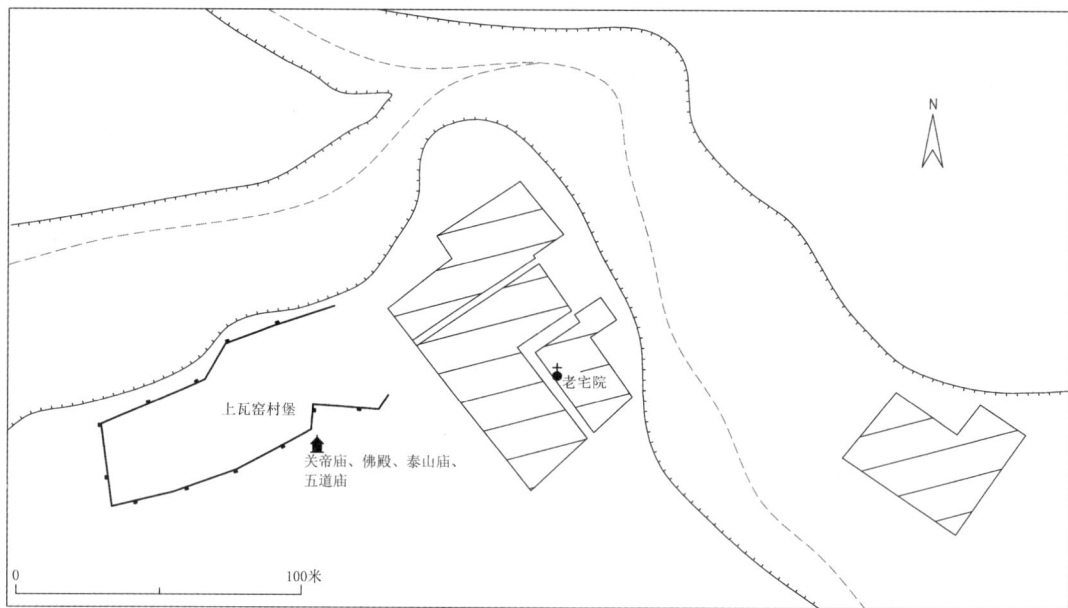

图7.5　上瓦窑村古建筑分布图

二、城堡

上瓦窑村堡，位于旧村西侧山坡上。城堡依山势而建，从东至西随地势渐次升高。城堡平面大体呈长方形，周长约281米，方向略偏东北，从进堡坡道推测，在堡东南墙辟门。堡内平面格局未知。

堡墙均为黄土夯筑。东墙坍塌无存，复原长度约43米，东墙外为耕地。南墙长约107米，外侧为冲沟，墙体依冲沟边缘而建，墙体不直，多曲折或弧弯，南墙内侧为耕地和荒地。墙体高薄，多坍塌，内高2～3米，外高4～5米，墙上设有2座马面，保存较差。西墙长约34米，墙体较短，内外侧墙高4～5米，墙外有坍塌形成的积土。墙外侧为荒地，内侧为荒地和耕地。墙体中部设有1座马面，体量较小，但高度高于西墙，总高6～7米。北墙长约 97 米,墙体大体连贯,多有坍塌形成的缺口。北墙外侧为冲沟,墙体依冲沟而建,故墙体不直,墙高 3～4 米,北墙近东侧有 1 座马面,马面体量小。

东南角无存。西南角仅为转角,高 5～6 米。西北角仅为转角,高 6～7 米。东北角无存。

城堡内无建筑遗存,为荒芜的坡地或耕地。据当地人回忆,本堡为躲避土匪之用。

城堡外为旧村,民宅大部分为石头和土坯修建的房屋,多废弃、坍塌。如今仅几户尚有人居住。旧村中尚存 1 座老宅院保存较好,一进院,随墙门,院内正房面阔三间,保存较好。

三、寺庙

据当地长者回忆,村堡东南角外修有 1 座庙院,院外西侧为五道庙。院内 3 座庙殿连接在一起,西侧为关帝庙,中间为佛殿,东侧为泰山庙。村中无龙神庙,亦未修建戏楼。20 世纪 50 年代将庙宇建筑拆除,拆下的建材用于修建养猪场。现庙址无存,辟为耕地。泰山庙内原有 2 通石碑,已被破坏。

每年的四月十五日为本村泰山庙庙会的正日子,届时上、下瓦窑、黄沟、莲花山的村民来此参加活动。

第十四节　黄　崖　村

一、自然环境与人文历史

黄崖村位于杨庄窠乡西北 4.1 公里处,属丘陵区。村庄东靠坡,西临沙河,地势西北高东南低,为黏土质,周围辟为耕地。1980 年前后有 265 人,耕地 1 320 亩,曾为黄崖大队驻地。

相传,清康熙十六年(1677)建村,因村中心有一个黄崖圪垯,故取村名黄崖。村名可考的历史最早见于《(乾隆)蔚州志补》,作"黄崖上",《(光绪)蔚州志》沿用,《(民国)察哈尔省通志》作"黄崖村"。

如今,黄崖村分为新、旧两部分。旧村在新村西北侧的山谷沙河两岸,谷中有一条南北向土石道(即沙河河道),村宅分布于道东西两侧的台地上,以冲沟东岸一级台地为主。村中民宅以土旧废房屋为主,房屋多倾斜、坍塌,已是一片断壁残垣。村中老宅院较少,现仅存 1 座老宅院 1,一进院,大门已倾斜,村民用树干支撑,宅门上有一些木雕装饰。旧村还有几户居民,新建有房屋。另外,在沟西侧有不少新建的民宅,为附近的煤矿矿工居住。新村在冲沟东岸二级台地上,沿着沟边随地势修建。新村为一条南北中心街布局,村口新建铁牌坊,村口东侧为一处新建的剧场及广场,广场辟为健身园,剧场东侧为村委会大院(图 7.6)。

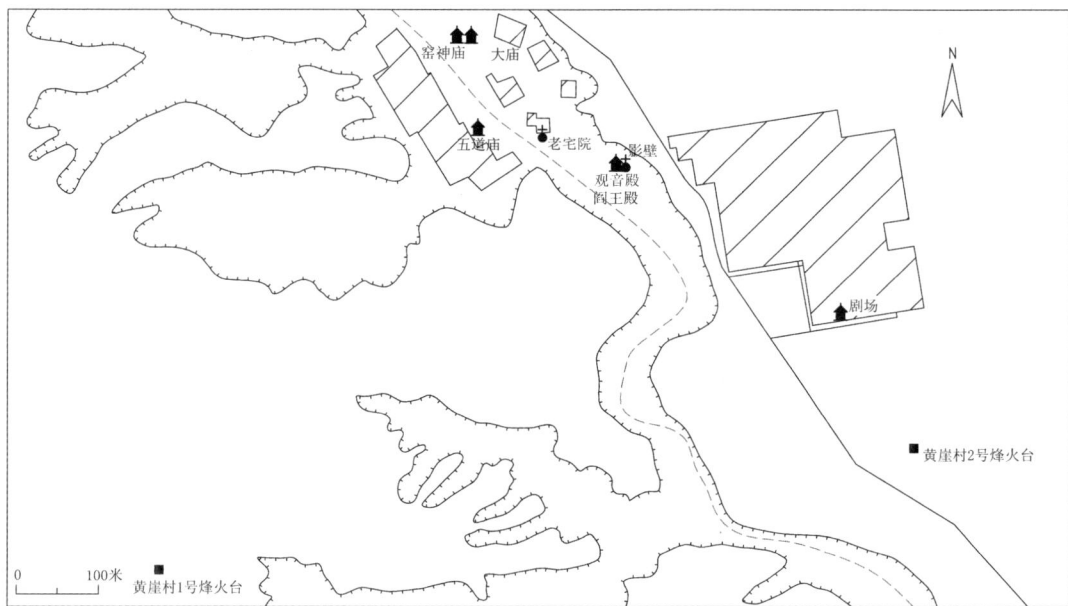

图 7.6　黄崖村古建筑分布图

沙河河道里开辟有众多煤矿。改革开放以来,当地煤矿开采发展迅速,但是村周边的小煤窑多属无证经营,私挖乱采,地下全部掏空,形成煤矿采空、塌陷区,旧村地面下沉,地下水亦无,1986 年村民由沟中旧村搬迁到现在的新村居住,村庄现有居民 200 余人居住,村民以耿、董、李、任姓为主,多外出打工。

二、黄崖村烽火台

该村共有 2 座,分别为黄崖村 1 号烽火台、黄崖村 2 号烽火台。

黄崖村 1 号烽火台　位于旧村西南煤矿北侧。烽火台南面为矿场,烽火台所在山为周边制高点。烽火台仅为 1 座方形的墩台,台体四周为新建的红砖围墙加以保护,台体下有坍塌的积土形成的土坡,烽火台高 6～7 米,底部 15 米见方,保存较好。

黄崖村 2 号烽火台　位于新村村委会南侧的耕地中,与黄崖村 1 号烽火台遥遥相望,烽火台仅为 1 座方形墩台,高 3～4 米,底宽 4～5 米,夯土中多石子,烽火台北、东两面坍塌,下面有积土,南面保存较好,后期加修的痕迹明显。夯层厚 20～25 厘米。顶部平整。

三、寺庙

据当地长者回忆,黄崖村曾修建有五道庙、大庙(关帝、龙神、马神)、观音殿/阎王殿、窑神庙。村中寺庙均拆毁于"文革"期间。

五道庙　位于冲沟的西侧,现仅存遗址。

大庙　即关帝、龙神庙、马神庙,清代建筑,位于在村中北部的台地上,俗称"大庙"。寺庙坐北面南,台明利用自然台地,台明高 2.5～3 米,外包青砖,台明南面中部有 9 层石板踏步通往顶部,台阶保存较好。顶部地面铺砖,正殿坐落于台明的北端,坐北面南,面阔三间,硬山顶,进深五架梁出前檐廊。前檐额枋上有残存的彩绘,门窗有部分残存,殿内隔成三间,每间后平檩皆有彩绘《八卦图》,但八卦形式并不完全相同。殿内曾供奉泥像,墙壁表面刷涂白灰浆并贴有报纸,壁画已无存,山尖画尚存,东次间山尖为《渔、樵图》,西次间山尖为《耕、读图》。从东西次间山尖内容来看,殿内原先可能并未修建隔墙,而是三神共享一堂。考虑到大殿在近代曾作为村大队部仓库使用,因此殿内结构可能略有改动——修建隔墙、火炕(东次间),增加吊顶(现仅存骨架)。

殿内墙壁涂刷白灰浆后又贴一层报纸,年代为 1980 年前后的《张家口日报》《人民日报》等报纸;西次间墙壁上还保存有一幅"文革"时期的标语。"文革"遗迹的下面是以前修庙时的记事,写有布施人名,但已难以辨认。殿前原有东、西配殿,现已坍塌,仅存基础。西配殿为观音殿。

当地长者回忆,旧社会时本村村民行雨,去过东黄花山,也与沙涧村一起求过雨,但主要是在本村行雨,本村的龙神属沙涧村龙神管辖,庙中曾有一尊龙神像,行雨时抬出祭拜。

观音殿/阎王殿　位于村南口旁的坡地上,现已无存,原址新修建 1 座影壁。

窑神庙　位于旧村大庙西侧的坡下,庙宇坐北面南,采用红砖新砌,正殿面阔单间,硬山顶,殿内供奉 1 块窑神牌位。新修的窑神庙规模不如当年。

第十五节　沙　涧　村

一、自然环境与人文历史

沙涧村位于杨庄窠乡西北偏北 2.3 公里处,属丘陵区,东北临沙河,地势西北高东南低,大部为黏土质,周围辟为耕地。1980 年前后有 732 人,耕地 4 061 亩,曾为沙涧大队驻地。如今,沙涧村位于 218 乡道柏油公路西侧,常住人口 400 余人,姓氏较杂(图 7.7)。

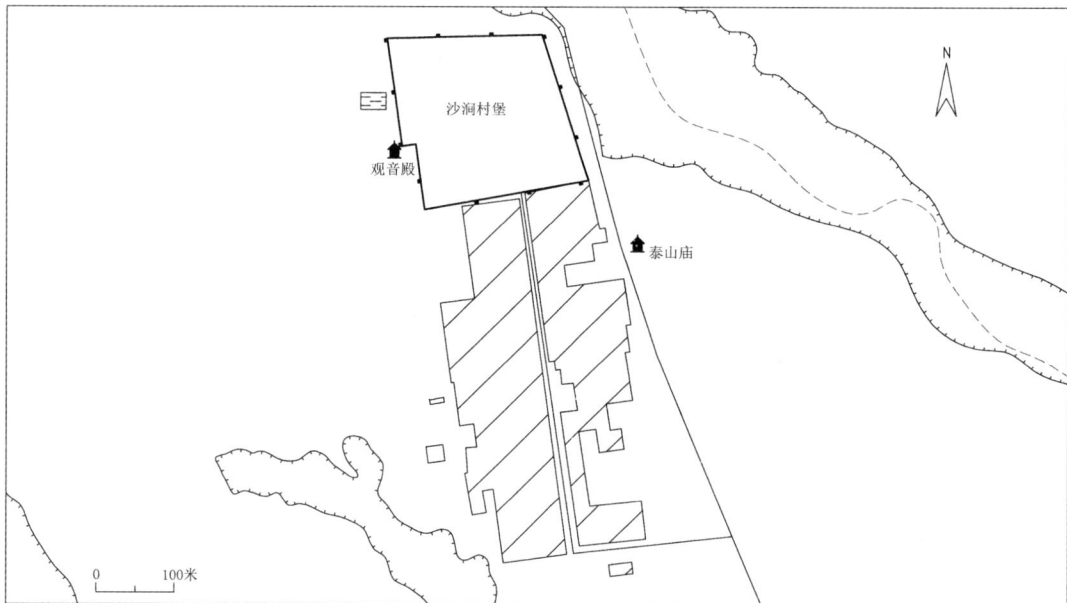

图 7.7　沙涧村古建筑分布图

相传,清乾隆二年(1737)建村于一条沙河旁,取名沙涧堡,后更名为沙涧。村名可考的历史最早见于《(正德)大同府志》,作"沙涧堡",《(崇祯)蔚州志》《(顺治)云中郡志》沿用,《(乾隆)蔚州志补》作"沙涧并莲花山",《(光绪)蔚州志》沿用,《(民国)察哈尔省通志》作"沙涧村"。

二、城堡

(一)城防设施

据《(民国)察哈尔省通志》记载:"沙涧村堡,在县城东北三十里,清乾隆二年三月土筑,高一丈二尺,底厚四尺,面积五十亩零一分,有门一,现尚完整。"[1]城堡平面为矩形,周长约 829 米,城堡开东、西门。堡内平面布局为丁字街结构(图 7.8)。

东堡门保存较好,砖石拱券结构,基础较低,条石砌筑,砖砌拱券门洞,门洞宽 2.8 米,两侧包砖有开裂,内外侧门券均三伏三券,一层伏檐(彩版 7-8)。外券拱顶上方上镶砖制门匾,阳文行书"沙涧堡",落款为"嘉庆五年榴月重修",上为二层错缝牙子。门券内为木梁架平顶结构,木堡门二扇,表面门钉、铁皮无存。门道为水泥路面,门内为东西主街,主街硬化为水泥路。东门外建影壁 1 座,影壁上有砖雕装饰,门外北侧有五道庙、关帝庙遗址。

---

〔1〕 宋哲元:《(民国)察哈尔省通志》,国家图书馆藏 1935 年铅印本,第 6~14 页。

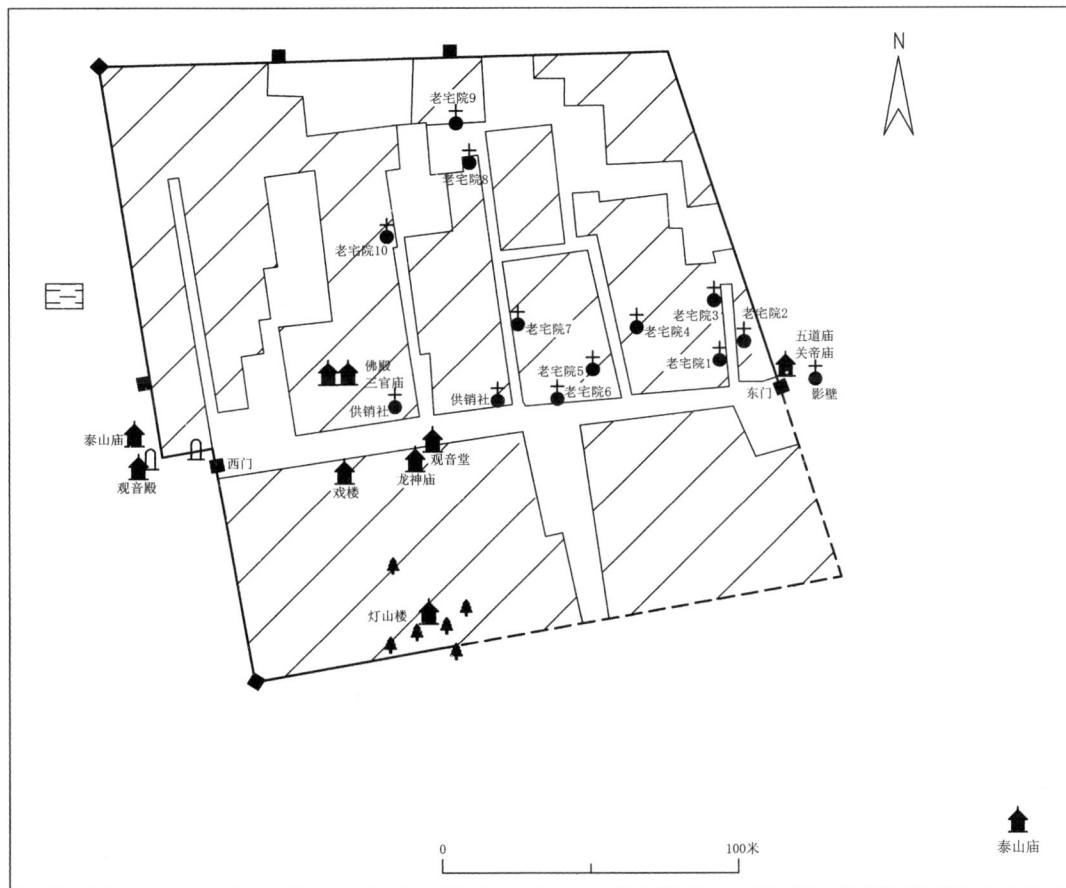

图 7.8 沙涧村堡平面图

西堡门保存较好,砖石拱券结构,基础较低,四层条石砌筑,包砖门券,门洞宽 2.8 米,堡门内外三伏三券(彩版 7-9、10)。外侧拱券拱顶上方镶嵌门簪三枚,其上镶砖匾,上书阳文"沙涧堡",匾右侧有一列砖雕文字,已毁。内侧门券拱顶上方亦镶嵌砖雕门簪三枚,其上镶砖匾,门匾中也有三个砖雕字,但已被破坏。门顶部出檐为叠涩砖檐。木堡门二扇,表面门钉、铁皮无存。门外北侧建有 1 座东西向影壁墙,上镶 1 通嘉庆二十二年 (1817)《重修西堡门碑记》(拓 7.1),长 86、宽 52 厘米。碑文记载:"盖闻高其门关,厚其墙垣,戒不虚也,沙涧古无堡门,乾隆五十六年创建……"碑文中"沙涧古无堡门",不知是否指古无西门。门外正对坐西面东的观音殿 1 座,北侧西墙下有泰山庙遗址。

堡墙均为黄土夯筑。东墙长约 201 米,保存较差,墙体多坍塌,现存为基础部分,高 3~4 米,墙体外侧有坍塌形成的斜坡将墙体部分掩埋。墙外为荒地树林和道路,内侧为民宅。东门以南的墙体无存,现为房屋所占。南墙长约 205 米,墙体保存差,大部分墙体无存,为民宅所侵占。中段仅保存一段墙体,处于民宅包围之中,墙体残高 3 米;西南角附

拓 7.1 杨庄窠乡沙涧村堡西门堡门外嘉庆二十二年《重修西堡门碑记》拓片（蔚县博物馆 李新威 提供）

近南墙保存长约 30 米,高 2～5 米,墙体高薄,多坍塌,墙体内侧为民宅,外侧为耕地。南墙外为新村。西墙长约 233 米,保存较差,高 2～4.5 米,墙体低薄、坍塌,内侧为民宅,外侧为荒地,墙外长有 1 排杨树;西南角台附近的西墙尚存约 15 米左右,高 2～4 米,墙体高薄,多坍塌,内侧为民宅,外侧为荒地和耕地;西墙南段墙体保存较差,北半部无存,现为院墙;西墙北段中部设有 1 座马面,保存较差,体量很小,高 3～4 米,表面有流水冲刷形成的凹槽;马面的西北侧为 1 个干涸的坑塘,坑边长有高大的树木。北墙长约 190 米,地势起伏,墙体西低东高。北墙西段保存较为完好,墙体高厚宽大,壁面斜直,墙壁上长有树木,墙高 6～7 米,墙体外侧下多有坍塌形成的积土,内侧为民宅倚墙修建;北墙设有 2 座马面,马面的体量较小,其中西马面为方形,高 4～5 米;北墙中段保存相对较低,高 2～4 米,墙体多开裂、坍塌。北墙东马面保存一般,高 3～4 米,台体顶部中央开裂;北墙东段保存较差,墙体高 2～3 米,墙体虽连贯,但是多坍塌成土垅状。

东南角无存,现为民宅。西南角设 135°斜出角台,保存较好,高 5～6 米。西北角设 135°斜出角台,体量较大,高 7～8 米,保存较好,台体上有流水冲刷的凹槽,角台外为荒地。东北角未设角台,仅弧形转角,高 3～4 米。

（二）街巷与古宅院

堡内民宅主要分布于主街北侧的巷内,主街南侧无老宅院。

北 1 巷　即东门进入后北侧第一条巷子。巷内有 3 座近代老宅院,即老宅院 1～3。

北 2 巷　巷子很窄,巷内有 1 座老宅院 4,原为两进院,现为一进,仅正房保存较好,宅门无存。

北 3 巷　北 3 巷很长,仅在巷子口西侧有 1 座老宅院 5,保存较好。里面为羊圈。

丁字街口　在交汇处的北侧有 1 座老宅院门 6,门已封死。门正好为丁字街路冲位置,此位置多修建寺庙,修建民居较为少见。

北 4 巷　巷子十分狭窄,巷子口西侧为 1 座废弃的供销社。巷内很长,直接通到北墙下,巷内一共有 3 座老宅院,老宅院 7 在东侧,老宅院 8、9 在西侧。老宅院保存较好,前檐额枋上有彩绘、木雕装饰,附近的墙头没有瓦花装饰。

北 5 巷　巷子口对面为观音堂,巷子口西侧为废弃的供销社,供销社东墙上尚存有砖做的簪花装饰。巷子很长,街面宽阔,巷子内有老宅院 10,保存较好,宅门门内墙壁上写有毛主席语录。

三、寺庙

据当地长者回忆,城堡内外曾修建有龙神庙、佛殿、三官庙、戏楼、观音堂、观音殿、泰山庙（2 座）、五道庙/关帝庙、灯山楼。上述寺庙多已在"文革"中拆毁。

龙神庙 位于沙涧村堡西门内戏楼东侧，东西主街南侧，明代建筑（彩版7-11）。现存正殿1座，东西耳房各1座，禅房1座。寺庙坐北面南，单间，硬山顶，进深五架梁，门窗尚存，为二抹方格槛窗。寺庙已经废弃，殿内堆放杂物。内壁表面曾刷涂黄泥浆，壁画残存。正壁被泥浆覆盖，墙皮已脱落，仅一位龙王与侍女可见。两侧山墙现今黄泥浆多已脱落，露出底下壁画，壁画虽然保存较差，但总体来看各神祇还能分辨。

东壁绘《出宫行雨图》，图中左侧损坏较重，只见水晶宫台明一角，不知是否有龙母于其中，但台明前有龙王回首，似与水晶宫内人物对话，估计宫中还会立龙母的。水晶宫之上，传旨官飞奔传旨，下达玉旨降雨的圣旨。整个画面中位居前面的是各辅助之神，右上角为雷公，其下依次为四目神，2位功曹与电母，风婆、风伯与2位功曹，随后跟着的是五位龙王与雨师，水车紧随雨师之后。中上部有青苗神与商羊，青苗神手持禾穗，商羊手持一杆，杆顶有一只鸟；中下部为判官与另一位官员窃窃私语，似在商议如何记录雨量。左上部为虹童，放出巨大的彩虹，越过画面上部跨到另一边；虹童前为黑脸判官，左手正紧紧抓住圣旨，就怕圣旨被狂风刮飞。

西壁绘《雨毕回宫图》，从残存的图中能大致了解布局。回宫队伍前方，有1座五层塔，这在蔚县遗存的龙神庙中是个孤例，塔下部是四位功曹。图画的中上部是一道巨大的彩虹，从左边划出，跨出画面又进入，彩虹之下画的主体是5位龙王与雨师。彩虹弧下方，依次为2位雨官、青苗神与商羊、钉耙神、四目神与风伯、判官，队伍后面是电母与雨师闭目养神于水车之中。画的左侧，隐约可见一株巨树，上面应是束缚的龙。残画中没有找到雷公身影，也不知是否有龙母于右侧迎候。

东西山尖保存有绘画，绘水墨画"渔、耕、樵、读"，这一题材在蔚县山尖壁画中较多见。

正殿南侧为一片荒芜的空地，6棵粗壮的油松，印证着龙神庙的历史。

据当地78岁长者回忆，此地为东黄花山龙神庙管辖范围内西部的中心，50多年前还曾祭祀行雨。周围的乡镇、村庄如涌泉、代王城、杨庄窠、南岭庄皆来此祭拜。村民对于从东黄花山请龙神回沙涧祭祀行雨的过程亦记忆清晰，每年沙涧村派出20余人去东黄花山请龙神，回程时共要抬回3座轿子，白轿子请龙母，2个深蓝色的轿子分别请雨师与龙王爷（黑脸），抬轿子的人头戴柳枝帽。路上所经过的村庄以接力方式依次将轿子抬入沙涧村堡三官庙内，从东黄花山到沙涧要走五六天。每天行走30多里地。到达沙涧村，轿子从堡东门进入堡内后，仪式开始，鼓角开道，众人念经跟随，堡内黄土铺道，清水泼道，一直抬至三官庙内供奉，其间女人不得跟随与露面。供奉于三官庙后，开始祭祀活动，其中唱戏3～5天，如果仍不下雨，则继续唱戏，有时唱半月以上，戏种以晋剧与蔚县秧歌为主，一天三开戏，即上午、下午与晚上各唱一次。

佛殿、三官庙 位于沙涧村堡东西主街北侧，现为1座独立的院子，清代建筑（彩版7-

12)。对面为倒座戏楼。2座正殿坐北面南,坐落在高 0.66 米的庙台上,正殿分布一排,西侧为三官庙,东侧为佛殿。正殿均为单檐硬山顶,面阔三间,进深六架梁出前檐廊。佛殿为檐里装修,三官庙金里装修,殿内改造,墙壁涂刷白灰浆,未见壁画。西配殿三间,单坡顶。

戏楼　位于佛殿、三官庙对面,东西主街南侧,主体结构保存较好,但顶部塌出一条缝。戏楼坐南面北,单檐卷棚顶,面阔三间,前檐额枋上装饰清式雀替,雕草龙,前檐柱4 根,古镜柱础。外山墙表砖贴心,山墙前后置挑檐木。台内两侧壁墙被泥土抹过,脱露处露出底下的残画。梁架整体向西倾斜,前后飞椽糟朽,勾滴脱落,明间后墙坍塌。因戏楼倾斜严重,村民已主动将其拆除,如今仅存台明,外立面包砖,顶部四周铺条石,台明上为 1 米多高的积土和砖块。

观音堂　位于主街南侧,北面正对一条巷子,观音堂坐南面北,修建于青砖台明上,硬山顶,砖制神龛,做工精致、讲究,正面有砖作仿木构砖雕,龛内有供桌和观音纸画像。

观音殿　位于城堡西门外,1 座独立的庙院,坐西面东,院墙和月亮门新建,正殿新建,面阔三间(坐二破三式),殿内没有壁画和彩绘,殿前立有 1 通石碑,刊刻于"明弘治癸亥七月孟秋吉日立"(弘治癸亥,即弘治十六年,1503 年)的《创建灵感观音堂碑记》,石碑长 155、宽 79、厚 19 厘米。

泰山庙　共有 2 座,1 座位于西门北外侧西墙下,仅存地基。1 座位于城堡东南角外,218 乡道柏油路东侧,庙仅存院墙的南部,墙体较高,2～5 米,墙内为耕地,庙址已无存。

五道庙/关帝庙　位于东门外北侧东墙下,现已无存。

灯山楼　位于堡内龙神庙南侧,现为一片空地和松树。旧时每年正月十五,当地村民在空地上拜灯山(3 天)。现已无存。

第十六节　辛 窑 子 村

一、自然环境与人文历史

辛窑子村位于杨庄窠乡西偏北 3.4 公里处,属丘陵区。村西临沙河,南、北、东面地势平缓,不远处为冲沟,地势整体西北高东南低,为黏土质,周围辟为耕地。1980 年前后有240 人,耕地 1 080 亩。曾为辛窑子大队驻地。

相传,清康熙十四年(1675),有一乞丐在这里挖窑食宿,艰辛度日,建村后,即取名辛窑子。村名可考的历史最早见于《(民国)察哈尔省通志》,作"辛窑子"。

如今,村庄分为新、旧两部分。旧村位于现今新村西侧沙河西岸的台地上,仍可见到几孔窑洞遗存,但其他的地面建筑已不见踪影,旧村废弃许久。新村位于沙河东岸台地,水泥路西南侧路边。新村为南北中心街结构,南部为一排排新瓦房,仅北部有一排旧房,这排旧房共有 4 座门楼。从门楼风格与构材来看,不会早于 20 世纪 50 年代以前。门楼前还有从庙里搬运而来的石供桌。主街北尽头处为 1 座新建的影壁和村委会大院。如今村庄尚有 100 余人居住,村民以李姓为主。

二、寺庙

据当地长者回忆,旧村曾修建有龙神庙、马神庙/五道庙、玉皇庙。寺庙选址全部位于旧村东坡上。此外,村北还有几件石构件,村民回忆为是拆庙时抬至此地。

龙神庙 又称"大庙",位于村西北沟边,五六十年前,当地村民与沙涧村一起行雨。庙宇拆毁于"四清"期间。

马神庙/五道庙 位于旧村南,正殿面北为马神庙,面南为五道庙。庙宇拆毁于"四清"期间。

玉皇庙 不归属于附近任何 1 座村庄,从地理位置上来看,位于陡涧子村正北,辛窑子村西南。为便于统计,暂且将其归入辛窑子村。寺庙位于辛窑子村西南方约 1 100 米的坡顶上。当地人传说此玉皇阁与蔚县古城的玉皇阁正对,从地图上来看,此玉皇阁基本位于县城之正北方位。

玉皇庙并非单一的 1 座寺庙,而是 1 座庙群,庙院内寺庙种类多样,建筑占地面积约 5 990 平方米。整体坐北面南,共三进院落,中轴线布局,自南而北依次为戏楼、山门、过殿(东配殿、西配殿)、正殿(东、西配殿)、后院,后院即玉皇阁。玉皇阁为二层阁楼。庙拆毁于"文革"期间,现为一片废墟,残砖碎瓦俯拾皆是,此外还有琉璃瓦残片。寺庙内曾经碑刻众多,均破坏于"文革"期间,村中西侧冲沟中还有从玉皇阁运来的石碑,但已不知去向。此外,旧时每年四月初八玉皇庙举行庙会,周边的乡民均要到此赶庙会。

第十七节 胡 家 庄 村

一、自然环境与人文历史

胡家庄村,位于杨庄窠乡西偏北 1.7 公里处,属丘陵区,东、北临沟,地势西北高东南低,为黏土质,辟为耕地和杏树林。1980 年前后有 551 人,耕地 2 688 亩。曾为胡家庄大队驻地。

相传,约五百年前,胡姓在此建村,故取名胡家庄。村名可考的历史最早见于《(顺治)蔚州志》,作"胡家庄",《(乾隆)蔚州志补》《(光绪)蔚州志》《(民国)察哈尔省通志》沿用。

如今,胡家庄村分为新、旧两个部分,水泥路穿村而过。新村在水泥路西侧,旧村在东侧,两部分之间是学校。旧村即城堡所在地。新村由1条东西主街和3条南北主街组成,以西侧的南北主街为最长。东西主街的东侧尽头为新建的村委会大院,前面为一片广场;南侧还有健身广场。村民以李姓较多,现有300余人居住,部分村民外迁到县城(图7.9)。

二、城堡

(一)城防设施

胡家庄村堡,位于东部旧村中,堡北、东面临深涧,西、南地势平缓。城堡平面大致呈矩形,周长约450米,开南门,堡内平面布局为丁字街结构。堡内地面高于堡外(图7.10)。

城堡南门位于南墙中部,堡门已修缮,南门内侧部分保留有原构,南门外侧已重修,灰色的水泥勾缝极不协调。堡门为砖石拱券结构,外券三伏三券,门券拱顶上方镶嵌有两枚门簪,门簪上方镶嵌砖制阳文门匾,上书"胡家庄堡",其"庄"字多一"点"。匾上出一层错缝牙子。门内顶部为木梁架结构,门顶部较平,砌花栏墙。门闩孔为砖制。门外正对戏楼,门内为南北中心街。

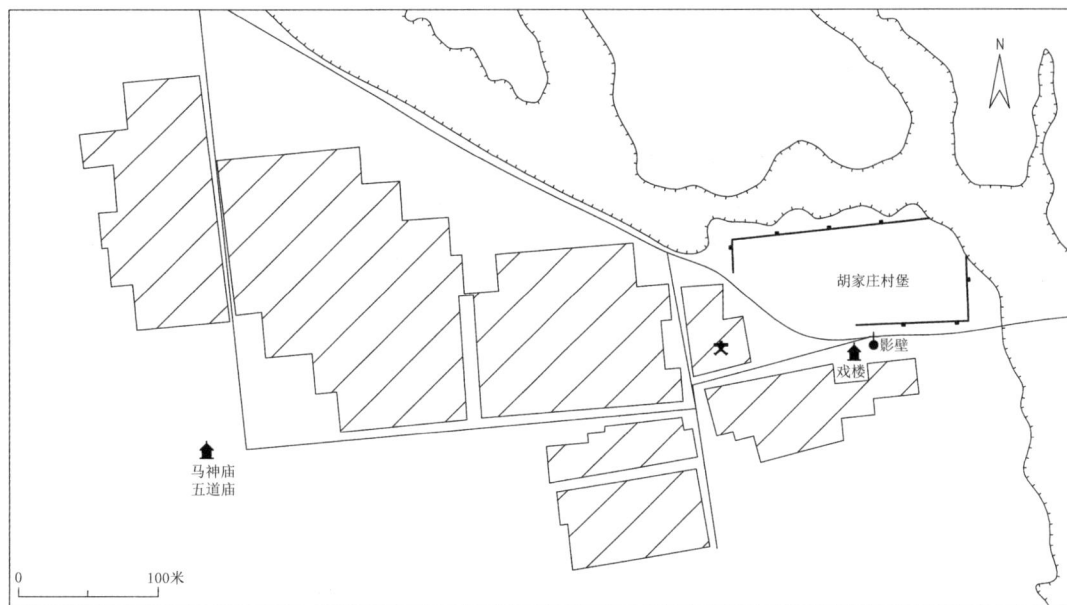

图 7.9 胡家庄村古建筑分布图

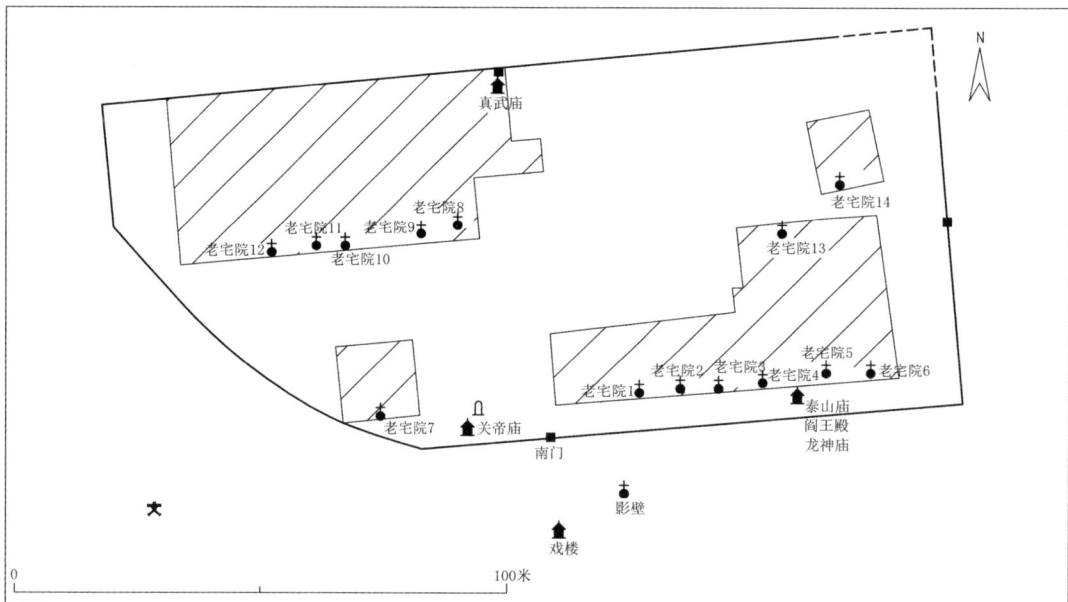

图 7.10 胡家庄村堡

　　堡墙均为黄土夯筑。东墙长约 84 米,修建在坡地上,地势自南而北逐渐升高,现存墙体较薄,多坍塌,高 2～4 米,高低起伏,断断续续,东墙中部设马面 1 座,方形,体量较小。南墙长约 110 米,现存为基础,南墙内侧为宽阔的顺城道路。西墙长约 107 米,墙体不直,有弧形边,墙体高薄,多坍塌,断断续续,墙体现存 3～4 米高,西墙外侧为荒地和水泥路,内侧为民宅和荒地。西墙外不远处为胡家庄新村。北墙长约 149 米,修建在冲沟边缘,墙外为荒地和冲沟。墙体低薄,多坍塌,外侧形成积土。墙体内高 3～4 米,墙体内侧为废弃的房屋。北墙中部内侧修有 1 座庙台,而外侧未设马面,庙台为方形,保存较好,北墙西段的墙体和东段类似,墙体内侧多为民宅依墙而建,外侧为荒地和冲沟。

　　东南、东北角无存,为洪水冲毁。西南角无存。西南角外有 2005 年修建的胡家庄学校,规模大。西北角修建在冲沟边上,未设角台,仅为转角。

　　(二)街巷与古宅院

　　堡内已无人居住,虽老宅院数量众多,但房屋全部废弃,坍塌后形成大片荒地。由于城堡废弃时间较长,中心街路面已长满杂草,街道两侧的民宅大多数已坍塌,尤其是主街西侧的民宅,大部分已成为荒地。东侧还有 2 户民宅尚存。

　　南墙内侧　东段内侧共有 6 座老宅院,即老宅院 1～6,均为近代修建的一进院格局宅院,随墙门,结构简单,部分老宅院已坍塌,正房全部废弃,院里杂草丛生。西段内侧未见老宅院,西南角内侧尚存老宅院 7,保存较好,一进院,广亮门,大门墙壁上有两处毛主席语录。

　　丁字街西街　街道南侧已无完整房屋,全部坍塌,现存为基础,北侧有一排房屋,现存

5 座老宅院 8~12,其中,4 座为随墙门,1 座为广亮门,老宅院保存差,多是土旧房,门顶部多坍塌,有的墙壁上还有残存毛主席语录。大门内的正房也多废弃、坍塌,保存较好者不多。

丁字街东街 街内南北两侧的民宅大部分无存,现存为基础,仅街北侧尚存 2 座老宅院 13~14,均为土坯修建的随墙门。

三、寺庙

据当地长者回忆,胡家庄村堡内外寺庙众多,主要有关帝庙、泰山庙、阎王殿、龙神庙、真武庙、马神庙、五道庙、戏楼。

泰山庙、阎王殿、龙神庙 原位于堡南门外戏楼东侧,2001 年拓宽公路时,将旧殿拆除,重建于堡南墙东段内侧,三庙合于一殿。正殿坐北面南,面阔三间,硬山顶,进深五架梁,殿内所供三神各立 1 块牌位。明间为阎王殿,东次间为泰山圣母庙,西次间为龙神庙,这可能是 1 座多神共祭的庙殿。旧时,村民还曾在龙神庙中祭祀、行雨,为本村村民自己祭龙神,并不去他地祭拜。

关帝庙 原位于堡南门外戏楼西侧,2001 年拓宽公路时,将旧殿拆除,重建于堡南墙西段内侧。正殿坐北面南,面阔单间,硬山顶,进深五架梁。殿内立有关圣帝君神位,两侧有关平与周仓。

真武庙 位于北墙内侧及庙台上,原由前殿与庙台上的北极宫组成,"文革"时期将庙台上的北极宫拆毁,如今仅存前殿。前殿,坐北面南,面阔三间,硬山顶,进深五架梁出前檐廊。前檐额枋上彩绘脱落,梁托、雀替保存较好,殿内顶部脊檩上残存有彩绘《八卦图》。殿内已经改造,加修隔墙,推测是近代改造成猪圈或粮库。殿门窗全无,殿已残损,外包砖脱落过半,西山墙南部塌毁。殿内壁表面曾涂抹白灰浆,将壁画覆盖。从露出的残画考察,明间应是背光,前面应有塑像;东次间可看出一尊坐像、二尊立像,西次间可以看出一尊坐像、一尊立像。从西山墙残画来看,推测为连环画式壁画,榜题矩形框依稀可见。但仅从露出的局部像,还不足以判断前殿供奉何神。

马神庙、五道庙 原位于堡西南外大队部位置,建村委会时,将五道庙与马神庙拆毁,现重建于新村东西主街西端,两庙共处一堂。正殿坐西面东,面阔两间,单坡顶,南侧立有马神庙牌位,北侧立有五道庙牌位。

戏楼 清代建筑,位于南门外侧,隔街正对胡家庄村堡南门。戏楼整体保存较好,坐南面北,砖石台明高 1 米。外立面包砖,顶部四周铺石板。戏楼面阔三间,卷棚顶,进深六架梁。其梁架大栿跨五椽,二栿跨三椽,栿表面未施任何修饰。前檐额枋尚存民国时期彩绘。戏楼内地面条砖错缝铺墁。戏楼内前后台间的隔扇已毁,内壁涂抹过白灰浆。如今戏楼台明略有修缮。

第十八节 东坡寨村

一、自然环境与人文历史

东坡寨村位于杨庄窠乡南 0.5 公里处,属丘陵区。西南临水库,地势西北高东南低,为黏土质,周围辟为耕地。1980 年前后有 285 人,耕地 1 044 亩,曾为东坡寨大队驻地。

相传,明成化十四年(1478)黄姓建村,取名永安堡。后据村址居沟东坡上,更名为东坡寨。村名可考的历史最早见于《(崇祯)蔚州志》,作"破寨儿堡",《(顺治)云中郡志》沿用,《(乾隆)蔚州志补》作"东破寨儿",《(光绪)蔚州志》《(民国)察哈尔省通志》均作"东破寨"。

如今,村庄规模小、狭长,东西长,南北短,北面与杨庄窠村相连。村庄分为新、旧两部分。旧村即村堡所在地,位于西部,新村位于东部,新旧村之间以一条宽阔的土路相连,218 乡道穿新村而过前往杨庄窠乡镇区。

当地老人传说,此地先有东坡寨,后有杨庄窠。这符合当地村落的发展规律——先建城堡,后建庄子。旧时村庄居民以杨、黄、赵姓为主,此外还有梁姓,现今姓氏较杂。堡内居民大多迁出,仅几户居住(图 7.11)。

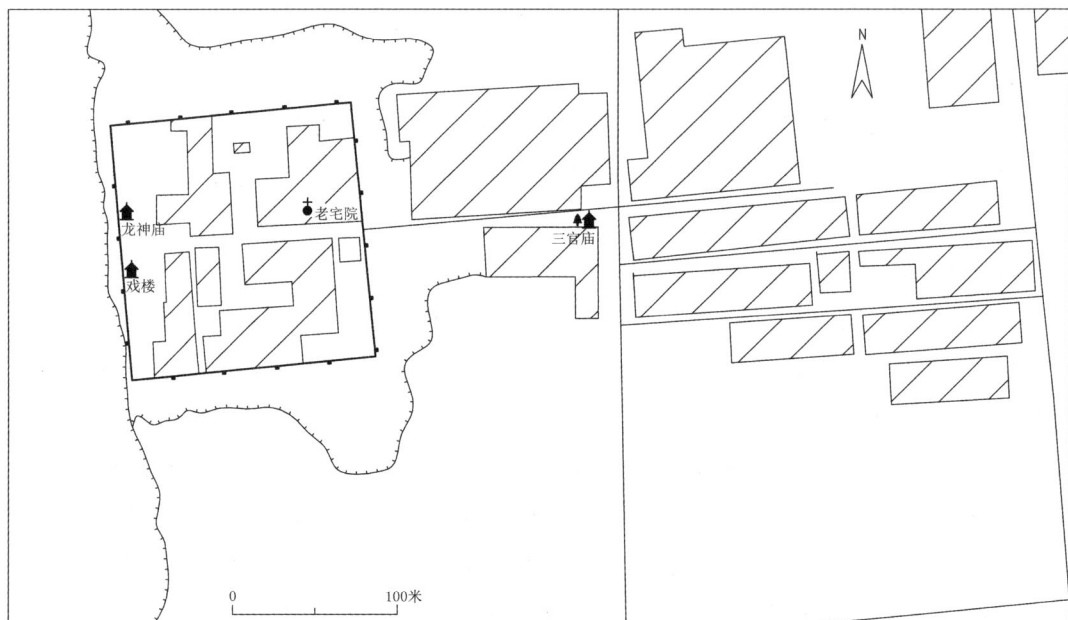

图 7.11 东坡寨村古建筑分布图

二、城堡

东坡寨村堡,位于旧村内,西邻幽深的沟涧,南北为浅冲沟,东面为平地,地势险要。城堡平面呈矩形,周长约580米,开东门,堡内平面布局为东西主街结构(图7.12)。

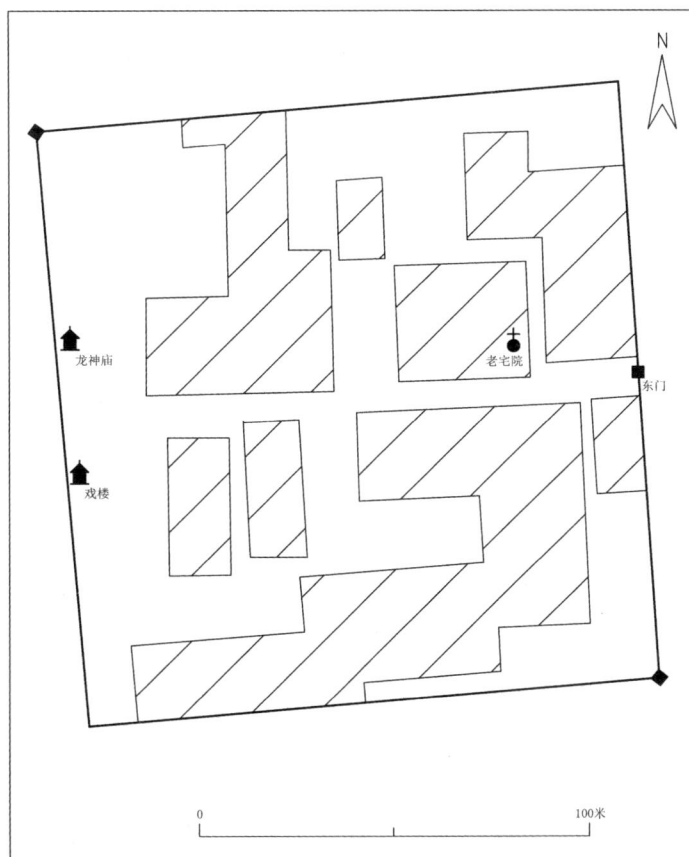

图7.12　东坡寨村堡平面图

城堡东门为砖石拱券结构,基础较高,条石修建,门体砖包起券,门券较高(彩版7-13)。外侧门券三伏三券,门券拱顶上方尚存三枚门簪的痕迹,门簪上方曾镶嵌门匾,如今匾额无存,仅存匾框,门顶部略有损坏。内侧门券亦为三伏三券,北侧墙体开裂倾斜。门洞内门扇无存,仅存门扇上槛,门券内顶部为砖券,门闩孔为圆形,系石头雕凿而成。门外两侧曾修有方形的护门墩台,如今坍塌严重,东门外对面曾修有影壁,亦已无存。门内为东西中心街,街道两侧有巷道相连。

堡墙均为黄土夯筑,保存较差,系自然坍塌所致。东墙长约150米,现存基础部分。南墙长约140米,墙体断续存在,墙高2~4米,墙外为大沟,沟内为耕地。西墙长约

150 米,位于一条南北向冲沟边缘,涧沟中常年有流水。此处风景颇佳,涧沟的西岸为西坡寨。西墙保存较差,墙体多坍塌,现存大部分段落为基础部分,少数存有高薄的墙体;墙内侧为大片的荒地、耕地。北墙长约 140 米,保存较差,墙体低薄、连贯,外侧高约 2 米,未设马面,墙体外侧为沟,沟北侧为杨庄窠村,即两村以冲沟为界。沟内为耕地和小片荒地。

东南角为 135°斜出角台,保存一般。西南角仅为转角,角外为一个小型的蓄水水库。西北角设 135°斜出角台,角台现存体量较小,为方锥形。东北角仅存转角。

堡内民宅以土旧房为主,多废弃、坍塌,居民较少。老宅院仅存 1 座,位于中心街北侧,一进院,正房面阔三间。

三、寺庙

据当地长者回忆,城堡内外曾修建有魁星庙/梓潼庙、财神庙、观音殿、三官庙、泰山庙、五道庙(2 座)、龙神庙、戏楼。庙宇位于除龙神庙外,均拆毁于"文革"时期。

魁星庙/梓潼庙 位于堡门顶,现已无存。

财神庙 位于堡内西侧,现已无存。

观音殿 位于堡内,现已无存。

三官庙 位于东门外的大树下,现已无存。

泰山庙 位于北墙外,现为遗址。

五道庙 2 座,堡内外各有 1 座,现已无存。

龙神庙 位于堡内东西主街西端北侧,西墙内侧。正殿,坐北面南,面阔三间,硬山顶。旧时正殿内供奉八九尊木神像。前几年孩童们玩火,将龙神庙烧毁。如今,龙神庙仅存后墙与东、西各半截山墙。

戏楼 位于堡内龙神庙对面,戏楼坐南面北,面阔三间,卷棚顶。前几年孩童们玩火,将戏楼烧毁。如今,戏楼仅存东山墙。

第十九节 西 坡 寨 村

一、自然环境与人文历史

西坡寨村位于杨庄窠乡西南 0.7 公里处,属丘陵区,东临沙河,东南靠近水库,地势西北高东南低,为黏土质,周围辟为耕地和杏树林。1980 年前后有 414 人,耕地 1 666 亩,曾为西坡寨大队驻地。

相传,明洪武五年(1372),耿姓建村,取名耿小庄,曾名永正堡,后据村址居沟西坡上,更名为西坡寨。村名可考的历史最早见于《(崇祯)蔚州志》,作"破寨儿堡",《(顺治)云中郡志》沿用,《(民国)察哈尔省通志》作"西破寨"。

如今,西坡寨村与东坡寨隔沙河相望。村庄内有1条冲沟,将村庄分为南、北两部分。新村位于南部,公路边,新村规模较大,村庄内东、中、西各有1条南北向主干道,中间道路南、北村口各有新建的影壁和牌坊,北面村口路西为新建的村委会大院。新村内民宅全部为新建的房屋,居民较多。旧村位于北部。

据当地长者回忆,西坡寨村共经历2次迁址,首先从旧村城堡里搬出至城堡西南角外的平地上,1980年开始又陆续搬迁到南侧大路边的新村。当地村民以耿姓为主(图7.13)。

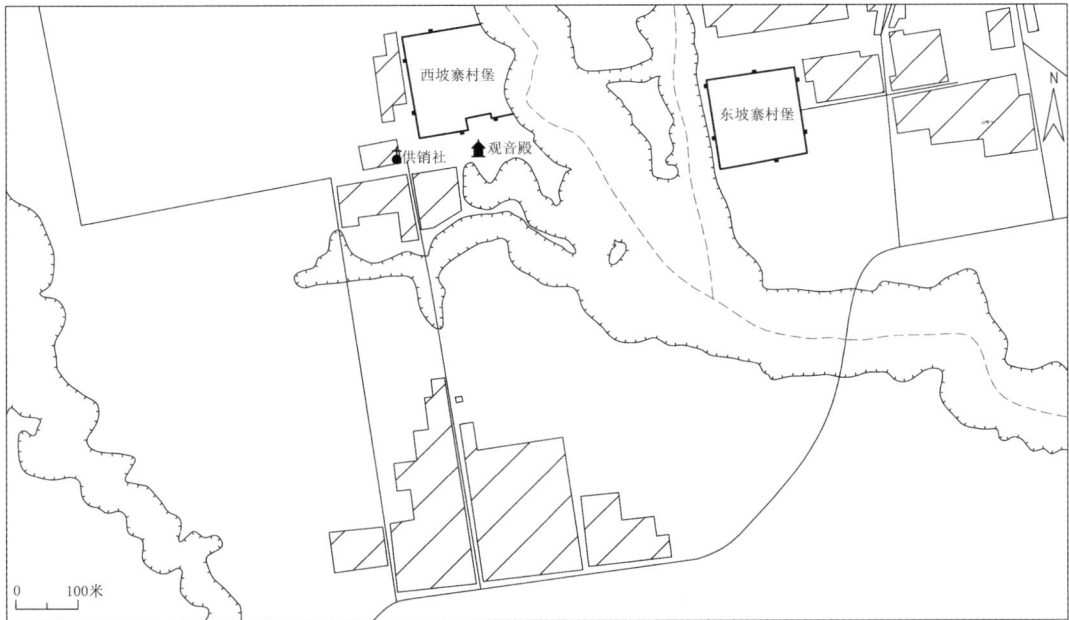

图 7.13 西坡寨村古建筑分布图

二、城堡

西坡寨村堡位于新村东北方旧村北面的山坡上,城堡北、东、南面临冲沟,西面相对平缓。城堡规模较大,平面大致为矩形,周长约623米,开南门。堡内平面布局为南北主街结构(图7.14)。

城堡南门原为砖石拱券结构,基础为条石修建,较为高大,砖砌门体,现堡门外侧为木梁架结构,内侧为券顶(彩版7-14、15)。内侧门券四伏四券,东侧墙壁基础和包砖部分开裂倾斜。从结构上看,推测外侧券顶坍塌,后人补修时将券顶改建为平顶,且门顶部部分损坏,形成漏洞。门上修有门楼,门道为自然石铺成的路面。南门内为南北中心街。

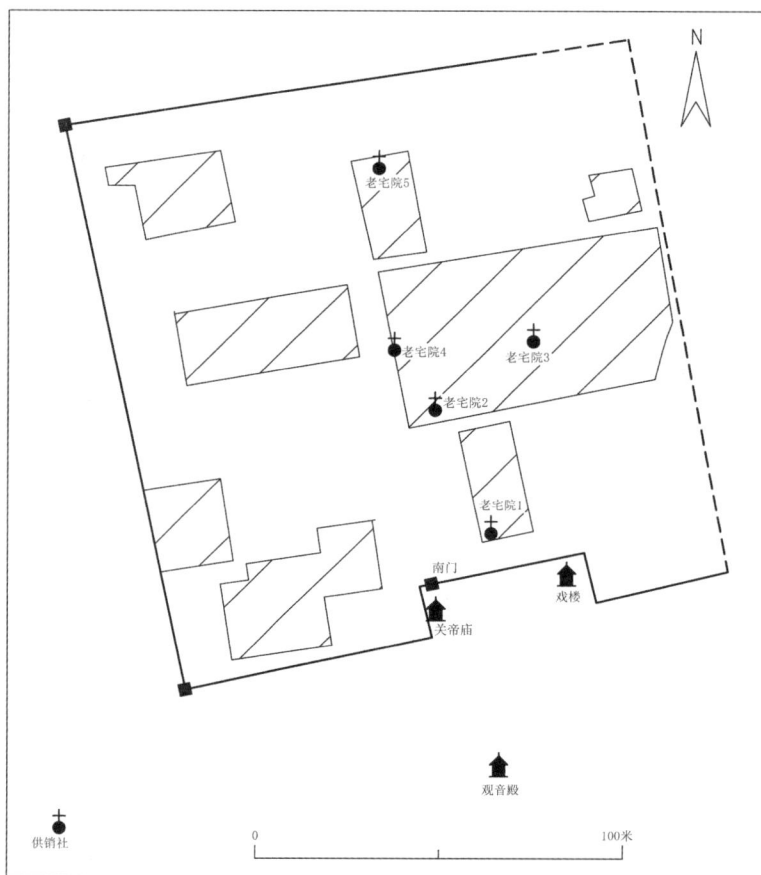

图 7.14　西坡寨村堡平面图

　　堡墙均为黄土夯筑。东墙损毁无存,复原长约 157 米,墙体内侧为民宅,外侧为冲沟,冲沟内为荒地和耕地。南墙长约 161 米,墙体不直,南门西侧墙体为一处转弯,拐弯的墙体外下建有关帝庙;转弯处墙体保存较好,其余保存较差。南墙西段墙体多坍塌,现存为高大的基础,南墙西段内侧为民宅,东段内侧为顺城土路。南墙外侧有 1 条冲沟,客观上起到了护城壕的作用。西墙长约 160 米,墙体随着地势逐渐增高,保存较好,墙体高厚、宽大、连贯,墙高 3～8 米,中间有坍塌形成的缺口;墙体外侧为房屋、耕地以及道路,内侧为民宅、荒地。北墙残长约 127 米,复原长约 145 米,墙体修建在台地上,墙外侧为冲沟,墙高 5～6 米,保存较好,墙外下方有坍塌的积土,墙外的沟中为耕地,北墙外为大片的杏树林,地势平坦,有不少废弃的烤烟房,北墙内侧墙体较为高大,高 6～7 米,墙体高薄,墙体内侧房屋多坍塌,成为荒地。北墙上的马面已损毁,为庙台。

　　西南角设 90°直出角台,高 7～8 米,保存较好,西南角外尚存 1 座供销社旧址,房屋保存较好,已经废弃。西北角设 90°直出角台,角台修建在台地上,保存较好,高 7～8 米,体量大。东北角修建在冲沟边上,已坍塌,推测为90°直出角台。东南角角台保存有一半,东半部坍塌,为冲沟。

堡内民宅以土旧房为主,老宅院较少。房屋多坍塌、废弃,现存的民宅主要分布在中心街东侧,西侧已经成为荒地,民宅一片断壁残垣。中心街东侧尚存5座老宅院,均为一进院,宅门尚存,正房多坍塌。数年前,中心街东侧的1座民宅内尚居住一位独居的老人,但老人已于1年前去世,至此,城堡里再无人居住。

三、寺庙

据当地长者回忆,城堡内外曾修建有龙神庙、泰山庙、五道庙、双龙寺、关帝庙、戏楼、未知庙/观音殿、真武庙。以上诸庙除关帝庙外,皆毁于"四清"与"文革"期间。

龙神庙 位于城堡外南侧,现已无存。

泰山庙 位于堡外西侧,现供销社的位置,现已无存。

五道庙 位于城堡外东南方,现已无存。

双龙寺 位于城堡东南外侧,当地称为大庙,现已无存。

关帝庙 位于南门外西侧南墙下。关帝庙正殿坐西面东,面阔三间,单坡顶。前檐已毁,殿内没有壁画和彩绘遗存。

戏楼 位于关帝庙对面的南墙外台明上,坐东面西。戏楼早已塌毁,仅存台明与西山墙残存。

未知庙/观音殿 位于南门外冲沟边缘,观音殿面北正对堡门,仅存部分基础,其余为冲沟所破坏。与观音殿"背靠背"的寺庙名称未知。

真武庙 位于北墙马面上,寺庙建筑已毁,尚残存1座高大的墩台,外包砖尚存。

第二十节　席家嘴村

一、自然环境与人文历史

席家嘴村位于杨庄窠乡西南偏南2公里处,属丘陵区,东、西、南临沟,地势西北高东南低,为黏土质,周围辟为耕地和杏树林。1980年前后有342人,耕地1693亩,曾为席家嘴大队驻地。

相传,明万历年间席姓建村,因村址坐落于沟旁崖嘴处,故取村名席家嘴。村名可考的历史最早见于《(乾隆)蔚州志补》,作"席家嘴",《(光绪)蔚州志》作"席家咀",《(民国)察哈尔省通志》改作"席家嘴"。

如今,席家嘴村与老寨隔沟相望,席家嘴村未曾修建城堡,旧时村庄为庄墙所环绕。村庄分为新、旧两片,南片为旧村,北片为新村。村庄内有 1 条南北向中心街穿过。村中共有 300 余人居住,以席姓为主。新村村委会、幼儿园与村民广场居新村南部,北为一排排新建的宅院。南面的旧村以旧房和老宅院为主,老宅院位于中心街两侧的巷内(图 7.15)。

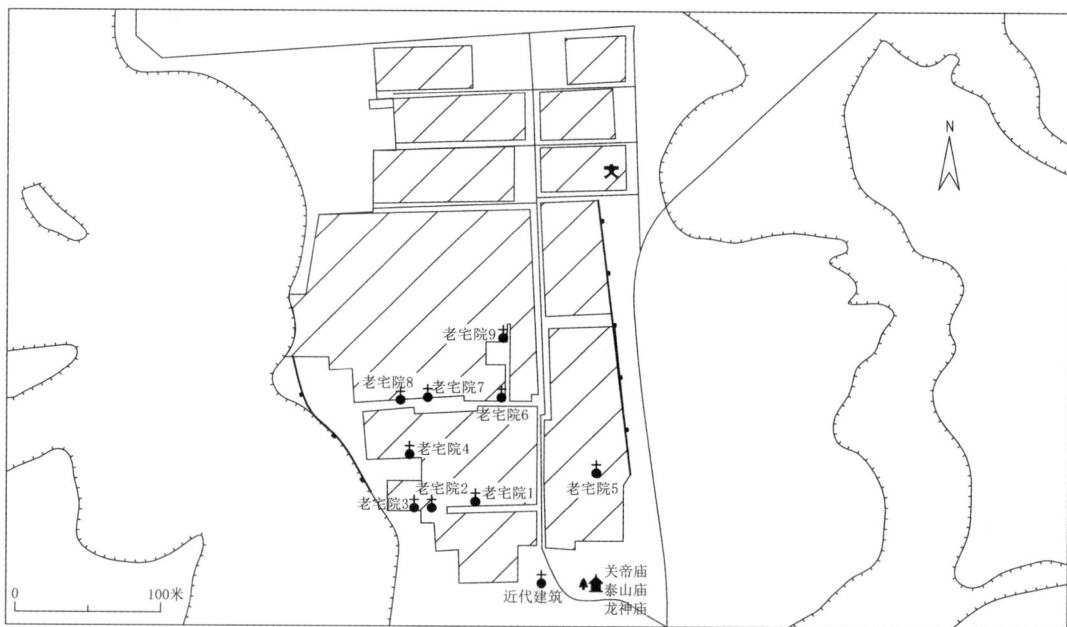

图 7.15　席家嘴村古建筑分布图

二、庄

(一)城防设施

席家嘴庄,位于旧村内。庄的形制、周长无法复原,但庄内格局尚存,大致为丁字街结构。据当地长者回忆,庄墙辟南、西、北 3 座门,庄门于 1942 年前后为土匪所烧毁。

庄墙均为黄土夯筑。东庄墙保存有一半,沿着村庄的外围修建。南庄墙无存。西庄墙沿旧村西侧的冲沟边缘修建,现存一半,墙体高薄,高 3～5 米,墙体上有木板接缝的痕迹。北庄墙现存一半,北墙下为民宅。西北角尚存,为转角。

(二)街巷与古宅院

庄内有一条南北主街贯穿其中,主街两侧不规则地分布着东西向巷子。新、旧老宅院混在一起。庄内老宅院除老宅院 5 位于南北主街东侧外,其余集中分布于主街西侧。

近代建筑　位于南村口西侧主路边,仅存大门。

老宅院 1 （西街 44 号院），一进院，辟门于东南角，广亮门，硬山顶。

老宅院 2 一进院，辟门于南墙，广亮门，卷棚顶，院内已经废弃，房屋坍塌。

老宅院 3 广亮门，硬山顶，门内为一条巷子。

老宅院 4 一进院，辟门于东南角，随墙门，硬山顶。

老宅院 5 一进院，辟门于西南角，广亮门，硬山顶。

老宅院 6 （西街 32 号院）一进院，辟门于东南角，随墙门，平顶门洞，硬山顶，檐下砖作仿木构砖雕，枋间梁托倒挂蝙蝠残存，柁头顶端雕出兽面形。院内南房面阔三间，单坡顶，西厢房无存，东厢房屋顶坍塌，正房面阔五间，卷棚顶。

老宅院 7 （西街 29 号院）一进院，辟门于东南角，广亮门，门内为门厅，硬山顶，西侧辟随墙门进入院中，院内尚存倒座房（卷棚顶三间）、东厢房（单坡顶三间）和正房（硬山顶五间）。

老宅院 8 一进院，辟门东南角，广亮门，卷棚顶。

老宅院 9 一进院，辟门于东南角，坐西面东，随墙门，平顶门洞，硬山顶，檐下砖作仿木构砖雕，残存一垂花柱。门内为门厅，西墙辟门，随墙门，券形门洞。

三、寺庙

据当地长者回忆，村中修建有五道庙（2 座）、关帝庙、泰山庙、龙神庙。

五道庙 共 2 座，分别位于村南、村西，均已坍塌无存。

关帝庙、泰山庙、龙神庙 位于村南口（南门）外东南侧，现为 1 座庙院（彩版 7-16）。庙院修建在高约 2 米的台地上。庙院东墙开随墙门，因地势未开设南门。院内为砖铺地面，院内正中有甬路，路东为 1 株油松树，西为 1 株桑树。二树枝繁叶茂，郁郁葱葱。庙院内北部修建正殿 3 座，彼此独立，相互连成一排，从东至西分别为关帝庙、泰山庙与龙神庙。此外还有西耳房和西厢房。西耳房面阔二间，卷棚顶，西厢房顶部坍塌一半，西墙坍塌，破坏严重。

关帝庙，即庙群中的东殿，坐北面南，面阔单间，硬山顶，进深四架梁，门窗无存，仅存框架。殿内墙壁尚存清末民国时期的壁画，表面涂刷白灰浆，且由于屋顶漏雨，墙壁上挂有泥水印记，壁画保存较差。殿内放置一口棺材，将正壁与东壁绘画部分遮挡。

正壁正中绘有《关公坐堂议事图》，正中为关帝，两侧后为持扇侍童；两侧分别为左丞相陆秀夫，右丞相张世杰，各手持笏板而立，左、右丞相后方各有一位端盘子的随从；再两侧，东侧为关平，西侧为周仓。正中关帝像已损毁，东侧损坏严重。

两侧山墙绘《三国演义》中关羽题材故事，连环画式，各为 3 排 5 列，第 3 排内侧缺 1 幅，画间没有明显的分割线。从连环画先后顺序来看，东山墙是从第 3 排第 1 列北下角"祭天地桃园结义"始，之字形向上，到第 1 排第 5 列"刘宣德智退许褚"；西山墙是从第 3 排第 1 列"关□袭斩车胄"始，之字形向上，到第 1 排第 5 列"诸葛亮博望烧屯"。

东山墙

（榜题毁）	白门会斩吕布	曹操青梅论英雄	汗先帝许田射鹿	刘宣德智退许褚
关公射侯成□马	吕奉先辕门射戟	刘宣德北海解围	虎牢关三战吕布	□□□□□□□
	祭天地桃园结义	□□士□□□马	破黄巾斩寇□□	安喜□□□□□

西山墙

关云长府库封金	□□□□□□□	廖化献状元首级	关云长立斩蔡阳	诸葛亮博望烧屯
延津诛文丑	策马斩颜良	□□□□□□□	曹公进马	关云长秉烛达旦
关□袭斩车胄	□□□□□□□	□□□□□云长	孔明白河聚水	

　　泰山庙，即庙群中的中殿，比另两殿稍低，坐北面南，面阔单间，硬山顶，进深五架梁。殿宇保存较差，前脊顶坍塌，后墙墙皮一半脱落。殿内墙壁保存有壁画，表面涂刷白灰浆。正壁绘《娘娘坐宫议事图》，中间娘娘残存一半，西侧娘娘基本完整，娘娘两侧伴有随从。西侧娘娘的外侧立有背着婴儿的搬哥哥。

　　东壁绘《三位娘娘出宫送子图》，图中三位娘娘乘銮驾而行，前有拉弓武将引领；第三位娘娘下方为搬哥哥、痘姐姐、顺生娘娘等，中间穿插着武将与随从，跟在最后的为判官。

　　西壁绘《回宫图》，图中三位娘娘乘銮驾而归，一群娃娃在前围着娱乐，众武将在下部随从，判官位于殿后，清点着送出的婴儿数量。

　　龙神庙，即庙群中的西殿，坐北面南，面阔单间，硬山顶，进深五架梁。前脊顶局部塌毁。殿内墙壁表面曾抹过白灰浆，壁画损毁严重。正壁白灰浆较厚，但可看出绘有龙母、龙王与雨师坐堂议事场景。两侧山墙分别绘《出宫行雨图》与《雨毕回宫图》，壁画下部分别绘有雨中狂奔与雨后庆丰收的场景，画中人物着红缨帽的清代服饰。从技艺来看，人物线条采用较多，色彩与其他两庙也不同，应为清中晚期作品。

　　正壁绘《龙母龙王坐堂议事图》，正中为龙母，左侧为2位龙王与雨师，右侧已模糊。上部各位辅助之神被覆盖在白灰浆下。

　　东壁绘有《出宫行雨图》。画的左侧由水晶宫与天界飞奔的传旨官组成，水晶宫内置供桌，桌上放置有牌位，但未见龙母的身影。供桌前立有一位老者（未知），老者前云神双膝着地，双手扶云瓶向天空释放云雾；云神释放的云端，露出钉与耙，但未见神影，可能只是一种寓意。这种表达手法在所见到的龙神庙壁画中是较少见的。钉耙的上端有一位龙王，前方有一位龙王，再向前一上一下还有两位龙王，都在舞动双手行雨。左下部龙王前是水车，中上部龙王前方是挥舞雨尺的四目神；四目神下方是雷公，雷公下方是雨师；雨师前面有判官，判官手中的圣旨被狂风刮飞，判官努力向前追赶。判官前上方还有一位，但画面太模糊，无法识别；判官前下方是风伯与风婆，风婆回眸看着风伯，行风之时还忘不了眉来眼去。画的底部为人间场景,损坏严重,只能看到局部。

西壁绘有《雨毕回宫图》。图的右侧,下角是宫殿前恭候众神回归的土地神,土地神前方扑倒一位(未知);右上角是飞奔交差的传旨官;五位龙王与雨师各骑骏马悠闲地跟随其后;中部上方虹童放出彩虹。龙王后是收鼓的雷公与闭目的电母、风婆,四目神、风伯在侧后上部紧随。中下部为雨师,前方是空驶的水车,水车之神慵懒地坐在水车把上。图的左侧有一株巨树,一条巨龙被束缚于树上。图的底部绘庆丰收的乡民列队前行祭祀的场景。

此堂壁画中,东壁中只有钉与耙,无钉耙之神影,这种表达手法在所见到的龙神庙壁画中是唯一的;西壁的水车空驶,也是在其他处未曾见的。

第二十一节　小辛留村

一、自然环境与人文历史

小辛留村位于杨庄窠乡南偏东 2.3 公里处,属丘陵区。西南靠沟,地势西北高东南低,为黏土质,周围辟为耕地和杏树林。1980 年前后有 495 人,耕地 2 374 亩,曾为小辛柳大队驻地。

相传,明嘉靖年间建村,后来许姓村民嫌此地土质贫瘠,生活贫穷,先后迁徙他乡,仅有耿、梁二姓辛勤耕作,长期居留,故取名小辛留。

如今,小辛留村庄规模较大,东面为新村,西面的冲沟边为旧村。新村中部水泥路东侧为大队部所在地,其南面为打谷场。当地村民以耿、梁姓为主,现有 500 余人居住。本村的耿姓,晚于西坡寨村的耿姓,村民系从西坡寨搬迁至此,旧时还有耿姓族谱,但毁于"文革"期间(图 7.16)。

二、城堡

(一)城防设施

小辛留村堡,位于旧村内西部,堡南、西、北临涧沟,仅东侧为平地,地势险要。城堡平面呈矩形,周长约 434 米,开南门,堡内平面布局为十字街结构(图 7.17)。

城堡南门为砖石拱券结构,条石修建基础,保存较好,砖砌拱券门洞。外侧五伏五券,中部门顶为木梁架结构,顶部已坍塌。堡门内两侧墙体已于近年修缮,红砖砌筑墙体,门内侧顶部亦为木梁架结构,表面装饰有砖作仿木构砖雕,顶部有五角星残存,是典型的 20 世纪六七十年代的产物。因此推测南门内侧平顶是 20 世纪六七十年代重修时所改建,

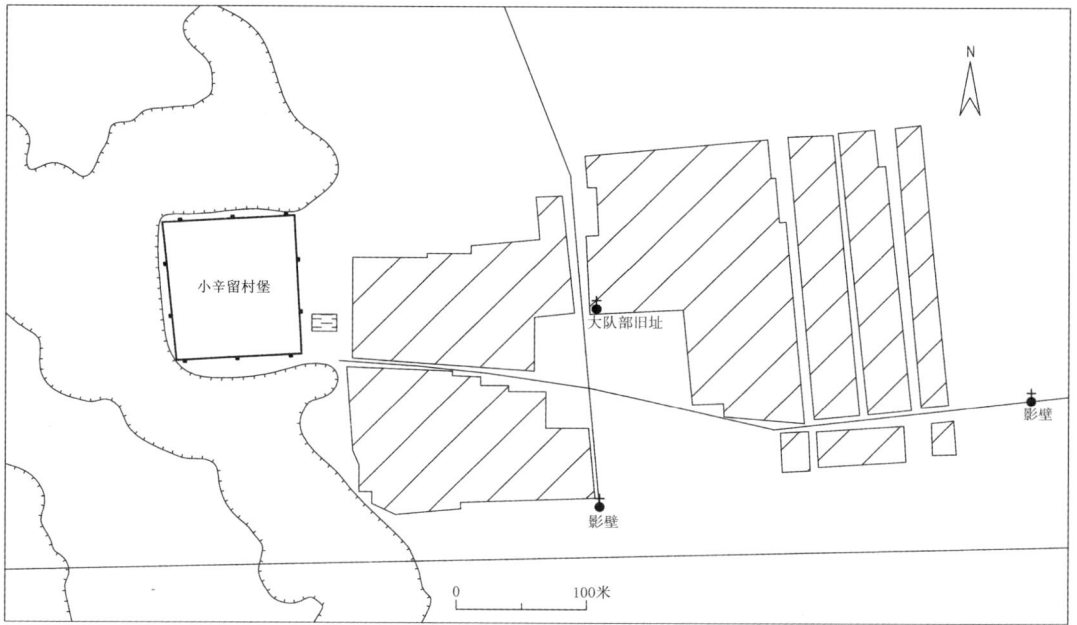

图 7.16　小辛留村古建筑分布图

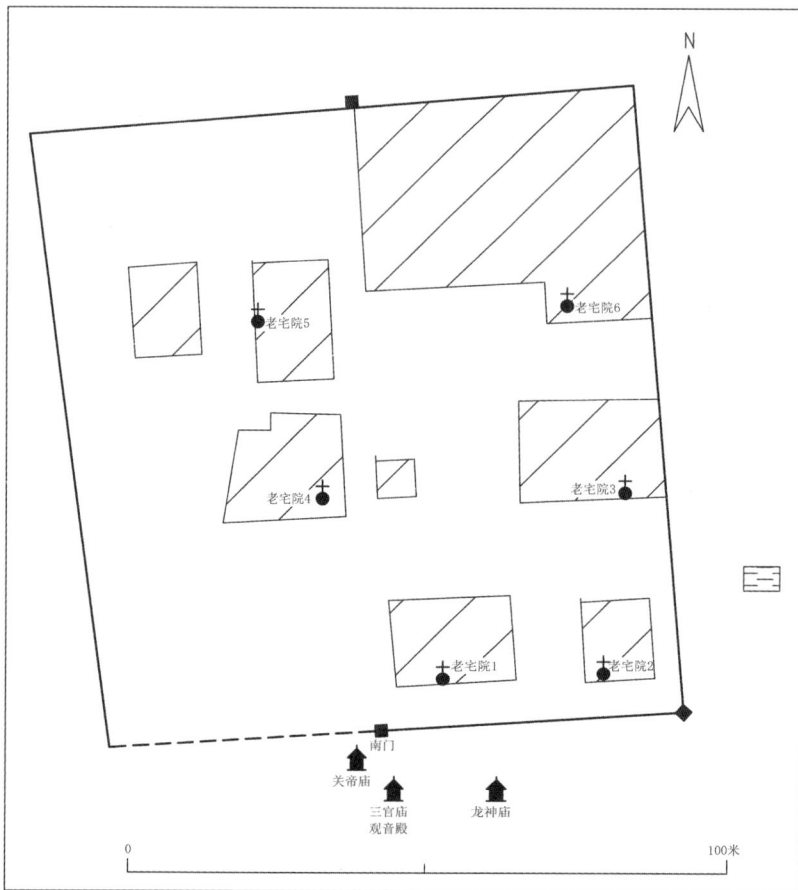

图 7.17　小辛留村堡平面图

旧时可能也是券形门洞。堡门扇无存,门闩孔为4个条石拼成的方形孔,保存较好。门道为土地面,南门内为宽阔的南北中心街。

堡墙均为黄土夯筑。东墙长约111米,墙体修建在台地上,保存一般,墙体外高约5～6米,内侧较低,高4～5米;墙体内侧为民宅,外侧多为荒地;东墙南段多坍塌,现为基础,墙体断续。南墙复原长度约107米,东段现存基础,高1～2米;西段无存,为冲沟破坏,南墙内侧为顺墙道路,东段内侧路边为民宅,西段内侧为荒地和耕地。西墙复原长约110米,墙体现存为基础和平地,高1～2米,墙体外侧为冲沟。北墙长约106米,墙体修建在冲沟边缘,保存较好,墙体高厚、宽大、连贯,外侧高6～7米,顶宽3～4米,墙体内侧壁面斜直,墙内旧有许多依墙而建的民宅,现多已坍塌,仅东北角内还有2户居民;北墙中部的马面外侧已塌,内侧残存,西侧尚存包砖。北墙外侧为冲沟,墙外东北方向上有一片烤烟房,房前为大片的空地,现全部废弃。

东南角设135°斜出角台,保存一般,高5～6米。东南角外有干涸的坑塘,周边长有树木,坑内倾倒有许多垃圾。西南角无存。西北未设角台,仅为转角。东北角未设角台,仅为转角,高5～6米。

(二)街巷与古宅院

堡内民宅房屋大部分无存,如今已是断壁残垣,坍塌的房屋以土旧房为主,只有少部分老宅院和门楼遗存。

南顺城街 西段房屋无存,现为荒地。东段尚存2座老宅院。老宅院1,一进院,辟门于南墙中部,广亮门,硬山顶,北脊顶已塌,门内东墙上尚存《捷报》,内容漫漶。院子已经废弃,尚存正房、东耳房,正房面阔三间,卷棚顶,东耳房面阔单间,单坡顶。老宅院2,位于东南角内,一进院,辟门于东南角,广亮门,硬山顶,院内正房面阔三间,卷棚顶,院子已经废弃。

正街 即十字街主街。东段尚存2座老宅院。老宅院3,位于东段东尽头南侧,堡东墙下,一进院,仅存正房,保存较好,正房面阔五间,硬山顶,正房门窗木构基本保存;正房前残存1座孤零零的二道门,坐西面东,随墙门,券形门洞;正房两侧各有1座影壁,东侧影壁损坏严重。南段尚存的老宅院4,位于街西侧,一进院,辟门于东南角,宅门坐西面东,广亮门,卷棚顶,门内存1座面阔三间的山影壁,影壁檐顶已毁,中间铺菱形方砖尚存,两侧原有一副六字楹联,但字迹已被铲除。院内尚存正房与东厢房,全部废弃。正房面阔五间,卷棚顶。

三、寺庙

据当地长者回忆,小辛留村曾修建有真武庙、财神庙、五道庙、土地祠、龙神庙、三官庙/观音殿、关帝庙(彩版7-17、18)。除现存者外,庙宇拆毁于"文革"期间。

真武庙　位于北墙马面上,现已无存。

财神庙、五道庙　位于堡东南角外,现已无存。

土地祠　位于堡门内侧,现已无存。

龙神庙　位于堡南门外偏东,面对南侧的深沟,北为进堡大道。庙仅存正殿。正殿坐北面南,面阔单间,硬山顶,进深五架梁。正殿保存较差,前檐下门窗已毁,前檐额枋上残存有彩绘。西墙北部外包砖脱落,西墙南部辟一扇窗户。殿内供台无存,梁架未施彩绘,顶部脊檩上彩绘《八卦图》。殿内壁曾涂刷白灰浆,并张贴报纸,如今白灰浆与报纸脱落处露出壁画,但因屋顶漏水,内壁挂满泥水,壁画受损严重,墙壁多开裂、空鼓。正壁勉强可见绘有龙母、五龙王与雨师;东、西两壁隐约可见所绘为《出宫行雨图》与《雨毕回宫图》。山尖绘"渔、耕、樵、读"水墨画。从壁画色彩上判断,其应为清中期作品。正殿东耳房尚存,面阔两间,梁架已倾斜。

三官庙/观音殿　位于南门外正对,庙紧邻冲沟边,仅存正殿,面阔单间,硬山顶。殿内中间隔墙分为南、北两殿,面南为三官庙,面北为观音殿。东山墙尚存精美山花砖雕,内容为"花开富贵"。西山墙已塌毁,北侧观音殿采用红砖砌一堵矮墙。三官庙旁悬崖边修有1座影壁,"文革"前后修建,体量小。

三官庙,坐北面南,面阔单间,进深四架梁。正殿门窗无存,殿内供台无存,前檐额枋上残存有彩绘,庙内梁架上无彩绘装饰。三官庙西山墙已塌,正壁与东壁壁画尚存。

正壁绘《三官坐堂议事图》,正中绘有高大的天官,两侧是位置稍低的地官与水官。天官两侧各有4位侍从,东侧4位手上分别捧着1只盘子,盘中有4类动物;西侧4位手中也持有物品,但难以分辨。此堂正壁壁画总体构画以圆形为主,不仅有别于蔚县其他三官庙壁画风格,而且在蔚县其他寺庙正壁的壁画,也未见以圆形构画者。

东壁曾贴过报纸,壁画受损严重,从残画内容来看,表现的是三官出行,尚存天官与地官。从色彩上判断,壁画为清代中期作品。东壁山尖绘画共有3幅,皆是水墨画的山水、花草、人物。

观音殿,坐南面北,面阔单间,进深三架梁。观音殿前檐、西墙已塌,采用红砖砌一堵矮墙。东墙墀头砖雕装饰尚存,前檐额枋有残存的彩绘,殿内梁架上未施彩绘装饰,顶部脊檩上有彩绘《八卦图》。殿内荒废,供台无存,殿内正壁与东壁残存有壁画,壁画保存较差,壁画表面涂刷白灰浆,并受屋顶漏下泥水的侵蚀。正壁绘有《观音坐堂说法图》,正中绘有观音,侧后侍从为龙女与善财童子;东侧绘有财神、护法神将,其上部还有2位神祇未知;西侧壁画受损严重。东山墙上部绘有观音"救八难"题材壁画4幅,下部绘有罗汉9尊。从颜色上看,壁画应该是清末民国时期作品。因现今壁画下还覆盖一层壁画,推测为清末民初重修壁画时在原有基础上描绘的。

（画毁）	假使兴害意,推落大火坑 念彼观音力,火坑变成池
（画毁）	云雷鼓掣电,降雹澍大雨 念彼观音力,应时得消散
（画毁）	或囚禁枷锁,手足被杻械 念彼观音力,释然得解脱
（画毁）	或遇恶罗刹,毒龙诸鬼等 念彼观音力,时悉不敢害
观音、龙女与善财童子	
三官庙	

关帝庙 位于南门外西侧,介于观音殿与南墙之间。正殿坐西面东,面阔单间,硬山顶,进深四架梁出前檐廊。前屋檐损毁无存,殿内曾改造,将前檐下的门窗外移至前廊下。如今门窗多为土坯墙封堵,前檐额枋上残存有民国时期的彩绘,殿内吊顶,殿内梁架表面施彩绘,殿内堆满柴草。殿内墙壁曾涂刷白灰浆,壁画全毁,仅存山尖水墨画。

第二十二节　白　草　窑　村

一、自然环境与人文历史

白草窑村位于蔚州古城北偏西 17.4 公里处,原为蔚县八大镇之一,明清时期以银市为主要贸易。村庄处于两条山谷交汇处,属丘陵区,北靠黄土坡,东南临沙河,地势西高东低,为沙土质,周围辟为耕地。1980 年前后有 887 人,耕地 3 577 亩,曾为白草窑公社、白草窑大队驻地。后白草窑公社与杨庄窠公社合并成立杨庄窠乡。

相传,元至元二十年(1283),有几户居民在这里开煤窑,挖到十八丈深时,挖出了白草,建村时遂据此取名白草窑。村名可考的历史最早见于《(正德)大同府志》,作"白草窑堡",《(崇祯)蔚州志》《(顺治)云中郡志》《(顺治)蔚州志》沿用,《(乾隆)蔚州志补》《(光绪)蔚州志》《(民国)察哈尔省通志》均作"白草窑"。据传,明朝嘉靖进士、河间府尹尹耕生于该村北的尹家沟村。

如今,218 乡道穿村而过,形成主干道,这条路为老街,路两侧有不少近代房屋和老宅院。村民姓氏较杂,以刘姓为主,尚有 1 000 余人居住。此外,白草窑曾修建有小学,但为不完全小学,仅有 1～2 年级(图 7.18)。

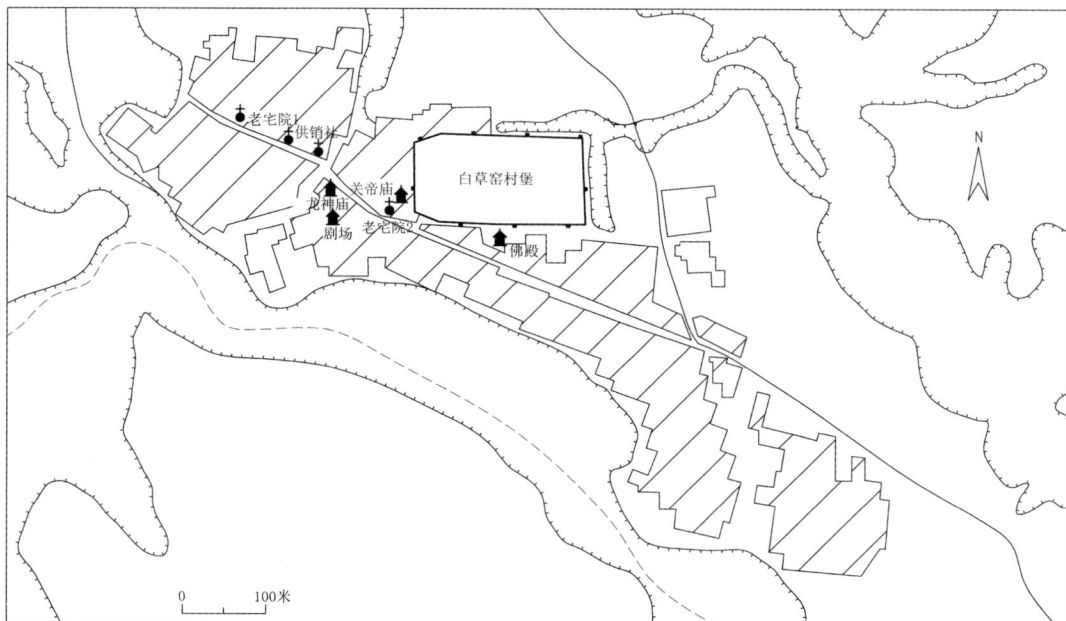

图 7.18　白草窑村古建筑分布图

二、城堡

（一）城防设施

白草窑村堡，位于村中偏北部的山坡台地上，选址充分利用地形，南临沙河，东、西、北不远处为冲沟。城堡平面呈矩形，南北 100 米，东西 300 米，周长约 613 米，开南门，堡内平面布局为十字街结构（图 7.19）。

城堡南门位于南墙中部，砖石拱券结构，保存较好，堡门建筑高大雄伟，通高 6.7 米，基础为 6 层条石修砌，门体青砖起券，内外侧门券五伏五券，上出二层伏檐。外侧拱顶上方镶嵌石质门匾（拓 7.2），正题"白草窑堡□□平安"，落款位于正题匾上方，"嘉靖拾陆年叁月拾壹日建立"。门内为券顶，门道铺墁自然石块，现改为水泥路面。门外对面为 1 座佛殿，起影壁作用，东西为出入堡的坡道。门两侧原设护门墩台，与城墙同高，如今西侧护门墩尚存，东护门墩损毁无存。

堡墙黄土夯筑，夯层清晰，厚约 20 厘米。由于堡修建在台地上，因此从堡外观察，城堡高大雄伟。东墙长约 109 米，墙体依台地和冲沟的边缘修建，保存一般，墙体高薄，外高 5～6 米，外侧为耕地和荒地；内高 2～3 米，内侧为房屋。南墙长约 200 米，修建在台地上，充分利用台地。西段墙体高薄，保存一般，外总高近 10 米，外侧为道路和房屋；墙体内侧低薄，高 1～5 米，多坍塌，内侧为顺墙路和民宅。南墙东段保存较好，墙体外侧高 5～6 米，

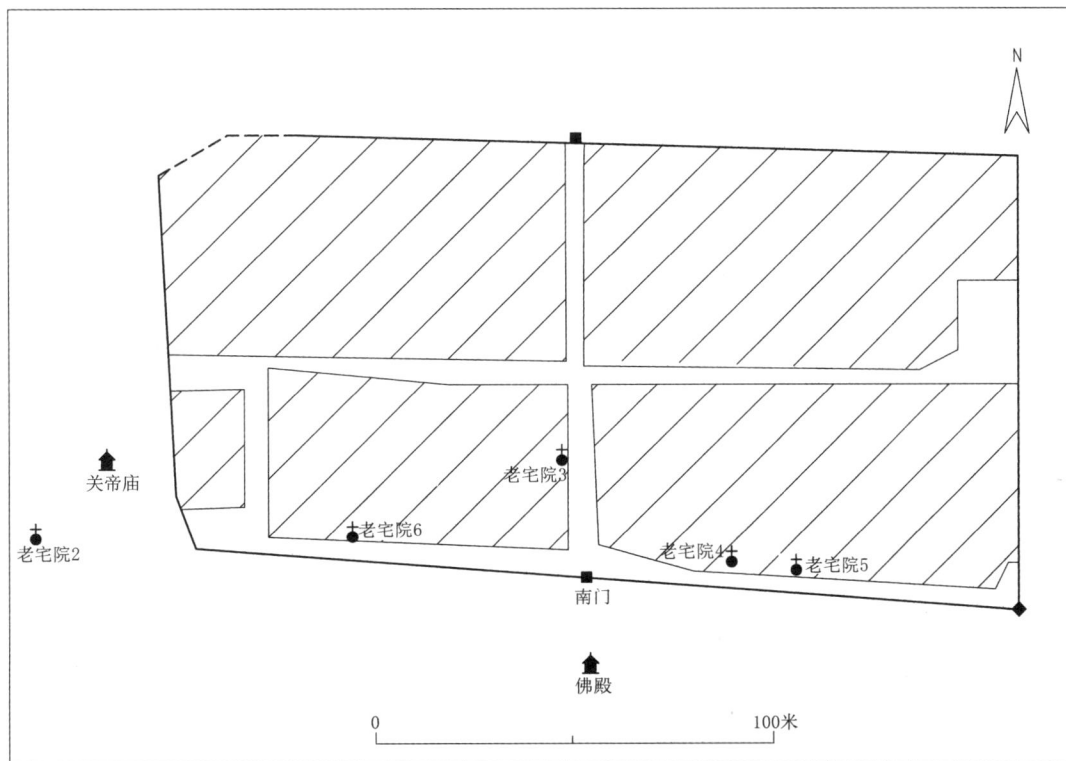

图 7.19　白草窑村堡平面图

拓 7.2　杨庄窠乡白草窑村堡南门门额拓片(蔚县博物馆　李新威　提供)

墙体高厚,保存较好,墙体外侧局部有坍塌。西墙长约 95 米,依地形的起伏修建,墙体保存大体较好,墙体高薄,外侧高 6～7 米,中间有一处缺口,外侧为道路和房屋;西墙内高 3～4 米,内侧为房屋。北墙长约 209 米,紧邻台地修建,外侧为冲沟和层层的台地,高于北墙,台地上辟为耕地,墙体外总高 5～6 米;墙体低厚,保存较差,墙体自身高 1～3 米;墙体内侧高 3～4 米,内侧为倚墙修建的房屋。北墙中部设有马面,正对南门,平面为矩形,保存较好,内高 12 米,设有登顶坡道,但是坡道破坏殆尽。

东南角设有 135°斜出角台,保存较好,角台体量较大,高 6～7 米。西南角修建在台地上,仅为转角,墙体自身高 3～4 米,外总高 7～8 米。西北角附近为一个较大的缺口,转角无存。东北角未设角台,仅为转角,保存一般。

（二）街巷与古宅院

城堡内民宅以土旧房为主,新房少,居民少。

正街　即十字街主街。老宅院 3 位于南段东侧,一进院。

南墙顺城街　东段内北侧尚存 2 座老宅院,即老宅院 4、5。1 座为广亮门,硬山顶,1 座为广亮门,卷棚顶。西段内北侧尚存老宅院 6,一进院,随墙门,保存较好。

堡外 218　乡道北侧尚存老宅院和近代建筑。老宅院 1 位于主街西尽头路北的一条巷内,一进院,保存较好,门内尚存有影壁。老宅院 2 位于堡西南角外,路北,一进院,保存较好。供销社位于主街路北侧临街,现存的 3 座近代建筑连为一排房屋,规模大,为当年的商业中心。主街路南侧为剧场,剧场前为大面积的空地。

三、寺庙

据当地长者回忆,白草窑村曾建有阎王殿、泰山庙、五道庙、三官庙/观音殿、真武庙、龙神庙、窑神庙、戏楼(3 座)、佛殿、关帝庙。上述庙宇多于"文革"期间拆毁。

阎王殿　位于西南角外,现已无存。

泰山庙、五道庙　位于堡内,两者相邻,现已无存。

三官庙/观音殿　位于堡内西南角,现已无存。

真武庙　位于北墙上,现已无存。

龙神庙　位于剧场对面,现已无存。

戏楼　共 3 座,现今剧场即为当年的龙神庙戏楼,此外关帝庙、泰山庙对面均建有戏楼,现已无存。

佛殿　位于南门外,影壁南侧,坐南面北,起到堡门前影壁的作用。现存正殿 1 座,面阔三间,硬山顶,进深二间,六架梁出前檐廊,中柱分心式梁架。前檐下平板枋上置散斗,柱头与补间各有一攒。正殿东墙已完全塌毁,南墙东侧有局部坍塌,西山墙保存较好,门窗无存。前檐额枋残存有彩绘,前廊两侧墙上有残画,殿内梁架上残存彩绘,但墙壁上没有壁画,仅可见有悬塑残存,当年此殿应有泥塑众神像与云海。顶部脊檩墨书题写"时大明嘉靖拾陆年创建此寺,大清乾隆二十五年孟夏补修"。中间保存有彩绘《八卦图》。殿内为三面供台,破坏严重。

佛殿西侧还建有1座小殿,名称未知,殿宇坐北面南,面对台地下方。小殿中尚存壁画,画中绘有七位神像,但脸部皆毁。

关帝庙 位于城堡西南角外,目前仅存1座正殿,坐北面南,面阔三间,硬山顶,进深五架梁出前廊。殿明间两檐柱明显外扩,扩大了殿内中间的空间。前檐下平板枋上承斗拱,明间为四攒,次间各为两攒,斗拱向外两踩,第二踩斗上置异形拱承前檐。两侧廊墙墀头有砖雕,东侧砖雕毁坏严重,西侧雕有龙、鹿。两侧山墙上嵌有山花砖雕,内容为"花开富贵",可惜风化严重。殿内已经改造为磨坊,内壁壁画、梁架彩绘无存。

第二十三节 磁窑沟村

一、自然环境与人文历史

磁窑沟村与白草窑同属一个大队管辖,因此《蔚县地名资料汇编》对其并未详细记载。村庄位于蔚州古城西北17.4公里处,白草窑西500米河谷中。村庄选址于一条山沟内,山沟北面的台地上,北靠砂岩土坡,南为沙河。当地长者回忆,磁窑沟旧时有烧瓷(磁)碗的烧窑,共72座,村民较杂,多为外地前来工作的窑工。村名可考的历史最早见于《(乾隆)蔚州志补》,作"磁窑沟",《(光绪)蔚州志》《(民国)察哈尔省通志》沿用。

如今,由于沟里有煤矿,因此山谷中修建有宽阔平坦的沙石路。这条山沟可通往小南庄和尹家沟村,山沟的南侧为北王家梁村。村内民房沿山沟走向分布,顺坡地依次而建。村庄规模较小,受地形影响,民宅分布散乱。村中民宅以土旧房为主,多废弃、坍塌,并且有少部分窑洞建筑,居民少,村庄近乎废弃。七八十年前,村庄里有80余人居住,共一个队,"文革"时期归入白草窑大队。目前村中仅1户武姓居民居住,武姓老人今年已91岁,祖上是从阳原县武家庄迁于此,他与老伴及63岁的儿子居住在一起。

二、寺庙

据村中91岁的武姓老人回忆,旧时曾修建有龙神庙、五道庙、白衣寺(关帝庙、佛殿)。除尚存者外,庙宇皆拆毁于20世纪60年代。

龙神庙、五道庙 位于村西,现已无存。

白衣寺　位于村东坡地上,清代建筑(彩版 7-19)。附近粒状山石自然风化成奇形怪状的山岩,庙前为蜿蜒的峡谷,西侧为磁窑沟窑址区,后靠北梁头。庙坐北面南,寺院内为前、后 2 座殿,一高一低,关帝庙在前,佛殿在后。

关帝庙,即白衣寺前殿,坐北面南,面阔单间,硬山顶,进深四架梁。门窗尚存,为后代改造,殿内北墙和后脊顶已塌,殿内壁抹白灰浆,壁画和彩绘无存。

佛殿,即白衣寺后殿,地势高于前殿,台明外包砖。坐北面南,面阔三间,硬山顶,进深五架梁出前檐廊,明间宽大。门窗保存较好,殿内曾改造为猪圈,殿内梁架上残存有彩绘,顶部脊檩上保存有彩绘"八卦图"。东、西两壁残存有民国时期的壁画,各为 3 排 6 列的连环画。东壁下部重新砌筑,北部因脊顶漏水,已被泥水侵蚀,但仍有 2 排 10 幅画基本完好,另有下部与北部的 5 幅残画(彩版 24-5)。西壁受泥水侵蚀更为严重,整个画面挂着一条条的泥浆,除了两侧外,壁画只能看出局部。每幅画皆画有榜题框,但没有题字。东壁可以看到太子出生的九龙沐浴,太子入宫、学习、习武,遇见老、病、死等,西壁可以看到出家、修行、成佛后传教、度众生的故事。

第二十四节　北王家梁村

一、自然环境与人文历史

北王家梁村位于原白草窑乡(今属杨庄窠乡)西偏南 1.6 公里处,属丘陵区。村庄坐落于梁顶上,南、北临沙河,地势南侧较低,附近为沙土质,周围辟为梯田耕地。1980 年前后有 103 人,耕地 783 亩,曾为北王家梁大队驻地。

相传,明万历二年(1574),王姓建村于土梁上,取名王家梁,1982 年 5 月,更名为北王家梁。村名可考的历史最早见于《(乾隆)蔚州志补》,作"王家梁",《(民国)察哈尔省通志》沿用。

北王家梁村距离黄沟村约 5、6 里地,沿途没有村庄,较偏僻。如今,村庄规模小,由新、旧两部分组成,南面为新村,北面为旧村。旧村系城堡所在地。新村为十字街布局,村内房屋陈旧,居民少,现常住居民有 30 余人,以王、苟、赵、苑姓为主,姓氏较杂(图 7.20)。

二、城堡

北王家梁村堡,位于旧村中。城堡位居南、北两条沙河之间的台地上,周围沟壑纵横,地势险要。城堡平面呈矩形,周长约 478 米,开南门,堡内平面布局为十字街结构。南堡门建筑无存,现为缺口,门内为南北中心街。

堡墙均为黄土夯筑。东墙长约 155 米,墙体较为连贯,外侧相对高,但墙体本身并不高,

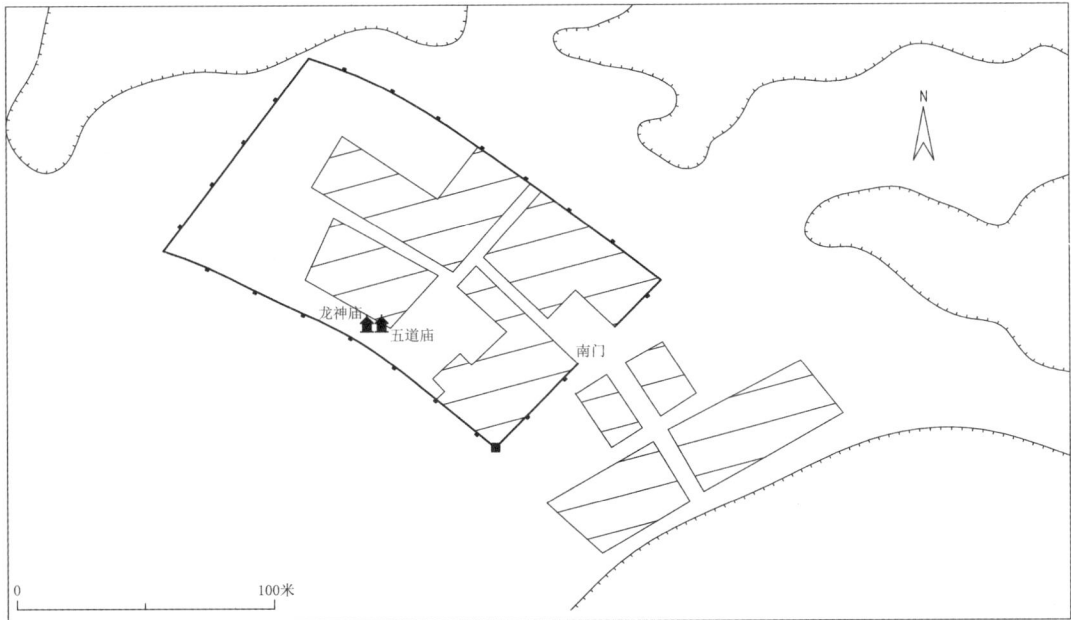

图 7.20 北王家梁村古建筑分布图

因修建在台地的边缘,故相对高大,总高 5～6 米,墙体自身高 1～2 米;墙体内侧高 1 米,墙内为荒地和民宅。南墙长约 85 米,东段仅存 1～2 米高的基础,顶部为民宅的院墙;西段墙体高薄,高 4～5 米,外侧为荒地,内侧为民宅。西墙长约 148 米,墙体低薄连贯,坍塌严重,外侧为台地,现为荒地和耕地,台地下方为一条南北向的土路;西墙内高 1～2 米,内侧为荒地和民宅,南段墙体内侧为废弃坍塌的土旧房屋。北墙长约 90 米,墙外主要为荒地,内侧为少量民宅和大片荒地;西段墙体低薄,多坍塌,高 1～2 米,墙体断断续续,内外侧为荒地;北墙东段相对较好,墙体高薄,外高 4～5 米,内高 2～5 米,墙体下有坍塌的积土;北墙中部墙体内侧修建庙台。

东南角现存为缺口。西南角设 135°斜出角台,保存较差,台体开裂。西北、东北角未设角台,仅为转角。西北角高 2～5 米。

堡内街道为土路,十字街不规整,中间稍向西拐,街面较窄,中心街两侧有巷子,但堡内无老宅院遗存,两侧多为土旧房屋,还有窑洞式房屋,房屋多废弃,一片断壁残垣,形成成片的空地。堡内居民很少。

三、寺庙

据当地长者回忆,城堡内外曾修建有泰山庙、真武庙、龙神庙、五道庙。

真武庙 位于北墙上,现已无存。

龙神庙　位于十字街西街尽头北侧,西墙下,台明较高,设石台阶登顶。正殿坐北面南,面阔单间,硬山顶,进深四架梁。殿整体保存较差,门窗尚存,墙体开裂,脊顶破损,顶部坍塌三分之二,泥水侵蚀内壁。内壁受泥水侵蚀,壁画损坏严重,斑驳不清,东壁可看出雷公、一位龙王、年值功曹使者与月值功曹使者。西壁损坏更为严重。北墙下供台尚存,殿内梁架上有残存的彩绘,顶部脊檩上绘制彩绘《八卦图》。

五道庙　位于龙神庙南侧,坐西面东,正对东西主街,正殿面阔单间,单坡顶,进深二椽,殿脊顶内损坏严重,殿内壁画全毁。

第二十五节　鱼　家　山　村

一、自然环境与人文历史

鱼家山村位于原白草窑乡(今属杨庄窠乡)东 1.6 公里处,属丘陵区,处一西北高东南低坡上。北邻冲沟,附近相对平坦,为沙土质,辟为耕地。1980 年前后有 114 人,耕地 640 亩,曾为鱼家山大队驻地。

相传,明万历十九年(1591),有几户姓曲的在这里定居,因村旁之山形如鱼甲状,故取名为鱼甲山,后讹传为鱼家山。村名可考的历史最早见于《(民国)察哈尔省通志》,作"余家山"。

如今,鱼家山村分为新、旧两部分。新村规模较小,一条南北主街将村庄分为东西两部分,村内仅 3 排房屋,房屋以窑洞为主,新房少。旧村位于新村西北方的冲沟南岸,紧邻冲沟,与新村并不相连,旧村全部废弃,无人居住。村中居民较少,村民以曲姓为主,现仅三四十名老人留守,年轻人多已迁出。村民以种田为生,每户有 6~7 亩田,以种植豆、谷和黍为主。

二、寺庙

据村中 75 岁张姓老人回忆,旧村中曾建有关帝庙、雨神庙、龙神庙与五道庙,1966 年时寺庙全部拆毁。

第二十六节　高　家　洼　村

一、自然环境与人文历史

高家宸(洼)村位于杨庄窠乡北偏东 5.3 公里处,属丘陵区,东北靠沙河、冲沟,地势西北高东南低。为黏土质,周围辟为耕地。1980 年前后有 361 人,耕地 1 982 亩,曾为高家宸(洼)大队驻地。

高家洼,原称为高家宸,相传明万历十年(1582)建村,因高姓居多,且地势低洼,故取村名高家宸。村名可考的历史最早见于《(乾隆)蔚州志补》,作"高家宸",《(民国)察哈尔省通志》沿用。

如今,村庄规模较小,由新、旧两部分组成。南面为新村,新村的西北角外为村委会所在地。北面为旧村,即庄堡所在地。村庄内居民较少,大部分外迁,常住人口仅 170~180 人,以中老年人为主。旧时村民以高姓为主,但高姓居民早已搬迁至新胜庄居住,如今以魏姓为主。217 乡道穿村而过(图 7.21)。

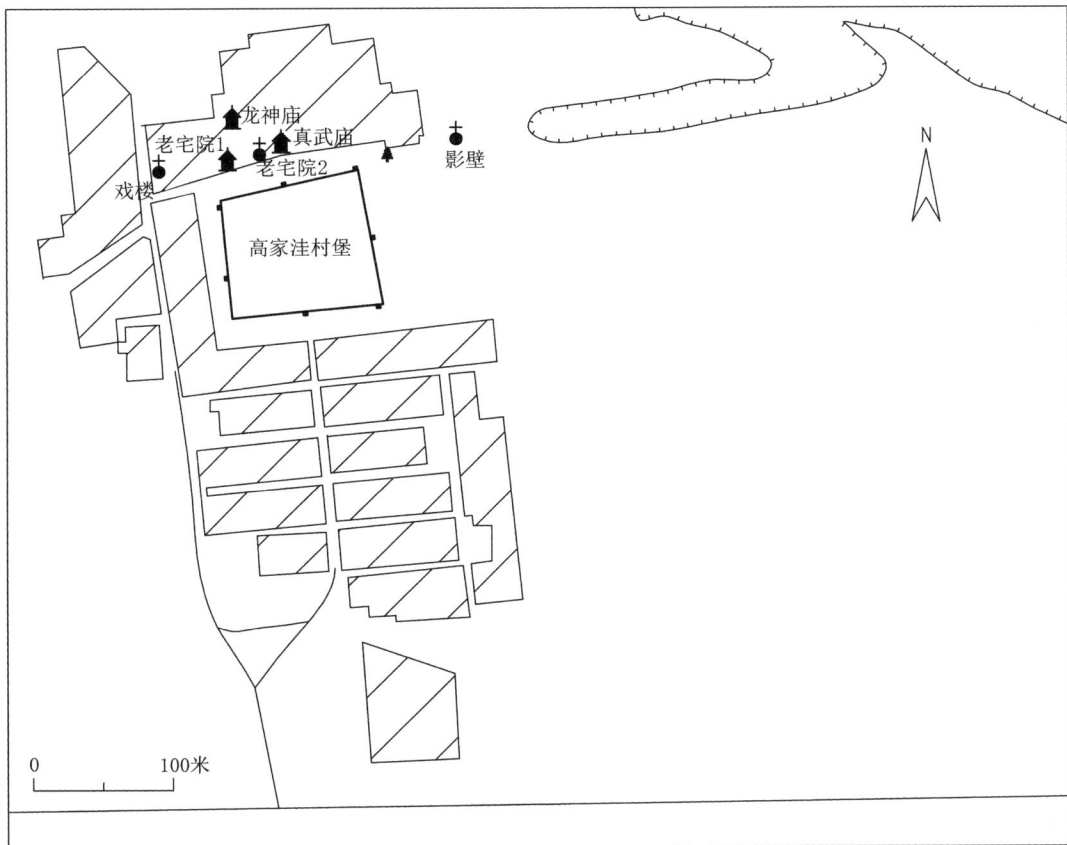

图 7.21　高家洼村古建筑分布图

二、庄堡与寺庙

(一)高家洼村堡

1. 城堡

高家洼村堡,位于新村正北方村边。城堡平面呈矩形,周长约 405 米,开北门,堡内平面布局为南北主街结构(图 7.22)。

　　城堡北门位于北墙中部,堡门通体为条石修建的拱券门,一伏一券式,门券高大,门券内顶部大部分坍塌,原先应为木梁架结构(彩版 7-20)。外侧拱顶上镶嵌有三枚门簪,门簪上为砖砌门顶。门闩孔为条石错缝而成。门外下方存有石碑,表面漫漶。门外两侧原设有护门墩台,现仅存西侧护门墩,东侧护门墩完全坍塌。门道为水泥路面,门外正对真武庙,门内为南北中心街。

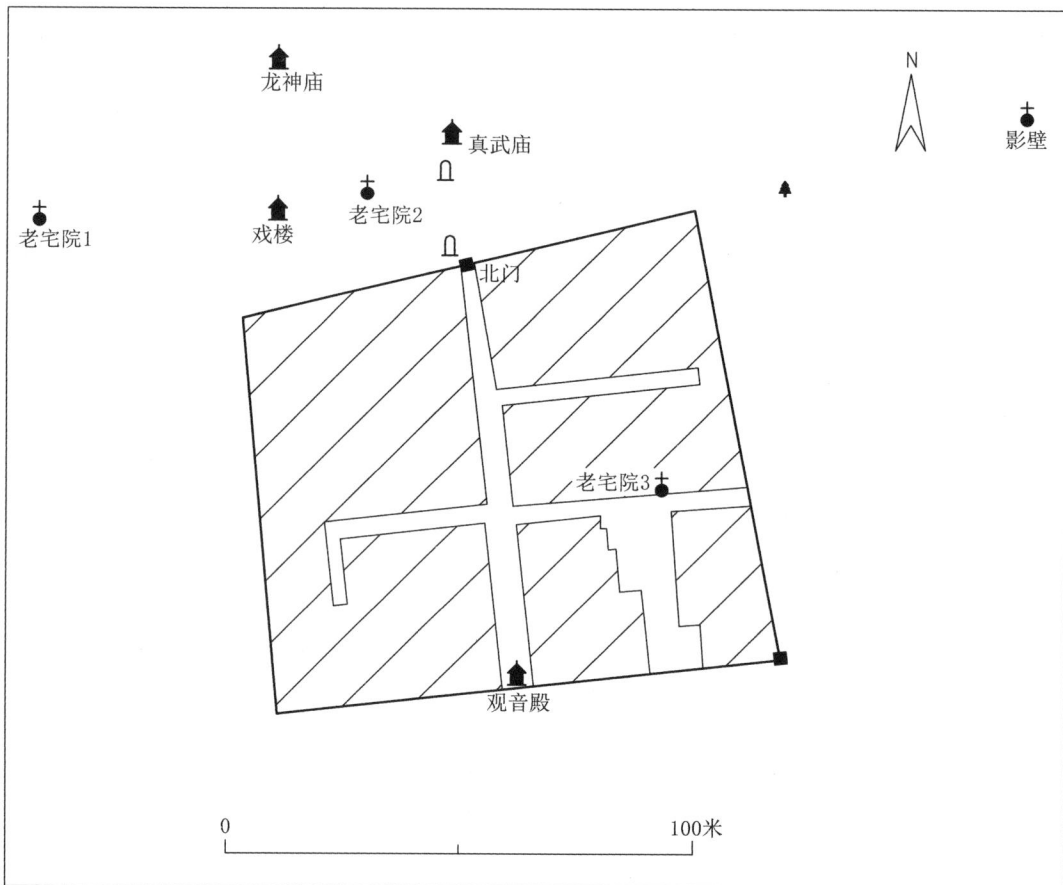

图 7.22　高家洼村堡平面图

　　堡墙均为黄土夯筑。东墙长约 102 米,保存较好,墙体高薄、连贯,墙高 5～6 米,内侧为民宅,外侧为荒地并生长有大树。南墙长约 109 米,保存较差,现存为基础,高 2～3 米,墙体遗址上修建房屋,墙体中部有一处缺口;南墙内侧为民宅,外侧为道路,路南不远处为壕沟。西墙长约 93 米,保存较好,墙体高薄、连贯,高 5～6 米,墙体内侧为民宅,外侧为荒地,西墙外有壕沟遗迹,几近淤平。北墙长约 101 米,墙体保存一般,墙体高薄,高 5～6米,墙体内侧为房屋,外侧为荒地和顺城道路。

东南角为 90°直出角台，保存一般，角台高 4～5 米。西南角未设角台，仅为转角，高 5～6 米。西北角未设角台，仅为转角，高 6 米。东北角未设角台，仅为转角，高 5～6 米。转角外有两株大树，其东侧还有新建的影壁。由此可知，曾经进入堡内的主道应在堡东北方位，绕过影壁而入，首先看到的是 2 株高大的柳树，这是在欢迎外来的客人。

堡内民宅土旧房较少，新房多，居民较少。主街南部东侧第一条巷子内有老宅院 3，近代房屋，一进院，保存较好。北墙外路北临街为老宅院 2，一进院，保存较好。

2. 寺庙

据当地 86 岁的老村支部书记、魏姓老人回忆，高家洼村曾修建有观音殿、五道庙（2 座）、老君观、真武庙、龙神庙、戏楼（彩版 7-21）。庙宇除尚存外，均于“文革”时期拆毁。

观音殿 位于堡南墙内侧，面北，正对堡门，现已无存。

五道庙 2 座，分别位于堡东北角、西北角外侧，现已无存。

老君观 位于村外东北侧，现已无存。

真武庙 位于堡北门外台明上。正殿坐北面南，面阔单间，进深五架梁出前檐廊。门窗无存，后人修建土坯墙封堵。两侧山墙墀头有砖雕，戗檐上雕有兽与鸟，盘头雕有花草。前檐额枋上残存有彩绘，但已漫漶。殿内曾改作仓库，墙壁尚存清中后期壁画，壁画整体保存较好。正壁受到泥水侵蚀，画面部分受损。正壁绘“真武帝坐堂议事图”，正中端坐真武帝，右手持剑；两侧后分别为七星旗君与剑童；外侧东立周公，西立桃花女；再外侧分别立两位护法神，最外侧分别立一位持剑将军。东壁与西壁，各为 4 排 6 列连环画式壁画，每面共 24 幅，共计 48 幅，连环画间采用云海与山石隔开（彩版 24-6、7）。多数画面榜题可辨认，仅最下 1 排或个别者受损。

东壁

凯还请睹	天宫嘉庆	玉清演法	真庆仙都	玉陛朝参	白日上升
□□□□	折梅寄柳	金刚引路	蓬莱仙侣	五龙捧圣	三天诏命
二虎相随	白猿献果	见主群臣	天官赐剑	元君授道	二神送路
□□□□	□□□□	□□□□	□□□□	□□□□	□□□□

西壁

河魅擎鞘	供圣时重	洞天云盖	宝运重□	酒乐王宅	五圣显像
天四正带	消疹□□	圣剑垂粉	王氏怀鬼	守乡禳虫	番钞四千
芦芽穿膝	乌鸭灌顶	□天无□	孙隐遣煌	七从借名	奏锦延寿
□□□□	□□□□	□□□□	□□□□	□□□□	□□□□

从榜题内容看，高家洼真武庙所使用的粉本在内容上更接近《真武灵应图册》，从出

生、出家到修行描写较少,更多的是悟道、成圣与灵应的内容。但从画风与榜题中的错别字看,这堂壁画的民间化风格十分凸显。

真武庙前有 1 座废弃的小屋,附近石碑众多,以墓碑为主。

龙神庙 位于堡北墙西段外侧土台上,真武庙西北侧。四周为民宅所包围。正殿坐北面南,面阔单间,硬山顶出前檐廊。前廊西墙下设面然大士龛。前檐额枋上残存有民国时期绘制的人物故事彩绘。殿内堆放杂物。墙壁上有较为完好的清末民初时期的壁画。数年前,壁画遭盗割。

戏楼 位于龙神庙对面,紧邻路边。戏楼坐南面北,戏楼西、南墙与屋顶已塌,仅孤零零的东墙及部分基础残存。

（二）高家洼庄

高家洼庄,位于新村西北部的村委会北侧,村委会门口正对一条南北向宽阔的土路,路边尚存低薄的庄墙,墙体高 3～4 米,高薄,内侧为民宅,外侧为道路,由于庄墙损毁严重,四至未知。庄子的东北角内侧为老宅院 1,保存较差。

第二十七节 辛 庄 子 村

一、自然环境与人文历史

辛庄子村位于杨庄窠乡北偏西 4 公里处,属丘陵区,东、南均有沟,地势西北高东南低,为黏土质,周围辟为耕地。1980 年前后有 446 人,耕地 2 407 亩,曾为辛庄子大队驻地。辛庄子村在"文革"时期又称"新庄子"。如今,村庄规模大,居民多,现有 200 余人居住,村民以王姓为主。218 乡道从村西经过(图 7.23)。

相传,清嘉庆年间,嘴子村的几户居民到此居住,人们为能辛劳致富,故取村名为辛庄子。村名可考的历史最早见于《(民国)察哈尔省通志》,作"辛庄子"。

二、庄

（一）城防设施

辛庄子村并未修建堡墙,整座村庄四周为庄墙所环绕。庄子平面呈矩形,周长约1 356 米,规模较大,庄内平面布局为东西主街结构。

庄开设西门,现为缺口。庄门内有一条东西向主街,两侧各 2 条南北向的巷子,庄内主要道路已全部硬化。

庄墙为黄土夯筑,墙体低薄,高2～3米,基本连贯,保存一般。个别的地方坍塌较为严重。南墙保存较差,高1～2米,墙体断续存在,墙内有一大片耕地和水塘。

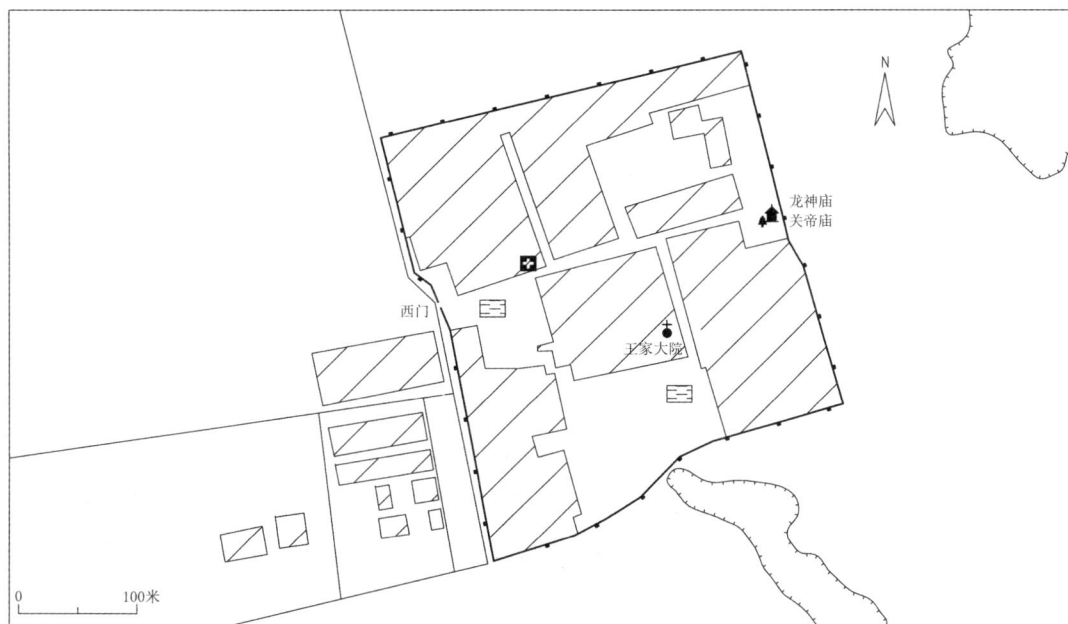

图7.23　辛庄子村古建筑分布图

（二）街巷与古宅院

西门内主街两侧以店面房为主,主街南侧为一干涸的坑塘,边上长有许多柳树。水塘西岸为村委会、卫生所。庄中多数民宅已是现代的宅院,房屋以新房为主,居民较多。仅庄南有1座王家大院。

王家大院　位于庄内南部,主人姓王,今年72岁。该宅院为祖宅,至今已传八代。据老人自己推算,宅院应建于清嘉庆年间。宅院原为三进院落,分别是前院、中院、后院。如今前院已废弃,仅东厢房、二进院门尚存。中院仅西厢房存,后院仅正房尚存。其余全部塌毁。

正房坐北面南,面阔五间,硬山顶,脊顶比周边的屋顶略高。明间退金廊,门窗较为简洁,仅门柱间枋下雀替木雕尚存,各雕一只长尾鸟。后院新辟的东门内侧有一间杂铺房,房门系用1块木匾制成,木匾上阴刻双勾"骠尉奇踪"四字。但匾上的火印与年号丢失。据房主回忆,其祖上曾出过2位武举人,一位叫王怀琛,另一位叫王朴,匾额系祖上留下,原在明间门框上悬挂,后废弃。以前还有族谱,"文革"时期烧毁。

三、寺庙

据当地长者回忆,辛庄子村原修建有多座庙宇。庄内东西主街东尽头处东墙内侧的松树下为龙神庙、关帝庙,2座庙正殿相邻,对面共用1座戏楼;北墙内为真武庙;庄西门内侧为五道庙。庙宇建筑拆毁于"四清"期间。如今村民对本村祭龙神、行雨的过程已记不清,但肯定的是,旧时村民都不去沙涧、东黄花山行雨。

第二十八节 南德胜庄村

一、自然环境与人文历史

南德胜庄村位于杨庄窠乡北偏东 3.5 公里处,属丘陵区,西侧紧邻沙河,其余三面均有大小不等的冲沟,地势西北高东南低,为黏土质,周围相对平坦,辟为大面积的耕地。1980 年前后有 489 人,耕地 2 412 亩,曾为南德胜庄大队驻地。

相传,宋辽时期,宋兵曾在此与辽兵打仗得胜,后人建村于战场南,故取村名南得胜庄,后更"得"为"德"。村名可考的历史最早见于《(顺治)蔚州志》,作"得胜庄堡",《(乾隆)蔚州志补》做"南得胜庄",《(光绪)蔚州志》作"南德胜庄",《(民国)察哈尔省通志》作"南得胜庄"。

如今南德胜庄与嘴子村相连,位居东北侧,217 乡道穿村而过。村庄分为新、旧两部分,西面为旧村,即城堡所在地,东面为新村。当地村民以王姓为主,村庄尚有 500 余人居住。新旧村之间新建有小学校,内设学前班和一、二年级,学生有 70～80 人。校大门保存较好,为近代八字墙式风格大门,大门内为一排旧校舍,现在已废弃改作仓库,校内有中心学校捐赠的滑梯,原先为初中,现改为小学。旧小学位于泰山庙内。(图 7.24)。

二、城堡

(一)城防设施

南德胜庄村堡,位于旧村内,周围地势较为平坦。城堡平面呈矩形,周长四至未知,开东门,堡内平面布局为东西主街结构(图 7.25)。

城堡东门破坏严重,仅存门南侧一面土坯修建的墙体。东门外土路南侧为麻黄坑,已淤平废弃,坑内倾倒有垃圾,坑边生长有高大的杨树。水坑的东北角为石碑、石构件修建的入水口,水坑北岸边上有许多残碑,石碑字迹漫漶。当地长者回忆,修建麻黄坑时大概用了 20～30 通石碑。东门内为一条东西向主街,街面为水泥硬化路面。

堡墙均为黄土夯筑,大约于 30 年前拆毁。东墙仅存北部,残长约 30 米,高 3～5 米,墙体高厚,壁面斜直,保存较好,外侧有坍塌形成的积土,呈坡状,外侧为耕地,内侧为民房。南、西墙大部分墙体无存,为民宅所占。北墙长约 177 米,墙体低薄,坍塌严重,墙外侧高 2～3 米,多已坍塌呈土垄状,上面长有草木,外侧为台地耕地,内侧为民房。北墙未设马面。

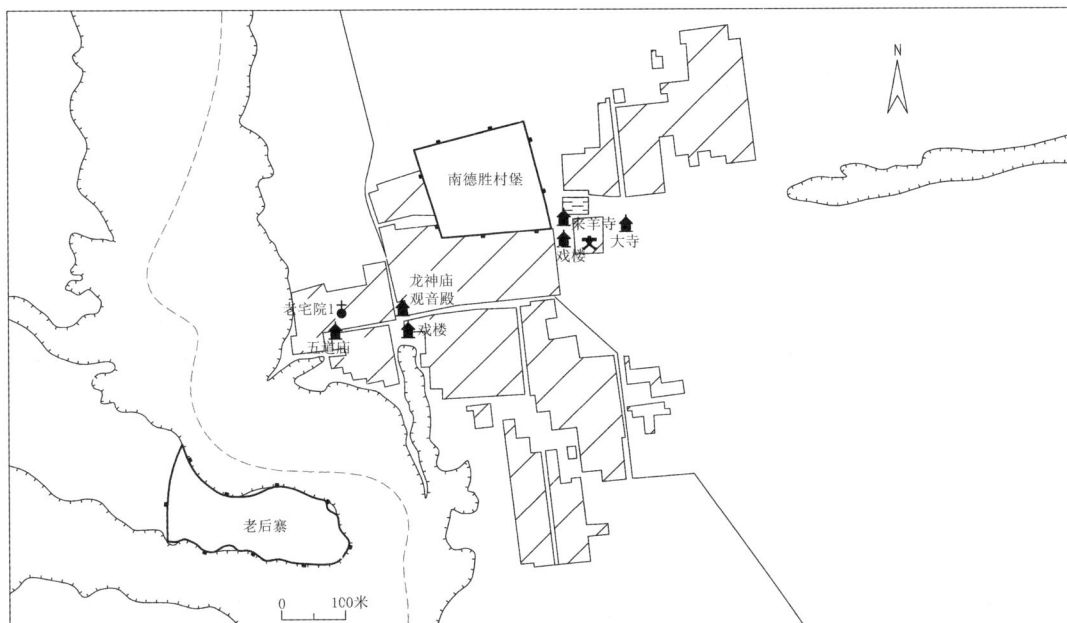

图 7.24　南德胜村古建筑分布图

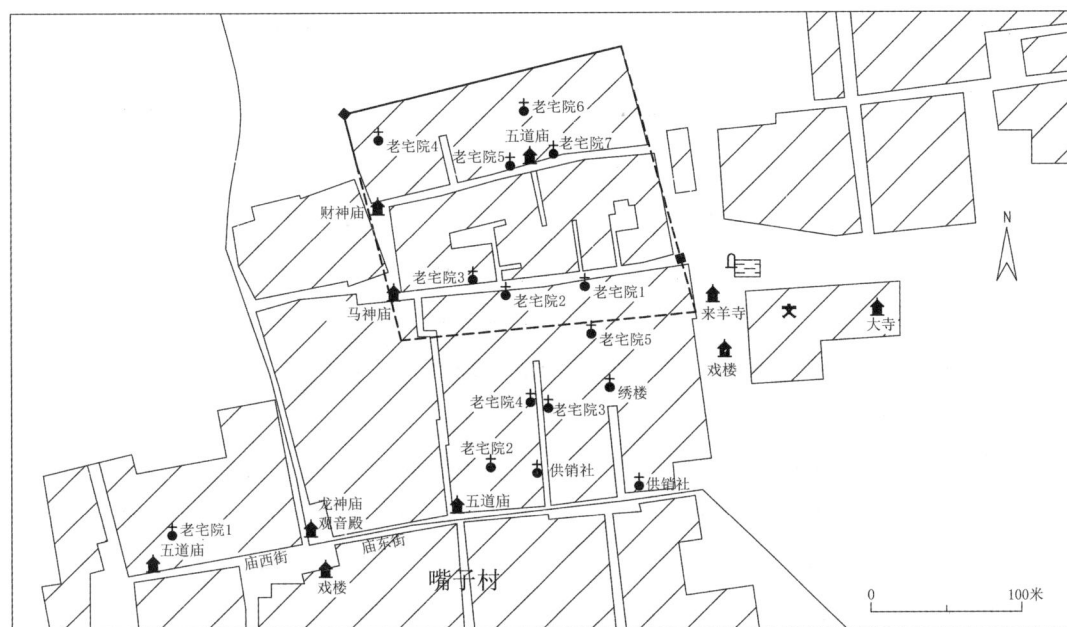

图 7.25　南德胜村堡平面图

西北角设 135°斜出角台,保存较差,高 4～5 米,体量小。东北角未设角台,仅为转角。西北角外有庄墙相接,庄墙类似院墙,为土板墙,墙体高薄,多开裂坍塌,工艺与堡墙明显不同。

(二) 街巷与古宅院

当地长者回忆,堡内街道为 2 条东西街(前街、后街)和 6 道巷(南北)。

前街　即城堡东门内中心街。街两侧新房较多,土旧房、老宅院数量少。前街的西尽头为马神庙,其北为后街。老宅院 1(前街 46 号院),位于前街南侧,广亮门,仅存部分主体框架,门内为一条巷子,巷内西侧院子尚存,东侧为荒地。老宅院 2,位于前街南侧,广亮门,现已倾斜,门顶坍塌殆尽。老宅院 3(前街 29 号院),位于前街北侧,一进院,东南角辟门,随墙门,平顶门洞,硬山顶。

后街　位于前街北侧,东西向街道。街道宽阔,后街西尽头为财神庙。老宅院 4,位于后街北侧,西北角内,广亮门,五架梁。老宅院 5(后街 11 号院),位于后街北侧,一进院,南墙设门,随墙门,平顶门洞,硬山顶。老宅院 6(后街 08 号院),位于后街北侧,北墙内侧,一进院,辟门于东南角,随墙门,平顶门洞,硬山顶,院内已经废弃。老宅院 7,位于后街北侧,辟门于东南角,广亮门,门顶坍塌。院内废弃。

三、寺庙

据当地长者回忆,南德胜庄村曾修建有财神庙、五道庙、马神庙、观音殿、来羊寺(龙神庙、阎王殿、财神庙、戏楼)、大寺(泰山庙、关帝庙)。庙拆毁于"文革"期间。

财神庙　位于堡内后街西尽头,新建建筑,正殿坐西面东,面阔单间,硬山顶,未设门窗,殿内未施壁画和彩绘。

五道庙　位于堡城内后街,财神庙东侧,现已无存。

马神庙　位于前街西墙下,现已无存。

观音殿　位于堡内南侧,现已无存。

来羊寺　位于东门外南侧坡地上。据民间传说,在一个大雪纷飞的寒冬,有一只绵羊从沟东来此,伏卧之处周围竟无一片雪花,人们视为神奇祥瑞,遂建寺以示纪念。寺院山门、院墙无存,现由东、中、西一排相邻的 3 座殿及对面的戏楼组成。寺内包括龙神庙、阎王殿与财神庙,中间为龙神庙。

东殿,坐北面南,面阔单间,硬山顶,进深四架梁出前檐廊。前檐额枋上残存有彩绘,殿内多垃圾和积土,已废弃,墙壁上原先涂抹过水泥,如今多剥落,正壁残存有壁画,为一盘腿着袍而坐的神像,两侧壁已抹白灰。

中殿,即龙神庙,坐北面南,面阔单间,硬山顶,进深五架梁,比两侧殿高出一个脊顶。正面为土坯墙封堵,前檐额枋上的彩绘斑驳不清,殿内垃圾遍地,墙壁表面涂刷白灰,多有剥落,后面为草拌泥,下面为斑驳的壁画,从色彩上看,其应该是清末民初时期的作品。神台为砖砌,保存较好。

西殿,坐北面南,面阔单间,硬山顶,进深四架梁出前檐廊。近代将殿宇改造,将前廊用土坯墙封堵后开门。前檐额枋残存有彩绘装饰。门窗全无,仅存框架,殿内垃圾遍地,墙壁涂刷白灰浆与水泥,供台亦用水泥涂抹,壁画大部分已毁,个别地方可见残存的壁画。从颜色上推测,其应为清末民初时期的作品。

戏楼,位于龙神庙正对面,坐南面北,面阔三间,卷棚顶(彩版7-22)。砖石台明高1.5米。前檐柱4根,金柱2根,柱下黑砂石鼓形柱础。前檐额枋雕卷草雀替,前檐额枋上的彩绘斑驳不清,梁架上仅存雀替木雕装饰。屋顶中部的梁架略有坍塌,致使屋顶内陷。戏楼内隔扇无存,近代修建有土墙。墙壁上涂刷白灰浆,壁画无存。戏楼保存一般,西墙外墙皮多有坍塌,露出里面的土坯墙芯,台明外包砖坍塌殆尽,仅北面保存尚好。

大寺　位于东门外,庙院所在地为嘴子村和南德胜庄村两村共用,现位于中心学校内(彩版7-23)。该庙曾为一独立的庙院,庙南侧修有戏楼,1967年拆除。庙院曾修建有中路及东、西跨院,院内长有2株木瓜树。历史上,庙院内曾修建有天王殿、泰山庙、关帝庙、真武庙、马神庙、阎王殿,现仅存前殿与后殿。

前殿为天王殿,坐北面南,面阔三间,硬山顶,前后明间皆辟门,后门已被砌堵。台明较低,外侧包条石,顶部四周铺石板,多为墓碑等石碑。其中,南侧有3通石碑,西侧有1通石碑。前殿曾改作为教室,门窗全部改造,前檐额枋上还残存有民国时期的彩绘。殿内墙壁刷白灰浆,并悬挂有黑板,顶部安装吊顶,壁画和彩绘无存。据老人回忆,旧时殿前东西两侧还有钟鼓楼,正面还有山门,现已无存,"文革"时期改造为学校。

后殿坐北面南,面阔三间,硬山顶。台明较高,外侧包砖,顶部四周铺石板,中间有砖砌踏步。后殿门窗和槛墙全部改造,山墙尚存簪花,保存较好,正脊上有村委会广播喇叭。殿西侧尚存1通残碑,字迹漫漶不清。前檐额枋上除了木雕雀替装饰外,还有斑驳的彩绘。从颜色上看,其为清末民初所绘。殿内为砖铺地面,四周墙壁涂刷白灰浆并安装黑板,顶部已经装修吊顶。殿内原供奉关帝、碧霞元君(旧时每年三月二十举行庙会)。

当地长者回忆,殿前原有2株直径1米的大松树,"文革"时期砍伐。殿前旧有东西配殿(阎王殿),现仅为遗址。

2座殿皆已改作教室,吊顶。院内有数通残碑,字迹漫漶。当地长者回忆,庙内曾有30多通石碑,"文革"时期石碑或被砸毁,或被当作建材用来修公用建筑。

第二十九节　嘴　子　村

一、自然环境与人文历史

嘴子村位于杨庄窠乡北偏东3.4公里处,属丘陵区,地势西北高东南低,村西侧紧邻沙河,其余三面均有大小不等的冲沟,为黏土质,周围辟为耕地。1980 年前后有 700 人,耕地 3 104 亩,曾为嘴子大队驻地。

相传,明成化十八年(1482)建村于西沟上,取名嘴子,后村址迁到沟后,村名仍用嘴子。这个传说与村中老人记忆中的传说是一致的。据村中长者回忆,嘴子村最早位于现今的老后寨位置上。虽老后寨废弃久远,为洪水所冲毁,但当地老人却都记忆犹新。老后寨曾名老寨,距今有 500 多年的历史,后叫阮家嘴,距今 300 多年前后,当地一位财主的女儿嫁给长工后被家人赶出家门,住在沟中窑洞内,不久搬到了阮家嘴(现在的嘴子村位置)居住,后又改称为嘴子。村名可考的历史最早见于《(民国)察哈尔省通志》,作"嘴子里"。

如今,嘴子村与南德胜庄村连接在一起。嘴子村在西南部,南德胜村在东北部。217 乡道穿村而过。嘴子村位于深涧的东侧,村庄分为新、旧两部分,北部为旧村,规模较小,南部为新村,规模大。旧村以中心戏楼广场为中心,一条东西主街贯穿村庄。老宅院与近代建筑均分布在这条主街上,村中现有 700 余人居住,居民以王姓为主。村庄附近有王氏祖坟,每年大年初一上坟,现在为耕地。历史上本村村民原本为阮姓,后陆续搬走,此地被来自太原郡的王氏三兄弟所居住,后来逐渐繁衍生息(图 7.24)。

二、庄堡与寺庙

(一)老后寨

老后寨位于嘴子村西深沟涧西岸,东、南、北三面临沟涧,仅西面相对平坦,但不远处亦为冲沟,地势险要。寨子平面大致呈矩形,城堡规模较大,周长未知,东西墙之间的距离有 250 米左右。

堡墙均为黄土夯筑。东墙紧邻冲沟边缘修建,大部分墙体无存,现存一小段墙体,高约 2 米。西墙长约 176 米,修建在台地边缘,墙体本身不高,但由于利用了台地,所以外墙显得较为高大,总高近 10 米,墙体外侧自身高 1~3 米,墙体外侧多坍塌成斜坡状。西墙内侧较高,高 4~5 米,墙体高厚、连贯,西墙偏南有一处缺口,应该是西门遗址,缺口的地面上有大量砖瓦堆积。在西墙外台地上尚存 1 座土堆,土堆顶部有盗洞和砖瓦堆积,推测为庙台遗址。南、北墙为冲沟所破坏,墙体无存,墙外为幽深的涧沟。东南角设角台,高约 3 米。西南角为拐角。

堡内为平整的荒地,没有建筑遗迹。我们推测老后寨的废弃与洪水冲垮寨墙有关,在此之后,村民们从此地逐渐向南迁出。老后寨废弃久远,当地老人均不知其具体情况。

(二)嘴子庄

1. 庄

(1)城防设施

嘴子村曾为庄子,四周修建有庄墙,如今除北侧还有部分庄墙遗存外,大部分庄墙无存,原先庄子的形制、布局未知,推测为东西主街结构(图7.25)。

(2)街巷与古宅院

嘴子村庄内老宅院众多,均位于戏楼与龙神庙之间东西向主街两侧。其中西部的主街称为庙西街,以东为庙东街。

庙西街 街道宽阔,两侧多为土旧房屋,街北侧房屋的门牌号为"庙西北",而街南侧房屋的门牌号为"庙西南"。西街的尽头是五道庙遗址,庙宇建筑无存,有新立的石碑标示,上书"五路神祠"。庙东主街北侧为一条巷子,巷内为老宅院1,一进院,随墙门,平顶门洞,保存较好。

庙东街 街道宽阔,两侧以土旧房屋为主,老宅院很少。主街北侧空地为老宅院2(庙东北48号),现为一进院,大门外西侧修建有砖制影壁,影壁坐西面东,顶部无存,壁面上的装饰全部为砖制铜钱形象;老宅院的宅门无存,现存为二道门,广亮大门,五架梁,前后各两根檐柱支撑檐顶,全部为木构;柱间替木雕有小龙,柁头边上的替木雕有花草;前檐额枋上还有木雕装饰,十分气派。二道门两侧是青砖砌筑的墙体。门内为砖铺地面的院子,正房面阔三间,保存较好。庙东北48号院东,主街北侧修建有近代的供销社,供销社所在巷子内尽头东西各为一座老宅院。老宅院3,一进院,辟门于东南角,坐西面东,随墙门,门上有砖仿木构砖雕装饰,保存完好,院内房屋建筑高大气派,正房面阔五间,硬山顶,东西厢房面阔三间,单坡顶。东侧老宅院4(庙东北53号院),院门设于西南角,院门坐东面西,随墙门,平顶门洞,硬山顶,门顶坍塌。院内为砖铺地面,正房面阔五间,卷棚顶,保存一般。

庙东街的东尽头现存1座供销社,仍为小商店。供销社西侧巷子内尽头为一户大宅院,即老宅院5,当地称为王家大院,大门已经坍塌无存。宅院为三进院,但房屋建筑无存,为大片的荒地,仅最后一排正房尚存,亦废弃,面阔三间,硬山顶。此外,有1座近代二层楼建筑,即王家绣楼,卷棚顶,一层仅南面开门,二层四面辟窗,其中南面的窗户和一层的大门不在一条直线上,且南面的窗户最大,其余的窗户均很小(彩版7-24)。该楼的门窗无存,楼顶部坍塌。

王家大院的主人为当地名人,大户居民,村人皆知,王家大院修建于清嘉庆时期,民国时期王家人曾在当地警署工作。王家宅院为近代土匪所烧毁。有一年王家人回来时遇到土匪,躲于二层楼上与土匪激战一夜,最后土匪撤离,临走前将宅院烧毁。如今,绣楼西、北两侧窗周边墙壁上仍可见王家人抵抗土匪进攻时,双方枪战留下的弹孔。王家有世传家谱,惜于"文革"时期烧毁。

2. 寺庙

据当地长者回忆,嘴子村曾修建有五道庙(2座)、龙神庙/观音殿、戏楼。上述寺庙除尚存外,于 1966 年前后陆续拆除。

五道庙 2 座,1 座位于村西,1 座位于龙神庙东侧,今殿宇无存,庙的遗址上立 1 通"五路神祠"的石碑。

龙神庙/观音殿 位于村中心广场北侧,曾为 1 座庙院,开南门,院中原有钟、鼓两亭,现已无存,仅存正殿,部分屋顶及墙体为重新修建。正殿面阔三间,硬山顶,进深五架梁出前廊。殿内采用隔墙分为南北两殿,龙神庙面南,观音殿面北。

龙神庙,坐北面南,进深占三椽,前檐额枋上残存有彩绘,殿内梁架上也有部分彩绘残存。窗户已被封堵并改建成村委会的宣传栏,正殿内堆放杂物,墙壁上残存有壁画,壁画保存较差。内墙表面多刷涂白灰浆,正壁与东壁残存,西壁已毁。

正壁绘《众神坐堂议事图》,画面规模较大,中间为龙母,两侧分别为五龙王与雨师,主神上部为众行雨之神。东次间绘一位头戴冠冕的神祇,西次间绘一位手持宝剑的神祇。

观音殿,坐南面北,进深占一椽。正殿门窗无存,为土坯封堵,壁画残存。南墙壁画受泥水侵蚀,画面局部已毁,残存的画面色彩鲜艳。从画面的色调看,其已是清末民国时所绘。

正壁的《五菩萨坐堂说法图》大轮廓基本保存下来,但细节已模糊。壁画明间绘三大士,正中为观音,观音两侧为善财童子与龙女,两后上侧为伽蓝护法与韦驮护法。东次间为千手千眼菩萨,两侧各立一位胁士。西次间为地藏菩萨,两侧各立一胁士。

两侧山墙原为"救八难"题材,如今壁画已毁,仅东壁南侧隐约可见。东壁南上角有一榜题,内容可辨为"或漂流巨海,龙鱼诸鬼难,念彼观音力,波浪不能没"。

壁画底层还有旧画,推测是古人重修时,在旧画基础上刷白取平后再新画一层。从画面的色调来看,其已是清末民国时所绘。

戏楼 位于龙神庙对面,东西主街南侧,戏楼前为一片空地。戏楼保存较好,建筑高大,通高 6.5 米,坐南面北,面阔三间,卷棚顶。戏楼台明外立面包砖,顶部四周边缘铺石板,戏楼前檐额枋尚存部分彩绘,下垫木的木雕保存较好,以花草为主。挑檐木出挑较长。戏楼内已改为水泥地面,台内隔扇仅存框架,走马板上残存有彩绘戏曲人物。东西墙壁上有清末民国时期的壁画,保存较差,表面多为白灰浆覆盖。戏楼后台内壁的题壁主要是清末时期(光绪、宣统)的题记,如"宣统四年""桃花堡""宣统二年""瑞祥班"字样。东壁写有"成吉思汗七三四年三月廿四日全班合演"的题记,班主为梁队长,还有鼓道、大花脸、二花脸、三花脸、青衣、花旦等一干人名。其中"成吉思汗"纪年尤为少见。

1937 年 9 月,日军占领内蒙古后,成立了"伪政府"及"伪蒙疆银行",废止民国年号,改用成吉思汗纪元。1938 年"伪蒙疆银行"发行五角铜镍币,币面"五角"的上方有蒙文"成吉思汗年七三三"字样。由此可知,嘴子村戏楼"成吉思汗七三四年"应是 1939 年。

第三十节　寨　里　村

一、自然环境与人文历史

寨里村位于杨庄窠乡北偏东 2.7 公里处,属丘陵区,地势西北高东南低,东靠沙河,北邻冲沟,西、南为平地,周边为黏土质,辟为耕地。1980 年前后有 414 人,耕地 1 760 亩,曾为寨里大队驻地。

相传,明万历八年(1580)张、李二姓迁此建村,取村名宅里,后更"宅"为"寨"。村名可考的历史最早见于《(乾隆)蔚州志补》,作"宅里",《(光绪)蔚州志》《(民国)察哈尔省通志》沿用。

如今,村庄分为新、旧两部分,南面为新村,北面为旧村。村民以张姓为主。近年来村民陆续外迁,现已不足 400 人(图 7.26)。

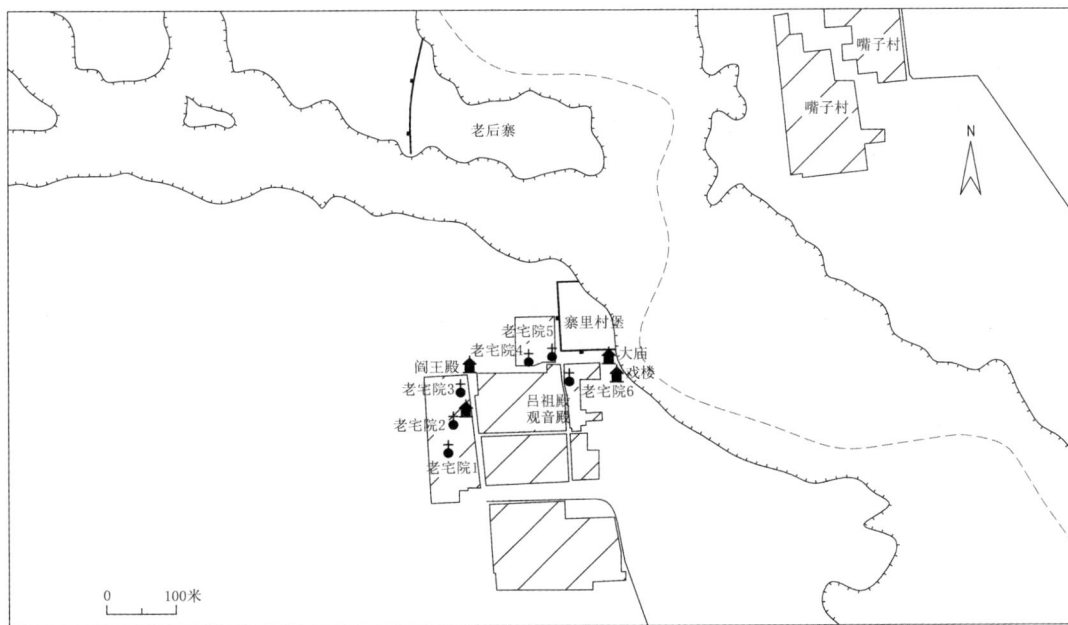

图 7.26　寨里村古建筑分布图

二、城堡

(一)城防设施

寨里村堡,位于旧村东北侧村边。城堡平面呈矩形,开南门,堡内平面布局为南北主街结构。城堡现存一半,中心街以东部分全部为大水所冲毁,即南墙东段、东南角、东墙、东北角、北墙东段所在区域现为涧沟(冲沟当地称为大黑沟),原本位于堡内中间的南北中心主街,亦临冲沟边缘,城堡四至未知。

城堡开南门,堡门建筑无存,现为缺口,南门外西侧为五道庙,东侧为大庙,亦无存。

堡墙均为黄土夯筑。现存南墙呈土垅状,内侧为荒地、耕地和民宅,外侧为耕地。西墙长约110米,保存较好,高4~5米,墙体高厚、连贯,墙体内为民宅和荒地,外侧为荒地和道路,墙体中部有一处较大的缺口。北墙修建在冲沟边缘,冲沟幽深,壁面陡峭,墙体仅存37米,墙体内为荒地,外为荒地和耕地。北墙外冲沟对面为老后寨。

西南角无存。西北角设135°斜出角台,高5~6米,保存一般。西北角内为打谷场。

(二)街巷与古宅院

堡内西半部还有残存的房屋。以土旧房为主。堡内仅剩1户居民居住,其余村民陆续迁至新村。村中老宅院主要集中在堡外西南侧旧村中。从残存的几座老宅院推测,至少在民国时期,村民已从旧堡陆续迁出至此。

老宅院1 位于旧村南北中心街西侧一巷内,广亮门,卷棚顶,保存较好。

老宅院2 (赵家大院)位于南北中心街西侧,紧邻1座近代建筑。如今赵家大院仅存正房,其他建筑皆毁。正房坐北面南,面阔五间,硬山顶,明间退金廊。据房东赵大爷回忆,此宅院为他的爷爷所建,距今已有100多年的历史。正房东侧为近代供销社建筑。

老宅院3 位于南北主街北尽头西侧,其西侧为村委会。大院为广亮大门,仅剩门框,院内砖铺地面,存正房、东厢房与西厢房;正房面阔五间,硬山顶,明间退金廊;厢房皆面阔四间,单坡顶。宅院整体保存较好。

老宅院4、5 位于城堡西墙外,东西向街道北侧。老宅院4为广亮门,卷棚顶,门内为一条巷子。老宅院5为一进院,辟门于东南角,广亮门,门内墙上有毛主席语录。

老宅院6 位于城堡西南角外南侧巷内,原先建筑格局未知,现仅存1座过厅式建筑,面阔三间,卷棚顶,已经改造。

三、寺庙

据当地80岁的王士存、赵姓老人回忆,寨里旧村原有真武庙、五道庙(2座)、小龙神庙、吕祖殿/观音殿、阎王殿、大庙(龙神庙、关帝庙、马神庙)、戏楼。上述庙宇建筑自20世纪50年代开始陆续拆除。如今,寺庙虽已无存,但当地村民仍保留了家中亲人故去在庙前烧纸的习俗。每当家中有亲属作古,举行白事仪式时,孝子孝孙们随乐队一起到村中各庙旧址烧香烧纸,烧纸的时候灵柩仍停放家中,待到出殡时便不用去各庙前烧纸。

真武庙 位于城堡北墙马面上,正对城堡南门,庙前有1通石碑,现已无存。

五道庙 2座,分别位于堡南门外西侧、堡外旧村中,现已无存。

小龙神庙 位于堡东南角外,现已无存。

吕祖殿/观音殿 位于旧村主街西侧,现已无存。

阎王殿 位于旧村主街北尽头,旧时殿内墙壁上绘十殿阎君题材壁画。如今仅存夯土基础。

大庙 位于城堡南门外东侧,拆毁于1956年。整体坐北面南,正殿面阔三间,由龙神庙、关帝庙、马神庙组成,三神共享一殿,其中明间为龙神庙,东次间为关公庙,西次间为马神庙,三神共享一殿,中间无隔墙。

殿内供五尊神像,村民称为"一堂三像"。明间中间供龙母,东侧供黑龙,西侧供白龙;东次间供关帝像,西次间供马神像。虽然三庙共享一殿,但殿内两侧壁画所绘皆为龙神庙众神降雨与回宫的内容。另据长者回忆,村中大庙内有一口铁钟,据上面的铭文记载,该钟为明万历年间所铸。此外,庙内原有1通石碑,现已不知去向。

戏楼 位于村庄东侧,城堡南门外东侧,大庙对面。戏楼西面为打谷场,其余周边为耕地,东面不远处为涧沟。戏楼坐南面北,面阔三间,卷棚顶,前后皆无挑檐木挑出飞檐。戏楼内隔扇已毁,仅剩框架。后墙上残存有壁画,绘有一只怪兽,线条较为清晰。两侧墙壁上各绘有清末民初时期风格的八扇屏风,受损严重,漫漶不清。此外柁梁上也残有花草图案的彩绘。戏楼内堆放柴草,几年前失火将戏楼烧毁,现在仅存台明和南、西墙,西墙上还有残存的壁画,漫漶不清。台明包砖无存,戏楼上堆积杂土。

第三十一节　北庄头村

一、自然环境与人文历史

北庄头村,位于杨庄窠乡北偏东2.7公里处,属丘陵区,地势西北高,东南低。村庄位于南北向大涧沟的东侧,隔涧沟与寨里村相望。附近为黏土质,辟为耕地。1980年前后有484人,村民以张、吕姓为主,耕地2 205亩,曾为北庄头大队驻地。

相传,明嘉靖十年(1531)有张氏弟兄建庄于杨庄窠村北,取名北庄头。村名可考的历史最早见于《(乾隆)蔚州志补》,作"北庄头",《(光绪)蔚州志》《(民国)察哈尔省通志》沿用。

如今,村庄分为南、北两部分,南侧为旧村,民宅以土旧房为主,新房较少。北侧不远处为新村,新村为5排民宅、4条东西主街和2条南北主街。217乡道从村中穿过,北上到南德胜庄。旧时当地水患严重,曾多次发生洪涝灾害(图7.27)。

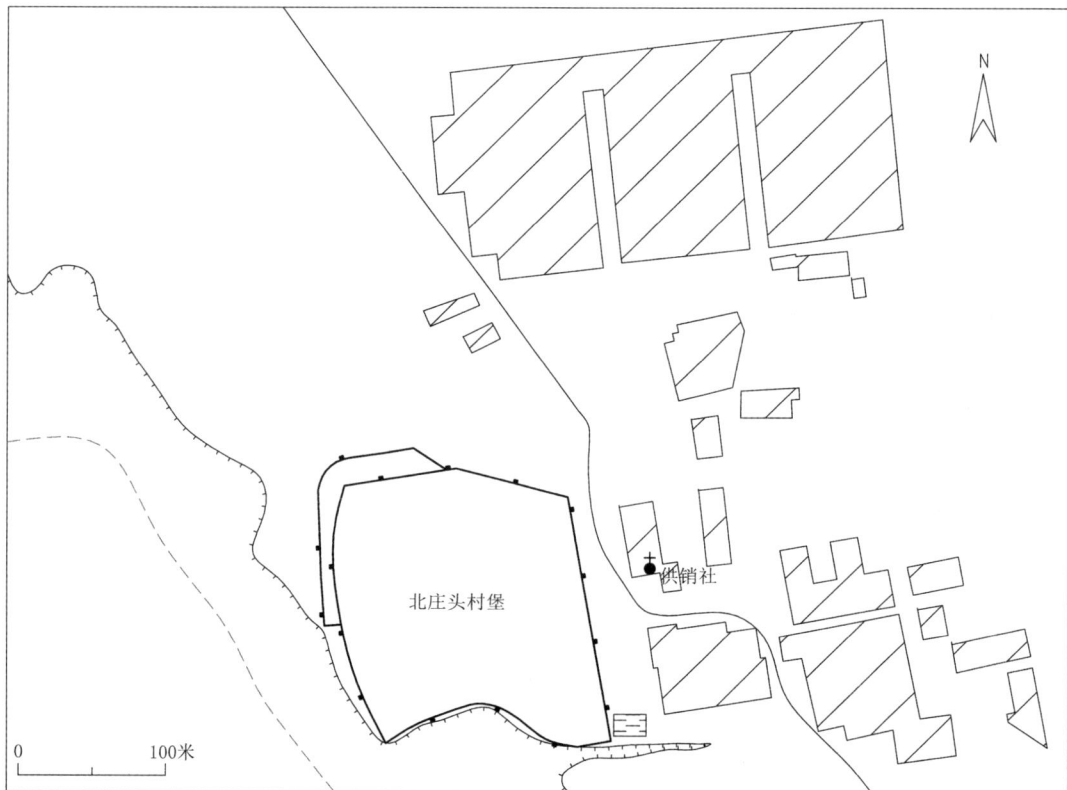

图 7.27　北庄头村古建筑分布图

二、城堡

（一）城防设施

据《（民国）察哈尔省通志》记载："北庄头堡,在县城东北三十里,土筑,高一丈二尺,底厚五尺,面积二十亩零一分,有门一,现尚完整。"〔1〕北庄头村堡今位于旧村中,整个村庄的西南角,城堡西、南侧紧邻沟涧,地势险要,北、东较为平坦。城堡整体保存较差,平面呈矩形,周长约 652 米,开东门,堡内平面布局为东西主街结构。堡内地面高于外面的地面(图 7.28)。

城堡东门并非东墙正中位置,而是偏南侧,东门现为缺口,堡门建筑无存(彩版 7-25)。门外北侧的护门墩尚存,呈方形,高 4～5 米,体量大,东立面有两条大裂缝。东门外一条坡道直达堡内,坡地两侧生长有 4 株高大的柳树,东门外有废弃的供销社建筑,东门内为一条东西向中心街,中心街以南为新建的养鸡场,北侧有一个新建的民宅,其余地方全部为土旧房、老宅院,堡内是大面积荒地和坍塌的房屋。

---

〔1〕 宋哲元:《（民国）察哈尔省通志》,国家图书馆藏 1935 年铅印本,第 6～14 页。

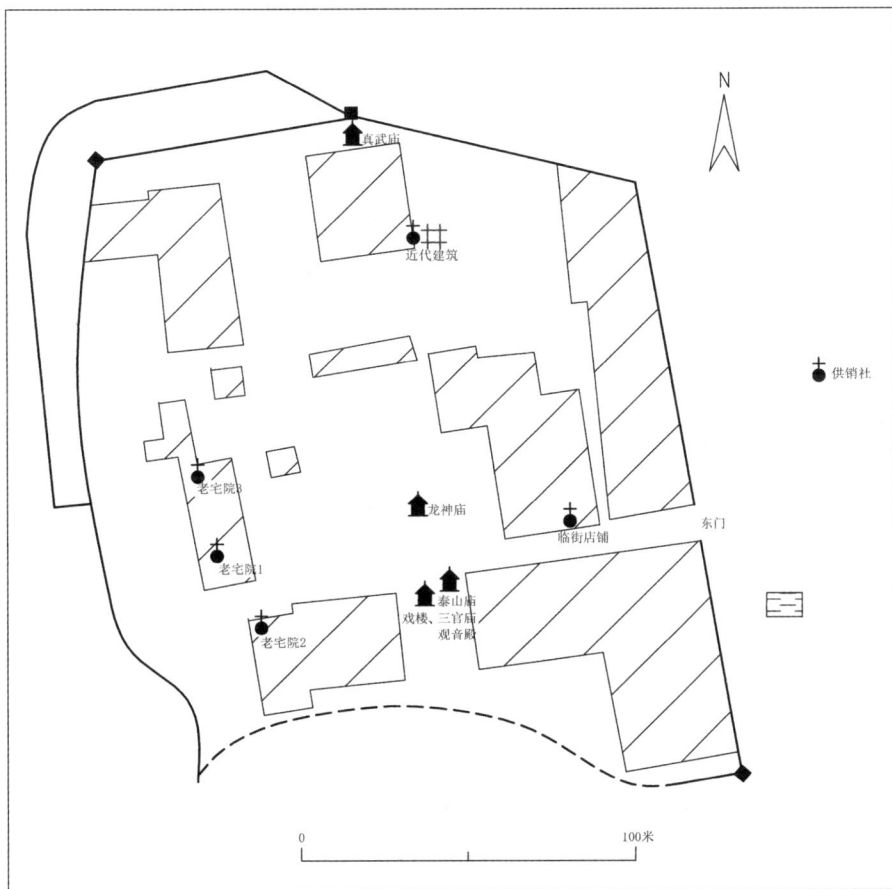

图 7.28　北庄头村堡平面图

　　堡墙均为黄土夯筑。东墙长约170米,北段现存基础,高3米,顶部修建房屋,墙外为荒地和耕地;东墙南段新近推倒,墙体全部遭破坏,原址上修建养鸡场,东墙南段墙体外为顺墙道路。南墙长约192米,选址在冲沟边缘修建,墙体自身较低,高2～3米,因墙体沿着冲沟边缘修建,故墙体不直,呈S形,保存差。外侧为道路,沿着顺墙道路可逐步下到城堡西侧的涧沟中,内侧为荒地。西墙长约135米,沿着冲沟边缘修建,墙体多坍塌,大部分仅存基础,高1～2米,个别地段高2～3米,墙体内侧为坍塌的房屋。当地长者回忆,西墙毁于一次洪水。北墙长约155米,墙体低薄、断续,多坍塌,墙高3～4米,墙体外侧有坍塌形成的积土,墙外为荒地;墙体中部设1座方形马面,亦为真武庙庙台,马面保存较好,高5～6米;北墙东段多有坍塌,形成大量的缺口,墙体高2～5米,墙体断断续续,墙体外侧为耕地和荒地,内侧为房屋。西墙和北墙外侧还有一道墙体,形制似院墙,保存较好,墙体较高,两层墙体之间为耕地,村民回忆此墙是为加强防御的功能而修建的。

东南角设 135°斜出角台,角台修建在台地上,外侧总高 8～9 米,角台自身高 4～5 米。东南角内为养鸡场。西北角设 135°斜出角台,现存体量较小,高 3～4 米。东北角未设角台,仅为弧形转角。

（二）街巷与古宅院

堡内仅剩 2 户居民,大部分村民已于 30 年前搬迁至新村。堡内民宅大部分废弃、坍塌,一片断壁残垣的景象。尚存的老宅院,多仅存正房,院门和院墙无存。

老宅院 1　一进院,东南角辟门,坐西面东,门顶坍塌,院内仅存三间卷棚顶正房、两间卷棚顶东耳房、两间单坡顶西厢房,无人居住。

老宅院 2　一进院,西北角辟门,坐南面北,随墙门,院内仅存正房。

老宅院 3　仅存正房,面阔五间,卷棚顶,已经废弃。

近代建筑　位于北墙马面内侧,一进院,东南角辟门,坐西面东,近代风格建筑,门前有一眼水井。

供销社　位于东门外北侧,近代风格建筑,已经废弃。

三、寺庙

据当地长者回忆,本村曾建有 10 多座寺庙,尚能回忆起名字者有关帝庙、真武庙、五道庙（3 座）、龙神庙、戏楼、泰山庙、三官庙/观音殿。除现存者和真武庙外,其余的庙在"文革"时期破坏。

关帝庙　位于堡内西侧,现已无存。

真武庙　位于堡北墙马面上,1966 年拆除,现已无存。

五道庙　共有 3 座,其中堡内有 2 座,堡外东侧有 1 座,现已无存。

龙神庙　位于堡内中心,东西主街北侧,清代建筑,整座庙院坐北面南,仅存正殿（彩版 7-26）。南墙原设有砖式小门楼 1 座,山门与院墙已坍毁,院内原有一株枝繁叶茂的文冠果果树,亦枯死。正殿坐北面南,面阔三间,硬山顶,进深五架梁出前檐廊。2009 年第一次考察时,正殿尚存,殿内堆放有寿材,殿内墙壁表面抹有白灰浆,东墙尚存民国时期壁画,北墙与西墙被厚厚的白灰浆覆盖于下,虽壁画保存较差,但众神形象依稀可见。2014 年第二次考察,正殿坍塌严重,摇摇欲坠,明间与西次间脊顶与后山墙已塌,壁画亦无存。东次间尚存,但屋顶也有坍塌。

正壁,墙皮多已毁,剩下的一片被泥浆所覆盖,下层露出 3 位神像的轮廓。

东壁,绘有《出宫行雨图》,四目神与虹童在最前面打头阵,后面是雷公、电母与风婆、风伯;其后是时值与日值功曹,引领各龙王与雨师紧随。图的正中有一辆水车,水车上方有钉耙神与青苗神。龙王队伍后还有 2 位雨官,商羊,以及年值与月值功曹,下方有一位龙王回首与判官在交流,这是许多龙神庙壁画中常见的场景。

西壁,有厚厚的草泥浆,靠北侧泥浆脱落处,露出了水晶宫供桌的一角和时值功曹。

戏楼 清代建筑,位于龙神庙对面,台明较低,未修建高大的砖包台明,而是直接修建在地面上。戏楼坐南面北,面阔三间,卷棚顶,进深六架梁,前台檐柱下置鼓形柱础。戏楼未设挑檐木挑出前檐,故前台视野并不宽敞,这在蔚县众多戏楼中较少见。戏楼保存较差,后墙三分之二坍塌,明间后脊顶垮塌,前后台间的隔扇无存。台内梁架上的彩绘基本上无存,偶尔可见斑驳的色彩。两侧山墙尚存壁画,各为六幅条屏,画面受损严重。山尖各有三幅绘画,内容为戏中的情节。后台墙壁遗存题壁,有"光绪十二年""光绪贰拾叁年贰月二十日双盛班",还有两幅戏中人物画题记(彩版7-27)。

泰山庙、三官庙/观音殿 位于戏楼西侧。正殿面阔三间,硬山顶,进深五架梁,中间设隔墙,南北各二椽。面南者又隔为二间,东间为三官庙,西间为泰山庙;面北为倒座观音殿。正殿保存较差,坍塌严重,后脊顶松垮,西山墙北侧已塌。三官庙内殿壁画已毁,观音殿尚存壁画。

泰山庙,位于南侧的西间,坐北面南,面阔单间,进深占二椽。窗户为直棱窗,用黄泥封堵,门扇无存。殿内顶部脊檩上有彩绘《八卦图》。殿内西壁曾抹过厚厚的泥浆,壁画全毁。正壁与东壁壁画尚存,但色彩已氧化呈黑色,正壁绘有三位《娘娘坐宫议事图》,外袍上各绘有两只沥粉贴金的凤凰。东侧娘娘边上立有判官。壁画下部绘有修行打坐的居士。东壁绘有《娘娘出宫巡视图》,中间的乘鸾车,前后娘娘各骑马,周边有武将、随从,第三位娘娘下方为搬哥哥、痘姐姐、顺生娘娘等。从画中三位娘娘的地位来看,乘銮驾的显然地位与其他两位不同,因此笔者判断此堂壁画供奉的是碧霞元君。从壁画的色彩推断,其绘于清代中晚期。

三官庙,位于南侧的东间,坐北面南,面阔单间,进深占二椽。殿内壁曾抹过厚厚的一层泥浆,壁画全毁。脊顶下平檩绘有《八卦图》,但色彩脱落严重。

观音殿,位于北侧,坐南面北,面阔三间(坐二破三),硬山顶,进深占二椽(彩版7-28)。殿为后世所改造,窗户封死,仅存中间殿门。北墙西侧墙体和顶部坍塌,西墙坍塌,壁画已毁,殿内有很多垃圾和积土,顶部脊檩上有彩绘《八卦图》。正壁与东壁壁画尚存,保存一般。

正壁明间绘《三大士坐堂说法图》,正中为观音菩萨,两侧普贤菩萨与文殊菩萨,观音身后为善财童子与龙女。东次间正中为武财神,前为护法伽蓝,后为持刀周仓。西次间正中为文财神,前为护法韦驮,外侧已毁。从色彩上判断,壁画应是清末民初时所绘。

第三十二节　北深涧村

一、自然环境与人文历史

北深涧村,位于杨庄窠乡东偏北2.7公里处,属丘陵区,西临深涧、沙河,东临冲沟,周围冲沟密集,地势西北高东南低,为黏土质,村北辟为杏树林,其余辟为耕地。1980年前后有1 315人,耕地5 829亩,曾为北深涧大队驻地。

相传,明万历年间建村,因村西有条深沟,且村址居深涧之北,故取名北深涧。村名可考的历史最早见于《(正德)大同府志》,作"深涧堡",《(乾隆)蔚州志补》作"深涧二堡",《(光绪)蔚州志》作"大小深涧",《(民国)察哈尔省通志》作"大深涧"。

如今,217乡道穿村而过,村庄分为新、旧两部分。旧村在南侧,由旧堡、东庄组成。新村在北侧,新村中部有一条冲沟,将新村分成两部分。村庄规模较大,居民较多,村民以黄、董、邓姓为主,现在常住人口800～900人(图7.29)。

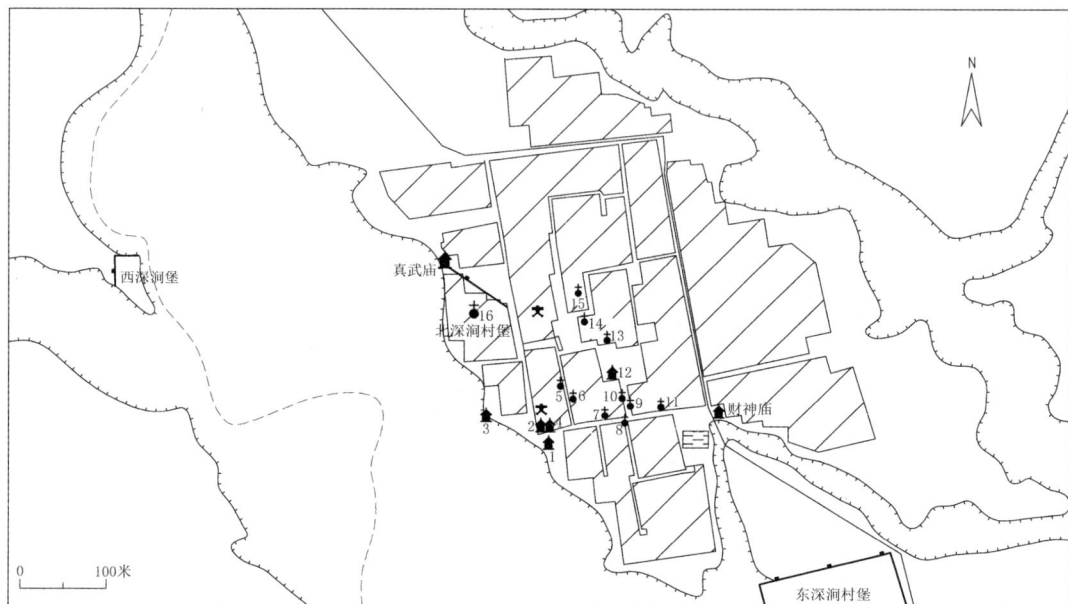

图7.29 北深涧村古建筑分布图

1. 戏楼　2. 龙神庙、关帝庙　3. 马神庙　4. 五道庙　5. 老宅院1　6. 老宅院2
7. 老宅院5　8. 老宅院6　9. 老宅院7　10. 老宅院8　11. 老宅院9　12. 东庄剧场　13. 礼堂
14. 老宅院3　15. 老宅院4　16. 老宅院

二、庄堡与寺庙

（一）北深涧村堡

1. 城堡

北深涧村堡位于旧村西北,城堡平面呈矩形,破坏严重,现存约原体量的四分之三,周长、四至无法复原,开南门,堡内平面布局为南北主街结构。城堡南门位于今关帝庙西侧深涧的边上,堡门已被陆续拆毁。

堡墙均为黄土夯筑。东墙保存较差,墙体断续,高3~5米不等,局部高6~7米,墙体内侧为民宅,外侧为道路。东墙外路边有新建的小学校。南墙为大水所冲毁。西墙仅存一段,高3~5米,西墙及西南角为大水所冲毁。北墙长约85米,并非平直的墙体,而是自西北—东南倾斜,保存较差,高3~4米,墙体断续存在。

东南、西南角无存。西北角设90°直出角台,矩形,高6~7米,保存较好。东北角未设角台,仅为转角,并有两次修筑的痕迹,保存较差,高3~4米。

2. 寺庙

据当地83岁的老人回忆,旧堡曾修建有戏楼、马神庙、真武庙、财神庙、观音殿、五道庙(2座)、龙神庙、关帝庙。村中寺庙毁于"文革"期间。

戏楼　位于龙神庙、关帝庙对面,戏楼拆毁于1974~1975年间。

马神庙　位于南门外,现已无存。

真武庙　位于北墙马面墩台上,现已无存。

财神庙　位于村中,现已无存。

观音殿　位于村东,现已无存。

五道庙　2座,分别位于旧学校东南墙外和关帝庙东南墙外,现已无存。

龙神庙、关帝庙　位于旧村的西南角,寺庙原属西深涧村,因被洪水冲毁,迁址北深涧。如今为1座两神共享一殿的寺庙,东侧为关帝,西侧为龙神。庙院坐落于毛石包砌的台明之上,四周院墙采用红机砖新砌,院内仅存正殿,旧时曾修建有钟鼓楼。正殿坐北面南,硬山顶,面阔三间,进深五架梁出前檐廊。西墙外墙皮有大面积脱落,西廊墙下设面然大士龛。正殿的原门窗改建于近代,如今改建后的门窗无存,仅存框架,殿内为方砖铺地,其上有垃圾和积土。殿内梁架尚残存彩绘,顶部脊檩彩绘《八卦图》。正殿在近代曾改作过学校的教室(现已废弃),安装吊顶,并在内墙壁涂抹粉刷一层厚厚的草拌泥、白灰浆,还贴有报纸。报纸为1966年的《河北日报》,两侧山墙中间为黑板,上部吊顶,如今即便白灰浆脱落,原壁画仍漫漶不清,隐约可见龙神庙主题壁画。从颜色上看,推测其为清末民初作品。村民回忆,曾在东墙上见过雷公、电母形象。如今,只有东廊墙还可见有一位持戟的武士。龙神庙正殿后为学校,现已废弃,民国时期的大门保存较好。

据当地长者回忆,殿内曾供奉8尊木像,明间与西次间供奉龙母、黑龙王与白龙王等7尊像,东次间供奉1尊关帝像。木像在"文革"时期烧毁。虽然殿内同时供奉求雨的龙神与崇武守信的关帝,但殿内三间之间并无隔墙。当地每逢天旱时,村民便在龙神庙举办行雨仪式。行雨的方式也与其他地区类似,全程不让女人参与。行雨时会将殿内的龙神木像抬出一尊,但抬哪一尊要通过掣签决定,行雨时在对面的戏楼(已拆除,现仅存夯土基础)唱戏酬神。行雨活动直至1964年还举行过一次,之后便停止。

(二)东庄

1. 庄

东庄,位于北深涧村堡东侧,东庄由1条东西向主街和3条南北向主街组成。据当地村民回忆,东庄和城堡之间的地名为董家大门口,而礼堂、学校所在地称为柳巷。

西侧南北主街 北起小学,南接关帝庙、龙神庙前的东西主街。街内有2座老宅院,分别为老宅院1、2,保存较好。老宅院1,位于街道西侧,两进院,大门开于东南角,坐西面东,广亮门,硬山顶,梁架尚存雀替、梁托等木雕装饰,门槛尚存车辙印,院内荒废,前院仅存西厢房,二道门损毁,后院仅存西厢房、正房。老宅院2,位于街道北侧,原为狭长的三进院,现大门、前中院坍塌殆尽,后院较好,正房面阔三间,硬山顶,东西厢房面阔三间,单坡顶。

中部东西主街 位于东庄中部偏南,东起财神庙,西达关帝庙、龙神庙。街内共3座老宅院,分别为老宅院5、6、9。老宅院5,位于街道北侧,一进院,南墙辟门,广亮门,硬山顶。老宅院6,位于街道南侧,坐南面北,为巷子门,广亮门,硬山顶,尚存雀替装饰,门内为一条巷子。老宅院9,位于街道北侧,一进院,随墙门,平顶门洞,大门已经封堵。此外,主街东口南侧有1座干涸、近乎淤平的大水坑,坑边柳树遮天蔽日。

东侧南北主街 北端为礼堂、剧场。礼堂顶部坍塌,门窗无存,仅存砖砌墙体,对面为剧场。剧场位于主街北侧,保存较好。整体坐南面北,建筑为典型的20世纪七八十年代的风格,横楣上用水泥雕有"百花齐放推陈出新",顶上有一枚五角星。礼堂北侧有老宅院3、4。老宅院3,位于小学东侧,原为两进院,现为一进院,大门已经坍塌,院内砖铺地面,院内仅后院正房与西厢房为古建筑,正房面阔五间,硬山顶,门窗、室内重新装修,西厢房面阔三间,单坡顶。老宅院4,位于老宅院3北侧,一进院,大门已经坍塌,仅存正房、西耳房,正房面阔三间,卷棚顶,西耳房面阔两间,卷棚顶。剧场南侧有老宅院7、8。老宅院7,位于街北侧支巷中,一进院,辟门于西南角,坐东面西,广亮门,卷棚顶。老宅院8,位于街道西侧,一进院,辟门于东南角,坐西面东,广亮门,卷棚顶,院内西厢房无存,东厢房为临街的店面房,正房面阔五间,卷棚顶。

2. 寺庙

据当地长者回忆,东庄的南部曾修建有财神庙(中部东西主街东口)、观音殿、五道庙(2座),现皆无存。

(三)西深涧村堡

据当地83岁的老人回忆,此地还曾有西深涧村,位于涧沟的西岸,与北深涧村隔着涧沟相望。村庄毁于洪水,村址处四面临沟,现为1座狭窄的孤岛。西深涧村堡堡墙尚有残存,位于涧沟西侧台地上,高3～5米不等,堡内为大面积的荒地,无房屋遗存。西深涧村废弃后,村民连同关帝庙、龙神庙陆续搬迁到北深涧村。据说旧时龙神庙里悬挂的一口铁钟便是由西深涧村民捐赠的。由此看来,旧时此地曾经有东、南、西、北4座"深涧"村。

第三十三节　东深涧村

一、自然环境与人文历史

东深涧村位于杨庄窠乡东偏北2.8公里处,属丘陵区,西临深涧沙河,其余三面及村内均有大小不等的冲沟,地貌支离破碎,地势西北高东南低,为黏土质,村东辟为杏树林,其余三面为耕地。1980年前后有393人,耕地1 823亩,曾为东深涧大队驻地。

村名来历与北深涧村相似,因村址居于南深涧之东,故取名东深涧。

如今,217乡道穿村而过,村庄北面隔一条冲沟与北深涧村相望。村庄由新、旧两部分组成,村西侧为旧村,东面为新村。新村有2条东西向主街和2条南北向主街,主街全部硬化为水泥路,村口有一大片打谷场。村庄规模不大,民宅以新房为主,老宅院较少,土旧房亦有分布。村民以邓姓为主,韩、赵姓为次,村中户口数有370～380户,但常住居民不多,大部分已外出打工(图7.30)。

二、城堡

东深涧村堡,位于旧村西部,选址在涧沟东侧的平地上,西邻深沟涧,北邻浅冲沟,东、南面相对平坦,但周围冲沟密布,纵横交错,因此面积狭小。城堡平面呈矩形,西南角被洪水冲毁,复原周长约597米,开南门。城堡内平面布局为南十字街与北丁字街结构,即1条南北街和2条东西巷(图7.31)。

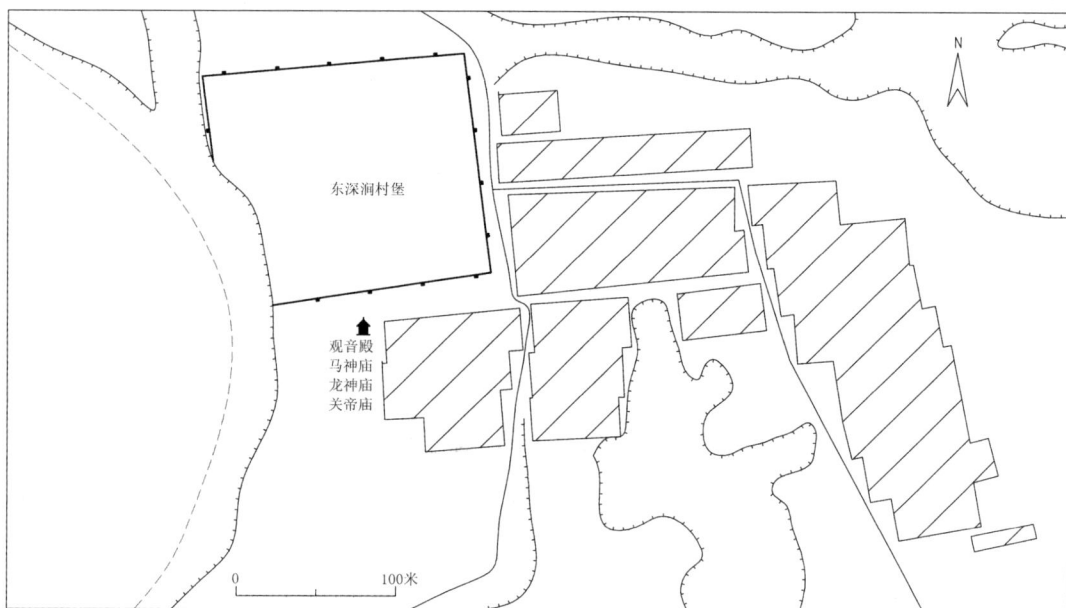

图 7.30　东深涧村古建筑分布图

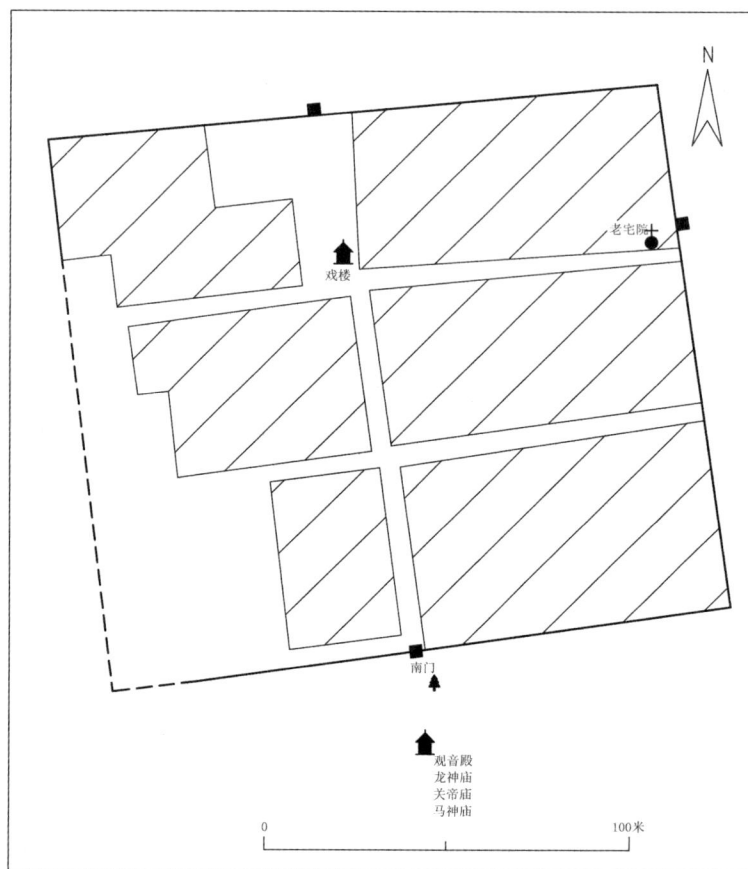

图 7.31　东深涧村堡平面图

城堡南门是 1 座简易门,与庄门相近,基础为石块砌筑,上面为土坯砌筑门体,木梁架结构,多有坍塌(彩版 7-29)。门闩孔石仅存东侧,为一整块石头雕凿而成,门道为土路。门内为南北中心主街。门外路面铺自然石,门外长有一株古柳树,主干粗大,树顶岔开,枝杈向外平伸,树杈如盛开的花瓣,翻倒在树干的四周。由于年长日久,翻倒的树杈皆与地面相接,支撑老树的躯干。村民云此树至少有百年树龄,曾被雷击,故于顶部岔开。

堡墙均为黄土夯筑。东墙长约 136 米,保存较好,墙体高薄、连贯,高 4~5 米,墙体内为民宅,外侧为水泥路;东墙南段有 1 处破坏形成的缺口;东墙北段尚存马面 1 座,矩形,保存较好,高约 7~8 米,马面和东墙缺口将东墙三等分,墙内所对应的是堡内东西向主街道。南墙残长 133 米,复原长度约 161 米,墙体内侧为道路,外侧为荒地;东段保存一般,墙体高薄、连贯,高 3~4 米,内侧为民宅,外侧为壕沟;南墙西段仅存部分墙体,墙体坍塌严重,仅存基础,内侧较平,外高 2~3 米。西墙无存,复原长约 143 米,为冲沟所破坏。北墙长约 157 米,整体保存一般,墙体低厚、断续,高 1~7 米,中间局部消失,墙体内侧为民宅,外侧为耕地和打谷场。北墙中部设有 1 座方形马面,马面体量较大,高 5~6 米,内外均突出墙体,内外侧均有部分坍塌,其中内侧坍塌较重,马面顶部曾修建真武庙,现已无存;北墙西段墙体低薄,多坍塌,高 1~2 米。

城堡东南角未设角台,仅为转角,高 3~4 米。西南、西北角位于冲沟边缘,现已无存,推测为洪水冲刷破坏。东北角未设角台,仅为转角,高 6~7 米。

堡内基本废弃,堡内民宅以土旧房为主,老房院、新房较少,房屋多废弃、坍塌,目前仅剩几户居民居住。后街东段尽头路北即马面内侧下方尚存有 1 座老宅院,两进院,广亮门,门内墙壁上尚存"文革"时期的宣传标语,门内有 1 座影壁,影壁四边砖砌,中间土坯砌筑。

三、寺庙

据当地长者回忆,旧村曾修建有真武庙、五道庙(2 座)、龙神庙、龙神庙、关帝庙、马神庙,观音殿、戏楼。庙宇除尚存者外,其余皆自然损毁无存。

真武庙 位于北墙马面上,现已无存。

五道庙 2 座,位于堡内北、西侧,现已无存。

龙神庙 位于新村南侧,现已无存。

龙神庙、关帝庙、马神庙 位于城堡南门外高地上。正殿坐北面南,面阔三间,硬山顶,进深四架梁出前檐廊,是三位神祇共享一堂的多神殿,殿内各间未设隔墙。明间供龙神,东次间供马神,西次间供关帝,三神虽同奉于一堂,但以龙神为主。如今东侧二间顶已塌,西次间也有部分坍塌,殿内墙壁壁面多坍塌,露出里面的土坯墙,残存的内壁仅西次间隐约可见壁画。从颜色上看,其应该是清末民国时期所绘。

观音殿 位于堡南门外,背靠多神殿,坐南面北,正对堡门。正殿面阔单间,卷棚顶,进深三架梁。观音殿后墙已塌,顶局部坍塌,殿内两侧内墙隐约可见壁画。壁画表面涂抹白灰浆,题材为观音"救八难"题材壁画。

戏楼 位于堡内南北街北丁字口北侧,坐南面北,正对真武庙,保存一般,台明外立面包砖完全坍塌。戏楼面阔三间,卷棚顶,进深五架梁,上为"松柏装"彩绘,大柁呈弯曲状跨四椽,无二架柁。前檐柱4根,柱下古镜柱础。前檐额枋上的彩绘大部分脱落。戏楼内堆满柴草。两侧山墙内壁各绘屏风画,各有4幅,壁画色彩已变黑变暗,模糊不清。山尖残存有绘画,东山尖上绘水墨画《代州城》。后台内壁尚存题壁,东墙上有"光绪贰拾壹年""同治拾年"的"全盛班",后墙上有"光绪拾陆年""光绪拾玖年"的"山西八仙旦",以及"光绪贰拾""光绪贰拾壹年""宣统二年""中华民国十四年"等字样(彩版7-30)。诸多的题记说明,这里曾热闹一时。

第三十四节 南深涧村

一、自然环境与人文历史

南深涧村,位于杨庄窠乡东偏北2.2公里处,属丘陵区,村庄选址在沟涧西侧边缘,紧邻沟涧而建,东、北靠沟涧沙河,西南面地势平坦,辟为耕地和杏树林,地势西北高东南低,为黏土质。1980年前后有296人,耕地1170亩,曾为南深涧大队驻地。

村名来历与北深涧村相似,因村址居于北深涧之南,故取名南深涧。

如今,南深涧村规模较小,村庄南面为新村,民宅以新房为主。旧村在整个村庄的东北角涧沟边上,东、南、北三面临深沟,规模小,民宅多为废弃的土旧房。新村里有两条南北向的主路,以西侧主路为主,路面硬化。村中北侧有一条东北—西南走向的路,为旧时东上平村到南深涧村的古道。南深涧南墙外有一条土道下沟,跨过深涧,再攀上深涧,可达东深涧西北角。因旧村在涧沟边,多有水患,故向西南方向迁移搬离,远离涧沟。当地村民搬到南面的新村居住已经三四十年,村庄现有240~260人,全部姓葛(图7.32)。

二、城堡

南深涧村堡,位于旧村中。城堡南、北、东面紧邻深涧。城堡平面呈矩形,破坏严重,四至无法复原,周长未知,开西门。城堡为洪水所冲毁,破坏严重,现存为不规则形状,保存差。城堡现存部分为当年的一半到三分之二,城堡北侧为宽阔的涧沟。城堡西门已坍塌,现存为缺口,北侧门体夯土墙尚存。

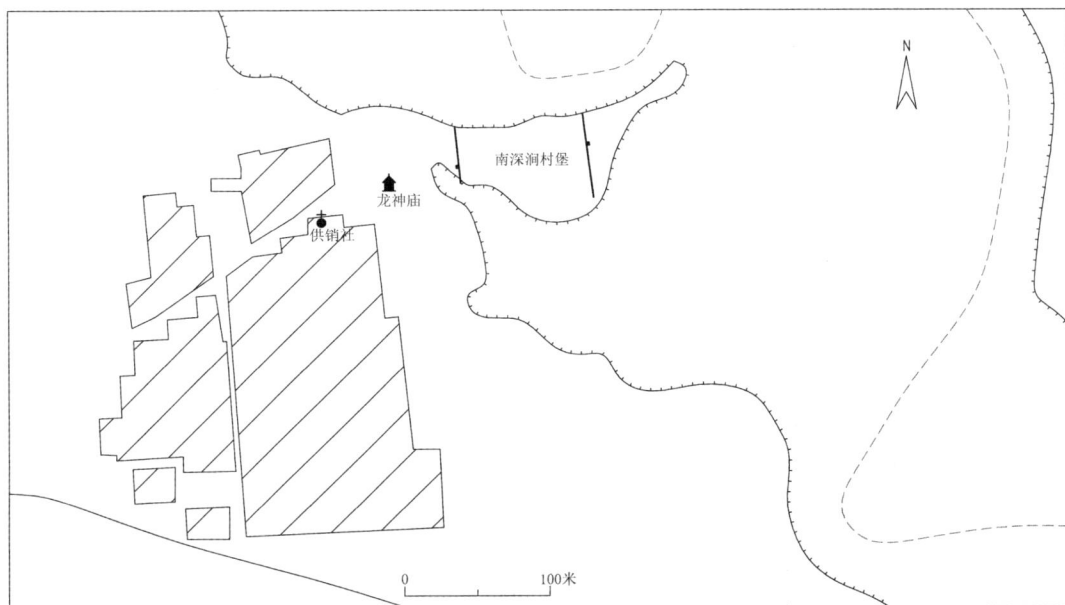

图 7.32　南深涧村古建筑分布图

　　堡墙均为黄土夯筑。东墙大部分坍塌,残存的墙体断断续续,高 3~5 米。南墙依地形而建,呈弧形,高 3~4 米。西墙北段仅存少部分墙体,大部分西墙、西北角、北墙、东北角被洪水冲毁无存。

　　东南角设 135°斜出角台,高 4~5 米,保存一般。西南角设 135°斜出角台,方形,保存较好。

　　堡内为大面积的荒地,仅有一处废弃的土旧房屋,堡内已无人居住。堡外西南村中尚存 1 座近代的供销社,已废弃,现在为村民住宅。

三、寺庙

据当地长者回忆,南深涧旧村曾修建有龙神庙(大庙)、关帝庙、观音殿。

龙神庙　乡民称为"大庙",清代建筑,位于南深涧村堡西门外,原为 1 座独立的庙院,如今院墙、山门坍塌,仅存正殿。正殿坐北面南,面阔三间,硬山顶,进深五架梁出前檐廊,正殿已废弃,近代将殿改造成为磨坊,装饰装修均已改变。殿内梁架规整,前脊的滴水花样较多,有近 10 种,不知是当时新旧各式滴水混用,还是故意选用多样的滴水来体现变化。殿内砖铺地面,正面供台尚存,台面宽约 0.5 米,立面下层方砖立式砌筑,上层砌出几何形。北墙壁画仅存左上角少部分壁画,其余壁面坍塌,露出里面的土坯墙心。两侧山墙曾抹过厚厚的黄泥,泥浆局部脱落,露出壁画。西墙露出画面中有手持圣旨的判官,正与回首的黑脸龙王在交流,黑龙王前还有 2 位龙王;东壁只露出少部分,可以看出为四目神。从画面用彩来看,壁画应是清末民国初所绘。

前檐额枋上的彩绘尚有部分残存。前廊及殿内梁架上也有少量的彩绘,殿内顶部脊檩上有彩绘《八卦图》。东廊墙上部贴有一张纸,有年号、善款人名与落款,但贴纸风化脱落严重,只隐约能看到几个字,人名多姓葛,这与现今村民姓氏相同。

庙东原有观音殿、关帝庙,"文革"时期被拆毁。

第三十五节　北 双 涧 村

一、自然环境与人文历史

北双涧村位于杨庄窠乡东南 2.8 公里处,属丘陵区,东、西临沟,处于 3 条冲沟、沙河交汇处,面积狭小,地势较为平坦,为黏土质,周围辟为耕地、杏树林。1980 年前后有 371 人,耕地 1 502 亩,曾为北双涧大队驻地。

相传,明万历年间建村,因村两边紧靠沟涧,故取村名双涧,后冠北而区别于南双涧。村名可考的历史最早见于《(顺治)蔚州志》,作"双涧儿堡",《(乾隆)蔚县志》作"北双涧",《(光绪)蔚州志》作"双北涧",《(民国)察哈尔省通志》作"北双涧"。

如今村庄位于 218 乡道西侧,村庄分为东、中、西三部分。东面为旧村,即城堡所在地,处于沙河河道内的孤岛上,面积狭窄,因此村民向西迁到新村。新村处于两条冲沟间的台地上,东西临冲沟,面积虽远大于旧村,但随着人口的增加亦无空地可用。因此,村民继续向西搬迁到 218 乡道东侧居住,这里地势平坦开阔,一马平川,新村西侧隔 218 乡道为杏树林,其余南北面为耕地。目前村庄尚有 170～180 人居住,村民以姚姓为主,李、王姓次之(图 7.33)。

二、庄堡与寺庙

(一)北双涧村堡

1. 城堡

北双涧村堡,位于村东部涧沟内,处于涧沟中间的孤岛上。该涧沟当地称为沙河,河道宽阔,里面种植玉米,城堡便选址在沟内东侧 1 块狭长的台地上。城堡平面呈矩形,四至、周长未知,开设南门。堡内平面布局为南北主街结构。除自然因素损毁外,"文革"时期亦拆毁堡墙。如今城堡已彻底拆毁,四周堡墙坍塌严重。东墙因位于沙河西岸,被洪水冲刷塌毁;南墙的残基与南墙外的1座庙台因修养鸡场被推平;西墙也已塌毁;只有北墙西段残存,长约40米,较连贯,北墙中部修建有1座矩形的马面,保存较好。

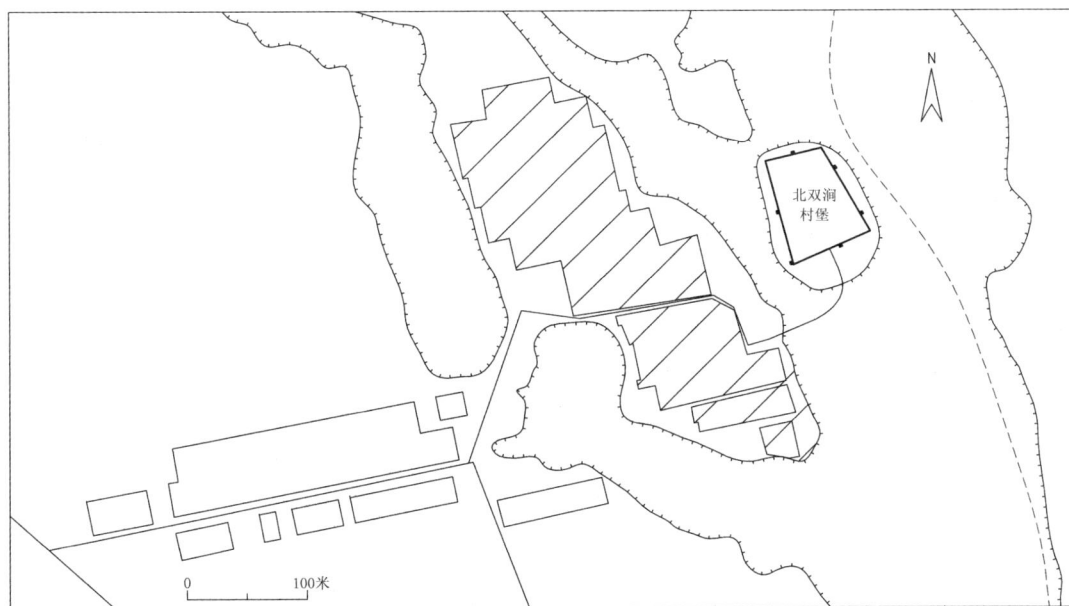

图 7.33　北双涧村古建筑分布图

城堡内建筑全毁,沦为荒地。如今,村庄为扶贫村,当地要建设养鸡场,但不能占用耕地,因村中实无空地可用,故只好在城堡原址上复垦。将剩余的堡墙推平并平整土地。如今仅剩下北墙西段一段墙体及北墙马面。墙体高薄,内高5~6米,外面为坍塌的积土。

2. 寺庙

据当地长者回忆,北双涧村曾修建有多座庙宇。堡外东侧建有关帝庙;堡外南侧有龙神庙、观音殿;北墙上为真武庙;南门口有龙亭,祭龙神时将龙王从龙神庙中抬出,供奉于龙亭内;龙亭对面、南门外西侧有1座坐西面东的戏楼;五道庙2座,分别位于堡外西侧、堡内十字路口;堡外西北有三官庙。上述寺庙皆毁于"四清"与"文革"期间。

(二)西庄

1. 庄

西庄位于城堡墙外冲沟西岸,现为一片村庄,原庄子的四至和平面结构未知。

2. 寺庙

据当地长者回忆,西庄内有泰山庙,对面为戏楼,庙门口有五道庙,庙边上还有1座佛殿。此外西庄还有财神庙、白衣观音殿与火神庙。上述寺庙皆毁于"四清"与"文革"期间。

第三十六节　西　上　平　村

一、自然环境与人文历史

西上平村位于杨庄窠乡东南 1.4 公里处,属丘陵区,东北靠冲沟,地势较为平坦,为黏土质,周围辟为耕地。1980 年前后有 185 人,耕地 962 亩,曾为西上平大队驻地。

相传,明万历二年(1574)建村于一平台上。因土质较肥沃,故取村名上平油。后以沙河为界,分为东、西两个自然村,居西者遂更名西上平。村名可考的历史最早见于《(乾隆)蔚州志补》,作"上平油",《(光绪)蔚州志》沿用,《(民国)察哈尔省通志》作"西上平"。

如今村庄位于 218 乡道东侧,规模较小,村庄为十字街结构布局,主街道路均已硬化,两侧为新建房屋。旧村位于村庄西北角,城堡及东侧为旧村,新村居城堡南面(图 7.34)。

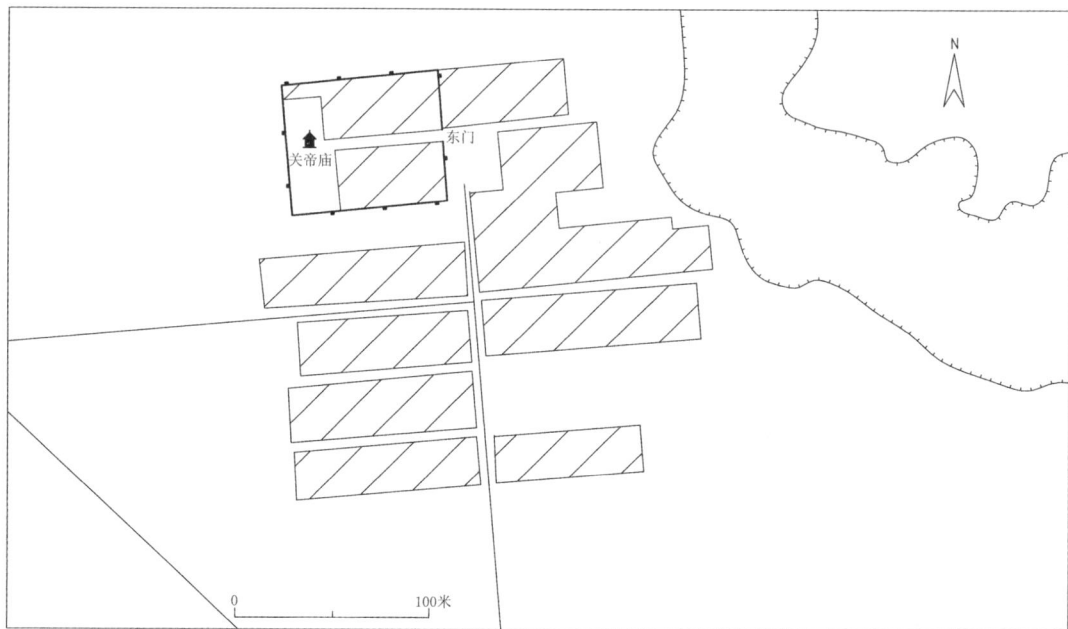

图 7.34　西上坪村古建筑分布图

二、城堡

西上平村堡,位于旧村内,城堡平面为矩形,周长约 296 米,开东门。堡内平面布局为东西主街结构。

城堡东门为砖石修建的拱券门,条石基础,上部青砖垒砌。东门已坍塌,现为缺口。门外南北两侧各设有方形的护门墩,保存较好。护门墩内侧有八字墙影壁的遗迹。东门外有一片空地,东门内为东西主街。

堡墙均为黄土夯筑。东墙长约 68 米,墙体高薄、连贯,高 3～5 米,墙体内侧为民宅,外侧为荒地。南墙长约 80 米,保存较差,仅存角台附近的一段墙体,且为基础,其余为民宅房屋所占据,墙体内侧为房屋,外侧为道路。西墙长约 69 米,保存较好,墙体高薄、连贯,高 2～5 米,西墙内侧为大面积荒地,房屋无存,墙体外侧为一条沟,沟内辟为耕地,沟西侧为台地。此沟近似护城河,可能是就地取土修建堡墙,同时开挖护城河,增加了堡墙的高度。西墙中间设有 1 座马面,马面东侧为关帝庙遗址,正对堡门。北墙长约 79 米,墙体高薄、连贯,顶部平坦,墙高 3～5 米,中间的马面已坍塌;北墙外为大沟,似护城河,沟内为耕地和荒地。

东南角未设角台,仅存转角。西南角设 135°斜出角台,保存一般,角台呈方锥形,外立面有流水冲刷形成的沟。西北角设 135°斜出角台,保存较好。东北角设 135°斜出角台,体量高大,高 7 米左右,保存一般。

堡内为一条东西向的中心街,中心街两侧为旧村的民宅,无老宅院。民宅以土旧房为主,大部分废弃、坍塌,现在堡内仅 1 户居民居住。

三、寺庙

据当地长者回忆,西上平村曾修建有多座庙宇。堡内西墙下为关帝庙(与东门相对);东墙外北侧有龙神庙;龙神庙对面为五道庙;东门外正对观音殿;堡门顶上有梓潼庙。寺庙皆于"文革"时期拆毁。

第三十七节 东 上 平 村

一、自然环境与人文历史

东上平村,位于杨庄窠乡东偏南 1.4 公里处,属丘陵区,东、西临沟,其中东侧沟涧内有沙河,向东南方汇入壶流河,地势较平坦,为黏土质,村北为杏树林,其余三面辟为耕地。1980 年前后有 558 人,耕地 2 668 亩,曾为东上平大队驻地。村名来历与西上平村相似,因居东而称东上平村。

如今,村庄规模较大,居民多,村庄的北部为旧村,南部为新村。村中尚有 500 余人居住,村民以刘姓为主。水泥路从村庄内北部穿村而过,向东过冲沟后可到南深涧村(图 7.35)。

图 7.35 东上坪村古建筑分布图

二、庄堡与寺庙

(一)东上平村堡

1. 城堡

位于旧村东部,深涧西岸,选址在村东涧沟边的台地上(彩版 7-31)。这是一片不规则的台地,旧堡依台地地形而建,东、南、北三面临沟,地势险要。城堡平面大致呈菱形(图 7.36),周长约 325 米,开西门。西门仅存北侧墙体建筑,其余部分无存,门内为东西主街。从旧堡北侧下沟,可通南深涧村。

堡墙均为黄土夯筑,保存一般,墙体高者约有 5~6 米,低者则为缺口,大部分墙体断续存在。东墙长约 83 米,保存较好,高 4~5 米,东墙北段部分坍塌。东墙外为宽阔的涧沟。南墙长约 56 米,仅存部分墙体,高 3~4 米,西段大面积坍塌。西墙长约 103 米,保存较差,高 3~4 米,墙体多坍塌。北墙长约 83 米,西半部保存较好,高 4~5 米,中间大部分坍塌。北墙外为宽阔的涧沟。堡东南、东北角,未设角台,仅为转角。西北角保存较好,高 5~6 米。

图 7.36 东上坪村堡平面图

城堡内居民于多年前从堡内彻底迁出,如今堡内为荒地,且地面不平整,有许多深坑。未见房屋遗存。

2. 寺庙

堡西北角外(今村东大队部)有 1 座龙神庙,堡南墙内侧有 1 座观音殿,堡内有 1 座五道庙。庙皆拆毁于"文革"期间。

(二) 西庄

1. 庄

西庄位于旧堡西侧,现为一片村庄。旧时修建有庄墙,已无遗迹可寻,四至、周长未知。如今一条东西向主街贯穿全村,与旧堡相通,因此推测庄内原为东西向主街结构。此外庄内还有 3 条南北向主巷,2 条巷遗存巷门,3 巷北尽头分别建关帝庙、真武庙、巷头庙。

西巷 位于东西向主街北侧,巷内无老宅院遗存,北端为关帝庙遗址。

中巷 东西主街将其分为南北两段,北段无老宅院遗存,尽头为真武庙遗址。南段巷北口,尚存巷门(老宅院 1),卷棚顶,三架梁,门上镶嵌有三枚门簪,门簪上悬挂有题写毛主席语录的匾额。大门门道宽阔,可进出车辆。巷内的路面宽阔,巷内尽头路西为老宅院2,广亮大门,硬山顶,进深三架梁,保存较好。但院内正房已毁塌。

东巷 东西主街将其分为南北两段。北段内西侧为老宅院 3,原为两进院,现为一进院,广亮门,卷棚顶,坐西面东,保存较好,院内正房面阔五间。巷内北尽头原为"巷头庙",

不知道供奉何方神圣。南段北口临东西主街尚存巷子门,即老宅院4,硬山顶,进深三架梁,巷门宽阔,可以进出车辆。门内巷子宽阔,西侧有1座西式门楼(正街33号院),应建于民国时期,门洞平顶式,其上建有曲形顶部。

正街 即东西向主街,北侧尚存老宅院5、6,皆为广亮大门,卷棚顶,保存较好。主街东端北侧有一个独立的院子,村民回忆为大队部旧址,随着村委会的新建而废弃。

2. 寺庙

据当地长者回忆,东上平村曾修建有多座庙宇。(西庄)村西端原有1座五道庙,现为新建的影壁。主街北面西侧第一个巷子(西巷)北尽头为关帝庙,庙宇建筑无存,立石碑标示。主街北西侧第二个巷子(中巷)北内尽头为真武庙。主街北西侧第三个巷子(东巷)北内尽头为"巷头庙"。庙皆拆毁于"文革"期间。

第三十八节 李 家 庄 村

一、自然环境与人文历史

李家庄村,位于杨庄窠乡东偏南4.3公里处,属丘陵区,东临冲沟,西邻深涧沙河,该深涧上游为东、南深涧村,下游即在古家疃村汇入壶流河。南北相对平坦,村庄处于两条南北向大冲沟之间的平地上,地势北高南低,为黏土质,周围辟为耕地。1980年前后有815人,耕地3 238亩,曾为李家庄大队驻地。

相传,明万历年间叫李皮庄,因始有李姓皮匠居住建村而得名,清道光二年(1822),更名为李家庄。村名可考的历史最早见于《(乾隆)蔚州志补》,作"李皮庄",《(光绪)蔚州志》沿用,《(民国)察哈尔省通志》作"李家庄"。

如今,村庄规模较大,旧村集中在村庄西南部和西部地区。村庄内新房较多,旧房较少,居民较多。当地村民以田、李姓为主,户口有800人左右,但大部分已外出打工或外迁离开。217乡道穿村而过(图7.37)。

二、城堡

(一)城防设施

李家庄村堡,位于村庄西部,城堡紧邻村西的涧沟,选址修建在涧沟边缘,其南、西侧均为沟涧,北、东侧地势平缓。城堡平面呈矩形,周长约295米,开东门,堡内平面布局为东西主街结构(图7.38)。

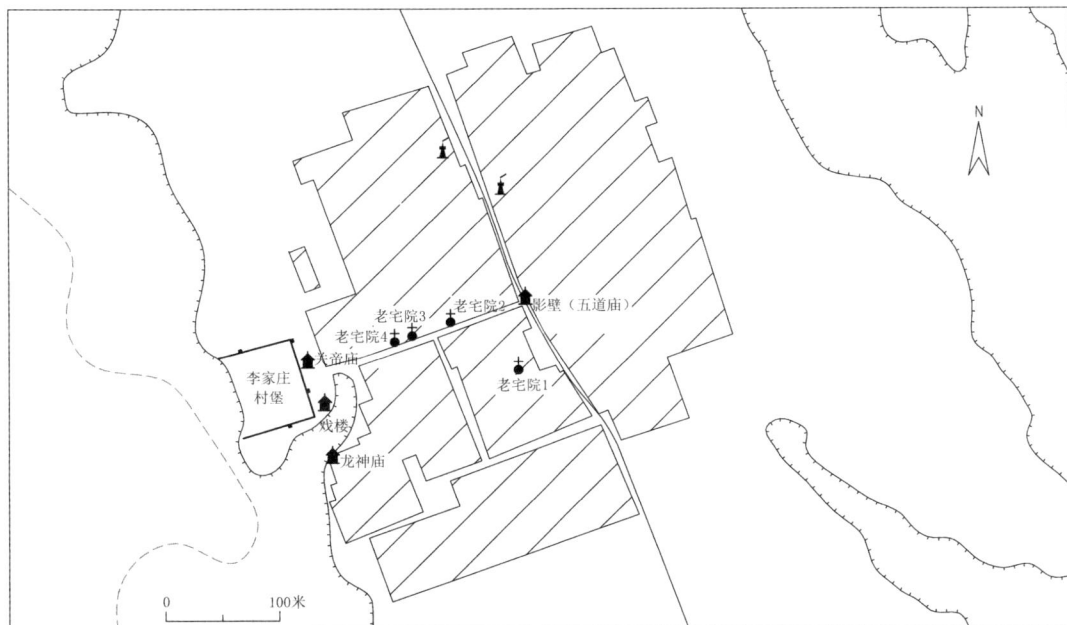

图 7.37　李家庄村古建筑分布图

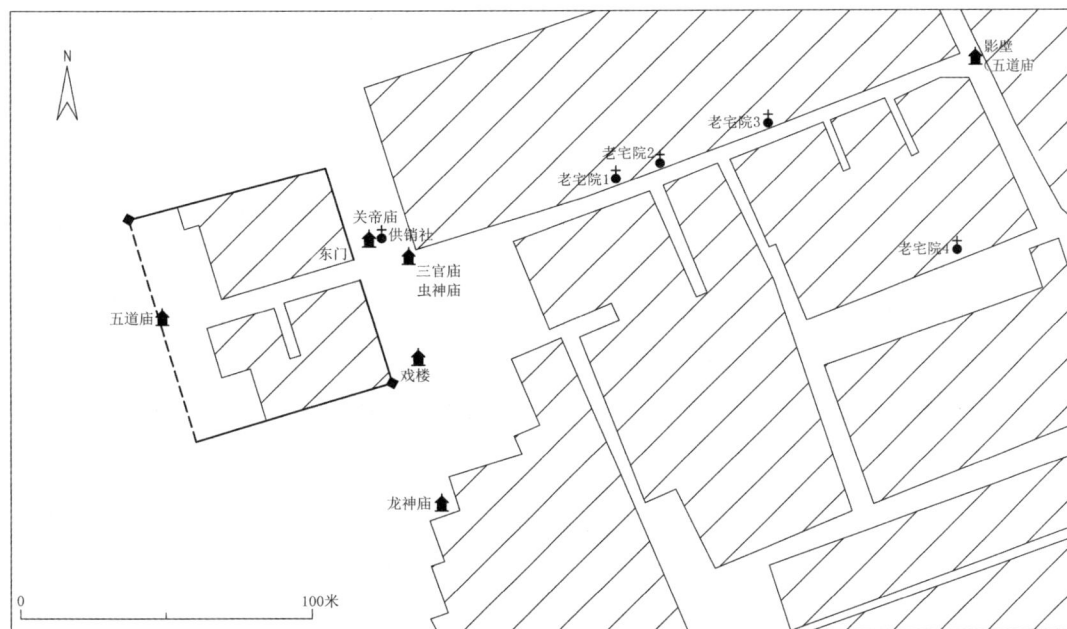

图 7.38　李家庄村堡平面图

东堡门建筑毁于"文革"期间,现为缺口,东门外南侧是一片袋状的洼地,有一条路可下到村西的冲沟里。

堡墙均为黄土夯筑。东墙长约77米,破坏严重,仅存基础部分,墙上为民宅。南墙长约68米,位于冲沟边缘,墙体多坍塌,保存较差,高3～4米,上面修建有房屋。西墙长约83米,紧邻冲沟而建,墙体保存差,仅存基础,几乎与地面持平,局部为冲沟所破坏。北墙长约67米,保存一般,墙体高厚连贯,高5～6米,墙体因坍塌而呈斜坡状,墙体外侧多为坍塌形成的积土。墙体内侧为民宅,外侧为荒地。

东南角设135°斜出角台,体量较小,保存较差。西南角无存。西北角未设角台,仅为转角。东北角设135°斜出角台,保存较差,多有坍塌。

（二）街巷与古宅院

城堡内居民较少,房屋以土旧房为主,无老宅院。东门外为一条东西向大街,即旧村主街,街北侧尚存有3座老宅院,保存均较好,皆坐北面南。老宅院4,一进院,宅门辟于西南角,广亮门,硬山顶。老宅院3,一进院,宅门辟于西南角,硬山顶,广亮门。老宅院2,一进院,宅门辟于东南角,广亮门,硬山顶。主街南侧为老宅院1,两进院,宅门辟于南墙,广亮门,硬山顶,门顶已经坍塌,门道宽阔,可以走车。前院已经废弃,房屋无存,改为停车场,二道门为随墙门,硬山顶,平顶门洞,檐下饰砖雕椽、檩、枋等。后院院内地面为砖铺地面,尚存正房与东厢房,正房原面阔五间,硬山顶,现仅存明间、东次间、东梢间,东厢房面阔三间,单坡顶。主街东端为一条南北向的大路,交汇口处修建有1座面阔单间的影壁,原为五道庙所在地。

三、寺庙

据当地长者回忆,旧时村庄曾修建有三官庙、虫神庙、财神庙、龙神庙、戏楼、关帝庙、五道庙（2座）、庙宇除尚存者外,皆拆毁于"文革"期间。

三官庙、虫神庙 位于关帝庙东侧,现已无存。

财神庙 位于堡东门外,现已无存。

龙神庙 位于东门外洼地南侧台地边缘,戏楼南侧。龙神庙现存正殿,坐北面南,面阔三间（坐二破三式）,硬山顶,进深四架梁出前檐廊。前檐下门窗无存,仅存框架,殿内堆满杂物,主要是寿材,殿内因改建为学校,内壁下半部涂抹白灰与黑漆,幸而吊顶之上的壁画尚存,两侧山尖绘画基本保存,顶部脊檩上彩绘《八卦图》,保存较好。从颜色推测,壁画为清末民初时期的作品。

正壁被火熏过,画面已呈黑色,正中为龙母,两侧明间部分各有2位龙王,次间尚被白灰覆盖。左侧上部可见5位行雨之神,右侧上部亦可见行雨之神。

东壁为《出宫行雨图》,仅一半画面可见,好在大多神像都在上半部。行雨阵形中,打头阵的是雷公、电母、钉耙神、风婆、风伯;此后的上部是四位功曹一字排开,下部是1位龙王与未知神;跟在其后的有手持葫芦与宝剑的神与另1位手持宝瓶的神(未知);其下方有2位青苗神、旗官、商羊,后随2位虹童;在其上方是判官手捧圣旨;左下角露出一角屋檐,这应是水晶宫。

西壁为《雨毕回宫图》,保存比东壁稍差。右上角为策马飞奔的传旨官,手捧玉旨待交回,隐约从右上角露出一只玉帝的手;右下方露出水晶宫檐顶一角,水晶宫主体已在黑板之下;水晶宫前有一面令旗,后面跟着2位功曹、钉耙神、雷公,风伯在其前,还有1位未知神;雷公后面是四目神、2位虹童,四目神下方有电母与风婆闭目于水车中;下面一排便是列队的龙王,后面跟随2位功曹。画的左侧,一条巨龙被束缚。

正殿两侧的耳房仅存东耳房。寺庙曾被圈于学校内改为教室,如今学校并至古家疃村,此院改作幼儿园,主要接收3~4岁的孩子,老师仅一名,田姓。

戏楼 清代建筑,位于关帝庙南侧的洼地正中,戏楼南面的坡上为龙神庙,正对戏楼,戏楼北面即是城堡东门外北侧的关帝庙(彩版7-32)。戏楼选址位置较低,袋状洼地的西南有一个豁口通向西侧的深沟中,从沟中这条路攀上大沟对岸后,向北可去4个"深涧"村,向南可达北梁庄村。旧时在关帝庙和戏楼之间有台阶连通,"文革"时期拆毁。

戏楼保存较好,坐南面北,面阔三间,卷棚顶,进深五架梁,砖砌台明高0.8米。前檐柱4根,柱下石鼓柱础外雕狮子头。戏楼两侧置八字影壁墙,东侧八字墙尚存,西侧坍塌。后台西墙开设1座小门,后墙中上部开1方形窗户。戏楼内梁架上彩绘多已脱落,隔扇无存,戏楼内堆满柴草。前台两侧山墙尚存清末民初时期的壁画,其中可见宫殿建筑。后台后墙绘"麒麟望日"壁画。题壁有"大清光绪三十二年三月十九日""宣化府蔚州城东乡人""民国三十八年五月初三宋家小庄元宵班在此演戏,三期酬谢神鬼风调雨顺,国泰民安,各干部情愿是日叩千"等字样(彩版7-33)。戏楼前面为一片较缓的坡地,垃圾遍地,原建供村民观戏的看台,与今日剧场之座位类似。

戏楼起到了影壁的作用。当地村民认为戏楼处于风水学的关键位置,护佑着村庄,倘若不是戏楼挡住了来自冲沟里的风,那么整个村堡的风水就会变差。如果戏楼被拆,失去了保护,村庄风水也会江河日下,这或许就是当年戏楼能幸存的原因。

关帝庙 位于城堡东门外北侧,原布局为从洼地设台阶而上,台地边缘设山门,两侧为钟鼓亭,北为正殿,如今台阶、钟鼓亭与正殿已拆除,正殿原址处建起1座五间的供销社。

五道庙 现存2座,1座位于堡外东西街东端影壁处,庙宇坐东面西,正对主街,建筑无存,仅存供桌石构件。1座位于堡内东西向主街西端,西墙墙下,坐西面东,正对东堡门。

第三十九节　古家疃村

一、自然环境与人文历史

古家疃村,位于杨庄窠乡东南 5.5 公里处,属丘陵区,选址于壶流河川北侧二级台地上,西邻沙河。该沙河上游为东、北深涧村,南靠裕民渠、壶流河水道,北靠壶流河北岸台地,地势较平坦,为黏土质,辟为耕地。1980 年前后有 1 547 人,耕地 3 765 亩,曾为古家疃大队驻地。

相传,约一千年前建村,因古姓居住,故取名古家疃。村名可考的历史最早见于《(正德)宣府镇志》,作"古家町砦",《(嘉靖)宣府镇志》,作"古家",《(崇祯)蔚州志》作"古家疃堡",《(顺治)蔚州志》沿用,《(乾隆)蔚县志》作"古家疃",《(乾隆)蔚州志补》《(光绪)蔚州志》《(民国)察哈尔省通志》沿用。

如今村庄规模较大,215、217 乡道穿村而过。村庄分为两部分,北面为新村,南面为旧村,新旧村之间有大片的空地。新村规模大,民宅分布整齐划一,共 4 条南北向主街。旧村可分为两片,一片是东侧的旧堡,一片是西庄。村民旧以古姓为主,但早已搬迁,现村民以李、韩姓为主,全村户口约有 1 600 余人。据说村中的韩姓是从山西洪洞大槐树迁于此的。此外,村内马姓居民尚有家谱(图 7.39)。

二、庄堡与寺庙

(一)古家疃村堡

1. 城堡

古家疃村堡,位于整个村庄的东南部,旧村的东北侧,选址建于平川之上。城堡平面呈矩形,略向东南偏,开设南、东门,堡门建筑无存。堡内平面布局未知(图 7.40)。

堡墙均为黄土夯筑,损毁严重,保存差但夯层清晰,两层之间有一层沙土层。东墙长约 153 米,保存较差,墙体低厚、断续,大部分仅存坍塌后的基础,墙高 1～4 米。南墙、西墙无存。北墙仅存长 10 余米的一段墙体,墙体外为耕地。东南角未设角台,仅为转角,高 3～4 米。东北角设 90°直出角台,保存一般,高 7～8 米。

堡内为大面积耕地,只有几座新建的房屋,老宅院无存。堡北侧为新村,位于山坡下,规模较大,全部是新建的房屋。

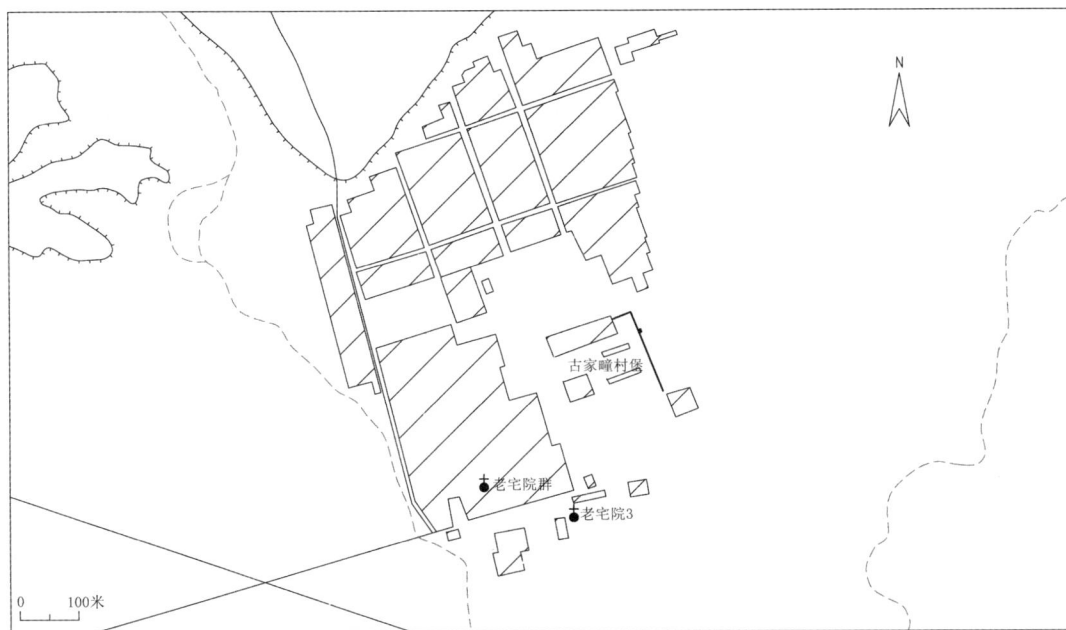

图 7.39　古家疃村古建筑分布图

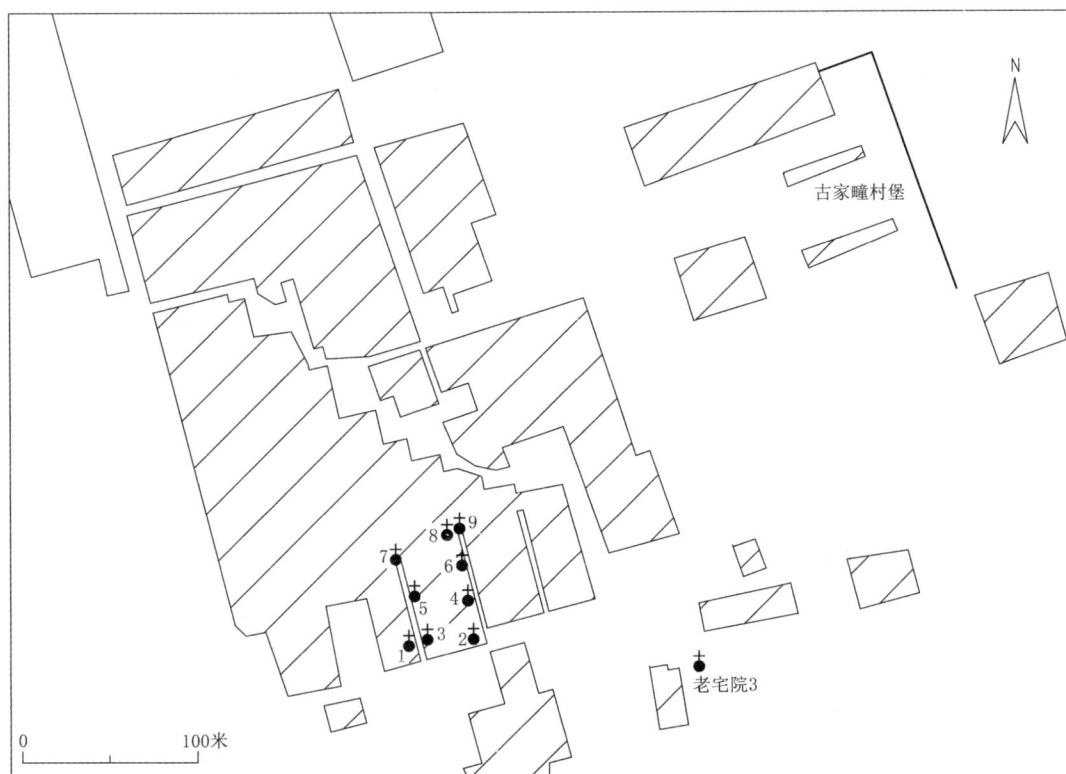

图 7.40　古家疃村堡平面图

1. 近代大门　2. 供销社　3. 319 号院　4. 320 号院　5. 318 号院　6. 老宅院 1
7. 321 号院　8. 316 号院　9. 老宅院 2

2. 寺庙

据当地 72 岁的韩姓长者回忆,村中曾修建有多座庙宇,大部分位于旧堡附近。村东北有关帝庙,对面有 1 座戏楼;村东有龙神庙;村东南为五道庙;真武庙在北墙上。此外,堡北新村的北坡地上还有 1 座风雨庙,仅存台明,殿内供奉关帝,此种情况尚属首次。上述庙宇皆拆毁于 20 世纪 60 年代初。

（二）西庄

西庄位于整个村庄的西南部,旧村的西侧。庄墙、庄门无存,旧时四至、周长、格局未知。如今一条东西主干道贯穿,将西庄分成南、北两片区。主道南侧旧宅多已塌毁,只存东侧 1 座面阔三间的正房,且残存一间。遗存的旧宅院分布于主街北侧,地名为"西庄北"。

供销社 位于主街北侧偏西,店面临街,近代建筑,保存较好,正面写有"以粮为纲全面发展",东侧有"人民公社好"的水泥标语。供销社现已改造成民宅。在供销社的北面有许多老宅院,分为 2 条南北向街道,供销社东、西侧各有 1 条街道,每条街道均有老宅院。

供销社西侧的街道里共有 4 座老宅院,其中 3 座尚有门牌号。

西庄北 319 号院 一进院,老宅院的砖构部分已经重修,门扇为旧存。

西庄北 320 号院 一进院,院西南角辟门,随墙门,平顶门洞,坐东面西,院内铺砖,尚存硬山顶正房五间、单坡顶东厢房三间,正房明间门扇饰木雕,门扇上部饰"花开富贵"图案,门扇两侧各饰一幅,其中,东侧有"琴、书",西侧有"棋、画"。320 号院南侧尚有一院,仅正房尚存,其西侧门已被封堵。

西庄北 321 号院 原为两进院,现为一进院,院西南角辟门,坐北面南,广亮门,卷棚顶,门洞宽敞,可进出车辆,大门内两侧的墙壁上保存有毛主席语录,院内面积较大,显得十分空阔,北侧的正房面阔七间,硬山顶。

供销社东侧的街道里共有 4 座老宅院,其中有 2 处尚存有门牌号。

西庄北 318 号院 一进院,广亮门,硬山顶,坐西面东,两侧山墙墙皮已脱落,楣板上残存有绘画,但已漫漶。

老宅院 1 一进院 位于 318 号院北侧,仅存门楼,脊顶已坍塌,仅存两侧山墙,院内荒芜。

西庄北 316 号院 一进院,随墙门,硬山顶,坐西面东,门前用土坯砌 1 座墙代替影壁。院内尚存五间硬山顶正房、三间单坡顶东厢房,保存较好。

老宅院 2 位于 316 号院西侧,一进院,广亮门,卷棚顶,坐东面西,院内荒废。

第四十节　北梁庄村

一、自然环境与人文历史

北梁庄村位于杨庄窠乡东南 4.7 公里处,属丘陵区,村庄选址在壶流河川内北部平地上,东、西有沙河,为壶流河支流,南临壶流河水道,北靠河川北岸台地,地势西北高东南低,为黏土质,周围辟为耕地。1980 年前后有 382 人,耕地 970 亩,曾为北梁庄大队驻地。

相传,明万历年间建村,因村北有一道梁,为与南梁庄区别,而取名北梁庄。村名可考的历史最早见于《(正德)宣府镇志》,作"梁家庄堡",《(嘉靖)宣府镇志》,作"梁家",《(崇祯)蔚州志》《(顺治)云中郡志》《(顺治)蔚州志》均作"梁家庄堡",《(乾隆)蔚县志》作"梁家庄",《(光绪)蔚州志》作"北梁家庄",《(民国)察哈尔省通志》作"北梁庄"。

如今,215 乡道水泥路穿村而过,向东延伸到古家疃村。北梁庄村曾分为两片区,一片为旧堡所在地,一片在旧堡西南的庄子,当地村民称为"堡里"与"庄上",同属一个大队,分属两个小队。20 余年前,旧堡内村民开始陆续外迁至庄上,因两部分间隔较远,合并成一个大队后便于管理。10 年前旧堡内村民全部迁出,旧堡彻底废弃,如今堡内成为一片杏树林。庄(上)规模较小,由南北 3 条主街和东西 2 条主街组成,皆为新建的房屋,老宅较少,居民较少。村庄现有 300 余人,旧时以何、李两姓为主,其中堡里何姓为主,庄上李姓为主。现在村民以李姓为主,何姓居民仅剩 2 户(图 7.41)。

二、庄堡与寺庙

(一)北梁庄村堡

1. 城堡

北梁庄村堡　位于新村东北方,铁路的北侧,城堡选址在一处台地上,周围地势较高,城堡平面呈不规则形,周长约 460 米,其中北墙和西墙较直,南墙、东墙不规则,城堡开南门。堡内平面布局未知。

城堡南门居南墙中,所在位置内凹,南门现存为缺口,堡门建筑无存。门外尚存 1 座护门墩,呈矩形,保存较好。

堡墙均为黄土夯筑。东墙长约 46 米,仅存基础,墙外为新建的养鸡场。南墙长约 179 米,保存一般,墙体外高 3～4 米,内高 1～4 米。西墙长约 87 米,保存较差,夯土里有许多石子。北墙长约 148 米,保存相对较好,外侧高 4～5 米,墙体高薄,墙外为台地荒地。

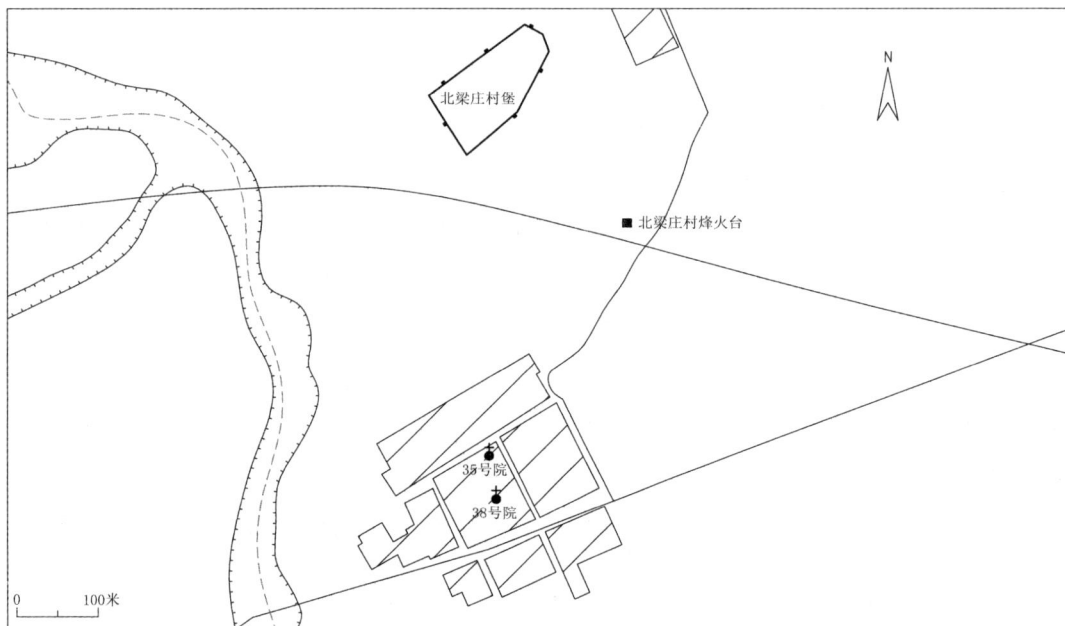

图 7.41　北梁庄村古建筑分布图

堡内为果园,未见房屋遗址,推测开辟果园时被铲毁。

北梁庄村烽火台　位于新、旧村之间的铁路路边,平面呈矩形,残高约 3 米。南面保存较好,北面坍塌,东西面各坍塌一半。烽火台的北侧土坡上即为北梁庄村堡。

2. 寺庙

据当地贾姓长者回忆,村内原修建有多座庙宇,皆位于旧堡外。堡内未建寺庙。旧堡东墙外养鸡场南侧为关帝庙,边上为龙神庙、观音庙,其中龙神庙有石碑。堡西北有五道庙,北墙上为真武庙。上述寺庙皆毁于"文革"期间。

(二)庄上

庄上即今村庄,规模较小,由 3 条南北主街和 2 条东西主街组成。村庄北侧东西主街的东端路北有大队部旧址,现已废弃。

庄上民宅多为新建的瓦房,老宅院仅存村中街西侧的 2 座民国时期修建的老门楼,分别是新建街 38 号院、35 号院。新建街 38 号院已废弃,仅存正房与孤零零的门楼,门楼为随墙门,平顶门洞,硬山顶。新建街 35 号院尚有人居住,门楼为广亮门,卷棚顶,门洞宽敞,可以进出车辆。

第四十一节　下平油村

一、自然环境与人文历史

下平油村位于杨庄窠乡东南偏南 4.4 公里处,属半丘陵、半河川区,村庄选址在壶流河川内北侧,村北依河川北岸台地,北侧冲沟纵横,村南临壶流河,村西临沙河,该沙河上游为连寨场、陡涧子、麦子坡一线。地势西北高东南低,为黏土质,周围辟为耕地。1980 年前后有 1 149 人,耕地 4 383 亩,曾为下平油大队驻地。

相传,约九百多年前建村。因位于坡梁下,土地较平坦肥沃,故取名下平油。村名可考的历史最早见于《(顺治)蔚州志》,作"平由堡",《(乾隆)蔚州志补》作"下平油",《(光绪)蔚州志》《(民国)察哈尔省通志》沿用。

如今,215、229 乡道从村庄南部穿过。新村、村委会在大路北侧,民宅以新房为主,旧村位于村庄西北山坡上,地势较高。民宅以土旧房为主,多废弃、坍塌,尚存者较少,老宅院亦少。村中居民以吴、田两姓为主。明清时村庄有制笔业的手工作坊,改革开放后停业(图 7.42)。

图 7.42　下平油村古建筑分布图

二、城堡

据《(民国)察哈尔省通志》记载："下平油堡,在县城东北十五里,土筑,高一丈,底厚五尺,面积三亩六分,有门二,现尚完整。"[1]下平油村堡今位于村庄西北部的台地上,为村庄的制高点,堡随台地地形而建,西、北侧多冲沟,平面呈不规则状,周长约612米(图7.43)。当地长者回忆,城堡开2座东门,从位置上看,我们推测1座东门应位于堡内北侧的五道庙前的东西向大街上,另1座在东南角附近,正对西墙内侧的五道庙,这样较合理。堡内平面布局为丁字街结构。

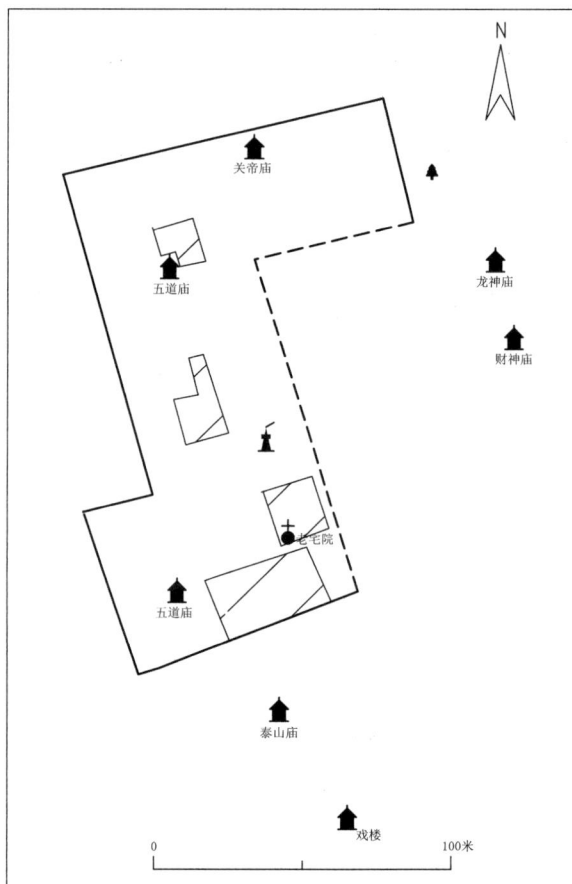

图7.43　下平油村堡平面图

堡墙均为黄土夯筑。东墙位于台地边缘,随地形由南向北逐渐向东曲折而行,墙体长约223米,大部分墙体仅存基础,尚存一段约3米高的墙体。南墙长约76米,仅存西南角

---

〔1〕　宋哲元:《(民国)察哈尔省通志》,国家图书馆藏1935年铅印本,第6~14页。

内五道庙附近的一段墙体,其余无存。西墙长约199米,保存较差,大部分的墙体仅存基础部分,少量高出地面的墙体断断续续,高2～3米左右,且西墙不直,随地形而有曲折。西南角内五道庙附近为大片荒地。北墙长约114米,高薄、连贯,高3～5米左右,墙体紧邻沟涧边缘,墙体外侧为冲沟,沟内修有水渠。内侧为倚墙修建的民宅,但是多废弃、坍塌,形成荒地。北墙中部设有1座马面,马面顶部修建有玉皇阁。

东南角无存。西南角未设角台,因地形而建成为弧形转角。西北角未设角台,仅存转角。东北角未设角台,仅为转角。东北角外长有1株柳树,不远处有1座水泥桥,横跨水渠。

据当地长者回忆,城堡废弃于20世纪80年代。如今,堡内居民较少,仅几户居民居住,老宅院较少。老宅院1位于泰山庙北,手机信号塔南侧下方,一进四合院布局,广亮门,硬山顶,宅门辟于院子西南角,坐北面南,保存较好。

三、寺庙

据当地长者回忆,下平油村曾修建有多座寺庙。目前遗存的有泰山庙、戏楼、五道庙(2座)、关帝庙、财神庙、龙神庙(彩版7-34)。已经塌毁或拆毁的有玉皇阁、三官庙。

玉皇阁　位于北墙马面上,现已无存。

三官庙　位于龙神庙西侧,现已无存。

泰山庙　位于下平油村北丘陵的高台地上,堡南墙外坡地上,紧邻南墙。东、南坡下为民宅,西临沟谷,高出河谷村落约20余米。寺庙为一进庙院,曾被学校占用,前后殿内装饰、布局遭到一定破坏。整座庙院坐北面南,四周围墙已塌毁,仅存前殿、后殿与几间耳房,前殿(阎王殿)、后殿(正殿)分布在一条南北向中轴线上。庙前坡下40米处正对戏楼。

前殿(阎王殿),过殿式山门,坐北面南,面阔三间,硬山顶,进深五架梁出前檐廊,五架梁上承三架梁。前殿主体结构尚存,但前檐下门窗已毁,后墙正中被辟一方形窗。前檐额枋上残存有彩绘,从颜色上看,应为清末民国时期所绘。殿内地面为方砖地面,殿内壁曾抹过草拌泥和白灰浆,白灰浆下露出残画,但已漫漶不清,亦清末民国期间作品。殿内梁架上没有彩绘和《八卦图》。前殿西侧残四间耳房。

后殿,坐北面南,面阔三间,硬山顶,进深五架梁。正殿台明较高,高1.3米,外立面砖包,顶部边缘铺石板或石碑。台明三个方向均设有台阶踏步,正殿脊顶椽长较长,梁架也比其他的要长得多。后殿主体结构尚存,但前檐下门窗已毁,前檐额枋上有残存的彩绘,为清末民初时的作品。殿内为砖铺地面,殿内梁架北侧已经倾斜,后墙明间墙体塌毁。殿内壁曾抹过白灰浆,且墙皮部分脱落,壁画全毁。东墙上还有"文革"时期遗留的"赛诗台"题记。后殿东、西两侧各有两间耳房残存,皆为三架梁,硬山顶。西耳房的后墙已经坍塌。

东西配殿均无存，仅存基础。

正殿的东侧有旁门。正殿所在院子的地面亦为砖铺地面，但是废弃后杂草丛生。院子内南侧有一个坍塌的大坑，应是下雨渗漏坍塌所致。

戏楼　位于整个村庄西北角的旧村内，泰山庙南面的下一级台地上，保存较好，坐南面北，面阔三间，六檩卷棚顶，高7米，面积73平方米。整体保存较好，台明外包青砖，顶部四周边缘铺石板或石碑，基础南面有2个排水孔。戏楼正面为木板所封堵，改造为杂物间。戏楼前檐额枋上有残存的彩绘，下檩、枋、垫木、雀替等保存完好，尚存精美的木雕装饰，雕有文房四宝、动物花草。戏楼内前台两壁尚存壁画，各绘有六条屏风画，屏风两侧各立一戏中的人物。两侧的六条屏风画，中间四幅皆是山水中活动的人物，以典故为主线，两侧的画是花草映衬。屏风两侧的戏中人物，估计是"生、旦、净、丑"四角。隔扇及门窗等保存近乎完好，隔扇上部共8块走马板，中间4块，两侧各2块，板上彩绘绘画亦保存较好。走马板上的两根柱头横梁也施有彩绘，色彩以蓝色基调为主体。由此可知，戏楼内的彩绘和壁画皆为清末民国时期所绘。后台南墙上开有两扇圆形窗户。后台墙壁上残存有题壁，如"中华民国十贰年"的"易州义顺和班""中华民国三十二年"等字样，未见清咸丰或至光绪年间的题字。

五道庙　2座，1座位于堡内西南角，保存较好，坐西面东，面阔单间，单坡顶，进深二椽。门窗全无，前檐额枋上有残存有彩绘，后墙下部已塌，西墙的下半部无存而悬空，殿内壁曾抹过白灰浆。残存的后墙上部还有壁画，可见五位主神与几位侍童。两侧山墙内壁画绘有宫殿等建筑。从色彩看，为清末民初时期所绘。五道庙前立有1根残经幢，残缺部分不足半米高，经幢上刻有两种文字，一种为汉文，另一种无法辨认。另1座位于堡内北部中心街口，已无存，仅存石供台。

关帝庙　位于城堡北墙内侧，地势较高，原为1座独立的庙院，但山门和院墙无存，仅存正殿。正殿坐北面南，面阔单间，硬山顶，进深六架梁出前檐廊。山墙饰有砖雕悬鱼垂花柱。今已改建为库房，殿内堆满柴草。殿内曾抹过白灰浆，白灰浆下露出残存的壁画，从颜色上看为民国时期的作品。殿内顶部脊檩上彩绘有八卦图案。

财神庙　位于堡东墙北段外的一片台地上，坐落于龙神庙下方，与龙神庙一起，组成一组建筑群。正殿坐北面南，面阔单间，硬山顶，进深四架梁出前檐廊。主体结构保存较好，前檐额枋上有残存的彩绘，前檐下门窗已毁。殿内壁曾贴过一层报纸，并在报纸上再抹一层厚厚的白灰浆，报纸的年代为1964～1967年。白灰浆脱落后，露出了壁画，壁画绘制于清末民初时期，北墙壁画无存，东西两侧壁画为诸路财神。西侧画面上残存一个"东路"榜题，其内容应是五路财神招财与进宝。财神庙西侧有一道砖砌台阶，连接上层的龙神庙。

龙神庙 清代建筑,位于堡东墙北段外侧的一片台地上,坐落于财神庙之上。为1座独立的庙院。龙神庙院墙为土坯墙,多有坍塌,院内长有一株槐树。山门保存较好,随墙门,平顶门洞。山门两侧各建1座房屋,坐北面南,面阔两间,卷棚顶。

院内正殿坐落于台明上,台明较低矮,外立面砖包,正殿面阔三间,硬山顶,进深六架梁出前檐廊。前廊西墙下有面然大士龛。前檐脊顶已坍塌三分之二,西山墙外包砖坍塌三分之一,露出里面的土坯墙心。门窗全无,仅存框架。殿内北墙墙下设有供台,保存较好,顶部脊檩上有彩绘《八卦图》,殿内壁曾抹过白灰浆,墙皮脱落严重,残存部分尚可见壁画。正壁,正中绘龙母,两侧为五龙王与雨师;东壁仍可见雷公、电母、四眼神、钉耙神等;西壁毁损严重。

正殿两侧建有东、西配殿,东配殿已坍塌,西配殿残存,为单间单坡顶。此外,在龙神庙院外西侧,一片倒塌的基址,当地村民称这里曾是1座三官庙。

第四十二节　其他村庄

一、窑道庄村

窑道庄村在《蔚县地名资料汇编》中并未收录记载,蔚县历代方志中亦未见记载。村庄10年前便已无人居住,彻底废弃,房屋坍塌殆尽,村民大部分搬迁至白草窑居住。

二、尹家沟村

尹家沟村在《蔚县地名资料汇编》中并未收录记载,村名可考的历史最早见于《(民国)察哈尔省通志》,作"尹家沟"。如今,村庄已无人居住,彻底废弃,房屋坍塌殆尽,村民大部分搬迁至白草窑居住。

三、小南庄村

小南庄村在《蔚县地名资料汇编》中并未收录记载,蔚县历代方志中亦未见记载。村庄已无人居住,彻底废弃,房屋坍塌殆尽,一片断壁残垣。

四、上水峪村

上水峪村位于原白草窑乡(今属杨庄窠乡)东北偏北4公里处,属浅山区,居于北高南低的黄土坡上,为沙土质。1980年前后村庄尚有66人,耕地555亩。曾为上水峪大队驻地。

相传，清康熙十年，几户刘姓在这里定居。因建村于下水峪村北，故取名上水峪。村名可考的历史最早见于《（光绪）蔚州志》，作"上下水峪"。

如今，村庄已无人居住，彻底废弃，房屋坍塌殆尽。

五、黄沟村

黄沟村位于原白草窑乡（今属杨庄窠乡）西偏南3公里处，属丘陵区，处一北山坡上，为沙土质，全村分散居于沙河南、沟西。1980年代前村庄有180人，耕地800亩，曾为黄沟大队驻地。

相传，约三百年前，由几户黄姓人建村于山沟里，取名黄家沟。1964年更名为黄沟。村名可考的历史最早见于《（乾隆）蔚州志补》，作"黄家沟"，《（民国）察哈尔省通志》沿用。

黄沟村曾为行政村，规模较大，村庄依坡而建，四周沟壑林立，2007、2008年前后，黄沟村因煤矿开发而搬迁。如今，村庄已无人居住，彻底废弃，房屋坍塌殆尽。村中曾有窑神庙，亦无存。

第八章 南 岭 庄 乡

第一节 概 述

南岭庄乡地处蔚县北部,东南与西合营镇,西南、西北与杨庄窠乡接壤,北与陈家洼乡交界,面积 70.7 平方公里,1980 年前后有 14 019 人。如今全乡共 24 座村庄,其中行政村18 座,自然村 6 座(图 8.1)。

全乡地形为丘陵,西高东低,西北部靠山,东南部接川。境内沟壑纵横,土质瘠薄,水源缺少。经济以农业为主,兼牧、工副业。全乡有耕地 67 667 亩,占总面积的 63.8%。其中,粮食作物 60 279 亩,占耕地面积的 89%;经济作物 5 443 亩,占耕地面积的 8%。主要粮食作物有谷、黍、玉米。1948 年粮食总产 805.6 万斤,平均亩产 98 斤,1980 年总产885.7 万斤,平均亩产 147 斤。

南岭庄乡现存古建筑丰富。历史上庄堡 33 座,现存 29 座;观音殿 20 座,现存 5 座;龙神庙 26 座,现存 6 座;关帝庙 19 座,现存 6 座;真武庙 14 座,现存 1 座;戏楼 18 座,现存6 座;五道庙 37 座,无存;马神庙 5 座,现存 2 座;三官庙 4 座,无存;阎王殿 2 座,无存;泰山庙 6 座,现存 2 座;玉皇庙 2 座,无存;文昌殿 1 座,无存;梓潼庙 2 座,无存;罗汉庙 1 座,无存;财神庙 3 座,无存;老君观 1 座,无存;佛殿 2 座,无存;河神庙 1 座,无存;地藏寺 1 座,无存;井龙王 2 座,现存 2 座;药王庙 1 座,无存;其他寺庙 7 座,现存 1 座。

第二节 新 水 峪 村

一、自然环境与人文历史

新水峪村位于蔚州古城东北偏北 18.5 公里处,属丘陵区,地势平坦,为黏土质,辟为耕地。1980 年前后有 274 人,耕地 1 148 亩,曾为南岭庄公社及新水峪大队驻地。

图 8.1　南岭庄乡全图

　　该村为移民新村,1977 年因修建下水峪水库,下水峪村居民迁此地建村,上水峪村村民也因交通不便而陆续迁出至此地居住。1978 年南岭庄公社驻地亦迁此地,随后陆续有村民迁出。1982 年 5 月,更名为新水峪。如今,村庄规模较小,仅 10 排房屋,村内有 1 条东西主街和 3 条南北街,152 乡道从村西、南边缘经过,村东不远处为 S210 张石高速。村中有居民 400 余人,当地姓名较杂,以李、赵、任居多,每年清明节,当地人返回下水峪村祭祖。目前,上水峪旧村仅 1 户放羊人居住,原居民分散各地。

　　新水峪村在蔚县各版本方志中均失载。

二、寺庙

　　据当地长者回忆,下水峪村曾修建有关帝庙、真武庙、五道庙、龙神庙、泰山庙,未修建戏楼和城堡,寺庙在村庄搬迁时拆毁殆尽。上水峪村未修建寺庙。

第三节　北杨小庄村

一、自然环境与人文历史

北杨小庄(现称"杨庄")位于南岭庄乡西偏南 1.4 公里处,属丘陵区,地势平坦,为黏土质,辟为耕地。1980 年前后有 267 人,耕地 1 426 亩,曾为北杨小庄大队驻地。如今,村庄规模不大,分为新、旧两部分。旧村在西部,为城堡所在地。新村在东部。目前有 280 户,200 余人,村民姓氏较杂,无杨姓居民。旧时村民均在堡内居住,20 世纪 70 年代搬出堡外,目前堡内仅剩 10 余户居民(图 8.2)。

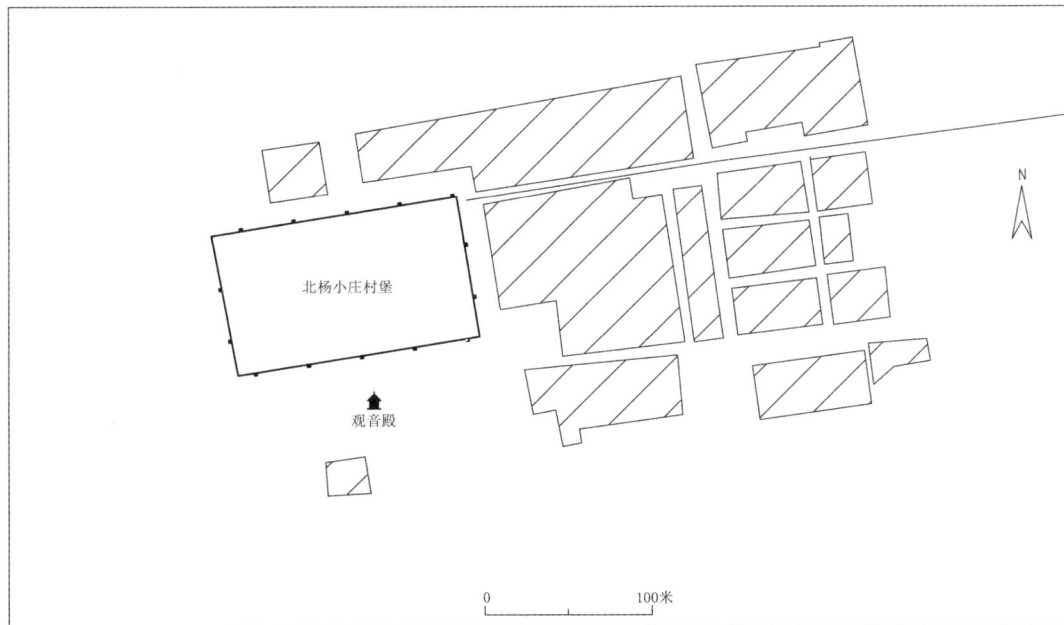

图 8.2　杨庄村古建筑分布图

相传,二百多年前杨姓在此建村,取名杨家小庄,后称杨庄。1982 年 5 月更名为北杨小庄。村名可考的历史最早见于《(乾隆)蔚县志》,作"北杨家小庄",《(光绪)蔚州志》沿用,《(民国)察哈尔省通志》作"杨家小庄"。

二、城堡

北杨小庄村堡,位于旧村中。城堡平面呈矩形,周长约 471 米,堡内平面布局为丁字街结构。

城堡开南门,南门建筑于1966～1967年拆毁,原为石砌拱券门,现为缺口,仅存少部分墙体,门内为南北主街结构(图8.3)。

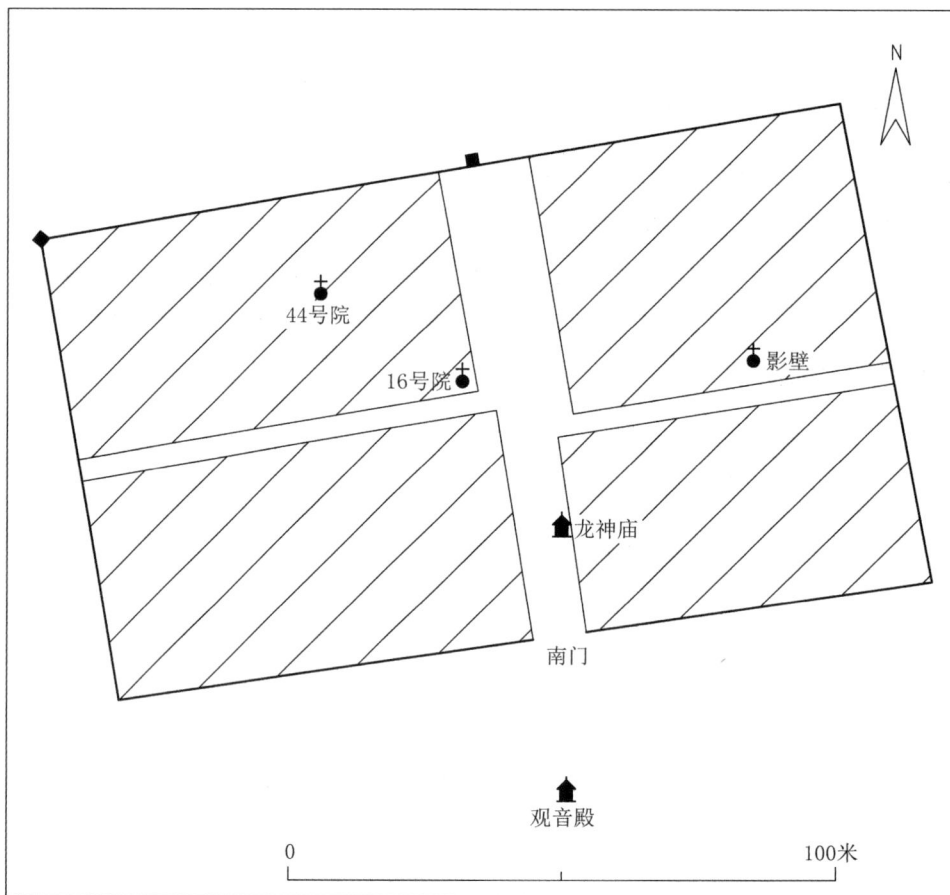

图8.3 杨庄村堡平面图

堡墙均为黄土夯筑,系年久失修,自然坍塌。东墙长约87米,保存较差,墙体仅存2～3米高的基础,上面修建房屋,外侧为冲沟。南墙长约149米,保存较差,南墙东段仅存2～3米高的基础,墙体内、外均为道路;南墙西段为高1米的基础,墙体内侧为道路和房屋,墙体外侧为道路。西墙长约86米,现存多为基础,墙体高2米,保存较差。上面修建房屋院墙,墙体外侧为荒地和道路,内侧为房屋。北墙长约149米,保存较差。北墙西段墙体多坍塌为斜坡状,高2～3米,墙体内侧为民宅,外侧为道路;北墙东段保存较差,高1～2米,墙体多坍塌成斜坡状,内侧为民宅,外侧为道路。北墙中部设有1马面,高4米,方形,体量大。

东南角仅为转角,高2~3米。西南角仅为转角,高2米。西北角设135°斜出角台,保存差,高3米。东北角无存,现为房屋占据。

堡内居民少,老宅院较少。丁字街的西街有2座民国时期老宅院,即16号院、44号院。16号院原为两进院,现已打通,广亮门楼,后院正房、东厢房尚存,正房面阔五间。44号院,原为前后院格局,现前院坍塌无存,仅存二道门及后院,二道门为随墙门,硬山顶,院内正房面阔五间。丁字街东街仅存1座影壁,其余均为新建房屋。

三、寺庙

当地长者回忆,旧时城堡内外曾修建有真武庙、关帝庙、五道庙、观音殿、龙神庙,1966~1967年将大部分庙宇拆除。

真武庙 位于北墙马面上,现已无存。

关帝庙 位于主街西侧,现已无存。

五道庙 位于堡外东侧,现已无存。

观音殿 位于南门外,庙台较高。如今仅存正殿,正殿坐南面北,面阔单间,硬山顶,进深五架梁出前檐廊,门窗无存,现为土坯封堵,前檐额枋残存有民国时期的彩绘,殿内墙壁上有民国时期的壁画以及悬塑,保存较差,顶部脊檩彩绘《八卦图》。

龙神庙 位于堡内南北主街东侧。正殿坐北面南,面阔单间,硬山顶,进深五架梁出前檐廊,门窗无存,现为土坯封堵。殿内已改造,堆放杂物,墙壁表面涂刷白灰浆,壁画已毁。顶部脊檩彩绘《八卦图》。

第四节 南岭庄村

一、自然环境与人文历史

南岭庄村位于南岭庄乡西偏北3.3公里处,属丘陵区,地势平坦,周围为黏土质,辟为耕地。1980年前后有1231人,耕地5842亩,曾为南岭庄大队驻地。如今,南岭庄村规模大,曾为南岭庄乡政府所在地,现乡政府搬迁至新水峪村。村庄南北狭长,居民多,南部为新村,旧村在中西北部,152乡道从村南边缘经过。当地居民以王、高姓为主,目前有1400余人居住(图8.4)。

相传,辽应历年间,李氏于南北两地同时相邻建村,统称李邻庄,之后分为两村,居南者取名南李邻庄,1968年更名为南岭庄。村名可考的历史最早见于《(崇祯)蔚州志》,作

"李邻庄堡",《(顺治)云中郡志》沿用,《(乾隆)蔚州志补》作"李邻庄",《(光绪)蔚州志》沿用,《(民国)察哈尔省通志》作"南李邻庄"。

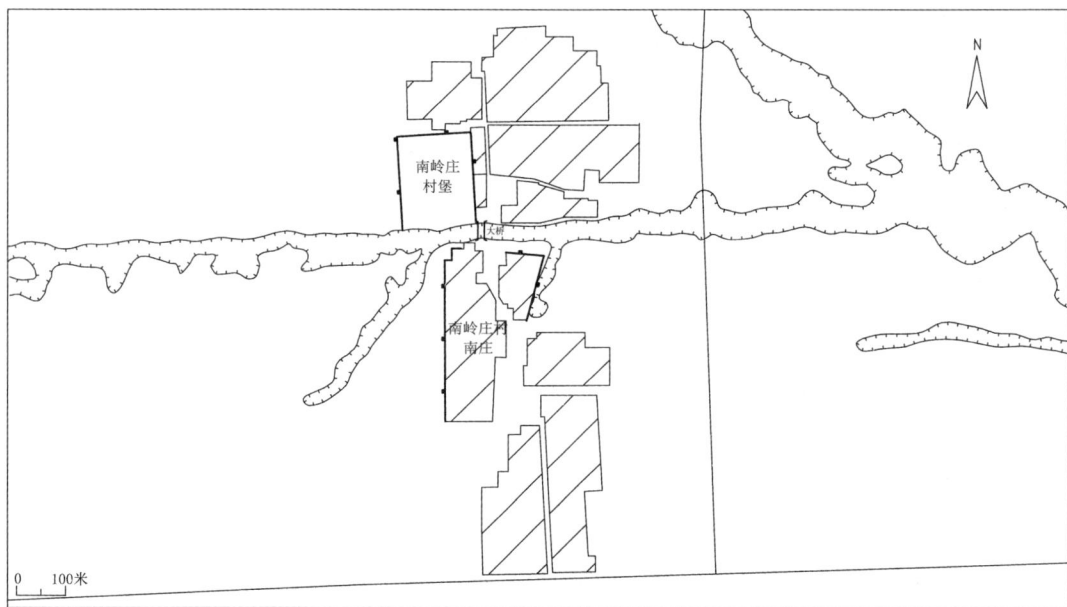

图8.4 南岭庄村古建筑分布图

二、庄堡

南岭庄旧村由南庄、东庄、堡里(城堡)、北斗胡同四部分组成。按照当地人的普遍说法是先有城堡,堡内居民住满后开始修建庄子,庄子四周也有低矮的庄墙,但是其特征与堡墙差别明显。因此,从时间上看,应是明代修建城堡,清代修建庄,如今形成了一南一北、一庄一堡的格局。到了近代,村庄的规模进一步扩大,于是又在周围继续扩建东庄和北斗胡同。当地人丁兴旺、经济繁荣之势可见一斑(图8.5)。

(一)南庄

南庄位于整个村庄的中部偏西,平面呈不规则形,周长残存702米。庄门无存,推测开南、北门,庄内平面格局为南北主街结构。庄墙为黄土夯筑。东墙墙体中间有曲折,仅存北部少部分墙体,残长141米,大部分墙体无存。南墙无存,现为平地和民房。西墙长约371米,西北角附近墙体有两处曲折。墙体高薄、连贯,保存较好,墙高3~4米,从建筑风格上看,与堡墙差异明显,墙体内侧为新建的民宅,外侧为荒地和耕地。北墙长约190米,墙体曲折,仅存西段和东段墙体,中段墙体无存,墙内为民宅,墙外不远处为一条冲沟。

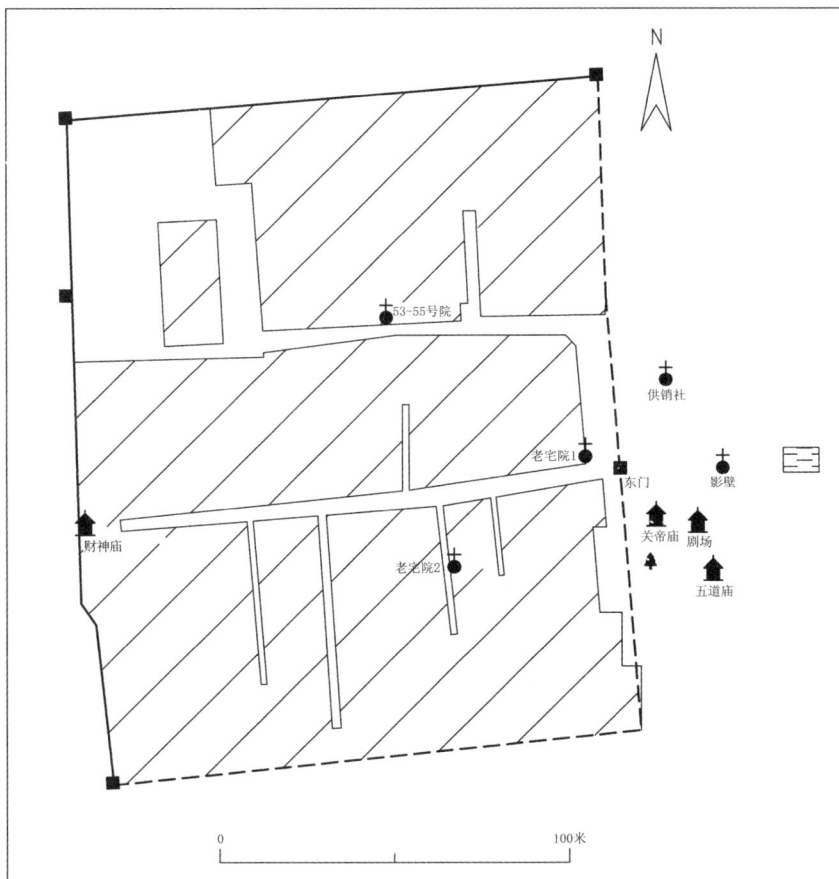

图8.5　南岭庄村堡平面图

　　东南角无存,为平地。西南角设90°直出角台,高7～8米,体量大,保存较好,角台的规模和质量已经接近城堡,推测是类似于岗哨之类的高台。东北角仅存转角。

　　庄内为新村。庄西北面为南岭庄村堡。两者间隔一条东西向的冲沟,冲沟上修建有1座桥,清代建筑,保存较好。桥南北长23米,东西宽4.3米,两侧砖砌护栏高0.7米;立面高10米,分上下二层,下层较小,为石拱券式,中部为夯土,上部为三柱平梁结构排洪孔。据传,该桥为清初时本村靳家寡妇出资修建,又称寡妇桥。靳家寡妇在桥北居住,来往村南种地过沟不便,后施银建该桥。1987年7月重修护栏。后由于在桥东增设了一条出入村庄的大道,该桥因路面狭窄,基本不再使用。此地为当地的商业中心,路边多为各类商店,十分繁华。

　　(二)南岭庄村堡

　　1. 城堡

　　据《(民国)察哈尔省通志》记载:"南李邻庄堡,在县城东北四十里,明嘉靖十年九月土筑,高二丈,底厚五尺,面积七亩,有门一,现尚完整。"[1]南岭庄村堡今位于旧村内,冲沟北侧,当地称为"堡里"。城堡平面为矩形,周长约 692 米,堡内平面布局分为前(南)后(北)两条街,皆为东西向大街。

城堡开东门,砖石拱券结构,整体较为高大(彩版 8-1)。5 层条石基础,风化严重,上面砖砌券门,墙体多有开裂。外侧南面包砖多有脱落,门券三伏三券,上面出一层伏檐,门券拱顶上方镶嵌有三枚圆形门簪,其上镶嵌石质匾额,正题"李邻家庄",两侧有前款、落款,漫漶不清,仅可见"重修"字样,匾额两侧镶嵌有砖雕装饰,已无存。内侧门券为五伏五券,券上出一层伏檐,门券拱顶上方原镶嵌有砖制匾额,现已无存。堡门尚存木板门扇两扇,外包铁皮,上钉蘑菇钉,小钉拼出"天下太平"字样。堡门外两侧原设有护门墩,如今仅北侧护门墩残存。门顶部有村委会广播喇叭,东门内为东西中心街(前街),东门外正对1 座近代的砖雕影壁。影壁紧邻南北主路,影壁的北侧为一排临街的供销社,由两大间房屋和 1 座老门组成。东门外有新修的坑塘,边上长有高大的树木。

堡墙均为黄土夯筑。东墙无存,现为房屋所占据,复原长约 190 米,墙体内侧为顺城道路。南墙复原长约 158 米,紧邻冲沟修建,墙体无存,现存为房屋,墙外为冲沟。西墙长约 190 米,保存较好,墙体高厚,壁面斜直,基本为原高,高 3~4 米,顶宽 2 米,墙体内侧为民宅,外侧为顺墙道路,墙体下方有坍塌形成的斜坡。西墙中部偏北设有 1 座马面,高2~3 米,马面被道路破坏一半,残存的墙体也开裂。北墙长约 154 米,保存一般,墙高 4~5 米,顶宽 2~3 米,墙体大体连贯,但高低起伏不平,墙体内侧为房屋,外侧为荒地和道路,墙体上开有缺口,修建有房屋。

西南角设 90°直出角台,保存较好,高 5~6 米,原高,角台立面有流水冲沟和掏挖的窑洞。西北角设 90°直出角台,保存较好,基本为原高,西面有砖坯补修的痕迹,已经坍塌,角台高 4~5 米,保存较好。东北角设 90°直出角台,高 6~7 米,保存较好。

2. 街巷与老宅院

城堡内的民宅多已经改造,老宅院少,主要分布于东门内前街和北侧的后街两侧。

前街 老宅院 1 位于街北侧,一进院,广亮门楼。老宅院 2 位于前街南侧巷里,一进院,随墙门,保存较好,院内无人居住。

后街 53~55 号院,前后院,共分 3 户居民居住,广亮门楼,卷棚顶,院内古建筑大部分无存。前院东厢房南墙上建有 1 座影壁。

三、寺庙

据当地长者回忆,村中寺庙众多,曾修建有关帝庙、龙神庙、三官庙、观音殿、五道庙

---

[1] 宋哲元:《(民国)察哈尔省通志》,国家图书馆藏 1935 年铅印本,第 6~14 页。

（3座）、财神庙,但无真武庙。上述寺庙仅财神庙在堡内,其余均在堡外或庄内。庙宇大部分在1970年前后拆除,庙内原先有许多石碑,大部分砸毁,或用作修水坝的材料。

关帝庙　清代建筑,保存较好。位于南岭庄村堡东门外南侧,桥北水泥路西侧,现为村委会占用。关帝庙坐北面南,现为1座独立的庙院,庙院开东门,寺庙仅存正殿。正殿面阔三间,硬山顶,进深六架梁出前檐廊,前台明青石条包砌,前檐柱下石鼓柱础,前雕狮子头。庙前有一砖砌月台,月台下甬路西有一株柏树。正殿内已改造。

五道庙　原建有3座,现仅1座知其位置,位于剧场的东南角民宅处,现为遗址。

财神庙　位于东门内主街(前街)尽头,与东门相对,现为遗址。

第五节　北 岭 庄 村

一、自然环境与人文历史

北岭庄村位于南岭庄乡西北4公里处,属丘陵区,北邻沟,地势平坦,为黏土质,村西为杏树林,其余为耕地。1980年前后有1 058人,耕地4 260亩,曾为北岭庄大队驻地。如今,村庄规模较大,当地户口有1 200～1 300人,常住人口与户口数近似。村民以杜姓为主,郝、李姓次之(图8.6)。村名来历与南岭庄村相似,因居北称北岭庄村。《(民国)察哈尔省通志》作"北李邻庄"。

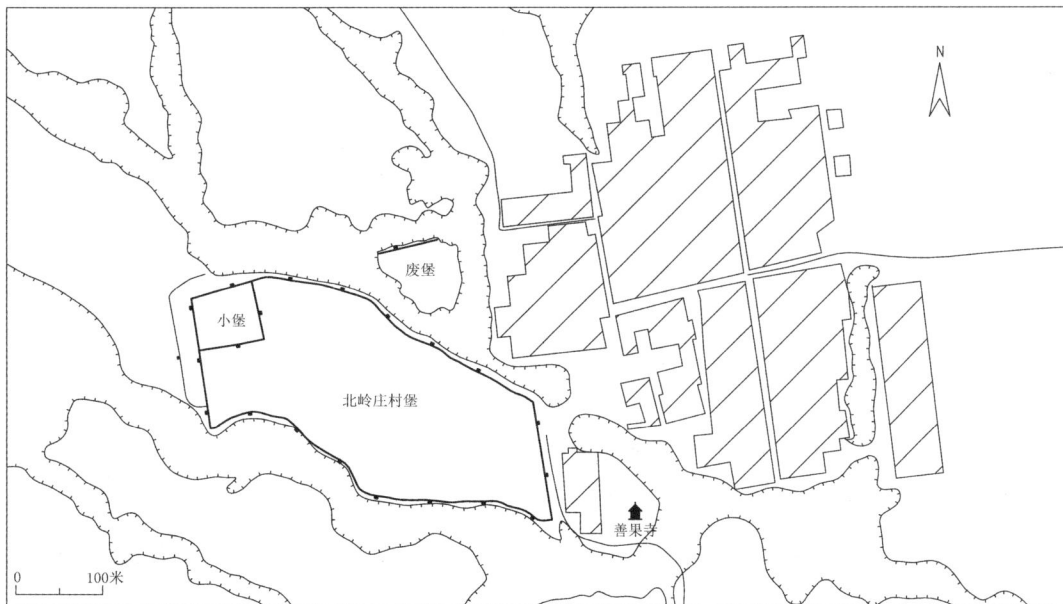

图8.6　北岭庄村古建筑分布图

二、城堡

（一）城防设施

据《（民国）察哈尔省通志》记载："北李邻庄堡，在县城东北四十里，明万历二十四年土筑，高二丈二尺，底厚五尺，面积十七亩，有门二，现尚完整。"[1]北岭庄村堡今位于新村的西部，旧村中。城堡选址在两条涧沟间形成的狭长台地上，仅东、西面为平地，南、北均为冲沟。城堡为"堡套堡"式，小堡位于大堡内西北隅。整个城堡平面呈不规则形，周长约1 204米，规模较大，堡内平面布局大致为东西主街结构（图8.7）。

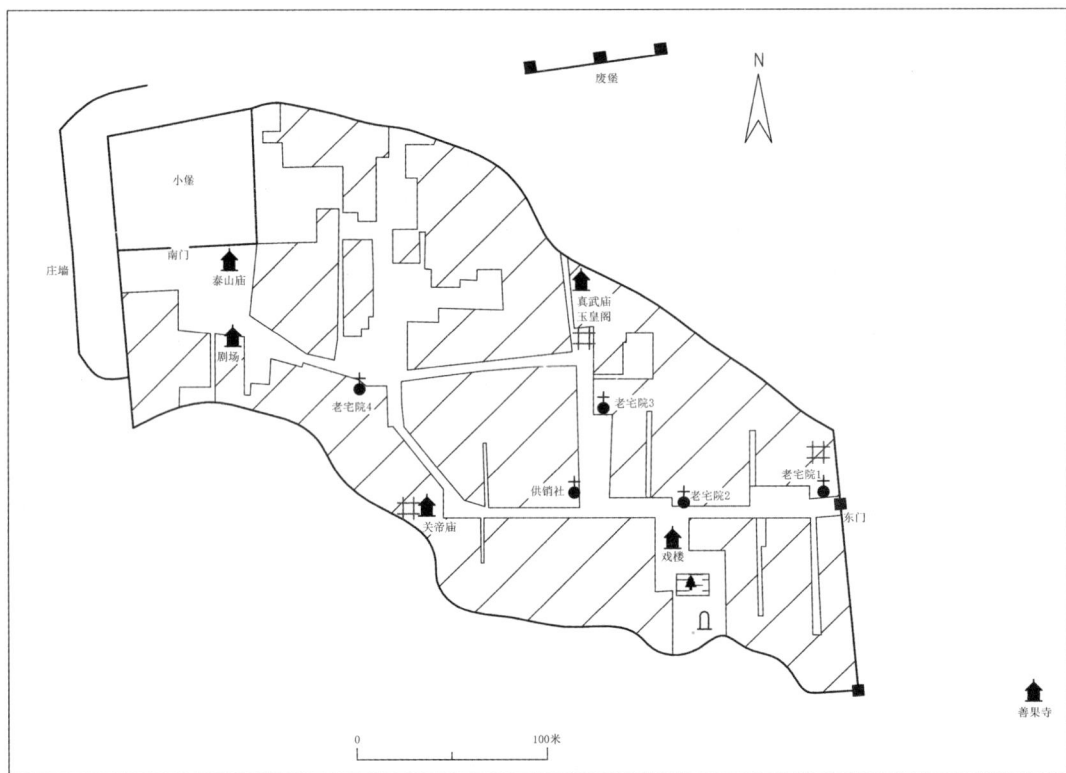

图8.7　北岭庄村堡平面图

城堡开东门，砖石拱券门，基础为条石，上面砖砌拱券，内、外侧门券均为三伏三券式（彩版8-2）。外侧门券拱顶上方镶嵌砖制阳文匾额，正题"北李邻庄"4字，多有剥落。内侧门券拱顶上方亦镶嵌砖制门匾，正题"永安门"。堡门上原有四角攒尖式魁星楼，

<hr>

[1]　宋哲元：《（民国）察哈尔省通志》，国家图书馆藏1935年铅印本，第6～14页。

20 世纪 60～70 年代拆毁。如今,在门上砌二个新式砖垛,将东门改造成中西合璧式,门顶部立有村委会广播喇叭。东门内主街北侧有 1 块石头,上面刻有"大山石"字样。门内为东西向主街,为土路。主街不直,逐渐偏向西北方向。城内中部为一片空地。空地南侧为戏楼,戏楼南侧为干涸的坑塘,现在已成为羊圈,周围树木茂盛,坑塘的边缘有排水沟,沟为堡内水坑向堡外冲沟排水之用。空地西面为一个废弃的供销社,此处主街分为南北两条,向北为后街,去北墙真武庙,道路较宽,向西为前街,去关帝庙方向。

堡墙均为黄土夯筑。东墙长约 131 米,保存一般;北段墙体保存不如南段,东北角附近因临冲沟而无存,东北角内侧有 1 眼废弃的水井;南段墙体高薄、连贯,高 5～6 米,内侧为民宅,外侧为水泥路,墙体顶部多有塌,形成缺口,高低起伏不平。南墙长约 454 米,紧邻冲沟而建,墙体不直,保存较差,墙体多有坍塌,现存 1～2 米高,多为利用冲沟台地而建,因此从外面看墙体高大。墙体顶部及内侧修建有房屋,墙体多无存。西墙长约 155 米,保存较好,墙体高薄、连贯,高 5～7 米,墙内为民宅,外侧为耕地和荒地,墙体上设 1 座马面,保存较好。西墙中部开门,为近代所开,现为缺口。西墙外建有庄墙,当地称为"二层墙",高 3～4 米,近代夯筑,保存较好。北墙长约 464 米,临冲沟而建,墙体仅存 1～2 米高的基础,墙体内侧为倚墙修建的房屋。北墙外冲沟的北面还有一段堡墙,高 5～6 米,尚存 3 座马面,四面围沟,从它和北墙的关系上看,推测原先应该连接在一起,因洪水等灾害将北墙和堡内冲出一条冲沟,使得原本连接在一起的北墙成为 1 座孤岛,四面临沟,因此这一部分被废弃,并重修北墙。

东南角设 90°直出角台,高 8～9 米,台体细高,底部及上部多坍塌,保存一般。

小堡 位于北岭庄村堡的西北角内,为清代一位土财主所筑,周长约 282 米,小堡和大堡共用西墙、北墙以及西北角,东墙和南墙另建。城堡开南门,现存为缺口。堡墙均为黄土夯筑,南墙西段全部坍塌,仅存基础,东段保存一般,墙体高薄、连贯。墙高 9～10 米,底宽 4～5 米,东墙保存情况与南墙相似。堡墙属自然坍塌,村民在此取土,因此堡墙残余不多。堡内为杜姓居民居住,如今仅剩几户,房屋多废弃、坍塌。

(二)街巷与老宅院

堡内尚存老宅院。老宅院 1,位于东门内主街北侧,一进院,门前有保存较好的条石修砌的高台阶,门楼保存较好,里面东侧还有二门,宅院整体保存一般(彩版 8-3)。老宅院 2,位于堡中戏楼对面,主街路北,原应为两进或三进,现已打通,广亮大门,保存较好,门道地墁为石板铺成,门前两侧有八字墙,门内墙壁有"文革"时期的毛主席语录,门前立有一只石猴,大部分埋于地下,只露出上半身。老宅院 3,位于南北向主街东侧,一进院,保存较好。老宅院 4,位于东西向主街路南,一进院,保存较好。

三、寺庙

城堡内寺庙众多,当地长者回忆,旧时城堡内外曾修建有五道庙(2座)、龙亭、文昌庙/梓潼庙、善果寺、戏楼、真武庙/玉皇阁、关帝庙、泰山庙。

五道庙　2座,分别位于东、西墙内侧,其中西墙内的五道庙与泰山庙相邻,坐东面西,现已无存。

龙亭　位于堡内戏台对面,现已无存。

文昌庙/梓潼庙　位于堡东门顶,现已无存。

善果寺　明代建筑,位于城堡东南角外侧。现存山门殿1座、天王殿1座、大雄宝殿1座、东西耳房各1座、东西配殿各1座、禅房2座,占地面积2 000余平方米。寺院坐北面南,现存主要建筑分布在一条南北向中轴线上,从南至北依次为山门、过殿、正殿、东西配殿、东西耳房、禅房。

山门殿,面阔三间,单檐硬山顶,进深五架梁,前后各出檐廊,梁架未油饰彩绘。殿内堆放寿材,未见壁画和彩绘装饰,殿前为砖铺地面。山门东西各三间禅房,均为卷棚顶。

天王殿(过殿),面阔三间,单檐硬山顶,门窗已改造,殿内堆放杂物,壁画和彩绘无存,仅存两山墙壁画,所绘内容为太子出家题材。过殿前为砖铺地面,东西两侧各1座配殿,均为面阔三间,单檐五檩硬山顶建筑。

大雄宝殿(正殿),又称佛殿,石条台明,石鼓柱础(彩版8-4)。面阔三间,单檐悬山顶,进深五架梁出前檐廊,前梁头作成"蚂蚱头",脊柱两侧置人字叉手,山墙梁架置通天柱,博风板已残缺,悬山的部分结构已坍塌,露出里面的梁架。前檐檩步垫枋,前檐额枋彩绘无存,屋顶较平缓,正脊浮雕卷草等。大殿的门窗全部改造,西山墙上开一门,殿内堆放杂物。殿内墙壁上刷有草拌泥和白灰浆,其下为民国时期的壁画。殿前为砖铺地面,东西配殿保存较好,面阔三间,单坡顶,无壁画和彩绘,门窗结构全部改造。殿内供十殿阎君。

善果寺曾改作学校和大队部,现仍为村委会占用,庙院的西侧已经成为私人承包的养殖场,圈养牛马等牲畜。整体保存一般。

戏楼　清代建筑,位于堡内中心主街道南侧,坐南面北,单檐卷棚顶,面阔三间,进深六架梁。砖石台明高1.3米,外包砖,前台明边缘铺青石板,戏楼内地面条砖铺墁。戏楼前檐柱4根,金柱2根,柱下石鼓柱础。土坯山墙外贴砖,砖雕圆形山花。戏楼用材粗壮规矩,挑檐木较长,有三分之二多挑出墙外,前台深深挑出,视野开阔。前檐额枋残存彩绘,木雕草龙雀替。戏楼内梁架上无彩绘,墙壁上有残存的壁画,墙壁上有题壁多处,分别为"光绪十四年""光绪二十九年李邻庄社移班"等字样。戏楼后墙正中设门,为演员出入通道。戏楼已废弃,楼内堆放柴草,整体保存尚好。

戏楼南侧排水沟中尚存石碑8通,分别为:嘉庆十年(1805)《魁星楼重修碑记》、同治十年(1871)《重修善果寺碑记》、同治十年(1871)《重修玉皇阁真武庙马王庙财神庙碑》、1934年《重修泰山宫碑记》,其余石碑字迹漫漶不清。

　　真武庙/玉皇阁　位于北墙马面内侧及顶部,历史上为1座庙院,现院墙无存。寺庙建筑从北墙内侧开始,层层向上递进,直到马面顶部。山门无存,门口有一眼废弃的水井。前殿已毁,砖砌台阶两侧配殿尚存。后院尚存一层殿宇,面阔三间,硬山顶,门窗改造,屋檐坍塌。已经全部废弃。马面内侧有砖砌高台阶,直通顶部玉皇阁,玉皇阁无存,现为荒地。从同治十年(1871)的石碑《重修玉皇阁真武庙马王庙财神庙碑》中可以看出,北墙庙宇前为真武庙,后为玉皇阁。

　　关帝庙　位于堡内中部南墙内侧,堡东西主街向北拐弯处。正殿坐西面东,面阔三间,硬山顶,出前檐廊,正脊和屋檐已坍塌,门窗无存,改造为土墙,并将2块石碑修砌在前槛墙内,1块可见布施功德人名单,另1块碑面已磨平。前檐额枋上的彩绘已经脱落。殿内有残存的壁画,保存差,多刷草拌泥遮挡,殿内堆放寿材。正殿后面有一口废弃的水井和辘轳。

　　泰山庙　清代建筑,位于城堡西北部,小堡正南处,对面为剧场。现存正殿1座,坐北面南。正殿坐落在高1米的砖石台明之上,单檐硬山顶,面阔三间,进深五架梁出前檐廊。殿的主体建筑损毁严重,东、北墙多已塌毁,东侧脊顶垮塌,梁架多已倾斜。门窗无存,现为土坯墙封堵,前檐额枋残存清末民国时期的彩绘,廊心墙绘二门神。殿内梁架用材粗壮、规矩,东、西、北墙壁有清末民国时期的壁画。壁画保存较差,多涂抹有泥土。北墙大部分坍塌,东山墙坍塌一半(北部),壁画只剩下很窄的一片残存,西壁绘画残存。西墙壁画内容为《圣母回宫图》,从残画中可以看到3位娘娘乘鸾车,有前呼后拥的四值功曹、武将与众随从,队伍的后面是判官。西山尖绘水墨画,内容为"飞蛾扑火纱罩灯"等佛教慈悲故事。壁画绘工精湛,人物生动形象。

第六节　新胜庄村

一、自然环境与人文历史

　　新胜庄村位于南岭庄乡西偏北5.7公里处,属丘陵区,西南邻沙河,地势西依坡,东较平,为黏土质。1980年前后有695人,耕地3 404亩,曾为新胜庄大队驻地。如今,村庄位于152乡道北部,东、西、北三面沟壑纵横,仅南面地势相对平坦,辟为耕地,其余三面以杏树林为主,村庄规模较大,为 2 条南北主街和 1 条东西主街结构,全村尚有 700 余人。村民旧时以滑姓为主,为本地最早的姓氏,现在以魏、赵姓为主(图 8.8)。

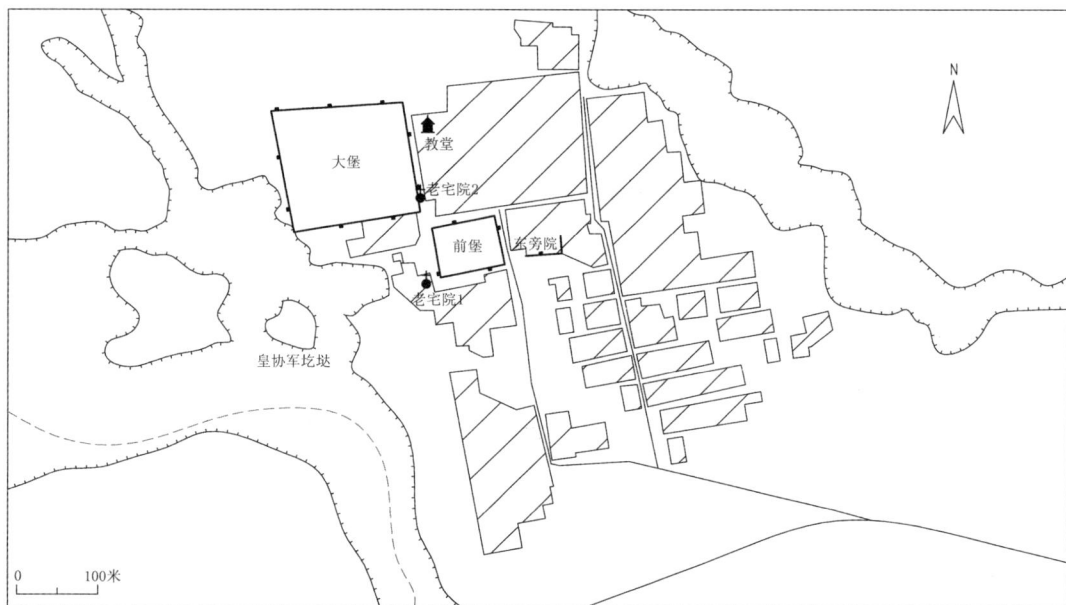

图 8.8　新胜庄村古建筑分布图

据传,宋辽时期,宋兵曾在此与辽兵打仗得胜,后人于战场南北建村,南者取南德胜庄之名,北者即为北德胜庄。1964 年北德胜庄更名为新胜庄。村名可考的历史最早见于《(顺治)蔚州志》,作"得胜庄堡",《(乾隆)蔚州志补》作"北得胜庄",《(光绪)蔚州志》作"北德胜庄",《(民国)察哈尔省通志》作"北得胜庄"。

二、庄堡

新胜庄村共有 2 座城堡,1 座当地称为大堡,另 1 座位于大堡的东南角外,当地人称为前堡。2 座城堡间隔一条南北向水泥路。此外还有东旁院。大堡、前堡以及东旁院形成 1 座大庄子,并设庄墙,开设东、西、南、北四门(图 8.9)。

(一)大堡

大堡,位于整片村庄的西北,村西涧沟的东岸,平面呈矩形,周长约 624 米,开东、西门,城堡平面布局为十字街结构。

城堡东、西门位置偏南,东门与西门相对,东、西门建筑无存,仅为缺口,西门外侧尚存影壁的土坯墙心,门内为东西主街。主街两侧多为废弃、坍塌的民宅,堡内仅少部分人居住。主街中部有一株大树,树下保存一通石碑,字迹漫漶。

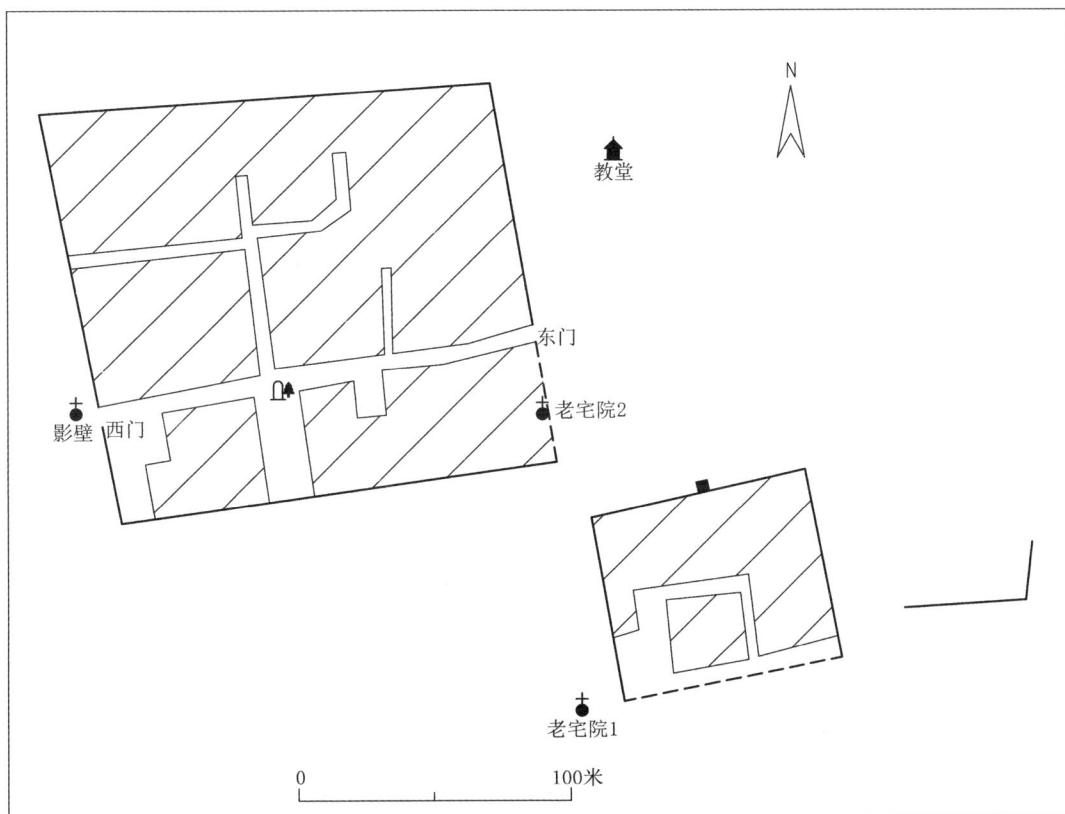

图 8.9　新胜庄村堡平面图

堡墙均为黄土夯筑。东墙长约 142 米,墙体大部分无存,残存者分布在民宅的房前屋后,整体保存较差,墙体仅存北段,高 4～5 米,墙体内外均为房屋。南墙长约 163 米,保存较好,墙体高薄、连贯,墙体外高 6～7 米,内高 3～4 米,墙体内外均为倚墙修建的民宅,顶部多坍塌形成的缺口。西墙长约 153 米,保存相对较好,墙体高薄、连续,墙高 4～5 米,外侧为道路和耕地,内侧为民宅,墙体顶部因坍塌形成缺口,高低起伏不平。西门以南的墙体相对较差。北墙长约 166 米,保存较好,墙体高薄,墙高 7～8 米,墙体外侧壁面上多长有树木,墙外为顺墙土路和大片的杏树林,内侧为民宅。

东南角无存,为房屋所占据。西南角无存,紧邻冲沟而坍塌。西北角仅为转角,高 7～8 米。东北角现存为基础。

堡内居民较少。堡东南角外水泥路西侧有老宅院 1,一进院,保存较好。东南角近东墙的位置上还有老宅院 2,一进院,保存较好,老宅院在原先东墙基础上修建,由此可知城堡东墙破坏较早。

（二）前堡

前堡位于大堡东南角外,选址修建在平地上,平面呈矩形,周长约 307 米。推测开南门，堡门建筑无存，现为缺口。堡内平面布局为南北主街结构。

堡墙均为黄土夯筑。东墙长约 72 米，大部分墙体仅存基础，高 2～3 米，上面修建房屋；东南角附近的东墙保存较好，4～5 米。南墙长约 80 米，几乎无墙体遗存，现为荒芜的平地，西南角附近的南墙仅存基础，高不足 1 米。西墙长约 71 米，保存较差，墙体仅存 2～3 米高的基础，外侧为水泥路，墙体上面修建房屋，为房屋的后墙。北墙长约 84 米，大部分墙体仅存基础，上面建房，北墙中部现存马面 1 座，马面内外均突出墙体，体量大，高 7～8 米，为平地上的制高点。当地长者回忆，马面旧时为站岗之用，上面还修建有二层楼式的房屋，现已无存。

东南角保存较好，高 7～8 米。西南角为转角，高 3～4 米，并长有一棵大树。西北角为转角。东北角无存。

堡内均为现代民居。

（三）东旁院

东旁院位于前堡东侧水泥路东。目前仅存约 45 米的南墙、东南角和 22 米的东墙部分墙体，墙体高薄，高 4～5 米，墙体内新建房屋房，原先四至未知。

（四）皇协军圪垯

"皇协军圪垯"位于大堡西南角外冲沟中一处独立的台地上，城堡南临沙河，四周为陡坎，地势险要。城堡规模小，墙体依地形而建，充分利用地形，外侧全部临冲沟陡坎，外高内低。城堡平面呈不规则形，目前仅存东、北大部分墙体，以及西墙小部分墙体，其余墙体坍塌为平地，南墙无存。城内为荒地。

堡内地面平整，无建筑基础，当地长者云此堡为抗日战争时期皇协军的据点。当地称为"皇协军圪垯"。

三、寺庙

当地长者回忆，本村旧时共有 9 座寺庙。财神庙位于前堡东南角外；大堡北面有 1 座寺院，名为北寺；堡西面有老君观，南面有小南庙（龙神庙）和大南庙；堡内有观音庙，东门外有五道庙；西南角外还有 1 座庙，名称未知；东旁院的东面也有 1 座庙，但是名字无从知晓。上述寺庙均于"四清"时期拆毁。

第七节　东双塔村

一、自然环境与人文历史

东双塔村位于南岭庄乡北偏东 1.5 公里处，属丘陵区，南邻沟，地势较平坦，为黏土质,辟为耕地。1980 年前后有 851 人,耕地 4 106 亩,曾为东双塔大队驻地。如今,东双塔村分为南、北两部分,中间隔一条冲沟,南面为新村,北面为旧村,S10 张石高速从村西经过。村庄规模较大,居民较多,有 800～900 户,以王姓为主(图 8.10)。

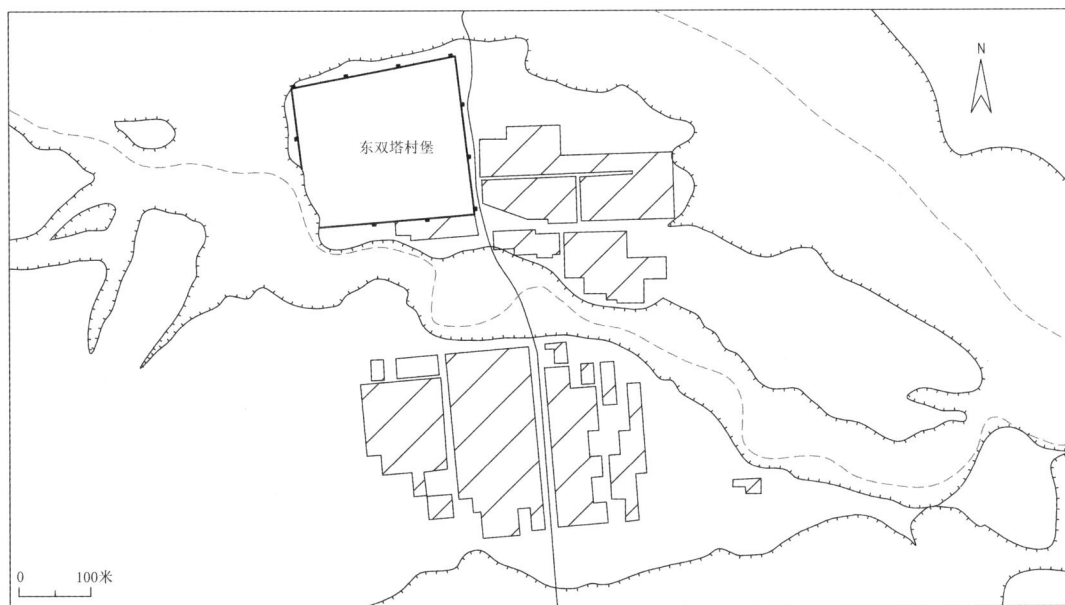

图 8.10　东双塔村古建筑分布图

相传,明成化十二年(1476)建村时,据村西庙前有两个小塔取村名为东双塔。村名可考的历史最早见于《(正德)大同府志》,作"双塔堡",《(正德)宣府镇志》《(崇祯)蔚州志》《(顺治)云中郡志》《(顺治)蔚州志》沿用,《(乾隆)蔚州志补》作"东双塔",《(光绪)蔚州志》《(民国)察哈尔省通志》沿用。

二、城堡

(一)城防设施

东双塔村堡,位于村庄的西北部。城堡南北各有一条西北—东南走向的大冲沟,两条冲沟周围沟壑纵横,城堡处于 2 条冲沟间的台地上,堡外西、南、北面为宽平的洼地。当地长者回忆,旧时村庄附近流水较多,城堡四面环水。现今城堡平面呈矩形,周长约 870 米,开东、西门,堡内平面布局为东西主街结构。

东、西门均位于墙体偏南的位置上,堡门建筑已无存,现为缺口。当地长者回忆,旧时堡门保存较好,堡门采用土坯修建,木梁架顶,上面修有望楼。门内为宽阔的东西主街。此外,堡内一共有 3 条东西向街道,命名为前、后街,并由 1 条南北街道连接(图 8.11)。

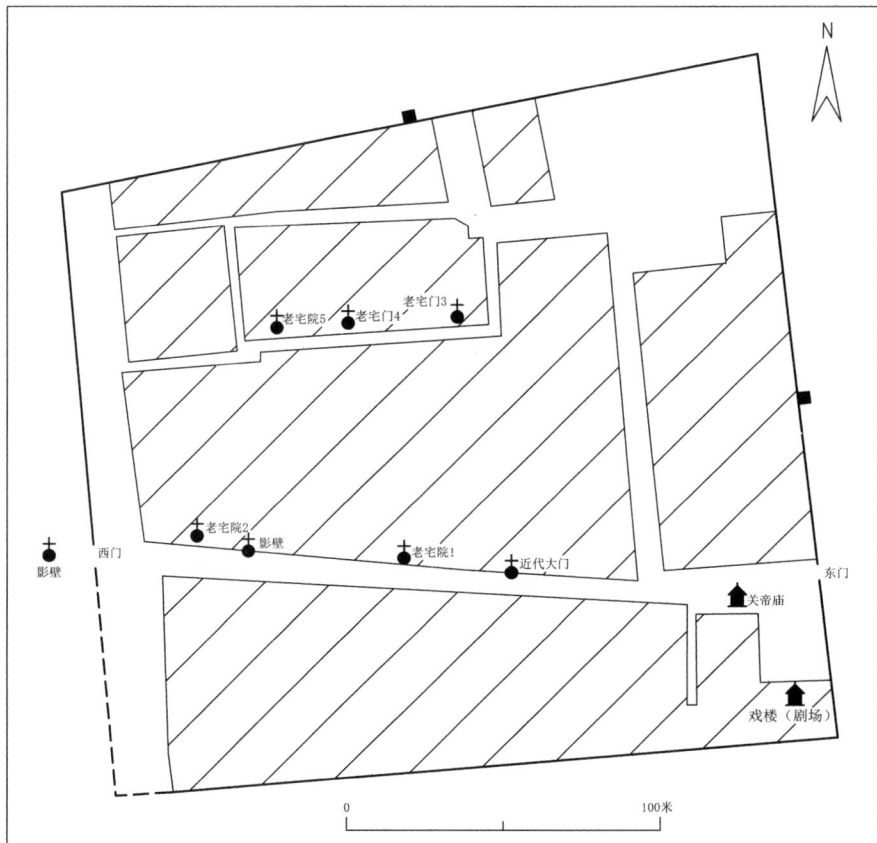

图 8.11　东双塔村堡平面图

堡墙均为黄土夯筑。东墙长约 224 米,地势较平,墙体高薄、连贯,墙高 4～5 米,顶部多因坍塌而高低起伏不平,墙体外侧为荒地和道路,内侧为民宅,墙体中部设有 1 座马面,高 7～8 米。南墙长约 217 米,墙体高薄、连贯,高 4～5 米,墙体内、外侧均为房屋。西墙长约 200 米,墙体连贯,坍塌成斜坡状,墙高 4～5 米,外侧为耕地,内侧为房屋。北墙长约 229 米,保存相对较好,北墙西段墙体高薄、连贯,顶部多因坍塌而起伏不平,墙高 4～5 米,墙体外侧为耕地,内侧为房屋,北墙中部设有马面,方形,坍塌一半,高 5～6 米;北墙东段墙体保存相对较好,墙高 7～8 米,墙体外侧为树林和冲沟。

东南角仅为转角,高 7～8 米。西南角无存,仅存基础。西北角仅为转角。东北角仅为转角,高 7～8 米。

（二）街巷与古宅院

堡内居民较少。新旧民宅均有分布。

前街　街面宽阔,两侧以新房居多,街北侧有 2 座老宅院及 1 座近代风格建筑的大门。老宅院 1,原为两进院,现为一进院,广亮大门,门板上写"王家大院",门前尚存 2 只精美的抱鼓石,分别雕有狮子与鹿回首。老宅院 2,原为两进院,现为一进院,规模较大。其东侧街北有 1 座新建的影壁,坐东面西,单间硬山顶,正对西门,影壁西立面正中设有 1 座神龛。

后街 居民少,房屋多废弃坍塌,尤其是堡内东北部一带,房屋大多已废弃,形成大片空地。老宅院 3,位于街北,二进院,广亮门,硬山顶,正房为面阔五间大瓦房,正房东北角抹去一个角,成为典型的"拐弯抹角"。老宅院 4、5 位于其西侧,布局与老宅院 3 相同,皆为广亮门,卷棚顶,两进院。

三、寺庙

据当地王姓长者回忆,东双塔曾修建有河神庙、五道庙(3 座)、龙神庙、戏楼、关帝庙、关帝庙/观音殿、戏楼(剧场)。上述庙宇多拆毁于 20 世纪 60 年代。本村庙宇内共有 6 口大钟及 5～6 口小钟,1958 年"大炼钢铁"时熔毁炼钢。庙内石碑较多,大部分被砸毁。

河神庙 位于西门外龙神庙戏楼后,现已无存。

五道庙 3 座,分别位于堡内、东门外、龙神庙西侧,现已无存。

龙神庙 位于西门外,现庙宇建筑无存。当地长者回忆,龙神庙正殿里曾有塑像和壁画。龙神像为红、白、黑龙王。当地传说,用一根木头做了 3 尊龙王像,三尊像为三兄弟,分别供奉在东双塔、李家楼与黑龙湾 3 座村庄的龙神庙内。

戏楼 位于龙神庙对面,现已无存。

关帝庙 位于后街,现已无存。

关帝庙/观音殿 位于东门内主街的南侧。关帝庙仅存正殿,坐西面东,面阔三间,单檐硬山顶,进深五架梁出前檐廊,门窗已改造,山墙残存有山花。殿内已改作磨坊,壁画全毁。观音殿位于关帝庙背后,现已无存。

戏楼(剧场) 位于堡内东南角,关帝庙南侧,修建于 20 世纪 70 年代,推测是在戏楼原址上修建。剧场坐北面南,已废弃,前面有广场。

第八节 西双塔村

一、自然环境与人文历史

西双塔村位于南岭庄乡驻地西北偏北 2.8 公里处,属丘陵区,东临沙河,地势较平坦,为黏土质,辟为耕地。1980 年前后有 1 017 人,耕地 5 016 亩,曾为西双塔大队驻地。如今,村庄规模大,旧村堡位于村东北部,与新村相连,村庄民居分布散乱,目前仍有1 100余人居住,以张姓居民较多(图8.12)。村名来历与东双塔村相似,因位于塔西而取名西双塔村。《(乾隆)蔚州志补》作"西双塔",《(光绪)蔚州志》《(民国)察哈尔省通志》沿用。

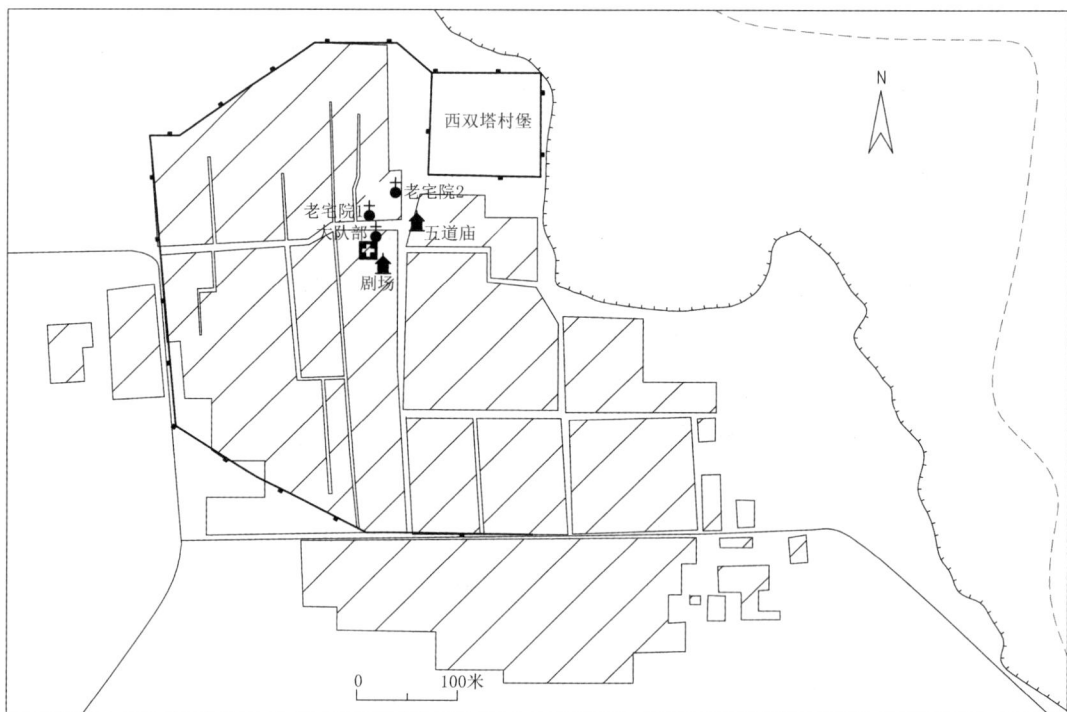

图8.12 西双塔村古建筑分布图

二、城堡

西双塔村堡,位于村庄东北部,城堡三面环冲沟,仅南面为平地,地势险要。城堡平面呈矩形,周长416米,开南门,堡内平面布局为南北主街结构。城堡南门建筑无存,现为缺口。

堡墙均为黄土夯筑。东墙长约106米,墙体遭洪水冲毁,现存基础,外侧高2~3米,墙体外侧为一条大冲沟,内侧基本为平地,墙体不明显。南墙长约106米,墙体破坏严重,仅存2~3米高的基础,南墙内侧为顺城道路。西墙长约99米,墙外为冲沟,墙体紧邻冲沟修建,墙体高薄,高7~8米,墙体外侧高于内侧。北墙长约105米,北墙东段墙体保存一般,墙体有断点,墙高4~5米,外为台地,不远处为大冲沟。北墙中部设有马面,内外突出于墙体,为真武庙庙台。北墙西段无存,为冲沟所破坏。

城堡东南角无存。西南角仅为转角,保存较好,体量大,高 7～8 米。西南角外有村委会、大队部旧址、卫生室、剧场等建筑,位于一个独立院内。剧场在南侧,近代建筑。剧场北侧是新建的村卫生室,其北侧为大队部旧址。该院的东北侧路边为五道庙旧址,现在为 1 座废弃的房屋,房屋的西墙正在一条东西主街的尽头,西墙上有"文革"时期的标语。

堡内大部分空间为荒地和打谷场,尤其是堡内北部,大部分区域为打谷场,说明城堡废弃时间较久。堡内现仅存几间废弃的房屋,还有一口废弃的水井,南门内西侧有 1 座宅院,大门和正房保存完整。

三、庄

村庄最南部的东西主街以北区域为旧时村庄的范围。庄的范围较大,几乎涵盖全村约五分之四的范围。庄门情况未知,庄墙东墙、东北角、东南角位置未知。现存西墙和部分南、北墙及西南、西北角,现存庄墙总长度约 975 米,墙体黄土夯筑,与城堡堡墙差异明显,墙体较为低薄,墙高约 4 米。

庄内街道纵横,民宅众多。城堡西南角外有一条东西向的街道。这条街道是村庄最北面的东西主街。主街北侧有老宅院 1,一进院,近代风格大门。堡西南角外有老宅院 2,原为两进院,现大门和第一进院已无存,仅存二道门和后院正房,保存较好。

四、寺庙

据当地长者回忆,堡内外寺庙众多。真武庙、龙神庙在堡内北部,真武庙位于北墙马面上,龙神庙后改造为学校。南门外有阎王殿,三官庙在堡东南角外侧冲沟边。由于村庄规模较大,五道庙共有 3 座,分别位于城堡西南角外、堡内和城堡东墙外。戏楼修建于堡内,面北,正对真武庙,戏楼背后为观音殿。村内寺庙主要在 20 世纪六七十年代拆毁,80 年代时将戏楼拆毁修建剧场。

第九节　东　蔡　庄　村

一、自然环境与人文历史

东蔡庄村位于南岭庄乡北偏西 4.3 公里处,属丘陵区,地势平坦,村庄选址在一片空地上,南侧紧邻冲沟,冲沟为添河涧冲沟的上游。冲沟规模很大,沟内为耕地,为黏土质。1980 年前后有 279 人,耕地 1 748 亩,曾为东蔡庄大队驻地。如今,东蔡庄村东侧紧邻

S10 张石高速,村庄分为新、旧两部分,旧村在村北部。整座村庄新房很多,居民较少,现在常住人口仅 100 余人,以霍姓为主,以前以蔡姓为主(图 8.13)。

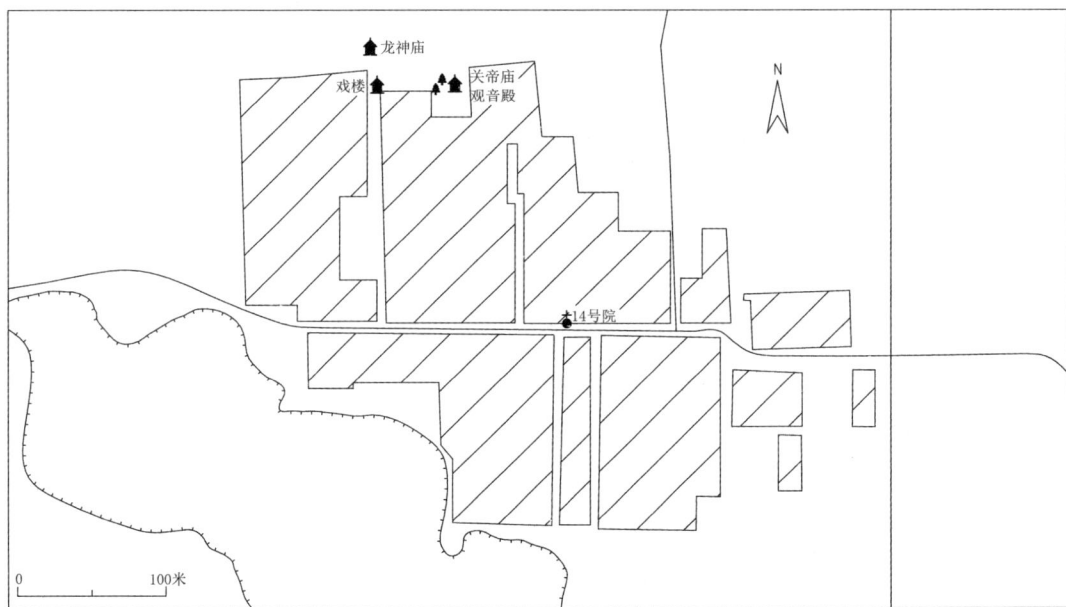

图 8.13　东蔡庄村古建筑分布图

相传,清康熙十三年(1674),蔡姓居民在此建庄,与西蔡庄、中蔡庄通称小蔡庄,后单独成村,因位于其他两堡之东,故取名东蔡庄。村名可考的历史最早见于《(正德)宣府镇志》,作"蔡家庄堡",《(嘉靖)宣府镇志》作"东蔡家",《(崇祯)蔚州志》《(顺治)云中郡志》《(顺治)蔚州志》作"蔡家庄堡",《(乾隆)蔚县志》《(乾隆)蔚州志补》《(光绪)蔚州志》《(民国)察哈尔省通志》均作"小蔡家庄"。

二、庄与寺庙

当地长者回忆,本村未曾修建城堡,仅修有庄墙。庄墙均已拆毁,四至未知。庄开北门,门内为寺庙群。村中老宅院较少,临街的 14 号院为一处近代风格院落,保存较好。

庄内外曾修建有五道庙(3 座)、戏楼、龙神庙、关帝庙/观音殿。本村未曾修建真武庙、三官庙。寺庙全部拆毁于 20 世纪 60~70 年代。

五道庙　共 3 座,村中、东、西各有 1 座。

戏楼　位于北门内东侧,坐北面南,台明较高。戏楼面阔三间,卷棚顶,进深五架梁。梁架和内部墙壁上没有壁画和彩绘痕迹。戏楼现已改造为仓库,正面用土坯封堵,南面改造为门窗结构,里面堆满杂物。戏楼正对一条宽阔的南北向主街道,两边多为废弃的房屋,即原先庄子所在地。

龙神庙 位于戏楼北侧,现存 1 座夯土台明,即龙神庙遗址。

关帝庙/观音殿 位于庄北门内主街东侧,原为 1 座庙院,土坯修建围墙,墙体坍塌严重,大部分无存,多改为耕地或荒地,现庙院四至不清,仅存正殿。正殿位于台明上,面阔单间,硬山顶,进深七架梁,中间采用隔墙隔成南北两殿,面南为关帝庙,面北为观音殿,其中关帝庙占 4 椽,观音殿占 2 椽。门窗和隔墙无存,屋顶前檐多有坍塌,顶部脊檩有彩绘《八卦图》。

关帝庙,正壁已毁,两侧山墙壁上尚存有清末民初时期的壁画,为连环画式,各为 3 排 6 列,题材选自《三国演义》,各画幅之间采用直线分割为矩形。两侧壁画的内侧各立有一位文官,西壁为右丞相张世杰,东壁为左丞相陆秀夫,各手持笏板而立(彩版 24-8)。殿内画面保存较差,表面多为泥土覆盖,且有脱落现象,东、西墙外侧两列画已全毁。

东山墙

白门楼斩吕布	黄土山说云长归降	关云长上马赠金	(榜题毁)(1/2 画)	(画毁)	(画毁)
候成盗胭脂马	陶恭祖三让徐州	(榜题毁)	(榜题毁)(1/2 画)	(画毁)	(画毁)
刘关张一龙□二虎(1/2 画)	(榜题毁)	□□送马□□	(榜题毁)(1/2 画)	(画毁)	(画毁)

西山墙

(画毁)	(画毁)	卧龙岗三请诸葛亮	□□□□打□□	周仓水淹庞德	华陀刮骨疗毒
(画毁)	(画毁)	(榜题毁)	张翼德喝断当阳桥	古城壕兄弟聚会	卧牛山收周仓
(画毁)	(画毁)	(榜题毁)	(榜题毁)	(榜题毁)	关家庄收关平

观音殿,正壁已毁,两侧山墙尚存清末民初时期的壁画,表面涂刷白灰浆,且有泥土覆盖,保存较差。壁画内容分为两部分,上半部为观音"救八难"题材,下半部绘制十八罗汉像。观音殿的下平檩上有彩绘《八卦图》案。正殿两侧各有一株松树。

第十节 中蔡庄村

一、自然环境与人文历史

中蔡庄村位于南岭庄乡驻地北偏西 4.5 公里处,属丘陵区,村庄选址在冲沟东侧,地势平坦开阔,为黏土质,村东、北面为大片杏树林,西、南为耕地。1980 年前后有 440 人,耕地 2 496 亩,曾为中蔡庄大队驻地。如今,村庄规模小,现有 400 余人居住,村民以李姓为主,无蔡姓居民居住(图 8.14)。村名与东蔡庄相似,因该村居中,故取名中蔡庄。村名可考的历史最早见于《(正德)宣府镇志》,作"蔡家庄堡",《(崇祯)蔚州志》《(顺治)云中郡志》《(顺治)蔚州志》沿用"蔡家庄堡",《(乾隆)蔚县志》《(乾隆)蔚州志补》《(光绪)蔚州志》《(民国)察哈尔省通志》均作"小蔡家庄"。

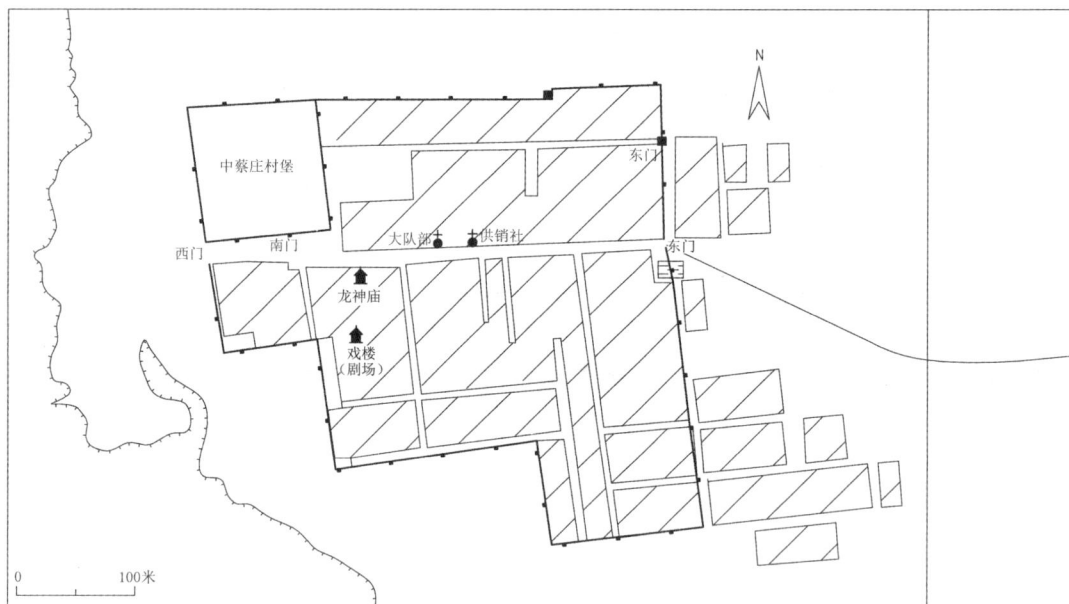

图 8.14　中蔡庄村古建筑分布图

二、庄堡与寺庙

中蔡庄村现存 1 庄 1 堡。城堡时代早于庄。庄是在城堡的基础上,展筑城堡北、西墙而成。展筑之后城堡位于整个村庄的西北角。

(一)中蔡庄村堡

1. 城堡

中蔡庄村堡,位于村庄西北部。据当地传说,城堡修建于清康熙十三年(1674)。城堡平面呈矩形,周长约 428 米,开南门,堡内平面布局为丁字街结构(图 8.14)。

南门建筑无存,现为缺口,南门内为南北主街。

堡墙均为黄土夯筑。东墙长约 107 米,墙体高薄、连贯,墙体保存较差,高 4～5 米,墙体外侧为道路、荒地和民宅,内侧为荒地。南墙长约 104 米,墙体高薄、连贯,墙高 1～6

米,有许多坍塌形成的缺口,墙体内外多为荒地。西墙长约 111 米,保存较好,墙体高薄、连贯,高 2~5 米,墙体顶部有许多坍塌形成的缺口,外侧为荒地和道路,内侧为民宅遗址。北墙长约 106 米,墙体低厚、连贯,顶部多有缺口,墙高 3~4 米,墙体外侧多为坍塌形成的积土,墙体外为台地缓坡,不远处为顺墙道路。

东南角现存为一缺口。西南角为转角,高 5~6 米,体量大。西北角仅为转角。东北角无存,现为民宅。

城堡废弃时间较长,堡内多为平地,且部分开辟为耕地,房屋较少,大部分废弃、坍塌。目前仅 3 户居民居住。

2. 寺庙

据村中长者回忆,本村曾修建有龙神庙、真武庙、大德寺、戏楼(剧场)。

龙神庙　位于城堡东南角外。当年建大队办公房时,拆毁龙神庙,木料和砖用于建房,现在为学校。

真武庙　位于北墙上,现已无存。

大德寺　位于村北 500 米处。大德寺规模宏大,据说为北京大钟寺的分院,整个寺院有 60~70 间房,分为中路与东路,并住有僧人管理。中路共三层大殿,即天王殿、过殿、大雄宝殿。天王殿内供奉四大天王,过殿供奉千手千眼佛和韦驮,大雄宝殿供奉释迦、孔子与老子,由此看来这是 1 座三教合一的寺庙,此为三教殿。天王殿前两侧有钟、鼓楼;大雄宝殿的东、西配殿,分别为阎王殿和伽蓝殿。

东跨院(东路)前殿为泰山庙,后为地藏殿、马神庙。寺院西墙外还有 2 座灵骨塔,周围松树环绕。当地相传,清嘉庆年间修建庙宇,后曾改为学校。1976 年毛主席去世时,在寺院中开追悼大会,1977 年拆除寺院建筑。大德寺内曾有 20 多通石碑,修水库时作为建材使用。

戏楼(剧场)　位于东南角外龙神庙南侧,1983 年 8 月拆毁戏楼后修建剧场。

(二)庄

1. 庄

庄的范围远大于城堡,范围包含约今日五分之四的村庄。庄开设 2 座东门,1 座西门。庄内平面布局为双东西、南北主街结构。

庄东门 2 座。南侧的东门无存,门内为东西主街,门南侧有干涸的水坑。东门内东西主街路北有许多旧房,宅门内的墙壁上有毛主席语录,路北侧保存有供销社。北侧的东门位于一条东西向巷子的尽头,庄门为土坯修建,砖砌拱券,上面镶嵌有门簪和门匾,门顶部坍塌,仅存外侧门券和两侧墙体,门内为东西主街(彩版 8-5)。

庄西门无存,现为缺口。

四周庄墙残存,均为黄土夯筑。复原周长(不含城堡西、北墙)约1 322米。城堡墙体与庄墙部分连接在一起,其中西墙北段、北墙西段与堡共用,城堡西南角的南侧即为庄西门遗址。堡北墙和庄北墙亦连接在一起。庄北墙大部分为房屋的后墙,高2~3米,墙体高薄,内侧为民宅,外侧为耕地,墙体普遍保存较差。北墙上建有一墩台,用途未知,在当年可起到登高眺望的作用。东北角尚存。庄东墙保存较差,墙体外侧为道路和房屋,墙体大多仅存基础,高1~2米,上面修建房屋。南墙仅存部分墙体,保存较差。

2. 寺庙

据当地长者回忆,庄内还有南街,南街开东门,东门外有观音庙,北侧有五道庙,但是我们并没有看到连贯的南街,可能与格局变化有关。

第十一节 西 蔡 庄 村

一、自然环境与人文历史

西蔡庄村位于南岭庄乡西北偏北5.2公里处,属丘陵区,村庄选址在两条冲沟之间的台地上,东侧紧邻冲沟,冲沟的上游为芦子涧水库。村庄西、北面为大片杏树林,村北、东、南面全部为沟涧,沟涧内为耕地和杏树林,地势平坦,为黏土质。1980年前后有461人,耕地2 200亩,曾为西蔡庄大队驻地。如今,村庄规模大,旧村在村南部,新村在城堡的西北侧。现在当地以赵姓为主,旧时以蔡姓为主,现在常住人口只有100~200人(图8.15)。本村村名来历与东蔡庄相似,因位于其他两堡之西,故取名西蔡庄。村名可考的历史最早见于《(正德)宣府镇志》,作"蔡家庄堡",《(嘉靖)宣府镇志》作"西蔡家",《(崇祯)蔚州志》《(顺治)云中郡志》《(顺治)蔚州志》作"蔡家庄堡",《(乾隆)蔚县志》《(乾隆)蔚州志补》《(光绪)蔚州志》《(民国)察哈尔省通志》均作"小蔡家庄"。

二、庄堡

(一) 西蔡庄村堡

西蔡庄村堡位于村南部,城堡平面呈矩形,周长约457米,开南门,堡内平面布局为丁字街结构(图8.16)。

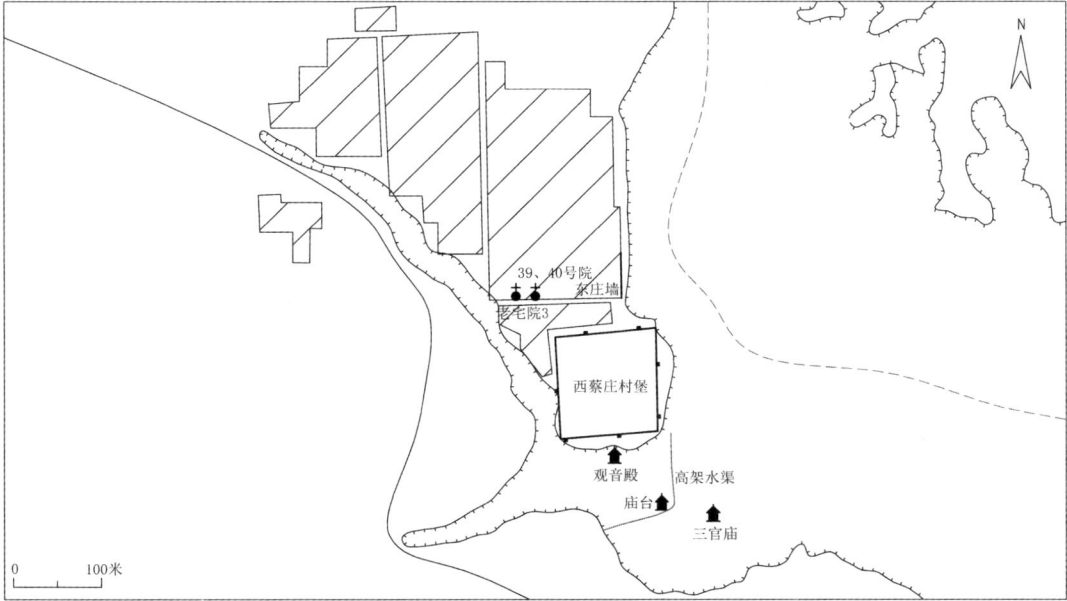

图 8.15　西蔡庄村古建筑分布图

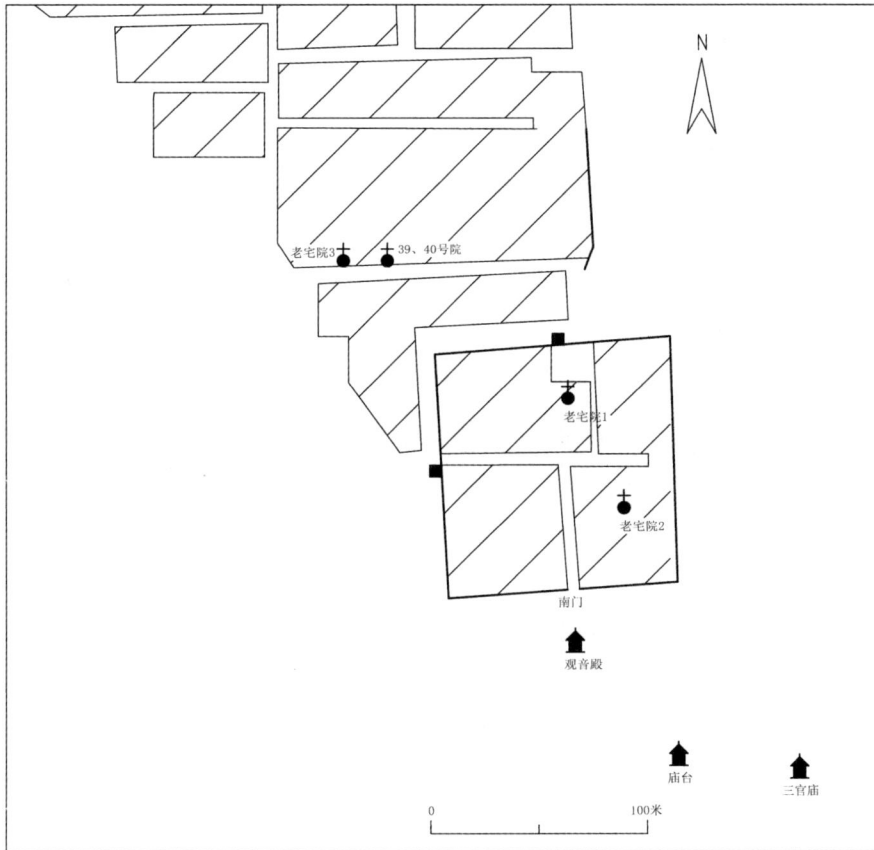

图 8.16　西蔡庄村堡平面图

城堡南门整体为条石修建的拱券门，1950年前后因修建芦子涧水库而拆毁，现为缺口。门外为一条自然石铺成的坡道。

堡墙均为黄土夯筑。东墙长约121米，高薄、连贯，高3～6米，墙体外侧为道路，内侧为民宅，由于修建在台地上，因此显得东墙很高。南墙长约109米，东段保存较差，仅存基础，高3～4米；西段墙体保存相对较好，墙体高薄、连贯，墙高6～7米，外侧为冲沟，内侧为民宅。西墙长约114米，大体连贯，墙体高薄，高4～5米，外侧为顺城路和民宅，内侧为民宅，部分民宅的大门破坏墙体；西墙中部有一较大的缺口，缺口南侧为坍塌的马面，马面以南的西墙由于紧邻冲沟，墙体无存，多坍塌。北墙长约113米，保存较好，高4～5米，墙体高薄、连贯，内侧为民宅，墙体多为民宅的后墙，外侧为荒地和道路。北墙中部有1座马面，体量较小，高4～5米，坍塌一半，保存较差。

城堡四角未设角台，仅为转角，西北角高4～5米。

堡西北侧为新村的主体。堡内居民少，老宅院少，主街仍为土路。

正街　即南门内的南北主街。东侧大部分为荒地、耕地和坍塌的房屋，尚存1座老宅院2，原规模较大，现仅存正房，正房后墙倒塌。西侧尚存几户居民。

后街　即丁字街东西街，街北侧大部分房屋已经废弃。老宅院1位于丁字街口北侧，原为两进院，现为一进院，仅存后院正房，为1座面阔五间的大瓦房，尚有人居住。

（二）庄

庄子位于城堡北墙外，庄墙破坏严重，庄门、四至未知。现存庄东墙，黄土夯筑，墙体高薄，高4～5米，保存较好。南墙无存，现为道路，路北侧尚存老宅院，即39、40号院和老宅院3，原为两进院，现为一进院。西、北墙无存。

三、寺庙

据当地长者回忆，城堡内外曾修建有五道庙、龙神庙、观音殿、三官庙，本村没有真武庙和关帝庙。寺庙拆毁于20世纪60年代及之前。

五道庙、龙神庙　位于堡南门内路东，现已无存。

观音殿　位于西蔡庄村堡南门外侧，南临沟壑，北对堡门内南北主街道。整座寺庙为坐南面北的倒座式。现存前后渐次增高的二进院落。整个庙院的基础高大，外立面包毛石。前院无建筑，正中开山门，随墙门，后院正中亦开随墙门（二道门），后院正南为1座正殿。正殿为单檐硬山顶，面阔单间，进深五架梁，山墙仍为旧构，其余部分新建。殿内参照旧壁画重新绘制壁画。当地长者回忆，观音殿建于20世纪30年代，2003年8月重修，补配瓦件，油饰彩绘等。殿门外廊下墙壁上镶嵌有功德碑，主办者为妙莲，还有做义工、彩绘者以及捐款的本村居士及善男信女的名单。

三官庙　位于观音殿东废弃的高架水渠旁,庙院保存较差,高 1～3 米,多坍塌为缺口。西墙已无存,为水渠所破坏。寺庙建筑已无存,现为耕地。

第十二节　芦子涧村

一、自然环境与人文历史

芦子涧村位于南岭庄乡驻地西北偏北 6.7 公里处,属丘陵区,村庄选址修建在芦子涧水库的南岸,南、北、西侧均临沟涧,东面地势较平坦,为黏土质,辟为大面积耕地,南、西面以杏树林为主。1980 年前后有 709 人,耕地 3 118 亩,曾为芦子涧大队驻地。芦子涧水库修建于 20 世纪 50 年代,周边千沟万壑,水库处于这些冲沟的汇集处,水库的下游与壶流河交汇。如今,芦子涧村规模大,居民多,旧村位于村庄的西南部,占全村三分之一的面积。村庄居民以李、康姓为主,常住人口不足 300 人(图 8.17)。

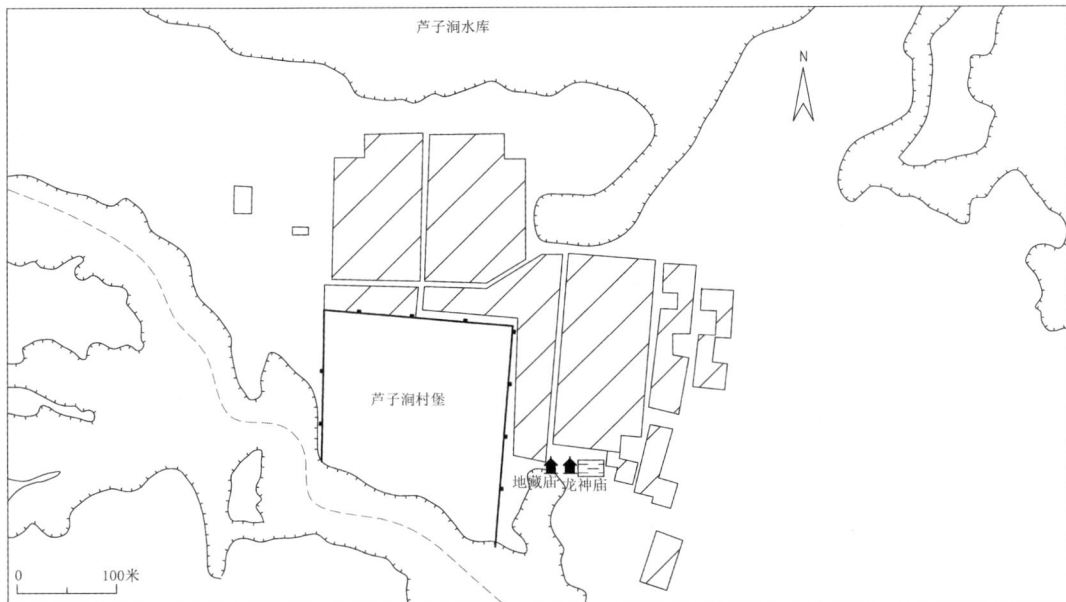

图 8.17　芦子涧村古建筑分布图

相传,明朝初期这里曾有过湖涧,生长芦苇,建村时故取名芦子涧。村名可考的历史最早见于《(乾隆)蔚州志补》,作"楼子涧",《(光绪)蔚州志》沿用,《(民国)察哈尔省通志》作"卢子涧"。

二、城堡

芦子涧村堡位于村庄西南部旧村中,选址于两条涧沟之间所形成的狭长台地的一端,其西、南靠涧沟,其东面为一片平川。城堡平面呈矩形,四至未知,周长残长437米,开东、西门。堡内平面布局为东西主街结构,两侧为巷子。街与南墙平行,同样呈东南—西北走向。

城堡的东、西堡门全部为条石修建的拱券门,1958年修建水库时拆卸条石用作建材,如今东门为缺口,且东门并非位于东墙正中,而是略偏南开门。东门外水泥路南侧有近代影壁。影壁的东面、水泥路北有干涸的坑塘。坑呈矩形,四周已修缮,坑边长有许多高大的树木。西门建筑无存,现存为缺口,门外有新建的土坯影壁。西门内不远处的主街北侧有一干涸的坑塘(图8.18)。

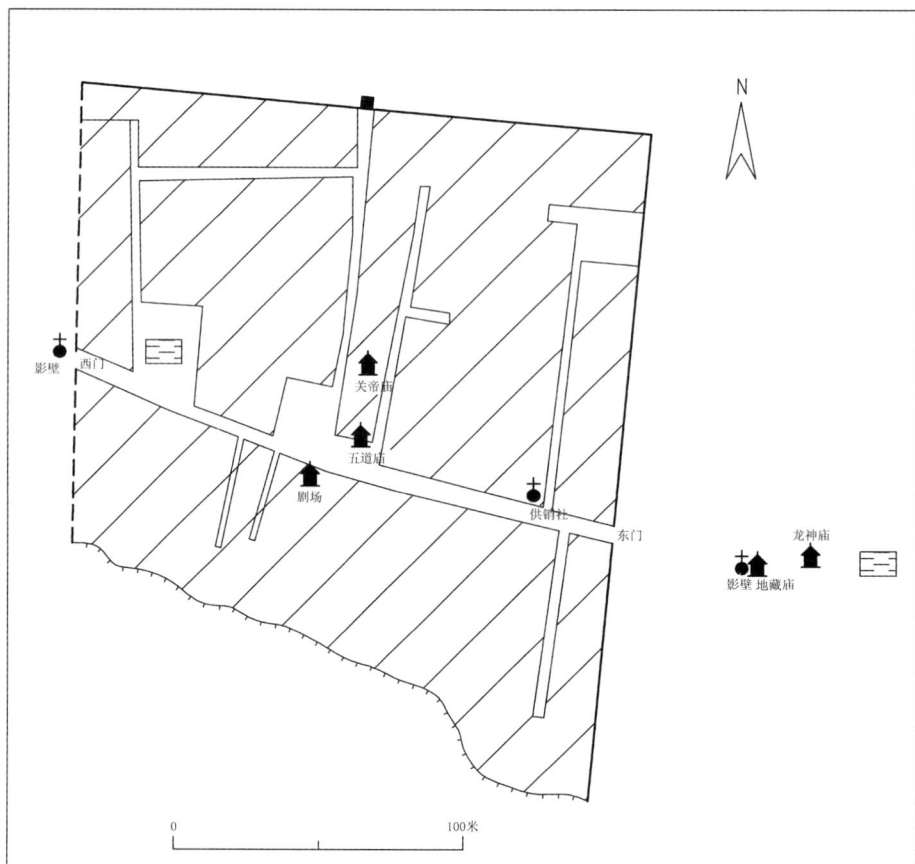

图 8.18　芦子涧村堡平面图

堡墙均为黄土夯筑。东墙长约238米,北段保存较好,墙体高薄,高4~5米,墙体外侧为道路和房屋,内侧为民宅。南段墙体高薄、连贯,高 2～5 米。南墙无存,为冲沟所破坏。西墙、西门外为台地和冲沟,冲沟宽大、幽深,沟底尚有流水和耕地,墙体紧邻冲沟而建,西墙南段无存;西墙北段墙体断断续续,墙高 2～5 米,大部分墙体坍塌严重,现存为基础,多为民宅所占据,墙外为荒地和耕地。北墙长约 199 米,保存较差,墙体多坍塌,且有许多缺口并修建房屋,北墙外为顺城路和新建的民宅,内侧为民宅。北墙西段保存较差,墙体高薄,高 3～4 米;北墙东段墙体保存相对较好,墙体高 4～5 米,墙体连贯,内侧为房屋,外侧为道路和房屋,墙体高厚,保存较好。北墙中部修建有马面,高 5～6 米,顶部真武庙已无存。

东南角台仅存三分之一,体量大,高 6～7 米。西南角无存,为冲沟所破坏。西北角无存,为平地。东北角仅为转角。

堡东门内主街北侧有 1 座废弃的供销社,主街两侧多为巷子,民宅多废弃、坍塌,新房较少。村民多已迁出,只剩为数不多的宅院有人居住。

三、寺庙

据当地长者回忆,芦子涧村曾有地藏庙、龙神庙、罗汉庙、西佛寺、五道庙、龙亭、真武庙、观音殿、关帝庙、戏楼。庙宇建筑于 20 世纪六七十年代拆毁。

地藏庙　位于东门外影壁处,现已无存。

龙神庙　位于水坑西岸大柳树下,现已无存。

罗汉庙、西佛寺　位于西门外,已无存。

五道庙　位于关帝庙前,现已无存。

龙亭　位于关帝庙戏楼对面,现已无存。

真武庙　位于北墙上,现已无存。

观音殿　位于堡内东南角,现已无存。

关帝庙　位于堡内中部,附近地势开阔,为一小片空地,关帝庙处于 1 座院内,即大队部,院门两侧起八字影壁,分别写有"开拓进取"与"创新务实",上面还按了密排的红手印。大门东侧曾建有五道庙,现为平地。关帝庙正殿保存较好,坐北面南,面阔三间,硬山顶,进深五架梁出前檐廊。门窗全部改造,前檐额枋上还残存有清末民初时期的彩绘,殿内梁架上也有少部分彩绘,顶部脊檩上彩绘《八卦图》。殿内为砖铺地面,四周墙壁涂刷白灰浆,将壁画全部遮盖,只有山尖尚可见壁画。

戏楼　位于关帝庙对面,1972、1973 年前后将戏楼拆毁,在戏楼基础上修建剧场,剧场内可见旧戏楼的梁架木料。正面门楣上书"工农兵舞台",剧场顶部的东西两侧已有部分坍塌。剧场的北面正对一条巷子,巷子的尽头为北墙马面上的真武庙。

第十三节　赵家窑村

一、自然环境与人文历史

赵家窑村位于南岭庄乡驻地西北 5.5 公里处,属丘陵区。村庄选址在两条涧沟间的台地上,北靠坡,东侧是一片平川,地势较平坦,为黏土质,辟为农田。1980 年前后有194 人,耕地 1 058 亩,曾为赵家窑大队驻地。如今,村庄规模较小,旧村位于整个村庄的西南部。村民以赵姓为主,常住人口不足 100 人(图 8.19)。

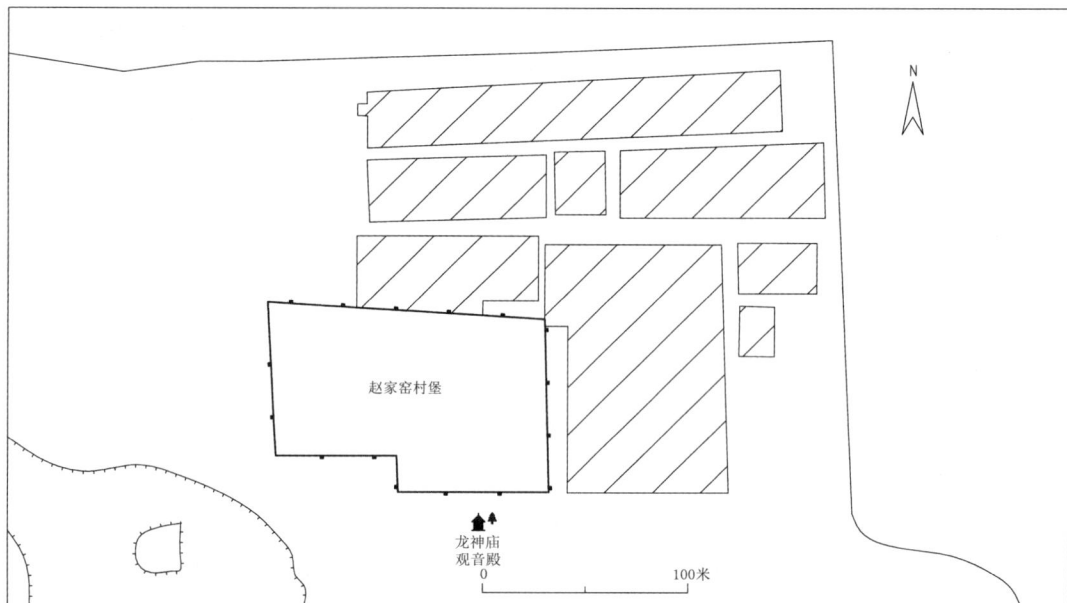

图 8.19　赵家窑村古建筑分布图

相传,清乾隆九年(1744),本县吴家浅赵宗因与本村人不和,便在崖下挖窑居住,建村后据此取名赵家窑。村名可考的历史最早见于《(民国)察哈尔省通志》,作"赵家窑"。

二、城堡

赵家窑村堡,位于村庄西南部的旧村中,城堡南临沟涧,平面呈矩形,东西狭长,南北短,周长约 434 米。城堡开南门,因地形原因堡门偏东。城堡内平面布局为丁字街结构。

南门为土坯砌筑修建的拱券式堡门,外侧为券形门洞,内侧为木梁架结构,保存较差,外立面无包砖(彩版 8-6)。堡门前及门道为自然石铺的路面,门内为中心街,正对北面真武庙(图 8.20)。

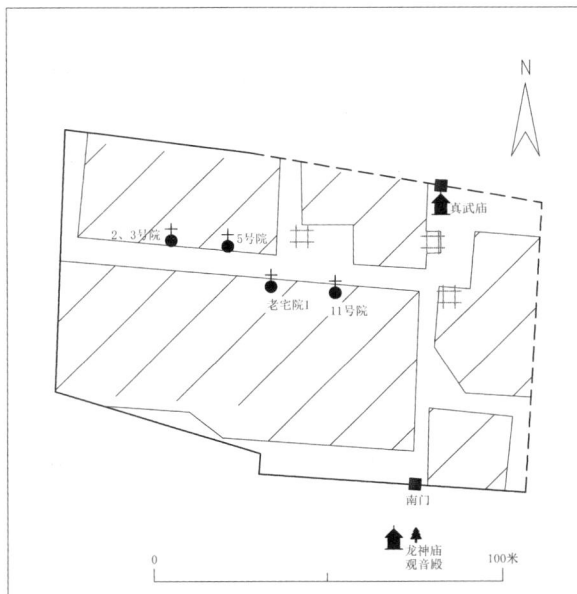

图 8.20　赵家窑村堡平面图

堡墙均为黄土夯筑。东墙无存,为民宅和道路占用,墙体复原长 81 米。南墙长约147 米,仅存基础,上面修建民宅。西墙长约 71 米,紧邻台地修建,墙体仅存基础,上面有后代修建的庄墙,墙高 3～4 米,较薄,墙外为荒地,庄子将村庄包围起来。北墙长约135 米,北墙西段为民宅占据,现仅存 2 米高的基础,位于民宅后,东段为水泥路和民宅占据。北墙中部设马面,骑墙,高 3～4 米。

城堡四角无角台,仅为转角。

堡内居民较少,民宅多废弃、坍塌。老宅院主要位于丁字街西街。

后街　即丁字街西街,老宅院 1、11 均位于南侧,一进院。5 号和 2、3 号院位于北侧,原为两进院,现为一进院。5 号院,广亮门,硬山顶,门东侧墙上贴有门神神位。3 号院,广亮门,硬山顶,门东侧墙上贴有门神神位,院内影壁、倒座房与正房尚存。供奉门神,在蔚县较为少见。

三、寺庙

据 81 岁的赵姓老人回忆,村庄里旧时曾修建有五道庙、龙神庙/观音殿、真武庙、井龙神龛(2 座)(彩版 8-7)。因村庄规模小,未修建关帝庙和戏楼。

五道庙　位于堡外东侧,20 世纪六七十年代时拆毁。

龙神庙/观音殿　位于村南口的台地上,正对堡门(彩版 8-8)。基础为夯土台明,高于周围地面。正殿面阔单间,硬山顶,进深五架梁出前檐廊,殿内采用隔墙分为南北两殿,面南为龙神庙,面北为观音殿,殿内墙壁尚存清中晚期的壁画,壁画表面多为泥土、白灰浆所覆盖,保存较差。殿西侧长一株大树。

龙神庙,坐北面南,进深占二椽,门窗无存,殿内尚存壁画,壁画表面多为泥土、白灰浆覆盖,保存一般。西壁内侧辟有一门,现已被封堵。

正面主画面损毁严重,隐约可见正中供奉一位主神,两侧各有一位神像,背靠屏风,周边绘侍者,但屏风之上部无诸行雨辅助之神。如今墙上贴着3个神位,正中为龙王奶奶之位,东侧为龙姑姑之位,西侧为龙王爷之位。若沿用旧时壁画格局,则在蔚县属孤例,此种布局类似陕北地区的龙神庙风格。

东壁绘有《出宫行雨图》,画面至少有90％以上被泥浆覆盖,只剩下上部右上角的2位功曹、雷公与左上角的传旨官,左下角隐约可见水晶宫。

西壁绘有《雨毕回宫图》,左侧部分残存。左上部绘有一株松树,下方有一小神正费力地将一条龙束缚其上,前面便是回宫的队伍。压在后面的有虹童、钉耙神、电母与风婆;下方黑脸龙王回首与判官正在进行交流;前方还有一位龙王。再向前画面已被毁坏。右上角传旨官策马向前,双手捧玉旨向玉帝伸出的手交旨。

从西壁仅存的壁画看,画中应是5位龙神,但却没有坐骑。从画中神祇的形象来看,功曹的大胡子、钉耙与猪首,还有西壁底部哺乳的场景,这些都是他处未见的题材。钉耙与猪首被浓浓的云雾相隔,或许钉耙神的身体部分便在云雾之中,而猪首便是钉耙神的头部,这为我们判断钉耙神是否为天蓬元帅提供了线索。

观音殿殿内墙壁壁画表面多为泥土、白灰浆所覆盖,保存较差。正壁绘《观音坐堂说法图》,正中为观音,两侧上部为善财童子与龙女,但龙女画面已损;观音边上各有一位护法神将。此《观音坐堂说法图》虽为单间式,但构图布局、绘画手法与众不同,其中缺少文财神与武财神,两侧护法形象高大,但善财童子与龙女却被挤到了观音的两侧肩处。说明所用粉本与其他村庄常见的观音殿壁画完全不同。

两山墙内壁壁画分为上下两部分,上部为观音"救八难"题材,各绘4幅,下部各绘9位罗汉,受损严重。这个《观世音菩萨普门品》中的榜题内容,不是四句全部,而是选择其中关键的一句,部分语句中还有同音字代替。

刀寻破破坏	应时德消散
如日虚自身	寻声自回去
不能损一毛	疾走无边方
还着于本人	易然寻解脱
观音、龙女与善财童子	
龙神庙	

真武庙 位于北墙马面上,现仅存1座正殿(彩版8-9)。庙台前置14阶踏步,现踏步砌砖已无存,表面抹上水泥。正殿坐北面南,面阔单间,硬山顶,体量较小,殿内无壁画。庙前有村委会广播喇叭,庙东侧有一株大树。

井龙神龛 共2座,均位于水井房内。1座位于丁字街街口东南角的水井房内墙壁上,该水井已干涸。另1座位于丁字街口正北面真武庙下的水井房内墙壁上,该水井房尚在使用,水量较大。井房供井神在蔚县境内较为常见。

第十四节 西 方 城 村

一、自然环境与人文历史

西方城村位于南岭庄乡东北1.5公里处,属丘陵区,北邻沟,地势较平坦,为黏土质,辟为耕地。1980年前后有594人,耕地3450亩,曾为西方城大队驻地。如今村庄分为新、旧两部分。旧村在152乡道以北的涧沟北侧,由中间的旧堡、西侧的小堡和东侧的东庄3部分组成。新村在152乡道以南,紧邻152乡道,由3条南北主街和1条东西主路组成。1989年,因村旧址水源枯竭,当地村民全部从旧村搬迁到新村。外迁之后,旧村建筑陆续坍塌,目前已是一片废墟。当地村民以曲、侯、郑姓为主,全村近600人。此外,村西不远处为S10张石高速西方城出入口(图8.21)。

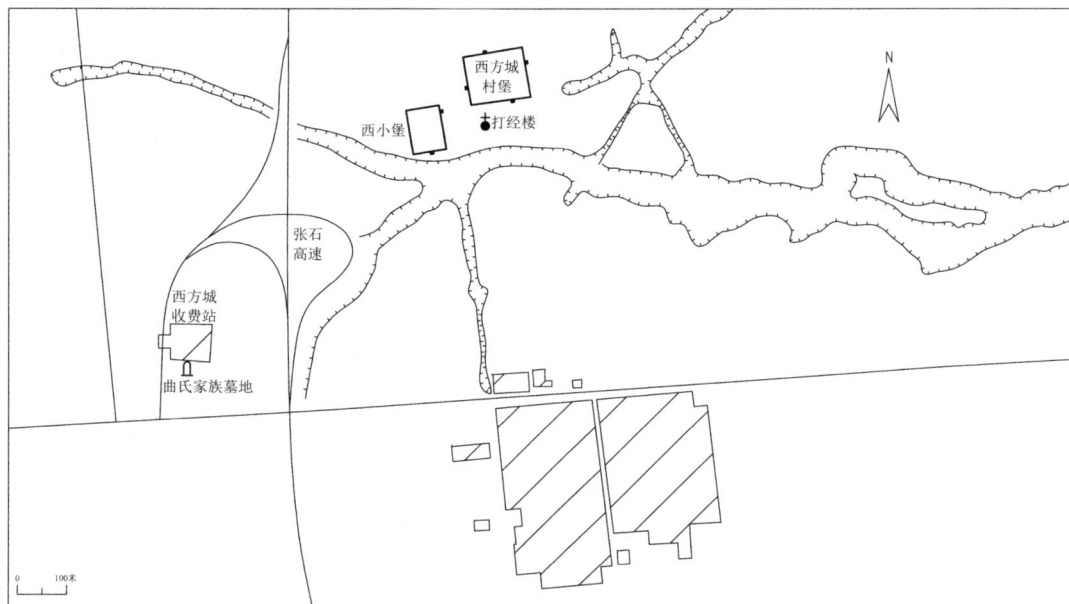

图 8.21 西方城村古建筑分布图

相传,清雍正二年(1724)曲姓在此建村,因地形成方,即取名曲家方城。后又据其位于班家方城之西,更名为西方城。村名可考的历史最早见于《(民国)察哈尔省通志》,作"西方城"。

二、庄堡

(一)西方城村堡

西方城村堡位于旧村内,堡平面呈矩形,周长约 435 米,堡内平面布局为丁字街结构。

城堡开南门,南门原为石砌拱券结构,现残存部分为石条,门道亦成为水冲沟。

南门外有夯土高台,顶部建打更楼,楼坐北面南,面阔单间,卷棚顶,门窗无存,东、西山墙上开有窗户,南门外附近多为废弃的民宅,一片断壁残垣,仅存基础(彩版 8-10、11)。南门外不远处有一条宽阔幽深的沟涧,沟涧两壁的土为青白、红色,涧沟内有清澈的碧水。在蔚县严重缺水的状况下,能在涧沟中见到这一片水,如同进入了沙漠中的绿洲一般。

堡墙均为黄土夯筑。东墙长约 101 米,仅存基础,由于堡内地面高于堡外,因此墙体内侧为平地,外侧为斜土坡,高 2～3 米。南墙长约 120 米,墙体现为基础,高低起伏不平。西墙长约 99 米,外高内低,外高 5～6 米,内高 4～5 米,墙体连贯,保存一般,南部墙体多有坍塌,墙体中部偏北有 1 座马面,马面较小,高 5～6 米,西墙墙外为荒地和道路以及台地。北墙长约 115 米,高 3～4 米,墙体外侧有积土坡,墙外为荒地和道路,内侧较高,为斜坡,内侧为废弃的房屋。北墙中部偏西设有 1 座马面,保存较好,高 5～6 米,为原高。

东南角为基础,高 2 米。西南角台保存最为完好,修建平地之上,角台为 90°直出角台,体量大,平面呈方形,高近 10 米,保存较好,蔚为壮观。西北角设 90°直出角台,保存较好,外高 7～8 米,原高,体量大,顶部宽平。东北角设 90°直出角台,保存较好,高 5～6 米,体量大,基本为原始高度,顶部较平,立面保存较好,但墙体有开裂。

堡内原为丁字街结构,两侧为房屋,现房屋全部坍塌,形成高低起伏不平的基础,沦为大面积的荒地。

(二)西小堡

西小堡位于西方城村堡西侧,现为 1 座废弃的小城堡,修建时间晚于西方城村堡。平面呈矩形,周长约 298 米,门向未知。堡内已彻底废弃,北部大部分为耕地,南部为废弃的民宅,原先的房屋多坍塌成为高低起伏不平的基础,堡内平面结构未知。

堡墙均为黄土夯筑,保存差,现存多仅为基础。东墙现为平地,墙体复原长约 85 米。南墙无存,现为院墙,南墙复原长约 63 米。西墙无存,在原先的基础上修建院墙,墙体外侧为道路和台地,内侧为耕地和民宅,西墙复原长约 85 米。北墙长约 65 米,坍塌严重,仅存基础,外侧为平坡,内高 1 米左右。

东南角无存,已彻底坍塌。西南角设 90°直出角台,保存较小,高 3～4 米。西北角设

90°直出角台,体量较大,保存较好,高 4～5 米,上面长有树木。东北角无存。

三、寺庙

据当地 77 岁的侯姓长者回忆,旧时城堡内修建有梓潼庙、马神庙、关帝庙、五道庙、药王庙、龙神庙、观音殿、戏楼。上述寺庙在村民外迁至新村后拆毁。

龙神庙　位于堡内东侧,现已无存。

观音殿　位于南门外,正对堡门。现已无存。

戏楼　位于南门内,正对关帝庙。现已无存。

曲氏家族墓地　位于西方城村西北约 500 米处,张石高速西方城收费站办公区南侧。墓地呈方形,边长 50 米,四面均为公路包围,现为一片荒地,尚存 10 余座封土,石碑 9 通,其中尚可分辨出明天启 2 通;清顺治 1 通,康熙 3 通;中华民国 1 通。其中较为重要者为天启三年(1623)《曲氏建坟碑记》(拓 8.1、拓 8.2),石碑尚竖立,露出地面部分残高 137 厘米、宽 65 厘米、厚 18～18.5 厘米,碑阳为天启三年(1623)《曲氏建坟碑记》,碑阴刻曲氏家族世系。旁边有碑首,长 76 厘米、宽 62 厘米、厚 19 厘米,碑阳为《建立碑记》(拓 8.3),碑阴为《撰书篆记》(拓 8.4)。

据《曲氏建坟碑记》记载:"周室之分,旧有曲姓,至宋高宗时就有曲端可考,逮元乱忧北……任广昌县守备……大明天启三年。"又据民国重立碑记载:"大明镇房将军曲公讳官字德罨夫人张冯氏之墓民国九年庚申八月。"

第十五节　东 方 城 村

一、自然环境与人文历史

东方城村位于南岭庄乡东北 3 公里处,属丘陵区,西、南靠沙河,地势较平坦,为黏土质,辟为耕地。1980 年前后有 862 人,耕地 4 048 亩,曾为东方城大队驻地。如今,村庄规模很大,旧村在整个村庄的西北部。据当地 70 岁的班姓老人(1971 年担任书记,共 17 年)回忆。旧时东方城村民共 17 个姓,以班、刘姓为主,其中班姓 82 户,刘姓 57 户,其他姓的人较少。如今村中只有 400 余人居住,多外出打工(图 8.22)。

相传,清雍正二年(1724)班姓在此建村。因地形成方,即取名班家方城,后随曲家方城村名之变迁,更为东方城。村名可考的历史最早见于《(乾隆)蔚州志补》,作"班家方城",《(光绪)蔚州志》沿用,《(民国)察哈尔省通志》作"东方城"。

拓8.1　南岭庄乡西方城村西曲氏家族墓地天启三年《曲氏建坟碑记》碑阳拓片（李春宇　拓）

拓8.2 南岭庄乡西方城村西曲氏家族墓地天启三年《曲氏建坟碑记》碑阴拓片(李春宇 拓)

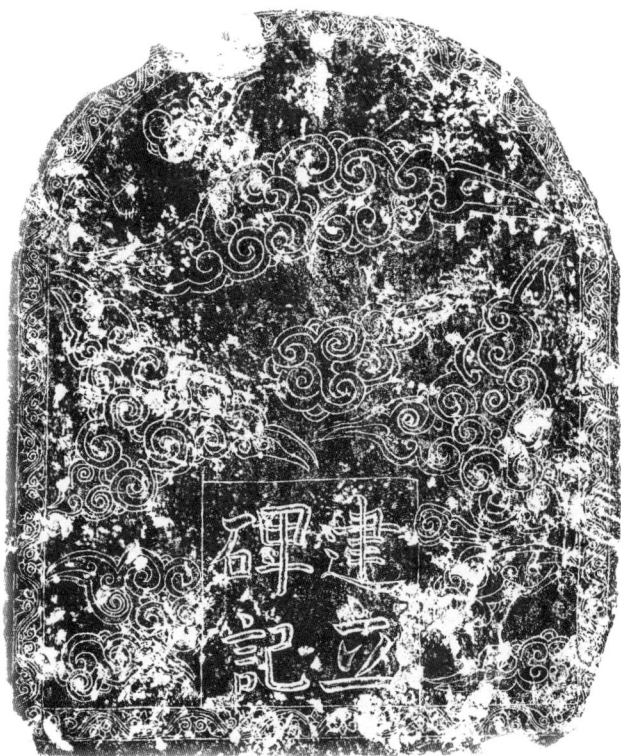

拓 8.3　南岭庄乡西方城村西曲氏家族墓地《建立碑记》(李春宇　拓)

拓 8.4　南岭庄乡西方城村西曲氏家族墓地《撰书篆记》(李春宇　拓)

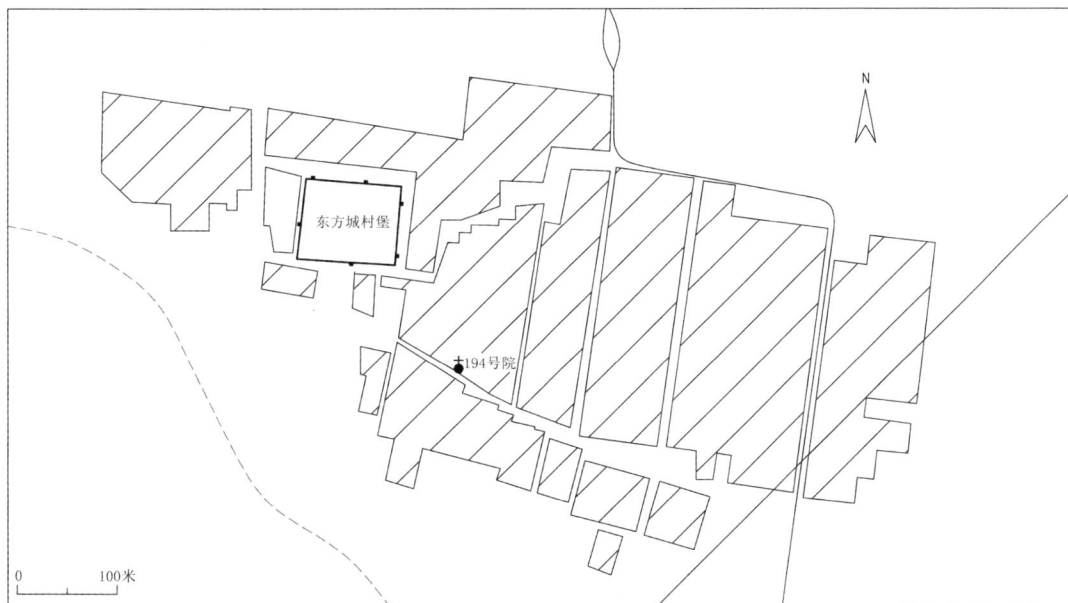

图 8.22　东方城村古建筑分布图

二、庄堡

本村曾修建有东方城村堡、小西堡、庄。

东方城村堡　位于村庄西北旧村中部,城堡平面呈矩形,周长约 355 米,开南门,堡内平面布局为丁字街结构(图 8.23)。城堡规模小,保存差。只有通过观察台地的边缘才能厘清城堡的范围。

南门现仅为一缺口,门外地势开阔,为一个小片空地。

堡墙均为黄土夯筑。东墙无存,上面修建房屋,墙体外为冲沟,东墙复原长度约 80米。南墙仅存 1 米高的基础,上面修建房屋和院墙,墙体复原长度 100 米。西墙仅存基础,上面修建房屋,复原长度约 80 米。北墙仅存基础,墙体内外均为房屋,复原长度约 95 米。东南角无存,为平地。西南角仅存 1 米高的基础,上面修建房屋。堡内居民少,大部分居民搬迁至新村居住。

小西堡　位于城堡西侧,建筑早已无存,旧称为“前街”,目前仅 3 户居民居住。

庄　位于堡外,开东、西、南、北 4 门,现四至未知。

三、寺庙

旧时城堡内外曾修建有龙神庙/观音殿、戏楼、真武庙、关帝庙、五道庙(2 座)。据当地 70 岁的班姓老人回忆,村中的寺庙在 20 世纪六七十年代时仅破坏了神像,并未拆除寺庙建筑。后因村庄修建学校的需要,于 1982 开始拆除寺庙建筑,至 1983、1984 年达到高

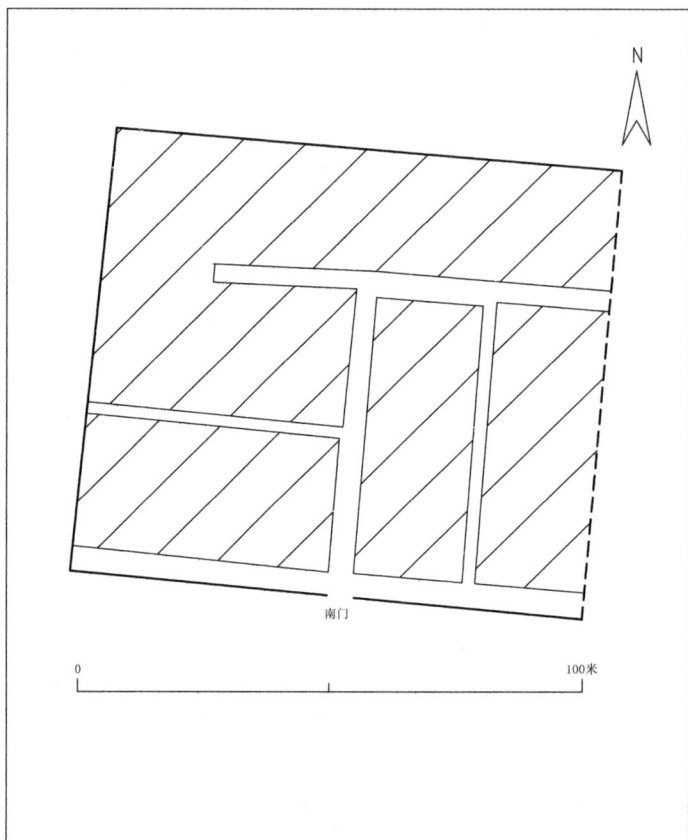

图 8.23　东方城村堡平面图

潮，拆下来的木料用于修建校舍。

龙神庙/观音殿　位于城堡南门外西侧，现已无存。

戏楼　位于龙神庙对面，戏楼拆毁较早，70 岁的老人未见，现戏楼位置已成为打谷场。

真武庙　位于北墙马面上，正对堡门，现已无存。真武庙位置现在为 1 户民宅，居住 1 位 87 岁的独居老人。

关帝庙　位于堡内。现已无存。

五道庙　共 2 座。现已无存。

第十六节　甘 庄 子 村

一、自然环境与人文历史

甘庄子村位于南岭庄乡东北 3.9 公里处，属丘陵区，东临水库，地势北高南低，为黏土质,辟为耕地。1980年前后有860人,耕地4266亩,曾为甘庄子大队驻地。如今,村庄分为新、旧两部分。旧村在整座村庄的西北角外,即城堡所在地。新村在堡东南,新村规模大,居民多。居民以薛、李姓为主(图8.24)。

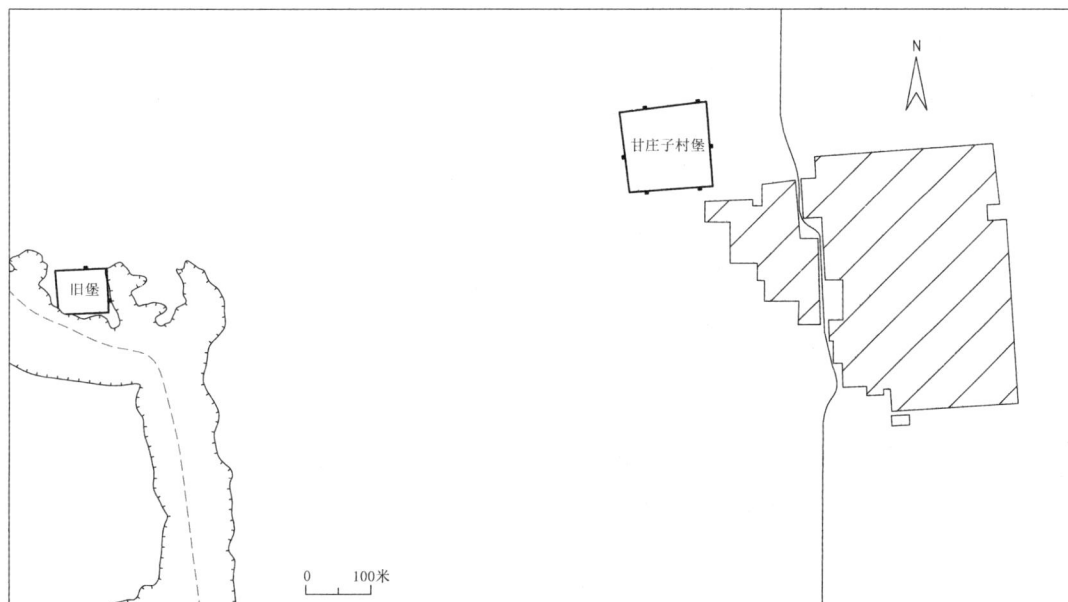

图8.24 甘庄子村古建筑分布图

相传,明末清初建村时,为使村兴旺居首,取名乾庄子。村名可考的历史最早见于《(顺治)蔚州志》,作"甘庄子堡",《(乾隆)蔚州志补》作"甘庄子",《(光绪)蔚州志》《(民国)察哈尔省通志》沿用。

二、城堡

(一)甘庄子村堡

甘庄子村堡,位于旧村西北角外,与村庄并不连在一起,中间间隔一条土路。城堡平面呈矩形,周长约526米,规模较小,损毁严重,堡内平面布局为南北主街结构(图8.25)。

城堡开南门,砖石木梁架结构,基础为条石砌筑,上面青砖垒砌门颊,顶部为木梁架平顶结构(彩版8-12)。外侧拱顶上方原镶嵌有门匾,现门匾无存,门道为土路。堡门结构简单,推测是清代或近代修建。门洞内东侧墙体下侧放1通石碑,碑面风化严重,字迹漫漶,可见"福□寺碑记"字样,落款埋于土中,年代未知。南门外有废弃的砖砌台明,为关帝庙/观音殿遗址。

堡墙均为黄土夯筑,保存差,系年久失修,自然坍塌。东墙长约133米,保存较好;北段墙体高薄,高5～6米,外侧为耕地,内侧为民宅,墙体中北部设1座马面,保存较好,高于

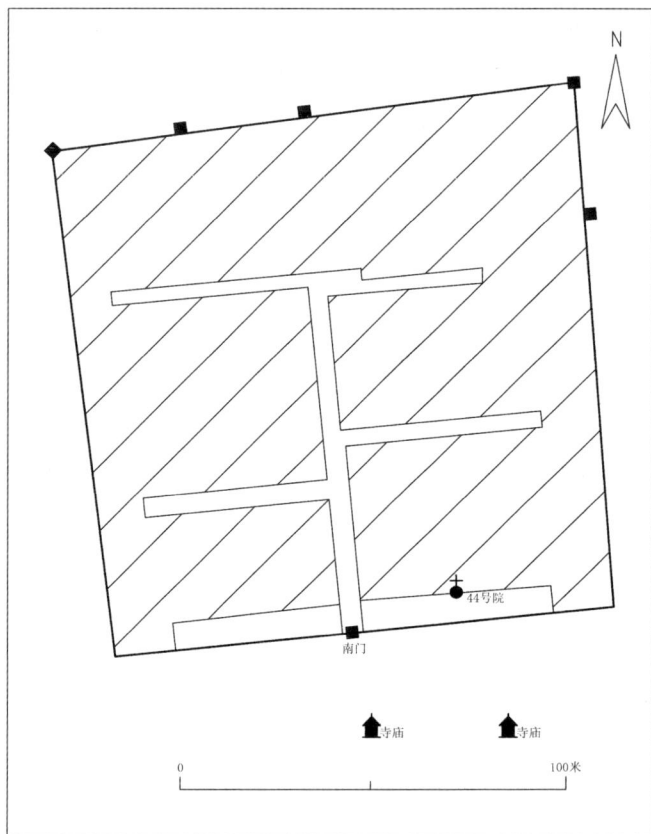

图 8.25　甘庄子村堡平面图

墙体;东墙南段墙体多坍塌,墙体低薄,高 3~4 米。南墙长约 130 米,现存为斜坡状基础,高 1~2 米。南墙外有壕沟,已淤平。西墙长约 133 米,墙体高薄、连贯,多坍塌,保存较差,外高 4~5 米,外侧为积土坡、道路以及耕地,内侧为倚墙而建的民宅。北墙长约 130 米,北墙西段墙体高薄,高 5~6 米,外侧为耕地和台地,墙体内侧为民宅,北墙中、西段外侧还有庄墙遗存;北墙东段保存一般,墙体连贯,少有坍塌。北墙上设 2 座马面,西马面坍塌严重,现存体量小;东马面呈方形,体量大,保存较好,高 6~7 米。

东南角、西南角为转角。西北角设 135°斜出角台,保存较小,高 6~7 米。东北角设 90°直出角台,坍塌一半,高 6~7 米。

堡内民居多废弃、坍塌,居民陆续外迁去新村居住,居民少。目前堡内仅 4 户 7 人居住,全部姓马。南墙东段内侧有 1 座老宅院,即 44 号院,一进院,尚有人居住。

(二) 旧堡

甘庄子旧堡位于村西约 1 200 米的涧沟东北侧的耕地之中,与添河涧村废弃的城堡遥遥相望(彩版 8-13)。

城堡平面呈方形,开东门,周长约 288 米,保存较好,南、西、东三面为台地和冲沟,地势险要。北面为平地,辟为耕地。

堡墙均为黄土夯筑,保存较好,墙体高薄。东墙长约 62 米,偏南的部分墙体有坍塌,仅存基础,其余保存较好,高 5～6 米。东墙上现存 1 处缺口,缺口偏北,靠近东北角,推测为城堡东门遗址。南墙长约 80 米,保存较好,高 5～6 米,南墙中部掏挖一小门洞。西墙长约 64 米,保存较好,高 5～6 米,墙体高厚,基本为原高。北墙长约 82 米,保存较好,墙体高薄连贯,高 4～5 米,内外侧为耕地。

西南角坍塌为缺口。西北角仅为转角。东北角设 135°斜出角台,体量大,高 5～6 米。堡内辟为耕地,无房屋遗存。格局未知。

三、寺庙

据当地 83 岁的马姓老人回忆,本村寺庙齐全。南门外为寺庙群,本村大部分庙宇全部修建此地,主要有玉皇庙、关帝庙/观音殿、佛殿、龙神庙、戏楼等;南门正对是关帝庙/观音殿,东南侧是龙神庙,西侧是五道庙,残存的台明上是玉皇庙,真武庙在北墙马面上,西南角外有五道庙 1 座。寺庙于 10 年前拆毁建房。

第十七节　添河涧村

一、自然环境与人文历史

添河涧村位于南岭庄乡北偏东 3.8 公里处,属丘陵区,南临沟,地势较平坦,为黏土质,村北为杏树林,西靠 S10 张石高速,东、南、西面辟为耕地。1980 年前后有 446 人,耕地 2 070 亩,曾为添河涧大队驻地。如今村庄狭长,东、西两部分为新村,中部偏北为旧村,旧村由城堡、西庄两部分组成。当地居民以张、李姓名为主,村内尚有 100 余人居住。新村外侧围有一圈庄墙,夯土墙高 2～3 米,保存较好(图 8.26)。

相传,明嘉靖三十年(1551)建村于河涧(当地称沙河为河涧)的一侧,人们希望水源丰富,故取村名添河涧。村名可考的历史最早见于《(嘉靖)宣府镇志》,作"天河涧",《(乾隆)蔚县志》沿用,《(光绪)蔚州志》作"添河涧",《(民国)察哈尔省通志》作"天河涧"。

二、城堡

添河涧村共有 2 座城堡,1 座为建于河涧边上的废堡,1 座是在其北侧平地上的添河涧村堡。我们推测,废堡修建时间早于添河涧村堡,因废堡被河涧冲毁西南角后,居民北迁修建添河涧村堡。

图 8.26　添河涧村古建筑分布图

（一）添河涧村堡

据《（民国）察哈尔省通志》记载："添河涧堡，在县城东北五十里，明嘉靖三十年土筑，高一丈四尺，底厚六尺，面积六亩二分，有门一，现尚完整。"[1] 添河涧村堡今位于旧村中，城堡平面呈矩形，周长约505米，堡内平面布局为十字街结构（图8.27）。

城堡开南门，堡门原为砖石拱券结构，1958年因为修水库，拆卸砖石用作建材，如今仅存土坯修建的墙体，木梁架结构，建筑结构简单（彩版8-14）。门前有一片空地，门内东侧为登城口，门内正北为南北中心街。

堡墙均为黄土夯筑。东墙长约119米，墙体断断续续，高低起伏不平，多坍塌形成缺口，墙体高薄，高3～4米，墙体外侧为荒地和道路，并长有许多树木，内侧为民宅。南墙长约131米，破坏严重，墙体现存基础，墙外有壕沟，沟边长有树木。南墙东段仅存几小段墙体，墙体高薄，多坍塌，高3～5米；南墙西段墙体现为基础。西墙长约122米，多为房屋的后墙，墙体局部高薄、连贯，高3～4米，原先的堡墙多已无存，外侧为荒地和树林，墙内为民宅。北墙长约133米，墙体低厚、连贯，顶部平整，少有坍塌，高4～5米，墙体外侧为荒地，内侧为民宅；墙体中部设1座马面，坍塌一半，马面顶部曾建真武庙，现已无存。北墙外侧为冲沟及大片的平地，一马平川，辟为杏树林。

东南角为转角，高5米。西南角无存，为平地。西北角为转角。东北角为转角，高4～5米。

堡内居民仅剩几户民宅尚有人居住，其余大部分民宅房屋废弃、坍塌。

---

[1]　宋哲元：《（民国）察哈尔省通志》，国家图书馆藏1935年铅印本，第6～14页。

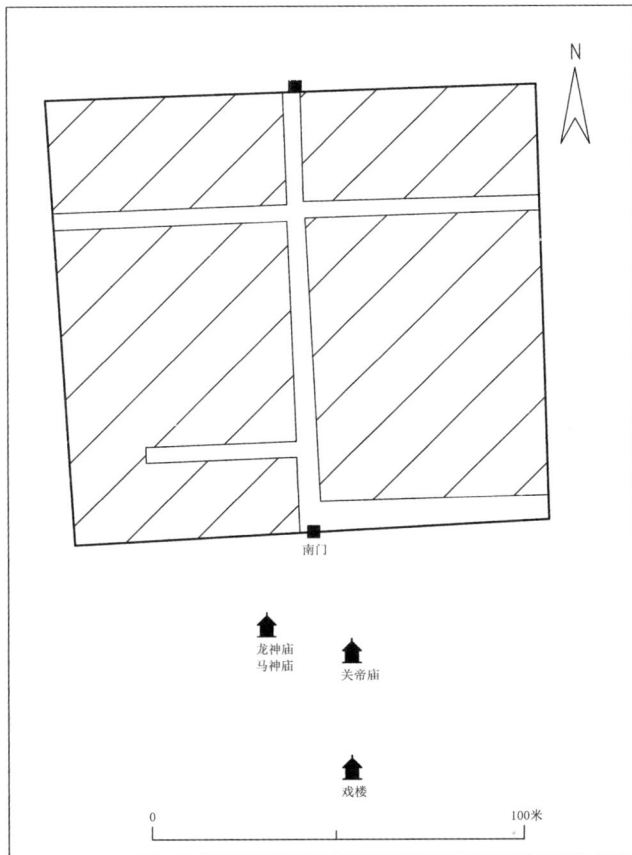

图 8.27 添河涧村堡平面图

（二）废堡

废堡位于村南约 1 000 米的两条冲沟的交汇处。城堡平面大致呈矩形，周长约 355 米。城堡三面临冲沟，东、南、西为台地和冲沟，冲沟宽大幽深，地势险要。仅北部为平地，辟为耕地。

城堡开南门，现为缺口。

堡墙均为黄土夯筑。东墙长约 89 米，保存较好，中部有少许坍塌。南墙长约 90 米，墙体不直，中间有曲折，墙体中部开门，现为缺口，门外尚存出堡下沟汲水的道路。西墙长约 92 米，保存较好，墙体高薄，高 4～5 米，墙体内外均为耕地。北墙保存较好，长约 84 米，墙体高薄、连贯，高 4～5 米，顶部有坍塌形成的缺口。

西南角及附近墙体为冲沟所冲毁，其余保存较好。西北角为缺口。

堡内无人居住，废弃较早，现为大面积的耕地，格局未知。

三、寺庙

据当地 77 岁的张姓长者回忆，添河涧原修建有阎王殿、泰山庙/观音殿、真武庙、五道庙（2座）、关帝庙、戏楼（2座）、龙神庙/马神庙。村中寺庙拆毁于1958年。

阎王殿　位于关帝庙北侧，现已无存。

泰山庙/观音殿　位于堡外西南方，现已无存。

真武庙　位于堡内北墙上，现已无存。

五道庙　共2座。1座位于真武庙。1座位于西庄内。现均已无存。

关帝庙　位于城堡南门外侧，与南门相对，仅存正殿。正殿坐北面南，面阔三间（坐二破三式），硬山顶，进深五架梁出前檐廊。前檐额枋上无彩绘装饰。近代将关帝庙正殿后墙拆除，用两根立柱支撑，原正面用土坯封堵，改造为戏楼使用，殿内为土地面。两侧内壁抹过白灰浆，上部白灰浆下残存壁画，下部墙皮已脱落，保存较差。从色彩来看，其应是清末民初的作品。壁画为连环画式，4排6列，题材选自《三国演义》。西壁壁画大部分仅见隐约轮廓，尚有少部分可辨。东壁与西壁内侧均有人物画像，西侧绘一位站立的武将，东侧已毁。

东山墙

（榜题毁/画模糊）	（榜题毁/画模糊）	（榜题毁/画模糊）	（榜题毁/画模糊）	□□□书	□□为王
汉世□□王□	（榜题毁/画模糊）	（榜题毁/画模糊）	（榜题毁/画模糊）	□□山□于□（画模糊）	□□□义
（画毁）	（榜题毁/画模糊）	（榜题毁/画模糊）	（榜题毁/画模糊）	（画毁）	（画毁）
（画毁）	（画毁）	（画毁）	（画毁）	（画毁）	（画毁）

戏楼　共2座。1座位于关帝庙南侧，现仅存夯土基础。另1座位于龙神庙南侧，亦已无存。

龙神庙/马神庙　位于堡南门外偏西，地势较高，原为1座庙院，院墙多坍塌无存，仅存正殿，西耳房已坍塌（彩版8-15）。正殿坐北面南，硬山顶，面阔三间（坐二破三式），出前檐廊，门窗无存，为土坯墙封堵。前檐额枋上无彩绘，殿内顶部脊檩未绘《八卦图》。殿内明间和西次间为龙神庙，东次间为马神庙。

殿内墙壁上原先绘制有清代中晚期的壁画，新中国成立后将殿宇改造为学校时，将墙壁表面涂刷约1厘米厚的草拌泥，表面刷涂白灰浆，并做成黑板。正壁白灰浆脱落露出原先壁画，壁画破坏严重，保存较差。绘有龙姑姑，两侧各有3位主神，即2位龙王与雨师，周边还有其他降雨之神。两侧山墙内壁壁画全部在草拌泥墙皮下，内容未知，两侧山尖绘画表面挂满泥浆。

第十八节　吴家浅村

一、自然环境与人文历史

吴家浅村位于南岭庄乡西偏南4.1公里处，属丘陵区，村庄周围地势平坦，西南临沙河,为壶流河支流,附近为黏土质,辟为耕地。1980 年前后有 405 人,耕地 2 162 亩,曾为吴家浅大队驻地。如今,村庄分为新、旧两部分,旧村在西部,两者不相连,221 乡道穿村而过。当地居民以吴姓为主,尚有 280～290 人(图 8.28)。

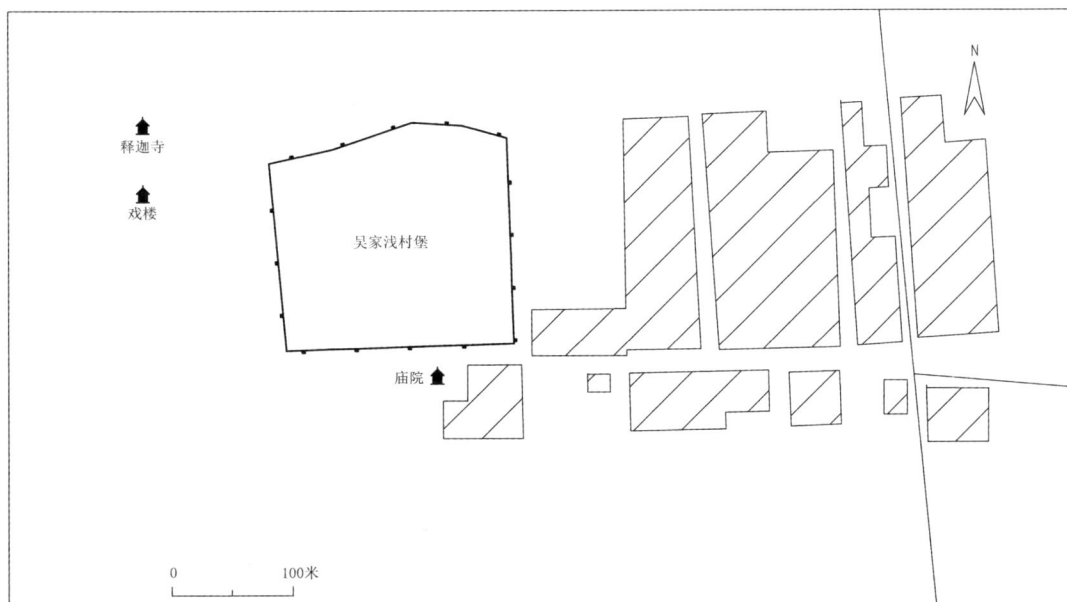

图 8.28　吴家浅村古建筑分布图

相传,明嘉靖元年(1522)建村时为名涧堡,后有吴姓据附近浅涧更村名为吴家浅。村名可考的历史最早见于《(乾隆)蔚州志补》,作"名涧堡",《(光绪)蔚州志》沿用,《(民国)察哈尔省通志》作"吴家浅"。

二、城堡

吴家浅村堡,位于旧村西。城堡南临浅冲沟,平面近似矩形,周长约 714 米,堡内平面布局为丁字街结构(图 8.29)。

城堡开南门,堡门为砖石砌拱券门,外侧为红砂岩砌成,一伏一券式,体量较小,保存较好(彩版 8-16、17)。门外石券拱顶上方镶嵌石质门匾(拓 8.5),上书"名涧堡",左侧落款字迹风化漫漶,仅可看清"……康熙四十一年岁次……"字样,是新建还是重修无从得知(彩版 8-18)。门匾上方有三枚石质圆形门簪。一只在匾正上方,另两只分列左右。堡门内侧为条石基,砖砌墙体,内外结构不同,推测是不同年代修缮建筑的结果。门顶为木梁架结构,门顶上立有电线杆。门道为自然石铺成的路面,门内两侧墙壁上写有改革开放前后村庄的公约。外侧门券内顶部有"星池灭火"的孔洞,直通顶部(彩版 8-19)。门外两侧原有护门墩,目前仅存西侧护门墩。南门外有高台遗址,推测为寺庙遗址。

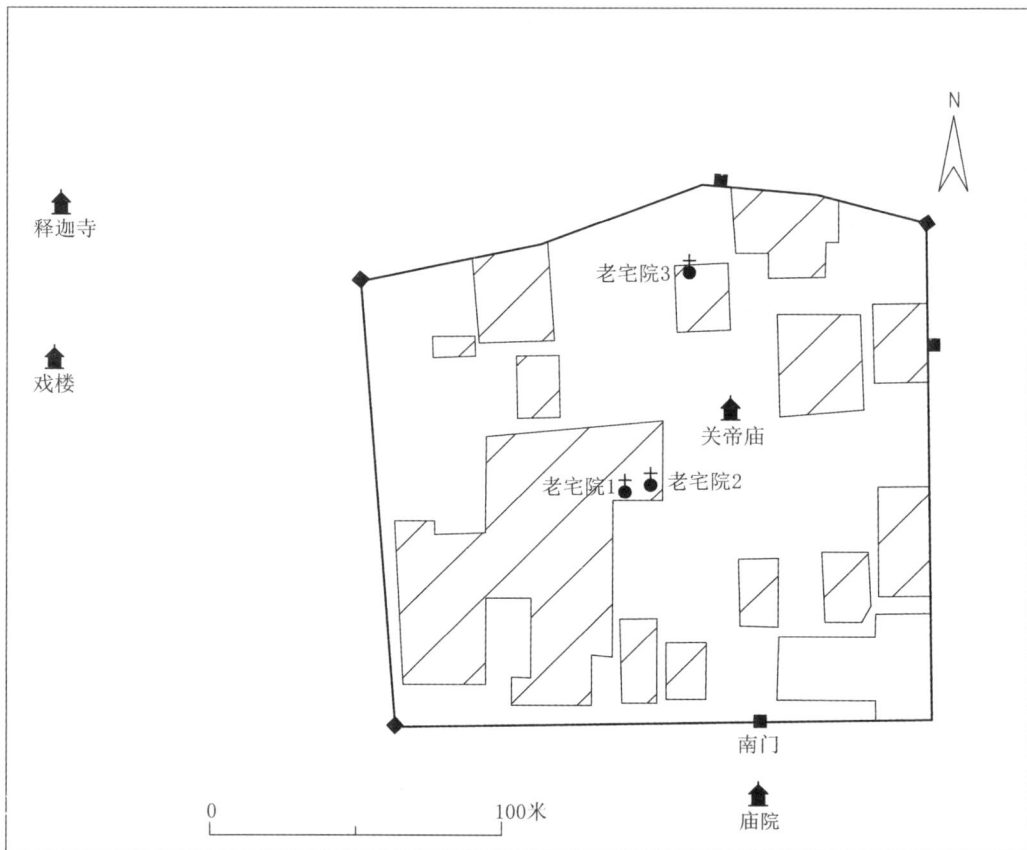

图 8.29　吴家浅村堡平面图

拓 8.5　南岭庄乡吴家浅村堡南门门额拓片（蔚县博物馆　李新威　提供）

　　堡墙均为黄土夯筑，保存差，堡墙年久失修自然坍塌，而非人为拆毁。东墙长约172 米，墙体高薄、连贯，墙体高 4～5 米，顶部多坍塌起伏不平，外侧为坍塌形成的积土,墙外为道路和耕地,内侧为民宅。东墙中部偏北有 1 座马面,坍塌一半。南墙长约 185 米,现存为基础,高 1～2 米,外侧为坍塌形成的斜坡和道路,内侧为顺墙路和民宅。西墙长约 154 米,墙体连贯,随地形起伏而建,墙体高薄,高 5～6 米,顶部多坍塌形成的缺口。墙外有壕沟和台地,墙内为民宅。北墙长约 203 米,墙体不直,中部有曲折,整体保存较好,墙体高薄,墙高 4～5 米,顶部多坍塌形成的缺口。外侧墙下为坍塌形成的土坡,墙外为道路和耕地,内侧为倚墙修建的民宅。北墙中部的拐点设 1 座马面,马面保存较差,高 4～5 米。从马面开始向东,北墙逐渐向东南方折去东北角。

东南角无存,为 1 座新建的民宅。西南角设 135° 斜出角台,保存较高,高 5～6 米。西北角设 135° 斜出角台,角台体量大,高 7～8 米,利用了部分台地。东北角设 135° 斜出角台,保存较差,高 4～5 米。

堡内为南北中心街,两侧房屋大部分废弃、坍塌,形成大面积的荒地,尚有 12 位老人居住。老宅院较少,仅存 3 座,均为一进院,宅门皆是随墙门。其中 2 座位于中心街西侧,老宅院 1 大门面东,老宅院 2 大门面南,保存较好,上面有砖作仿木构砖雕装饰。老宅院 3 位于关帝庙北,宅院内的正房为卷棚顶,因无人居住,坍塌严重。

三、寺庙

据当地 78 岁的吴姓长者(1973 年任村主任,兼一队长,担任 20 年村书记)回忆,本地的寺庙有庙院(关帝庙、龙神庙、泰山庙/观音殿、戏楼)、五道庙(2 座)、龙王堂、释迦寺、关帝庙。20 世纪六七十年代时将大部分寺庙拆毁。

庙院 位于城堡南门外,庙宇内里面有关帝庙、龙神庙、泰山庙/观音殿,其中正殿南侧为泰山庙,背后为观音殿,泰山庙对面有戏楼,现均已无存。

五道庙 2 座位于南门外东、西两侧,现已无存。

龙王堂 位于堡内西部,现已无存。

释迦寺 位于城堡西北角外,俗称大寺,现为遗址。目前仅存庙院墙,东、南墙保存较好,西墙坍塌。庙院开南门,仅存西侧门体,南门外有 1 座台明,呈南北长方形,应为戏楼。寺庙仅存基础,现为荒地,残砖断瓦俯拾皆是。院内残存 2 座台明,两侧有配殿残基。从庙院规模看,推测其为两进院落。寺内曾有许多石碑。

关帝庙 位于堡内中部偏北,南北主街西侧。台明尚存,基础高大,正对堡门,周边一片瓦砾。尚存莲花装饰的柱础,直径约有 60 厘米,柱础间距 4.4 米,如此推测,大殿宽度约 13 米,规模可观。

第十九节 苟家浅村

一、自然环境与人文历史

苟家浅村位于南岭庄乡驻地西南 4 公里处,属丘陵区,地势平坦,村南、西临冲沟、沙河,北、东地势较平,为黏土质,辟为杏树林和耕地。1980 年前后有 465 人,耕地 2 208 亩,曾为苟家浅大队驻地。如今,村庄居民以苟姓为主,全村尚有 300 余人,主要居住在堡外新村(图 8.30)。

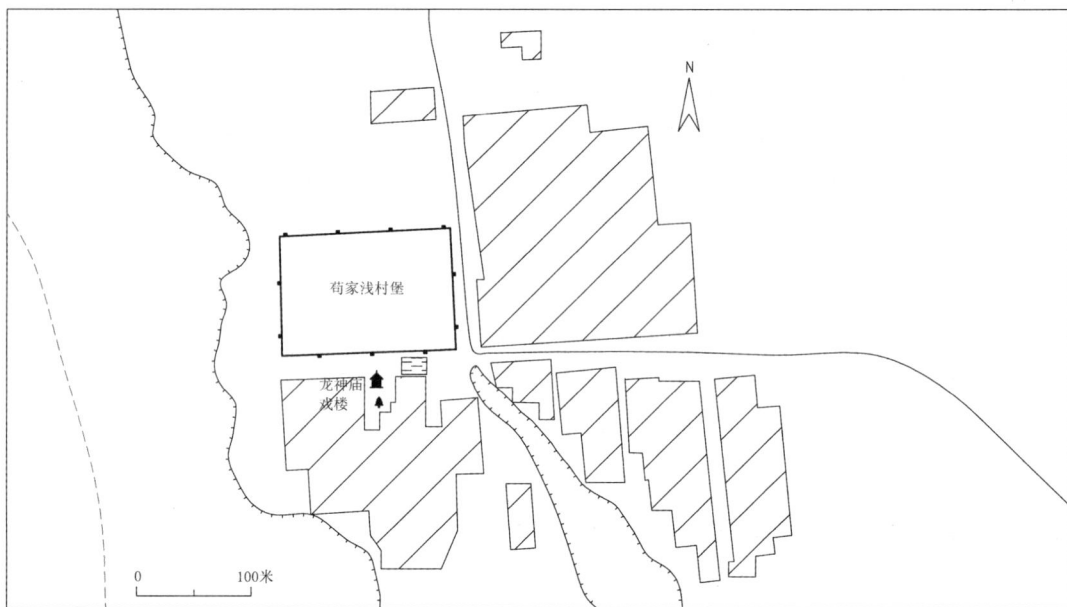

图 8.30　苟家浅村古建筑分布图

相传,清康熙十一年(1672)建村时,因苟姓居多,取名苟家庄。后据村南浅沟,更名为苟家浅。村名可考的历史最早见于《(乾隆)蔚州志补》,作"苟家庄子",《(光绪)蔚州志》作"苟家庄",《(民国)察哈尔省通志》作"苟家浅"。

二、城堡

(一)城防设施

苟家浅村堡,位于村庄西北部。城堡西邻沙河,平面呈矩形,周长约 503 米,堡内平面布局为丁字街结构。

城堡开南门,堡门建筑无存,现为一缺口,南门内为南北主街(图 8.31)。

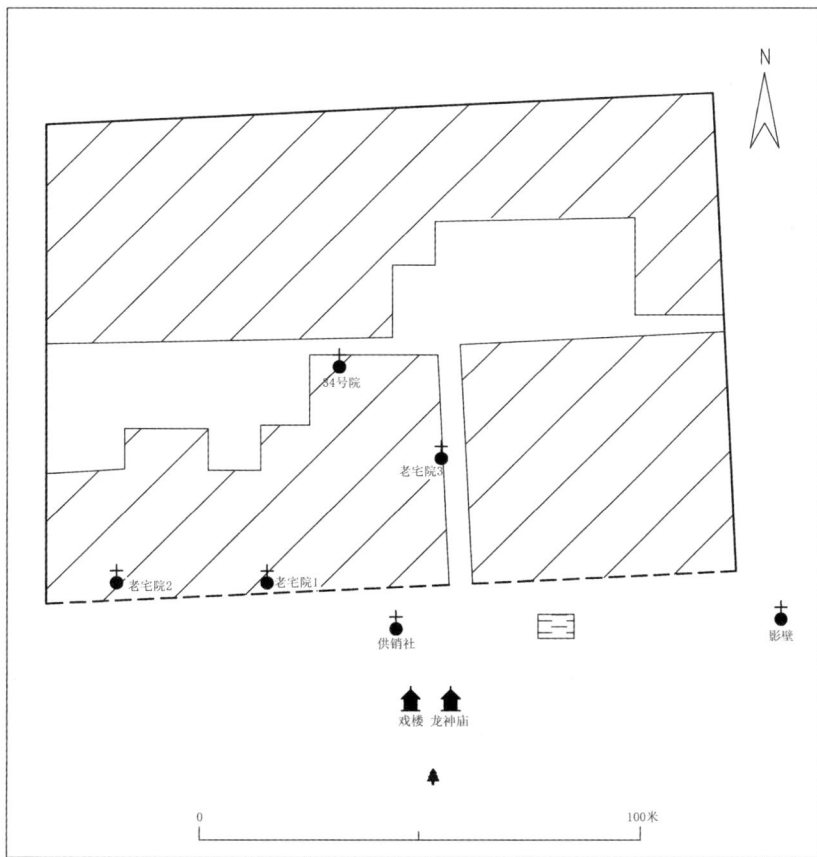

图 8.31　苟家浅村堡平面图

堡墙均为黄土夯筑。东墙长约 108 米,墙体高薄、连贯,高 1～5 米,墙体外侧为水泥路,内侧为民宅。南墙仅存一段约 8 米的墙体,高 4～5 米,其余墙体现存为基础,高 1～2 米,南墙内为顺墙道路和民宅,墙体复原长度约 150 米。南墙东段外侧为水坑,周边环绕树木;南墙西段上及外侧有 1 座近代的供销社,保存较差,已废弃,可见堡墙坍塌较早。西墙长约 106 米,保存较好,墙体高厚、连贯,高 4～5 米,墙体外侧为荒地、耕地,墙下有坍塌形成的土坡,内侧为民宅。北墙长约 139 米,高厚、连贯,整体保存较好,墙高 5～6 米,外侧为荒地和耕地,墙下有坍塌形成的积土,内侧为倚墙修建的房屋。

东南角无存,现为 1 米高的基础。东南角外为一条冲沟的起点,沟内垃圾遍地。西南角台坍塌严重,保存较差。西北角台坍塌,转角保存较高,高 5～6 米。东北角台坍塌,形制未知。

（二）街巷与古宅院

堡内居民较少，仅几户居民。大部分房屋废弃、坍塌，形成大面积的荒地。

南顺城街　即南墙内侧顺城街。西段尚存 2 座老宅院，即老宅院 1、2，均为一进院，保存较好。

正街　即南门内主街。老宅院 3（苟家大院）位于西侧，一进院，尚有人居住。老宅院保存较好，随墙门，门前设条石台阶，门内影壁已坍塌，院内规模大，砖铺地面，正房面阔三间，卷棚顶，倒座房三间，两侧厢房已毁。

后街　即丁字街东西街。34 号院，位于西段南侧，保存较好，一进院。

三、寺庙

据当地 69 岁苟姓长者回忆，城堡外原修建有观音殿、关帝庙、五道庙（2 座）、龙神庙、戏楼。庙内无石碑。村中寺庙全部拆毁于 20 世纪六七十年代。

观音殿、关帝庙　位于南门外，现已无存。

五道庙　2 座，堡内、外各有 1 座，现已无存。

龙神庙　位于南门外较高的台地上。庙院整体坐北面南，院中有一株黄杨树（什锦木），又名十月红，树形古朴，枝叶繁茂。正殿面阔三间，单檐硬山顶，进深五架梁出前檐廊。阑额、普板枋呈"丁"字形，阑额出头作海棠线。前檐下一斗二升实拍拱，明间平身科三攒，次间一攒。用中柱分心，通天柱四棱抹角，彩绘锦纹。前檐柱下古镜柱础，前檐额枋上有清末民国时期彩绘，殿内梁架上有彩绘装饰。正脊及门窗大部分损毁，前后屋檐坍塌，部分瓦件脱落，门窗残缺，屋顶长草，脊饰吻兽失散。殿内墙壁尚存壁画，东、西壁保存较好，北壁东次间部分墙壁脱落，壁画尽毁，为当地村民在庙内堆放杂物时磕碰所致（2009 年考察时保存尚好），壁画应为清代中期的作品。壁画颜色古朴，造型生动。正壁受雨水侵蚀，两侧山墙画色彩年久氧化变暗。

正壁绘有《龙母龙王坐堂议事图》，背靠屏风。正中为龙母，两侧各有一位持伞侍女，两位怀抱书卷随从相伴。东侧有三位龙王，西侧有二位龙王，外侧为雨师，其他诸神分散于龙王与雨师之间。壁画中人物服饰很丰富，有宋代官员的长角幞头、明代官员的圆领服饰，以及唐代的宫廷侍女服饰，是难得的一堂具有各个时代风格的壁画。且龙王之间交头接耳的场景，使得画面动感十足。

东壁绘有《出宫行雨图》，左侧（北侧）水晶宫未见龙母，门前一位云神手端云盘，一缕云雾喷入天空；云神身后，一位侍童撩帘探出半个身体。行雨大军中，位居最前的是上下两位旗官，中间为风婆，身后紧随电母、四目神、雷公，雷公下方的雨师紧跟着旗官；雷公上方有一位未知神。画面的中部是上下各有二位龙王，各显行雨之神通。龙王之后，上部依次为虹童、判官、雨官与水车,中部为电母、钉耙神;下部为龙王、判官,压阵的是二位功曹。

西壁绘有《雨毕回宫图》。左侧是一株松树,树下一位小神正努力地将龙束缚于树上。回官的队伍中,走在后面的是电母、风婆闭目坐于水车与雷公、四目神、时值功曹;前面便是龙王方阵,夹在龙王中间的另有一位电母与日值功曹、月值功曹与年值功曹;判官、雨官紧随其中,判官手捧玉旨,上书"玉帝降旨水晶宫,普降甘霖大地中,五风十雨滋苗稼,四序三农乐升平。出宫降吉祥回"字样。中上部还有一位龙王回首与雨官进行交流。走在回官队伍前面的是上下两位旗官,旗官中间是飞奔的传旨官。此时的水晶宫,一位侍童撩开帝子向外张望,恭候回官诸神。在画中,龙母还没有出现。

戏楼 清代建筑,位于龙神庙西侧,并与其紧贴,对面原为关帝庙,后在此地基上改建1座供销社。戏楼坐南面北,前为一条东西向主街道。戏楼面阔三间,单檐卷棚顶,进深五架梁,脊顶隆起较高,前台无挑檐木,几乎无出檐,在蔚县戏楼中较少见。山墙土坯垒砌,前檐额枋上残存有清末民国时期的彩绘,戏楼内梁架上无彩绘。前檐柱4根,柱下古镜柱础。戏楼内用材纤细,仅一根大柁,彩绘"松柏装"。前后台间的隔扇仅存部分框架,次间设出将、入相二门。前台两侧墙壁各绘六扇屏山水画,东山墙绘一名娴静娇美的仕女,绘工精湛,人物生动形象。前后台题壁多处有"同治六年六月二十九日"、"光绪八年"等字样(彩版8-20)。戏楼内堆满杂物。

第二十节　李　家　浅　村

一、自然环境与人文历史

李家浅村位于南岭庄乡西南2.5公里处,属丘陵区,北临沟,周围地势较平坦,为黏土质。村西为杏树林,东、南、北辟为大面积的耕地,221乡道从村南缘经过。1980年前后有418人,耕地2 024亩,曾为李家浅大队驻地。村庄布局奇特,中间有一条人字形空白地带,开辟为耕地,北侧有1座影壁,将村庄分为东、西两部分。堡内居民以李姓居民较多,全村仅有200余人,村民已迁至堡南侧的两片新村居住(图8.32)。

相传,清康熙十一年(1672)建村,据该村泰山庙石碑记载,原叫下浅涧,堡门石匾为浅涧堡,后因李姓居多,更名为李家浅。村名可考的历史最早见于《(正德)宣府镇志》,作"浅涧堡",《(嘉靖)宣府镇志》作"浅涧",《(崇祯)蔚州志》《(顺治)云中郡志》均作"浅涧堡",《(乾隆)蔚州志补》作"下浅涧",《(光绪)蔚州志》沿用,《(民国)察哈尔省通志》作"李家浅"。

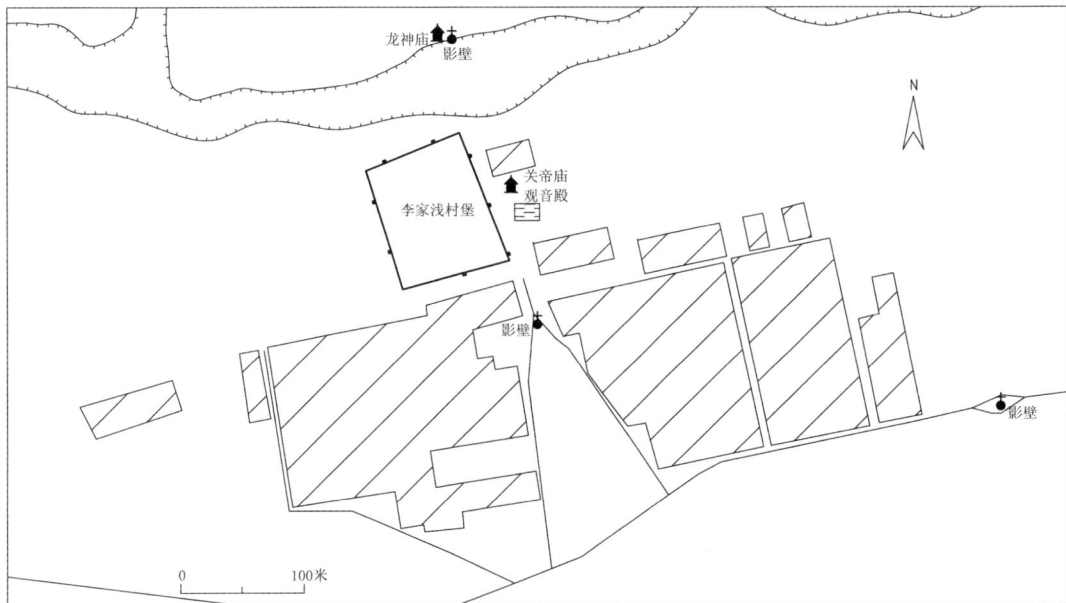

图 8.32　李家浅村古建筑分布图

二、城堡

据《（民国）察哈尔省通志》记载："李家浅堡，在县城东北三十五里，土筑，高一丈五尺，底厚五尺，面积九亩，有门一，现尚完整。"[1]李家浅村堡今位于旧村中，即整座村庄的中央北部，涧沟之南侧。城堡平面呈矩形，周长约 391 米，堡内平面布局为东西主街结构。

城堡开东门，堡门位于东墙正中（彩版 8-21）。东门为砖石结构平顶门，条石基础，砖砌门颊，顶部为木梁架，采用一排横木支撑，再砌青砖顶。门道为土道，门外南侧有戏楼，门内为东西中心街（图 8.33）。

堡墙均为黄土夯筑。东墙长约 111 米，保存较好，墙体高薄、连贯，高 5～6 米，墙体外侧为顺墙道路，内侧为民宅。南墙长约 90 米，墙体多坍塌，东段仅存高 1 米的基础；西段保存较好，墙体高薄，高 2～5 米，墙外为荒地和道路，内侧为民宅。西墙长约 106 米，墙体高薄，断断续续，高 1～5 米，墙体外侧为林地和耕地，内侧为房屋，西墙中部设有马面，与东门正对，马面保存较小，高 4～5 米。北墙长约 84 米，墙体不直，且保存较差，西段墙体无存，现为平地；东段墙体断断续续，墙体高薄，外高 5～6 米，墙外为荒地和冲沟，东段墙体上设有马面，保存较好。

---

〔1〕 宋哲元：《（民国）察哈尔省通志》，国家图书馆藏 1935 年铅印本，第 6～14 页。

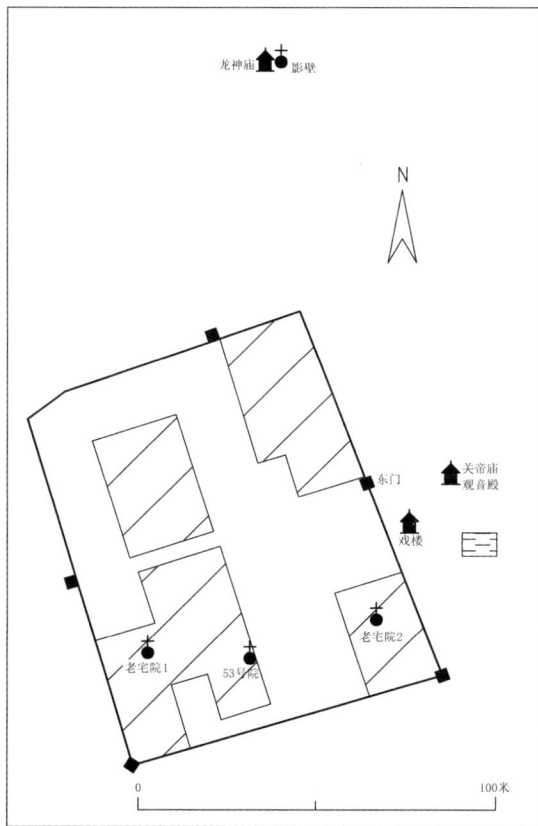

图 8.33　李家浅村堡平面图

西南角设 135° 斜出角台,高 5～6 米,坍塌一半。东南角设 90° 直出角台,保存较好,高 5～6 米,高于墙体,台外为耕地。西北角仅为转角,保存较好,高 5～6 米。东北角仅为转角。角外有一条冲沟,冲沟上有过水涵洞和桥,桥北侧有 1 座新建的影壁,影壁处原为龙神庙遗址。

堡内仅几户居民居住,大部分房屋废弃、坍塌,形成大面积的荒地。堡内有一片打谷场,其西侧有 2 座老宅院。53 号院,两进院,尚有人居住,二道门尚存。老宅院 1,位于 53 号院西侧,原为两进院,现仅存后院正房的两间和东厢房的一间,其余坍塌、废弃。老宅院 2,位于堡东南角内,一进院,宅门坍塌,正房面阔三间,东耳房、东厢房尚存。

三、寺庙

据当地长者回忆,城堡内外曾修建有泰山庙、五道庙、龙神庙、马神庙、戏楼、关帝庙/观音殿。

泰山庙　位于北墙外,现已无存。

五道庙　位于东门外北侧,现已无存。

龙神庙　位于东北角涧沟北岸,现已无存。

马神庙　位于东门内南侧,现已无存。

戏楼　位于东门外南侧,西侧靠堡墙。戏楼南侧为磨坊,东侧路边为水坑及环坑树木。戏楼坐南面北,与东北角外的龙神庙正对。砖石台明高 1.3 米,外立面曾包砌青砖,顶部四周铺石板,如今台明前沿坍塌为斜坡,保存较差。戏楼面阔三间,卷棚顶,进深六架梁,前檐柱 4 根,后金柱 2 根,柱下石鼓柱础。前檐额枋上有木雕装饰,戏台内墙壁上壁画无存。东西山尖绘古装人物鞍马水墨画《射雁图》《渔夫图》等,人物造型夸张,极为生动。戏楼后台题壁尚存,有"道光十九年""道光九年二月双盛班""西双塔班主在此乐也"等字样(彩版 8-22、23、24)。戏楼整体保存一般,后墙上开有两个窗户,后墙局部倒塌,屋顶前檐多有坍塌,顶有部分坍塌。东西山墙有裂缝,台明砌砖残缺。大木架结构较好。

关帝庙/观音殿　位于东门外对面,关帝庙面东,观音殿面西。现为遗址,村民立两个木牌于旧址处。

第二十一节　小贯头村

一、自然环境与人文历史

小贯头村位于南岭庄乡南偏东 1.1 公里处,属丘陵区,西临水库、冲沟,南靠冲沟,S10 张石高速从村东经过。村庄周围地势平坦,为黏土质,辟为大面积的耕地。1980 年前后有 648 人,耕地 3 266 亩,曾为小贯头大队驻地。如今村庄居民较多,村民以赵、梁、张三大姓为主,目前有 500～600 人(图 8.34)。

相传,四百多年前梁姓建村,该村虽小,但各种事宜均居邻村之首,故取村名小贯头。村名可考的历史最早见于《(正德)宣府镇志》,作"贯头堡",《(嘉靖)宣府镇志》作"贯头",《(崇祯)蔚州志》《(顺治)云中郡志》《(顺治)蔚州志》均作"贯头堡",《(乾隆)蔚县志》作"小贯头",《(光绪)蔚州志》《(民国)察哈尔省通志》沿用。

二、城堡

(一)城防设施

小贯头村堡,位于村庄中西部的旧村中。城堡平面呈矩形,周长约 534 米,城堡平面布局为丁字街结构(图 8.35)。

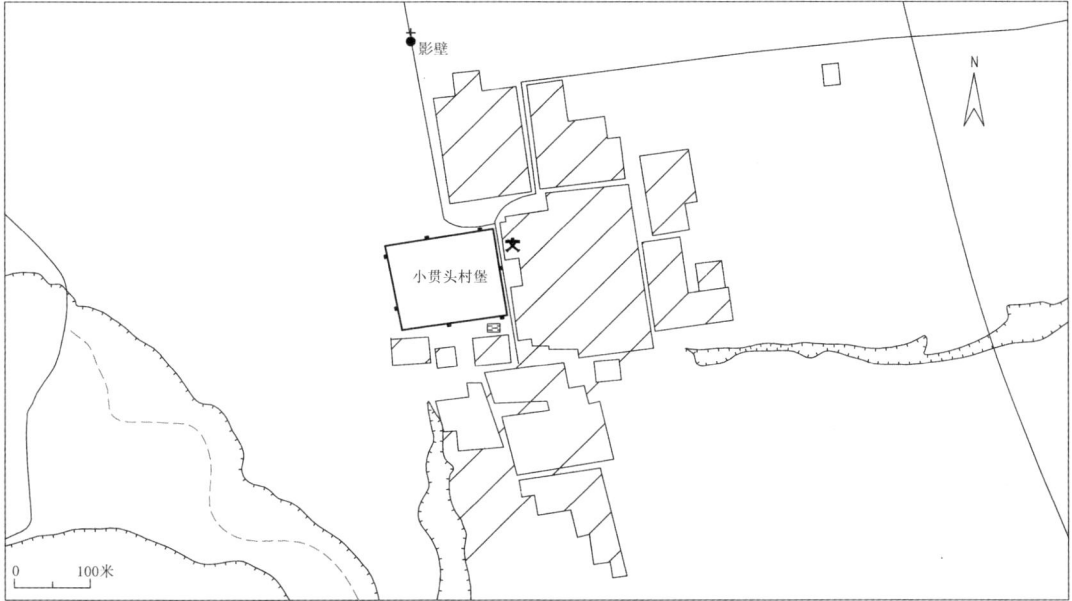

图 8.34　小贯头村古建筑分布图

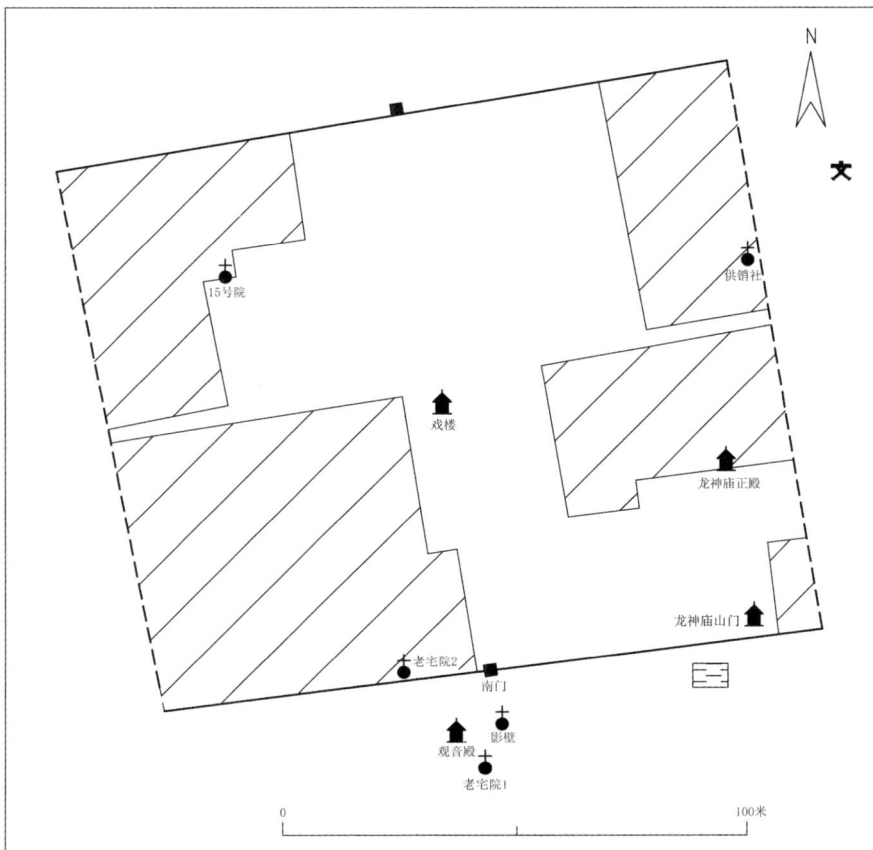

图 8.35　小贯头村堡平面图

城堡开南门,堡门开设于南墙中部,砖石拱券门(彩版 8-25)。外侧门券拱顶上方镶嵌砖制门匾,正题"小贯头村",落款为"雍正五年修"。堡门顶部因下雨彻底坍塌,现今仅存两侧墙体。南门外建有影壁,已经改造,增加木构屋顶,成为村务公开栏。

堡墙均为黄土夯筑。东、西墙无存,现为房屋占据。东墙复原长度约 126 米,西墙复原长度约 121 米。东南角北侧建有供销社,破坏东墙。南墙长约 141 米,墙体仅为基础,近乎为平地,墙体内外为空地和房屋。北墙长约 146 米,墙体低厚、连贯,保存一般,高 3~4 米,顶部宽 0.5 米,墙体内侧为民宅,外侧为道路和耕地。中部有 1 座马面,高 4~5 米,体量大。

东南、西南、东北角无存,为民宅房屋占据。东南角内有龙神庙。西北角为转角。

(二)街巷与古宅院

堡内民宅多废弃、坍塌,形成大面积的荒地,居民较少。堡内外尚存多座老宅院。

老宅院 1 位于南门外影壁南侧,一进院,民国时期西洋风格宅门,宅门顶上有"小贯头"与五角星,曾为大队部旧址。

老宅院 2 位于南墙西段内侧,一进院。

15 号院 位于丁字街西街,广亮大门,卷棚顶,前后两进院,二道门已塌。现房东祖上为山西人,20 世纪 70 年代迁此地购买房屋居住,院内凿有水井。

三、寺庙

据当地 74 岁的张姓老人回忆,村庄内的寺庙曾有八龙庙、观音殿、真武庙、五道庙、龙神庙、戏楼。庙宇皆拆毁于 20 世纪 60 年代及以前。

八龙庙 位于堡外西南方,现已无存。

观音殿 位于南门外,现存遗址。

真武庙 位于北墙马面上,现已无存。对面建有戏楼(现存)。

五道庙 位于戏楼边上,现已无存。

龙神庙 位于堡内东南角。整座寺庙建于清代,坐北面南,原为 1 座庙院,如今院墙倒塌,现存的两座建筑分布在一条南北向中轴线上,前为过殿式山门,后为正殿(彩版 8-26)。门内庙院较大,不符合 2 座殿之间的距离规制,庙院已荒废。正殿东紧靠两间杂房,现被村人作为豆腐坊占用。

山门为过殿式,面阔三间(坐二破三式),单檐硬山顶,进深三架梁,中柱式,前檐额枋上残存有清末民初时期的彩绘装饰,保存较差。雀替木雕草龙、狮子,明间开大板门,门板上刻"水晶宫"三字,柱下鼓形柱础。山门前有一水塘。

正殿面阔三间,单檐硬山顶,进深五架梁出前檐廊,门窗无存,为土坯墙封堵,前檐额枋上有残存的彩绘装饰,龙神庙曾改做过学校,现殿内堆放杂物。顶部脊檩上绘制有彩绘《八卦图》。殿内墙壁表面刷涂白灰浆,正壁已被白灰浆覆盖,两侧山墙因修建黑板,黑板下部分壁画未被破坏,壁画隐约可见。东壁整块黑板下壁画露出,西壁只有一半黑板脱落,露出底画。虽然只有黑板大小的画面,但主体尚能看清。从色彩上来看,其应是清代中晚期的作品。

东壁绘有《出宫行雨图》,前部的有电母与风婆,后部跟水车与年值功曹、月值功曹,中部的便是雨师与五龙王,龙王仅能看到中部的二位。画的最后隐约可见雨官,怀抱雨簿。

西壁绘有《雨毕回宫图》,左侧(南)有一株大树,一小神正将龙束缚于大树上。回官队伍的后部是雷公、风伯,前面有龙王回首与判官交流,龙王边上一位未知神满脸笑容地指点着雨簿。画面的上部与前部各绘有两匹马,是为龙王坐骑。

戏楼　位于堡内丁字街街口南侧,坐南面北,卷棚顶,正对北墙真武庙。戏楼保存较差,顶部多有坍塌,南面屋顶坍塌四分之三,前檐额枋上有民国时期的彩绘和木雕,戏台内墙壁上有民国时期的壁画。由于屋顶坍塌,壁画已被泥水毁损。

第二十二节　北石化村

一、自然环境与人文历史

北石化村位于南岭庄乡南偏西 2 公里处,属丘陵区,南北临沟,地势平坦,为黏土质,村西、南为杏树林,东、北辟为耕地。1980 年前后有 607 人,耕地 2 622 亩,曾为北石化大队驻地。如今,221 乡道穿村而过,村庄规模很大,旧村和城堡位于村中西部。当地村民以李、刘、王三大姓为主,村中的李家来自李家庄村,目前有 200～300 人居住(图 8.36)。

相传,明朝万历元年(1573)建村。因这里土质硬如石,人们希望改变土质,据该村位于其他石化之北,取村名为北石化。村名可考的历史最早见于《(乾隆)蔚县志》,作"北石化",《(光绪)蔚州志》《(民国)察哈尔省通志》沿用。

二、庄堡与寺庙

(一)城堡

1. 城防设施

据《(民国)察哈尔省通志》记载:"北石化堡,在县城东北三十里,土筑,高九尺,底厚四尺,面积十六亩,有门一,现尚完整。"[1]北石化村堡今位于村庄中西部的旧村中。城堡

---

〔1〕　宋哲元:《(民国)察哈尔省通志》,国家图书馆藏 1935 年铅印本,第 6～14 页。

周围地势较平坦,城堡平面呈矩形,周长复原约 453 米,规模较小,堡内平面布局为十字中心街结构(图 8.37)。

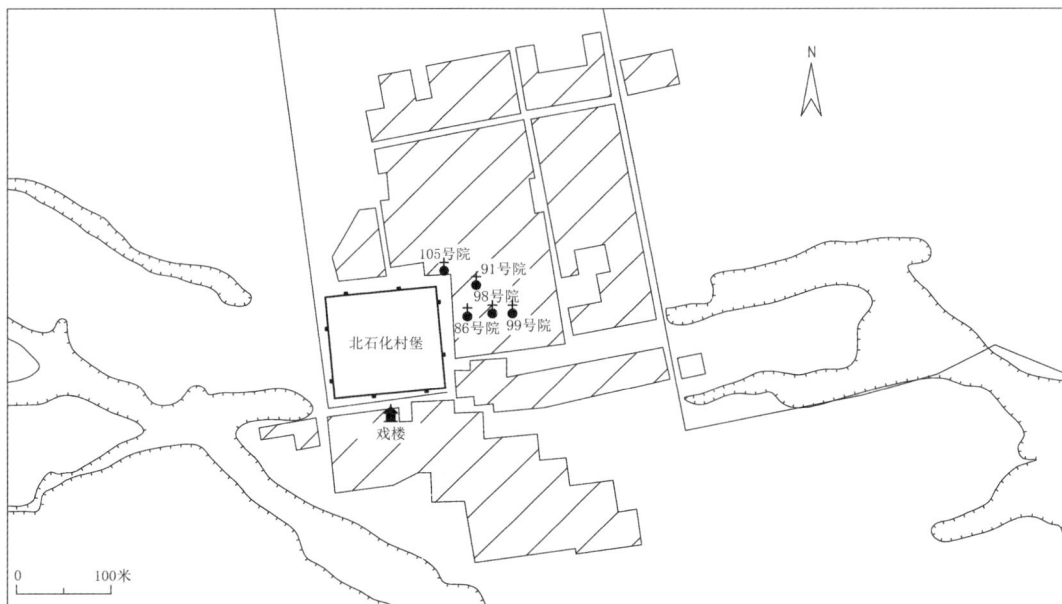

图 8.36　北石化村古建筑分布图

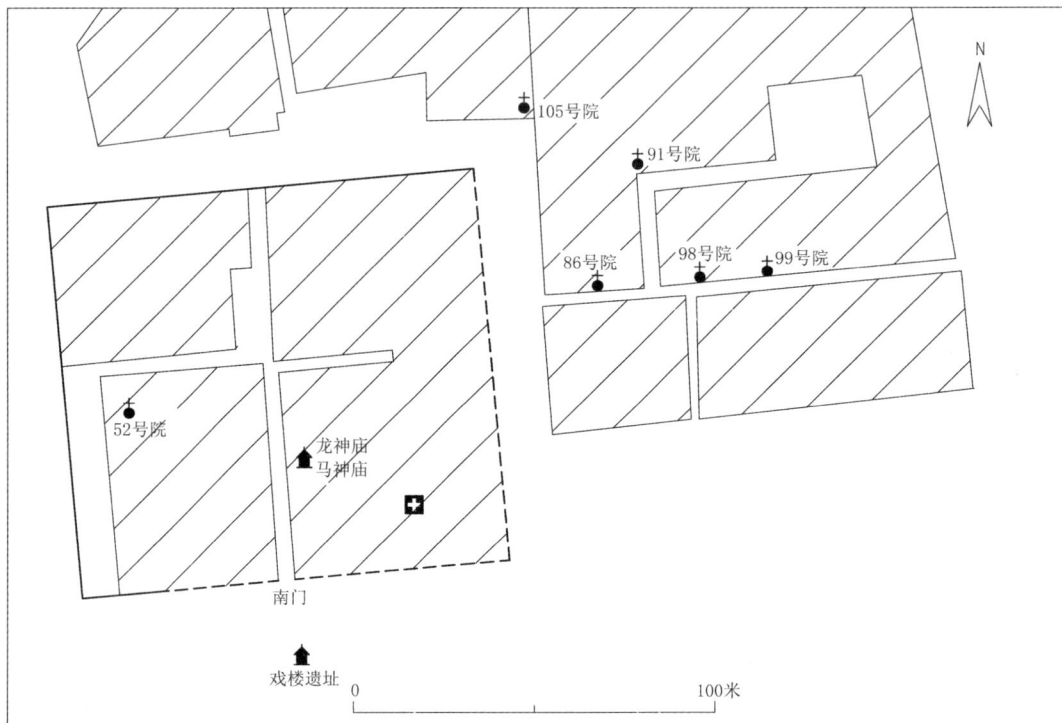

图 8.37　北石化村堡平面图

城堡开南门,堡门建筑无存,现为缺口,南门外正对 1 座戏楼。南门内东侧为村委会,占据了原先龙神庙的位置,村委会大门也是以破坏南墙为代价修建的。南门内为宽阔的南北主街,东西主街较窄,且不正对。

堡墙均为黄土夯筑。东墙无存,为民宅所占据。南墙无存,东段为平地和村委会占据,南墙西段为平地。西墙及西南角还残存有基础,高 1～2 米,墙外为水泥路。西北角及北墙上均为民宅,墙体仅存基础,高 1～2 米,北墙中部开辟一豁口以便交通。

2. 街巷与古宅院

城堡内新房较多,老宅院较少。目前堡内仅存 1 座老宅院,即 52 号院,位于十字街西街西端路南,一进院,已经废弃,宅院保存较好,院内有石磨盘和碾子。

3. 寺庙

当地长者回忆,北石化村原建有三官庙、五道庙、真武庙、观音殿、龙神庙/马神庙、戏楼。庙拆毁于 20 世纪六七十年代。

三官庙 位于堡内南北街东侧,现已无存。

五道庙 位于主街西侧,现已无存。

真武庙 位于北墙之上,现已无存。

观音殿 位于堡南门外东侧,现已无存。

龙神庙/马神庙 位于南门内,南北中心街东侧,与戏楼相对,现为村委会大院,院中新建卫生室。寺庙仅存正殿。坐北面南,面阔三间,单檐硬山顶,殿前有石碑,碑文漫漶,殿改造为村委会办公用房,门窗已面目全非。前檐额枋上残存有民国时期的彩绘。殿内壁抹有白灰浆,壁画无存。龙神、马神共享一殿。龙神占两间,马神占一间,殿内曾经供奉四尊神像。其中龙神庙供奉有黑龙、白龙和龙姑奶奶的木质神像,神像表面涂有桐油。

戏楼 位于南门外侧,正对南门及龙神庙。戏楼仅存基础,台明顶部四周铺石碑。目前戏楼顶部木构部分无存,仅存南、西两面墙体。当地长者回忆,历史上戏楼曾多次重修,20 世纪六七十年代,戏楼拆毁后在其基础上建了 1 座剧场,唱《红灯记》。如今剧场也已拆毁。

(二) 庄

1. 城防设施

城堡东北角外有一片老宅院,为当年庄子所在地。据当地长者回忆,庄呈矩形,开东、西门,如今庄墙、庄门早已无存,根据其街巷格局和老宅院的分布规律,大致可复原出庄的范围,周长约 428 米,庄内平面布局为南十字北丁字街结构。

2. 街巷与古宅院

86、98、99 号院 位于东墙外一条东西向的巷内,均为一进院。3 座老宅院保存较好。98 号院,广亮门楼,硬山顶,门下尚存一对圆形门墩,墩上雕有瑞兽。99 号院,广亮门楼,硬山顶。院内尚有二道门,随墙门楼,后院尚存正房五间,硬山顶。

105 号院　位于堡东北角外,原为两进院,现为一进院。

91 号院　位于 105 号院东侧,两进院。

老宅院 1　位于 91 号院东侧,原为两进院,现前院坍塌、荒废,大门无存,仅存二道门。

3. 寺庙

庄西门外建有关帝庙。庙拆毁于 20 世纪六七十年代。

第二十三节　中 石 化 村

一、自然环境与人文历史

中石化村位于南岭庄乡驻地南偏西 3.4 公里处,属丘陵区,北临沟,南靠沙河,地势平坦,为黏土质,村南辟为杏树林和耕地,东、西、北面以耕地为主。1980 年前后有 555 人,耕地 2 530 亩,曾为中石化大队驻地。如今,221 乡道穿村而过。村民以周、丁、刘三大姓为主,大部分居民外迁,村中常住人口较少(图 8.38)。

村名来历与北石化村相似,因该村居中之故,取村名中石化。村名可考的历史最早见于《(顺治)蔚州志》,作"中石化堡",《(乾隆)蔚县志》作"中石化",《(光绪)蔚州志》《(民国)察哈尔省通志》沿用。

二、城堡

据《(民国)察哈尔省通志》记载:"中石化堡,在县城东北三十里,土筑,高八尺,底厚五尺,面积八亩,有门一,现尚完整。"[1]中石化村堡今位于村庄的西北角。城堡规模较小,平面呈矩形,周长约 530 米,堡内平面布局为南北中心街结构。

城堡开设南门,堡门保存较好,砖石拱券结构,条石基础,砖砌券形门洞(彩版 8-27、28)。外侧门券为五伏五券,门券拱顶上方饰有三枚方形砖雕门簪,门簪上方镶嵌砖制阳文门匾,正题"中石化堡",首款年号损毁严重,从痕迹来看,第一个字似为"光"字,整体来看推测为"光绪十四年"。堡门内侧门券亦为五伏五券,门券拱顶上方镶嵌有 2 枚门簪,门

---

〔1〕 宋哲元:《(民国)察哈尔省通志》,国家图书馆藏 1935 年铅印本,第 6～14 页。

簪上方镶嵌有匾额的凹槽,匾额已被石灰抹盖。堡门内顶部为木梁架结构,并有瓦花装饰。门洞内墙壁上有石质门闩孔石。南门内为南北中心街,现为水泥路面。主街两侧为巷子。主街北尽头为北墙,墙下有新建的影壁,上书"天道酬勤"。

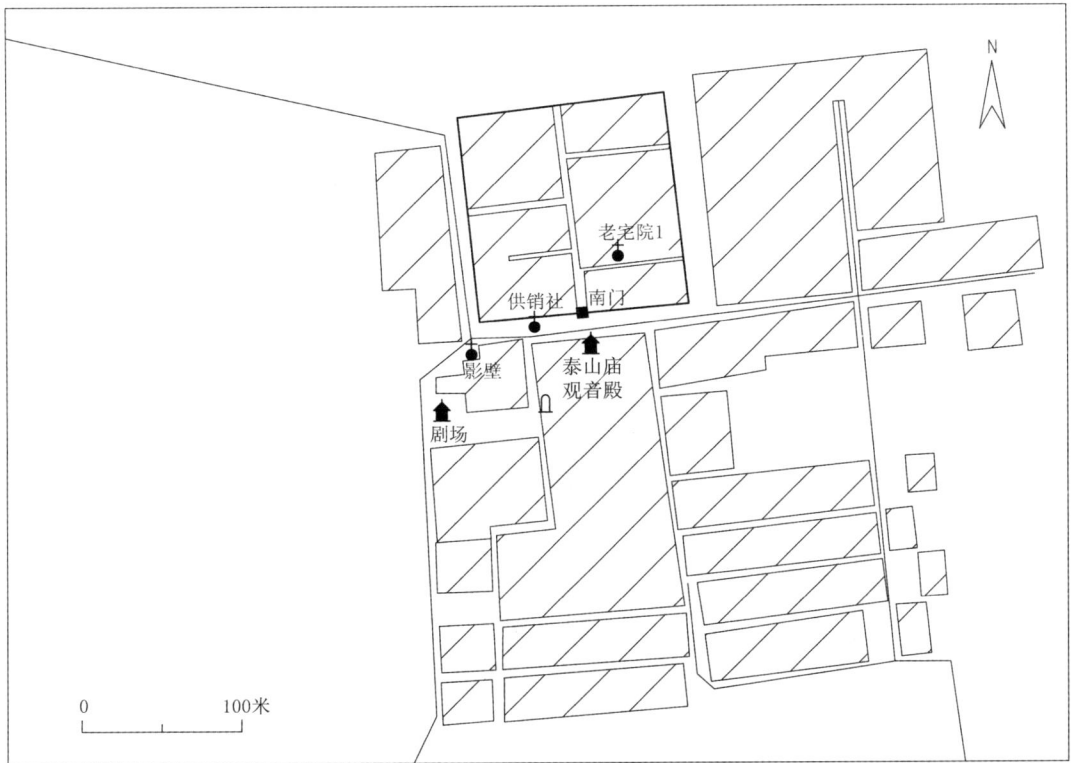

图 8.38　中石化村古建筑分布图

　　堡墙均为黄土夯筑。东墙复原长约 135 米,墙体无存,上面为空地或民宅,墙体外侧有壕沟,现为垃圾场。南墙复原长约 130 米,墙体无存,现为房屋所占据。南墙西段外侧有供销社,开西门,保存较好,门上有水泥制阳文文字:"中石化供销社",两边有水泥制阳文楹联。门内为一院,正房现仍为小卖部。南墙外健身园中南侧地上尚存石碑,字迹漫漶,辨识出落款为"嘉庆十七年",碑正文中有"玄关圣□宫"字样,这通石碑应与关帝庙有关。西墙长约 133 米,仅存基础,高 1 米,上面修建房屋,西墙外为水泥道路。北墙长约 132 米,墙体断断续续,高低起伏不平,墙体多有坍塌,墙高 1～5 米,内侧为房屋,外侧为土路,中部墙体外侧有包石痕迹,原有马面,现已无存。

　　东南角无存,现为民宅。墙体内侧为房屋,外侧为土路和民宅。西北角设 135°斜出角台,保存较好,高 4～5 米,体量较小,角台内为民宅。东北角高 3 米。

　　堡内新房较多,老宅院较少,居民少。居民宅门多为随墙门,未见高大的广亮门。主街东侧第一条巷内有老宅院 1,一进院,宅门顶部无存,仅存下半部。

三、寺庙

据当地 69 岁的周姓老人(与陈家涧村周氏同宗)回忆,城堡内外曾修建有五道庙(2 座)、龙神庙、关帝庙、真武庙、泰山庙/观音殿。寺庙拆毁于 20 世纪六七十年代。

五道庙 有 2 座,1 座在堡内,1 座在堡外西侧。现已无存。

龙神庙、关帝庙 位于堡内。现已无存。

真武庙 位于北墙马面上。当地俗称真王庙,写此庙名时普遍写作"祯王庙",传说与崇祯皇帝有关,此种写法在蔚县地区较为常见。

泰山庙/观音殿 庙院位于南门外侧,庙院除山墙外,其余全部修缮。庙院坐北面南,基础较高,正殿面阔单间,硬山顶,进深五架梁,采用隔墙隔为南北两庙,面南为泰山庙,面北为观音殿。大殿主体为旧建筑,前檐额枋上残存民国时期的彩绘,殿内悬挂喷绘而成的壁画。其中面北的观音殿正壁壁画为观世音,两壁壁画为《观世音菩萨普门品》中的"救八难"题材。面南的泰山庙内正面为三宵娘娘,东、西墙壁上为《出宫图》《回宫图》。如今,南北殿中间隔墙已拆除,成为 1 座殿。

第二十四节　南石化村

一、自然环境与人文历史

南石化村位于南岭庄乡南偏西 4.4 公里处,处于南岭庄的最南部,属丘陵区,村庄选址在壶流河支流沙河道南岸的台地上,南临沟,北靠沙河,该沙河上游为下水峪、新胜庄、苟家浅村一线,经南石化村东南行,过宋家小庄、广德村入壶流河。地势平坦,为黏土质,辟为耕地。1980 年前后有 547 人,耕地 2 530 亩,曾为南石化大队驻地。如今,村庄分为新、旧两部分,221 乡道穿村而过。旧村在整个村庄的东北部,即城堡所在地,规模较小。新村在城堡的西南方,规模较大,居民较多,民宅大部分为新建房屋,村中有小型广场。村中居民以赵、王、高、侯、郭姓为主,姓氏较杂(图 8.39)。

村名来历与北石化村相似,该村位于其他石化之南,故取村名南石化。村名可考的历史最早见于《(顺治)蔚州志》,作"南石化堡",《(乾隆)蔚县志》作"南石化",《(光绪)蔚州志》《(民国)察哈尔省通志》沿用。

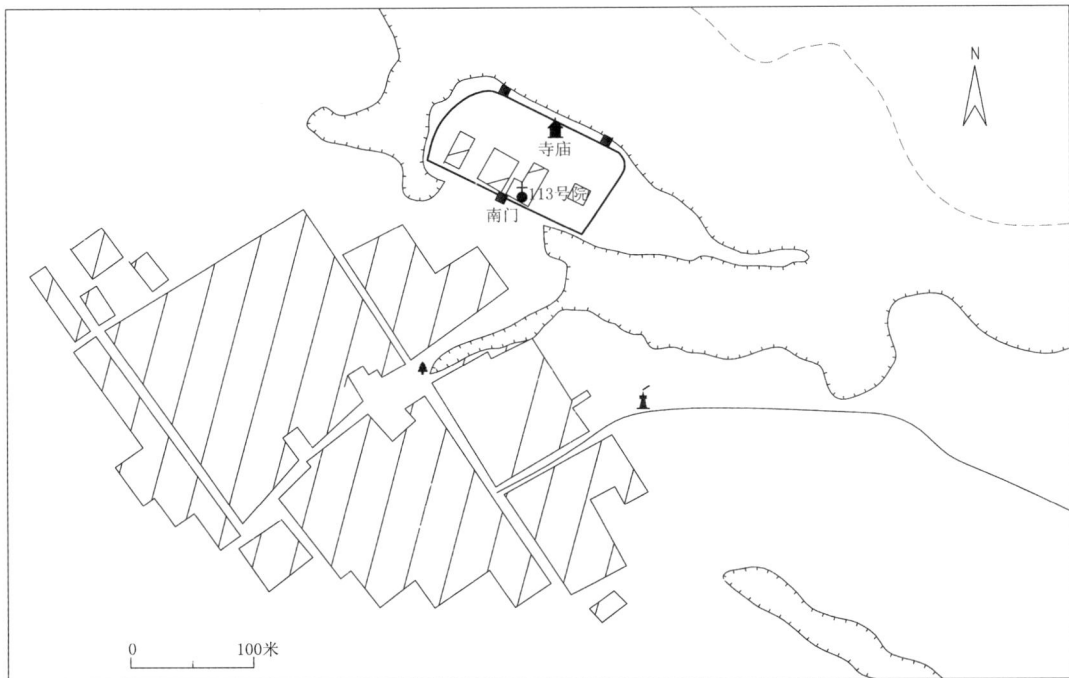

图 8.39　南石化村古建筑分布图

二、城堡

据《(民国)察哈尔省通志》记载："南石化堡,在县城东北三十里,土筑,高八尺,底厚五尺,面积六亩六分,有门一,现尚完整。"[1]南石化村堡今位于村庄东北侧村外的台地上,北面紧邻沙河河道。城堡规模较小,方向并非正南北向,随涧沟的走向而偏向西南,整体偏移约 45°。城堡平面呈矩形,周长约 446 米,堡内平面布局为丁字街结构。如今城堡全部废弃,堡内北部为大面积的荒地,南部遗留有大量连片废弃的民宅。

城堡开南门,堡门保存较差,土坯门体,类似庄门,目前仅存东侧墙体,顶部及西侧墙体坍塌,门内及外侧为自然石铺成的路面,门内为南北主街。南门外西侧为坑塘。

堡墙均为黄土夯筑。东墙长约 87 米,北段墙体现为低矮的基础,内侧为平地,外侧为斜坡,南段有部分保存较高的墙体,断续存在,墙高 1～3 米。南墙长约 140 米,墙体坍塌,仅存基础,墙内侧为民宅。西墙长约 91 米,大部分墙体仅存基础,个别地方保存较高,墙体高 1～5 米,墙体外为陡坎和进村的土路,内侧为荒地。北墙长约 128 米,外侧已经坍塌为斜坡,由于利用了台地,因此墙高 3～4 米,内侧尚存一定的高度,墙体低厚、连贯,高1～4 米。北墙中段内侧建有一方形台,应为真武庙庙台,庙台保存一般,外立面多有坍

---

[1]　宋哲元:《(民国)察哈尔省通志》,国家图书馆藏 1935 年铅印本,第 6～14 页。

塌。北墙近西北角处建有 1 座马面,方形,保存较小,高 4～5 米,北墙东段近东北角处亦设 1 座马面,北墙外外侧为台地,不远处为河道。

城堡四角未设角台,均呈圆弧形拐角。

堡内民宅大部分因无人居住,房屋建筑废弃、坍塌。目前仅几户尚有人居住。南墙内侧有 1 座老宅院,即 113 号院,原为两进院,现为一进院,保存较好。

三、寺庙

据当地 59 岁的老人回忆,城堡内旧时曾建有龙神庙、真武庙、关帝庙、马神庙、财神庙和五道庙(2 座,城堡内外各 1 座),此外关帝庙对面还修建有戏楼。上述庙宇均拆毁于20 世纪六七十年代。